Tilemann Dothias Wiarda

Ost-Friesische Geschichte

2. Band

Tilemann Dothias Wiarda

Ost-Friesische Geschichte
2. Band

ISBN/EAN: 9783743692084

Hergestellt in Europa, USA, Kanada, Australien, Japan

Cover: Foto ©ninafisch / pixelio.de

Weitere Bücher finden Sie auf **www.hansebooks.com**

Ostfriesische Geschichte

von

Tileman Dothias Wiarda
Secretair der ostfriesischen Landschaft.

Zweiter Band
von 1441 bis 1540.

Aurich,
bey August Friedrich Winter. 1792.

Inhalt des zweiten Bandes.

Fünftes Buch
von 1441 bis 1494.

Erster Abschnitt.

§. 1. Aufkommen und Wachsthum des greetsylischen Hauses, oder der cyrksonaischen Familie. §. 2. Ulrich Cirksena wird Häuptling von Auricher- und Norder-Neuland, und erhält durch seine erste Vermählung Esens und Stedesdorf. §. 3. Seine vortheilhaften Aussichten erregen §. 4. die Jalousie und eine Conföderation anderer Edelleute. §. 5. Nach dem Tode seines Bruders Edzards wird er zum Obersten und Häuptling der Ember, Auricher, Norder und Lengener angenommen. §. 6. Mit den Hamburgern steht er in dem besten Vernehmen; auch werden die Gröninger nach gehobenen Mißhelligkeiten seine Freunde. §. 7. Er erhält durch einen Vergleich die Burg zu Dornum und die Idzinga-Burg in Norden. §. 8. Stiftet einen Vergleich mit den Jeveranern. §. 9. erhält die Ruhe im Lande und bringet die Burg Nesse an sich. §. 10. Fruchtloses Indemnisa-

Inhalt.

nisations-Gesuch einiger confoederirten Edelleute. §. 11. Ostfriesische Seeräuber. Neuer Vergleich mit Gröningen. §. 12. Ulrich belehnet seinen Stieffschwiegersohn Siebet Attena mit Esens und Stedesdorf. §. 13. 14. Mischet sich in die Inhausische Fehde. §. 15. Tritt den Hamburgern Emden ab. §. 16. Söhnet sich mit den verbannten osterhusischen und larreltern Edelleuten aus, und läst sich von ihnen ihr Erbrecht auf Brockmerland abtreten. Die Freundschaft zwischen ihm und den Hamburgern erkaltet und bricht §. 17. 18. und 19. in eine offenbare Fehde aus. §. 20. Aussöhnung und Bündniß mit den Hamburgern. Sie überlassen Ulrich auf 16 Jahre Emden und Leerort.

Zweiter Abschnitt.

§. 1. Ulrich verheurathet sich als Wittwer nach erhaltener päbstlicher Dispensation mit Focko Uken Enkelin, Theda. §. 2. Wird von den Ständen zum Oberhaupt und Regenten von Ostfriesland angenommen. §. 3. 4. Und von dem Kaiser Friedrich III. mit Ostfriesland, oder den Ländern zwischen der Emse und der Weser belehnet. Der Kaiser erhebet ihn und seine Descendenten in den Reichs-Grafenstand und macht Ostfriesland zu einer Reichs-Grafschaft. §. 5. Ulrich verheimlichet den Lehnbrief und enthält sich des gräflichen Titels. §. 6. Die Misshelligkeiten zwischen dem Herzog von Burgundien und Ulrich werden durch Vermittelung der Stadt Gröningen beigeleget. §. 7. und 8. Das westerlauersche Friesland wird wieder mit dem deutschen Reiche verbunden. §. 9. Fehde zwischen den Ostfriesen, Jeveranern und Oldenburgern. §. 10 Siebet Attena wird Häuptling von dem ganzen Harlingerlande. §. 11. und 12. Ulrich sichert den Seehandel durch Vergleiche und Commerzien-Tractate mit den Holländern und Gröningern. §. 13.

und

Inhalt.

und 14. kauft von der Abbenaischen Familie ihr Erbrecht auf Emden an sich und läßt sich §. 15. durch den Pabst von dem den Hamburgern geleisteten Eide entbinden. §. 16. 17. und 18. Emdens Entstehen, Wachsthum und älteste Verfassung unter den Häuptlingen, §. 19. unter den Hamburgern und §. 20. und 21. unter Ulrich. §. 22. Emdens Wappen.

Dritter Abschnitt.

§. 1. Fehde zwischen den Jeverischen, und rüstringsischen Häuptlingen und dem Grafen von Oldenburg an der einen, und Ulrich an der andern Seite. §. 2. Mißlungener Anschlag des Grafen Gerhard von Oldenburg auf Friedeburg. §. 3. Ulrich söhnet die Oldersummische und Petkummer Edelleute aus. §. 4. Wiard von Oldersum stirbt. Sein Testament. Die Gräfin Theda erhält Faldern. §. 5. Neue Fehde zwischen Siebet Attena und den Oldenburgern. §. 6. Gränzstreitigkeiten zwischen Münster und Ostfriesland. §. 7. Der Kaiser ernennet Norden zu einer Reichs-Grafschaft, und Ulrich zum Grafen von Norden. Von dieser Zeit an nennet er sich öffentlich Graf. §. 8. Er und seine Descendenten werden von neuen durch ein Kaiserliches Diplom mit Ostfriesland von der Emse bis zur Weser belehnet. §. 9. Bemerkungen über diesen Lehnbrief. §. 10. Ulrich wird feierlich durch einen kaiserlichen Herold in Emden als Graf investiret. Siebet Attena wird zum Ritter geschlagen. §. 11. Graf Ulrich macht sich um Ostfriesland verdient. §. 12. Er stirbt. Seine Nachkommen. §. 13. Sein Character.

Vierter Abschnitt.

§. 1. Schilderung der Friesen von Pabst Pius. §. 2. Die verwittwete Gräfin. Theda tritt die vormundschaftliche

che Regierung an. Ritter Sibeth Attena wird Lehnträger bis zur Volljährigkeit der jungen Grafen. §. 3. Ruhe in Ostfriesland. Tanne Düren, Häuptling von Jever stirbt. §. 4. Schutz-Bündniß der Ostfriesen und der Gröninger wider den Herzog Karl von Burgundien. §. 5. Fehde zwischen den Ostfriesen und Oldenburgern. §. 6. Ritter Sibet Attenas Tod und Nachkommen. §. 7. Fürchterliches Bündniß zwischen Herzog Karl von Burgundien und dem Grafen Gerhard von Oldenburg wider Ostfriesland. Der Herzog stirbt. §. 8. Der Kaiser weiset die Butjadinger, als Vasallen des ostfriesischen Regierhauses an, ihren Beitrag zu dem Reichscontingent an die Gräfin Theda zu entrichten. §. 9. Kurze Geschichte der Festung Friedeburg. Cyrk-Kankena von Friedeburg stirbt. §. 10.11. Friedeburg kömmt an das gräfliche Regierhaus. §. 12.13. Darüber entstehen Streitigkeiten zwischen Oldenburg und Ostfriesland. §. 14. Die Herrschaft Varel kömmt an Oldenburg. §. 15. Theure Zeit. §. 16 und 17. Fortdauernde Fehden zwischen Oldenburg und Ostfriesland — Friede.

Fünfter Abschnitt.

§. 1. Gräfin Theda überträgt ihrem Sohn Graf Enno I. die Regierung; hält aber noch immer die Hand mit am Staats-Ruder. §. 2. See-Räubereien der Jeverschen, Harlingerländischen und Kniphausischen Häuptlinge. §. 3. Graf Enno und seine Brüder Edzard und Ulf lassen sich von den Prälaten und Häuptlingen huldigen. §. 4. Enno tritt eine Wallfarth nach Palaestina an, und wird zum Ritter des heiligen Grabes geschlagen. In seiner Abwesenheit entführet der Friedeburger Drost Engelman seine Schwester Almuth. §. 5. Enno kommt zurück und bleibt vor der belagerten Festung Friedeburg. §. 6. Er wird allgemein bedauert. §. 7.

Engel-

Inhalt.

Engelmann rettet sich mit der Flucht, Friedeburg geht über und §. 8. die junge Comteſſe Almuth wird eingezogen.

Sechſter Abſchnitt.

§. 1. Graf Edzard reiſet auch nach Palaeſtina. §. 2. Findet bey ſeiner Zurückkunft die Grafſchaft im Streite mit dem Biſchofe von Münſter verwickelt. §. 3. und rächet ſich durch einen Einfall in Münſterland. Ende dieſer Fehde. §. 4. Des Grafen Edzards Münz-Ordnung. §. 5. Die Hamburger dringen auf die Zurückgabe der Stadt Emden und der Feſtung Leerort; §. 6. und treten nach einem getroffenen Vergleiche beide Oerter dem gräflichen Hauſe ab. §. 7. Der Kaiſer beſtätiget der Stadt Emden das Stapel-Recht. §. 8. Gräfin Theda errichtet ihr Teſtament, §. 9. und ſtirbt. Ihr Character, §. 10. Gelehrte Frieſen. Adolph Occo. §. 11. Weſſel Ganſevoort. §. 12. Rudolph und Johann Agricola. §. 13. Theodor Ulſenius und Nicolaus Bauman.

Sechſtes Buch.
von 1494 bis 1514.

Erſter Abſchnitt.

§. 1. Nach Abſterben der Gräfin Theda läſt ſich Graf Edzard I. oder der Große von neuen von den Oſtfrieſen und den Butjadingern huldigen. §. 2. Sein Bruder Graf Uko tritt die Regierung mit an. Beide Brüder werden von dem Kaiſer mit Oſtfriesland, Harlingerland, Jeverland und Butjadingerland belehnet. §. 3. Hero Omken Häuptling von Harlingerland, und Edo Wimken von Jever Häuptling von Wangerland, Ostringen und Rustringen verheuraten sich mit Comtessen aus dem Oldenburgischen Hause. Sie wollen keine Vasallen der beiden ostfriesischen Grafen seyn. §. 4. Suchen umsonst die Edelleute in dortiger Gegend auf ihre Seite zu bringen, und schließen heimlich ein Bündniß mit dem Bischof von Münster und dem Grafen von Oldenburg ab. §. 5. Ihre Kapereien veranlassen einen Commercien-Tractat und Bündniß zwischen den Grafen Edzard und Ulko, und den Ditmarsern. §. 6. Edo Wimken und Hero Omken nehmen die Kniphausischen und Inhausischen Häuptlinge gefangen. §. 7. Graf Edzard nimmt sich der gefangenen Edelleute an. Folef von Inhausen entkömmt aus dem Arreste, Edzard nimmt fremde Truppen in Sold, schlägt die Jeveraner, belagert Jever, §. 8. und zwinget Hero Omken den in Witmund gefangen sitzenden Ito von Kniphausen die Freiheit zu schenken. Kniphausen wird ein ostfriesisches Lehn. §. 9. Während der Belagerung Jevers fällt der Bischof von Münster in Reiderland, wird von den Bauern zurückgeschlagen. §. 10. Durchstreift, erbost über ein Gassenlied, von neuem Reiderland, und ziehet sich bey der Ankunft des Grafen Edzards wieder zurück. §. 11. Der Bischof rückt wieder vor Friedeburg. Edzard schlägt ihn zurück, verfolget ihn und nimmt seinen Bruder gefangen. §. 12. Hero Omken machet dem Grafen eine Diversion in Norder und Berummerland. §. 13. Die Bremer söhnen den Bischof von Münster mit dem Grafen aus. Waffenstillstand zwischen dem Grafen und Edo Wimken. Die Belagerung Jevers wird aufgehoben. §. 14. Der Graf setzt die Fehde wider Hero Omken fort, belagert Esens, §. 15. und söhnet sich mit Edo Wimken und Hero Omken aus. §. 16. Nach dem Tode Ito von Kniphausen fällt die Herrlichkeit auf Folef von Inhausen. Vergleich wegen des Ember Stapelrechtes und Commerzien-Tractats mit Münsterland. Der Bischof und das Dohmkapitel entsagen allen Ansprüchen auf Ostfriesland.

§. 17.

§. 17. Graf Edzard vermählet sich mit Elisabeth Comteſſe von Rietberg. §. 18. Stellet die Unordnung des Emder Franziskaner-Kloſters ab, und läſt einen neuen Deich legen.

Zweiter Abſchnitt.

§. 1. Urſprung der ſächſiſchen Fehde. Kaiſer Maximilian, belehnet als Graf von Holland, den Herzog Albert von Sachſen mit Friesland. §. 2. Die weſterlauerſchen Frieſen weigern ſich, dem Herzoge Schatzung zu bezahlen. Der Kaiſer ermahnet die Frieſen nach alter Sitte einen Poteſtaten zu wählen, und ſchlägt ihnen die Grafen von Naſſau, Ravenſtein, Iſelſtein, den Grafen Ulo von Oſtfriesland und den Herzog Albrecht vor. Sie wählen einen frieſiſchen Edelmann Dekama. §. 3. Fortwährende Unruhen der beiden Factionen der Schiringer und Vetkoper. Die Schiringer übertragen dem Herzog, als Kaiſerlichen Erbſtatthalter die Regierung über Weſtergo. §. 4. Der Herzog ernennet Willibrand von Schomberg zu ſeinem Statthalter. Dieſer unterwirft mit Gewalt der Waffen das ganze weſterlauerſche Friesland dem Herzog. Der Kaiſer beſtellet den Herzog zum Erbſtatthalter, unter dem Namen eines Poteſtaten über das weſterlauerſche Friesland, über die Provinz Gröningen, über Ditmarſen, das Land Wurſten und Stellingwerf. §. 5. Weſtergo will den Herzog nicht für ſeinen Poteſtaten erkennen. Gröningen wird gezwungen von dem Bündniſſe mit Oſtergo abzutreten. §. 6. Prätenſion des Grafen Edzards auf das alte Amt in Gröningerland. Heimliches Bündnis zwiſchen dem Grafen Edzard und dem ſächſiſchen Statthalter Schomberg wider die Vetkoper und Gröninger. §. 7. Edzard unterſtützet die Edelleute in den gröningiſchen Umlanden wider die Stadt Gröningen. §. 8. Waffenſtillſtand zwiſchen Gröningen, dem Herzog von Sachſen fen und Grafen Edzard. Die Entscheidung über die streitigen Gränzen der sächsischen Erbstatthalterschaft wird dem Kaiser anheim gestellet. §. 9. Die lange Garbe nimmt in Ostfriesland die Winterquartiere. Auflauf in Emden §. 10. Edo Wimken rüstet Kaper-Schiffe aus, und nimmt den Holländern Schiffe weg. Edzard stellet dieses Unwesen ab. Edo Wimken und Hero Omken werden münsterische Vasallen. §. 11. Der Kaiser dehnet die dem Herzoge von Sachsen verliehene friesische Podestrie über die Stadt Gröningen, über die Umlanden und ganz Ostfriesland aus. Graf Edzard provociret auf den seinen Vater ertheilten Kaiserlichen Lehnsbrief und bleibt ein unmittelbarer Reichs-Graf. §. 12. Die Stadt Gröningen will sich dem Herzoge nicht unterwerfen, giebt sich in den Schutz des Stifts Utrecht. §. 13. Und bringt 2 Ember Schiffe auf. Graf Edzard fällt in die Umlanden ein, erobert einige feste Oerter und läßt sich in dem alten Amte huldigen. §. 14. Der ostfriesische Häuptling, Ulrich von Dornum, General der Gröninger erobert wieder einige Plätze und brandschatzet Reiderland. §. 15. Edzard entsetzet die Belagerung Appingadams, schlägt die Gröninger und kehret mit Beute nach Ostfriesland zurück. §. 16. Herzog Albrecht reiset nach Meissen und überläßt seinem Sohn Heinrich die Regierung. Die westerlauerschen Friesen greifen zu den Waffen, und belagern den Herzog Heinrich in Franeker. Bündniß der Freiheit zwischen ihnen und der Stadt Gröningen. §. 17. Friesisches Schiboler. §. 18. Der Herzog Albert, Herzog Erich von Braunschweig, und Graf Edzard rücken in die Umlanden, schlagen die Gröninger, erobern ihr Lager, und §. 19. entsetzen die noch immer belagerte Stadt Franecker. §. 20. Das westerlauersche Friesland oder die itzige Provinz Friesland unterwirft sich dem Herzog.

Dritt

Inhalt.

Dritter Abschnitt.

§. 1. Die allirte Armee belagert die Stadt Gröningen. Abuarder Vergleich. Die Belagerung wird aufgehoben. Der Kaiserliche Gesandte Jürge von Thoren sequestriret die Umlanden bis zur Kaiserlichen Entscheidung. §. 2. Herzog Albert stirbt in Emden. §. 3. Thorn reiset nach Deutschland ab und bestellt den Grafen Edzard bis zu seiner Wiederkunft zum interimistischen Statthalter der Umlanden. §. 4. Gröningen nimmt fremde Truppen in Sold, erobert Dickhausen und Delffyl und belagert Appingadam. Edzard kommt unvermuthet über die Emse, schlägt die Gröninger und verfolgt sie bis an die Thore der Stadt. §. 5. Mude wird durch ein Butterfaß erobert. §. 6. Graf Edzard vereiniget sich mit den sächsischen Truppen aus Friesland und belagert Gröningen. §. 7. Graf Johann von Oldenburg unterwirft sich die Butjadinger und Stadt-Lander. §. 8. Die Butjadinger vertreiben die Oldenburger und huldigen von neuen Graf Edzard. Bündniß des Grafen von Oldenburg mit seinen Schwägern Edo Wirsken und Hero Omken, mit dem Herzog Heinrich von Braunschweig und dem Bischof Conrad von Münster. Graf Edzard bricht vor Gröningen auf und vereitelt das Project der Confoederirten auf Butiadingerland. §. 9. Die Gröninger fallen indessen in Niederland ein und kehren mit Beute zurücke. Waffenstillstand zwischen der Stadt Gröningen, den Sachsen und Ostfriesen. §. 10. Der Waffenstillstand wird auf 3 Jahre verlängert. §. 11. Ein strenger Winter. §. 12. Herzog Heinrich cediret seinem Bruder Herzog Georg von Sachsen die friesische Podestrie oder Erbstatthalterschaft, und nimmt in dem westerlaurschen Friesland und in den gröningischen Umlanden die Huldigung ein. §. 13. Die Gröninger beschließen bis auf den letzten Blutstropfen ihre Freiheit zu behaupten. §. 14. Graf Edzard wird Oberbefehlshaber

Inhalt.

der sächsischen Armee, schließt die Stadt Gröningen ein, und legt in dem Drentischen ein Blockhaus an. §. 15. Die Stadt Gröningen fällt in die Reichsacht. §. 16. Graf Edzard entzweiet sich mit dem sächsischen General Vitus Draksdorf, verläßt die Armee und gehet nach Ostfriesland zurück. Draksdorf setzet die Belagerung der Stadt fort.

Vierter Abschnitt.

§. 1. Die Stadt Gröningen wendet sich an die Gebrüder Grafen Edzard und Ulfo. §. 2. Macht sich verbindlich mit Vorbehalt ihrer Freiheiten und Privilegien beiden Grafen im Namen des deutschen Reiches bis zur Beendigung der Streitigkeiten, den Besitz der Stadt einzuräumen, eine gräfliche Besatzung einzunehmen, dem Grafen Edzard zu huldigen und ihm die Regierung der Umlanden zu überlassen. §. 3. Graf Edzard gehet mit 5000 Ostfriesen über die Emse, läßt sich vor dem Thore der Stadt Gröningen huldigen, hält einen stattlichen Einzug. §. 4. Erbauet ein Kasteel an der Stadt. §. 5. Vergleichet sich mit dem Herzoge von Sachsen, und wird herzoglicher Statthalter der Umlanden. §. 6. Die Umländer weigern zum Theil den Huldigungseid und wollen unmittelbar unter dem Grafen stehen. §. 7. Edzard bleibt im Besitz der Stadt Gröningen und der Umlanden. §. 8. Graf Ulfo stirbt. Edzard wird allein regierender Graf. §. 9 Fruchtlose Versuche der Sühne zwischen dem Herzoge von Sachsen, dem Bischofe von Utrecht, Grafen Edzard, der Stadt Gröningen und den Umlanden. §. 10. Ostfriesland blühet unter der vortreflichen Regierung des Grafen Edzards. §. 11. Edzard zwingt Hero Omken sich ruhig zu halten, errichtet mit des nun verstorbenen Edo Wimken Sohn Junker Christopher von Jever, ein Schutz- und Trutz-Bündniß, und sichert die

ostfrie-

Inhalt.

ostfriesische Gränze für Feindseligkeiten des Herzoges von Braunschweig und des Grafen von Oldenburg. §. 12. Graf Edzards Gemahlin stirbt. Er führet in seinem Hause die Primogenitur ein. §. 13. Bündniß des Grafen mit verschiedenen Grafen und Edelleuten aus Westphalen und am Harze wider den Herzog von Sachsen. §. 14. Nach Absterben des Grafen Heinrich von Stolberg wird Graf Eberwin von Bentheim, Herzoglicher Statthalter des westerlauerschen Frieslandes. Er ist ein Feind des Grafen Edzards. §. 15. Es wird an einem Vergleiche zwischen dem Grafen und dem Herzoge gearbeitet. Edzard wird gegen Abtretung der Stadt Gröningen die Erbstatthalterschaft über Gröningerland oder den Umlanden und Friesland jenseits der Lauer angebothen. Gröningen vereitelt durch ihre Protestation dieses Project. §. 16. Kaiserliches Mandat, wornach der Graf den Herzog von Sachsen als Erbstatthalter des ganzen Frieslandes auch in Absicht der Grafschaft Ostfriesland für seinen Lehns-Herrn erkennen, und von ihm als Statthalter über die Umlanden bestellet werden soll. §. 17. Der Graf appelliret von diesem Mandate an das Reichs-Kammergericht; der Kaiser beleget ihn mit der Reichs-Acht. Die Herzoge von Braunschweig, der Graf von Oldenburg, und der sächsische Statthalter Graf von Bentheim rüsten sich, Edzard als einen Reichs-Rebellen zu bekriegen. Edzard setzet sich in Vertheidigungs-Stand.

Inhalt.

Siebentes Buch.

von 1514. bis 1528.

Erster Abschnitt.

§. 1. Anfang des neuen Krieges. Die Herzöge von Braunschweig, der Graf von Oldenburg und viele deutsche Grafen fallen in Butjadingerland und Stadtland, und §. 2. theilen sich darin. Butjadinger- und Stadtland kömmt nachher an Oldenburg. §. 3. Die Sachsen fallen von der andern Seite durch die Umlanden in Reiderland ein. Sie gehen nach Oldenburg, um zu der combinirten Armee zu stoßen. §. 4. Der Graf erhält von dem Herzoge von Sachsen einen förmlichen Fehdebrief. §. 5. Durch ein Kaiserliches Patent wird der Stadt Gröningen bey Strafe der Acht anbefohlen, sich dem Herzoge von Sachsen zu unterwerfen. Die Stadt bleibt dem Grafen getreu und kehret Vertheidigungsanstalten vor. §. 6. und 7. Die Sachsen rücken in Friedeburger Amt und quartieren sich in Jeverland, Wangerland und Harlingerland ein. Junker Christopher von Jever schlägt sich zu den Feinden des Grafen. §. 8. Mislungener Versuch des Grafen auf Wittmund. §. 9. Die combinirte Armee schlägt ihr Lager vor Friedeburg auf. Graf Edzard lagert sich bey Buirmuncken und brennt Jever ab. §. 10. Friedeburg gehet durch Verrätherey über. §. 11. Der Graf verheeret Jeverland, §. 12. und schlägt die Sachsen in den Umlanden. §. 13. Neuer Versuch zur Sühne zwischen dem Herzog von Sachsen und Graf Edzard. §. 14. Der Graf bestürmt das sächsische Lager, muß die Belagerung aufheben und schlägt die sächsische Flotte auf der Ems. §. 15. Das combinirte Heer rücket wieder in Ostfriesland ein, erobert Gödens und

Knip-

Inhalt.

Zulphausen. §. 16. Schlacht bey Meerhausen. Der Graf muß sich nach Aurich zurückziehen, §. 17. und gehet mit seinen Truppen nach Emden. Aurich wird abgebrannt. §. 18. Die Allirten erobern die Festungen Stickhausen und Uplengen, und §. 19. die drey adlichen Burgen zu Dornum §. 20. Verheeren Norder- und Berummeramt, werden vor Olderfum zurückgeschlagen und wenden sich nach Leerort. §. 21. Sie belagern die Festung Leerort. §. 22. Der Herzog Heinrich der ältere von Braunschweig, Oberbefehlshaber der combinirten Armee fodert die Festung auf. §. 23. und wird erschossen. §. 24. Die combinirte Armee ziehet sich aus Ostfriesland zurück und hinterläßt blos einige Compagnien in dem Lande und Besatzungen auf Friedeburg, Stickhausen und Dornum. Dagegen §. 25. erobern die Sachsen in den Umlanden Delfsyl und Hohenkirchen.

Zweiter Abschnitt.

§. 1. Graf Edzard suchet Hülfe bey dem Herzoge Karl von Geldern. §. 2. Reiset nach Zütphen und trift ein Bündniß mit dem Herzoge. Der König von Frankreich ratificiret dieses Bündniß. Edzard kömmt mit einigen selbst angeworbenen Truppen nach Gröningen zurück. §. 4. Die Ember reinigen die Emse von der sächsischen Flotte und nehmen das Admiralschif weg. Dornum wird wieder erobert. §. 5. Die Sachsen und die Hülfstruppen der combinirten Armee nehmen Appingadam ein. Grausamkeit der Eroberer. §. 6. Bündniß des Herzogs von Sachsen mit dem Bischof von Utrecht. Graf Edzard brandschatzet das dem Stifte Utrecht unterworfene Drente, und erobert Midwalde und Schlochtern. Sächsische Flotte auf der Emse. Wilde Wuth der Ember und Sachsen. §. 7. Die Braunschweiger durchstreifen wieder Ostfriesland. §. 8. Der

Inhalt.

Der Herzog von Sachsen verhindert das Zusammenstoßen der gräflichen und der anrückenden Geldrischen Truppen. §. 9. Der Herzog von Sachsen läßt den König von Frankreich ersuchen, sich nicht in die friesischen Angelegenheiten zu mischen, und seine Feinde zu unterstützen. §. 10. Des Grafen Geldmangel bewürket die Desertion fast aller seiner Truppen. Die Stadt Gröningen will sich dem Herzog Karl von Geldern unterwerfen. §. 11. Tractaten zwischen dem Herzoge und der Stadt. §. 12. Der Herzog wird mit Bewilligung des Grafen Edzards von der Stadt zum Herrn angenommen und gehuldiget. §. 13. Graf Edzard verläßt Gröningen, gehet nach Ostfriesland zurück und §. 14. belagert Stickhausen. Der Herzog von Braunschweig entsetzet die Festung. §. 15. Der Herzog Karl von Geldern fällt in das westerlauersche Friesland ein. Herzog Georg von Sachsen kehret nach Meißen zurück. §. 16. Graf Edzard geriret sich noch immer als Statthalter der Umlande, geht wieder über die Emse, und erobert, in Vereinigung mit den Gröningern, Delfsyl und Appingadam. §. 17. Fällt in Friesland, nimmt Dockum ein und schlägt sich mit der schwarzen Garde herum. §. 18. Herzog Georg von Sachsen, müde des langjährigen Krieges, überträgt dem Erzherzoge Karl von Oesterreich sein Recht auf Friesland. §. 19. Waffenstillstand zwischen dem Erzherzog Karl, dem Herzog von Geldern und dem Grafen Edzard. Der Erzherzog wird gehuldiget. Ende der sächsischen Regierung in Ostfriesland.

Dritter Abschnitt.

§. 1. Graf Edzard kehrt nach Ostfriesland zurück, züchtiget Junker Christopher von Jever und Sero Omken von Harlingerland und bemächtiget sich Butjadingerlandes.

Herzog

Inhalt.

Herzog Erich von Braunschweig erobert Butjadingerland wieder. §. 2. Edzard erobert Uplengen, muß aber die Belagerung von Esens aufheben. §. 3. Zwischen dem Grafen und der Stadt Gröningen entstehen Streitigkeiten über die Regierung der Umlande. §. 4. Der Graf läßt unter dem Geräusch der Waffen, das itzige Ostfriesische Landrecht verfertigen. §. 5. Er belagert wiederum Stickhausen. Die Braunschweigischen Fürsten entsetzen die Festung und erobern das gräfliche Lager. §. 6. Waffenstillstand zwischen den Braunschweigischen Fürsten und dem Grafen. §. 7. Der Graf bewirbt sich um die Freundschaft des Grafen Floris von Egmont, friesischen Statthalters des Erzherzogs Karl, nunmehrigen Königes von Spanien. §. 8. Bündniß des Herzogs von Geldern, der Stadt Gröningen, der Braunschweigischen Fürsten und des Grafen von Oldenburg wider Graf Edzard. §. 9. Edzard reiset mit dem Grafen Floris nach Brabant. Er erhält Audienz bey dem Könige von Spanien und dem Kaiser Maximilian. Der Kaiser hebet die wider ihn verhängte Reichsacht auf. §. 10. Der König von Spanien macht ihn zum Statthalter der Umlanden, und seinen Sohn Graf Ulrich zu seinem Kammerherrn. Der Graf verpflichtet sich mit vorbehaltener Approbation des Kaisers und des Reichs, Ostfriesland von dem Könige von Spanien, als Grafen von Holland zu Lehn zu nehmen. §. 11. Der Graf stattet als Statthalter der Umlanden oder Gröningerlandes zu Gent den Eid der Treue ab, läßt seinen Sohn bey dem Könige und gehet nach Ostfriesland zurück. Die Ostfriesischen Landesstände genehmigen nicht, daß die Grafschaft ein Holländisches Lehn werden soll. §. 12. Der Graf ziehet von seiner umländischen Statthalterschaft wenigen Vortheil. §. 13. Er nimmt Friedeburg ein. §. 14. Junker Christopher von Jever stirbt. Mißlungener Anschlag der Braunschweigischen Fürsten und Hero Oinken auf Jever. §. 15. Graf Edzard trift einen Vergleich mit

den

den Fräuleins von Jever, wornach durch eine zu stiftende Heirath, die Herrschaft Jever mit Ostfriesland verbunden werden soll. Der Graf soll bis dahin die vormundschaftliche Regierung führen. §. 16. Er bestellet einen Statthalter in Jever, der ihm und denen Fräuleins schwören muß. §. 17. Friede zwischen dem Grafen, den Braunschweigischen Fürsten und dem Grafen von Oldenburg. §. 18. und 19. Dem Grafen wird die Festung Stickhausen wieder eingeräumt. Ihm werden seine Ansprüche auf Butjadingerland und Stadtland vorbehalten. Ende der blutigen sächsischen Fehde. §. 20. Der Graf danket seine Truppen ab.

Vierter Abschnitt.

§. 1. Die Reformation nimmt ihren Anfang. Bruns eifert in Aurich, §. 2. und Aportanus in Emden, wider das Pabstthum. Graf Edzards kluges Benehmen. §. 3. Magister Steffens und Lübbert Kanz, erste Reformatoren in Norden und Leer. §. 4. Der neue Kaiser Karl V. bestätiget dem Grafen den Lehnsbrief von 1454. §. 5. Eine sonderbare Projeßformalität. §. 6. Hero Omken stirbt. Sein Sohn Balthasar wird Herr von Esens, Stedesdorf und Wittmund. Dieser beraubet die Kaufleute zur See und auf den Heerstraßen. §. 7. Wird von dem Grafen Edzard gezüchtiget. §. 8. Der Graf läßt einige Seeräuber enthaupten. Die Hamburger erwischen einen berüchtigten Kaper auf der Emse. §. 9. Der Kapellan Ulrichs von Dornum und Mönche predigen zu Jemgum wider einander. §. 10. und 11. Oeffentliche Religionsdisputation zu Oldersum. §. 12. Restus vertheidiget zu Norden die neue Lehre und leget seinen Mönchshabit auf der Kanzel ab. §. 13. Auch in Harlingerland und Jeverland breitet sich die Reformation aus.

Fünf-

Inhalt.

Fünfter Abschnitt.

§. 1. Graf Edzard läßt die von ihm verordnete Primogenitur von seinen Söhnen bestätigen, und ernennet wegen Blödsinnigkeit seines ältesten Sohnes Ulrich, seinen zweyten Sohn Enno, nach seinem Ableben zum regierenden Grafen. §. 2. Edzard der Große stirbt. §. 3. Sein Charakter. §. 4. Seine Nachkommen.

Achtes Buch.
von 1528. bis 1540.

Erster Abschnitt.

§. 1. Graf Enno II. tritt die Regierung an und läßt sich huldigen. §. 2. Er verstärket die Festung Leerort und verschönert den Flecken Aurich. Aurich wird eine Stadt. §. 3. 4. und 5. Er säcularisiret die Klöster und nimmt die vorgefundene Schätze zu sich. §. 6. Einige Nachrichten von Ostfriesischen Klöstern. §. 7. Die Wiedertäufer finden in Emden Anhang. §. 8. Karlstadt kommt nach Ostfriesland. Er veranlaßt den Sacramentstreit. §. 9. Glaubensbekenntniß der ostfriesischen Prediger, die der Meynung Zwinglius anhangen. §. 10. Zur Beylegung des Sacramentstreites wird Bugenhagen nach Ostfriesland berufen. §. 11. Die Bremer Theologen Tieman und Pelt kommen in Ostfriesland. Sie finden von den Predigern zu Emden und Aurich, und von dem Widertäufer Ring Widerspruch, und reisen wieder ab. §. 12. und 13. ostfriesisches Religionsedict. §. 14. Vergleich zwischen dem Grafen und

dem

dem Erzbischofe von Bremen die Säcularisation der Klöster und die geistliche Jurisdiction betreffend.

Zweyter Abschnitt.

§. 1. und 2. König Christiern von Dännemark stiftet zwischen dem Grafen von Oldenburg und Ostfriesland wegen Butjadingerland und Jever einen Vergleich. §. 3. Graf Enno heirathet die Comtesse Anna von Oldenburg. §. 4. Befehdet Junker Balthasar, erobert Wittmund, §. 5. und Esens. §. 6. Balthasar muß den Grafen knieend um Verzeihung bitten. Sie söhnen sich wieder aus. §. 7. Balthasar tritt dem Grafen Wittmund und einige Dörfer in der Herrlichkeit Esens ab, und erhält Esens als ein ostfriesisches Lehn zurück. §. 8. Er verspricht diesem Vergleiche stets nachzukommen. §. 9. Wirbt aber heimlich Truppen an. §. 10. Uebersendet dem Grafen einen förmlichen Fehdebrief, §. 11. und verheeret die Stadt Norden, und Norder-, Berummer-, Emder- und Greetmeramt. Graf Johann brennt dagegen Esens und viele Dörfer ab. §. 12. König Christiern kommt in Ostfriesland und söhnet den Grafen Enno mit Balthasar wieder aus.

Dritter Abschnitt.

§. 1. Fräulein Maria von Jever findet sich beleidiget, daß Graf Enno ihre Hand verschmähet hat, läßt die Burg überrumpeln, und die Gräfliche Besatzung abziehn. §. 2. Graf Enno und Ubbo von Kniphausen belagern Jever. §. 3. Müssen aber auf Befehl des Burgundischen Hofes die Belagerung aufheben. §. 4. Die Herrschaft Jever wird ein brabantisches Lehn. §. 5. Wird von dem Kaiser sequestrirt

questrirt und von der Königin Maria, Gouvernantin der Niederlande, den Fräuleinen Maria und Anna durch eine Sentenz zuerkannt. §. 6. Harlingerland wird ein geldrisches Lehn. Der Herzog von Geldern bestellet Hakfort zu seinem Unterstatthalter. §. 7. Hackfort tyrannisirt. §. 8. Balthasar rüstet sich zur neuen Fehde. Der Geldrische Obriste Meinhard von Ham, fällt in Ostfriesland ein. Schlacht bey Jemgum. Niederlage der Ostfriesen. §. 9. Meinhard treibet in Reiderland Contribution bey und ziehet sich wieder zurück. §. 10. Balthasar fällt mit geldrischen Truppen in Ostfriesland ein, brennt Leer und Olderſum ab, durchstreift das ganze Land, und §. 11. erobert Gretſyl. §. 12. Graf Enno holt Beute aus Gröningerland auf, und nimmt einige Geldrische Schiffe weg. §. 13. und 14. Friede zwischen dem Herzoge von Geldern, Junker Balthasar und dem Grafen. §. 15. Die beyderseitigen Truppen werden abgedankt. Gretſyl wird dem Graf wieder eingeräumt; und der Graf giebt Balthasar Wittmund wieder zurück.

Vierter Abschnitt.

§. 1. Graf Enno läßt Lüneburgische Theologen nach Ostfriesland kommen. Diese entwerfen eine Kirchenordnung. §. 2. Diese Kirchenordnung wird mit Gewalt eingeführt, geräth aber wieder in Stecken. §. 3. Ulrich von Dornum stirbt. §. 4. Graf Enno läßt die Festung Uplengen schleifen. §. 5. Fehde zwischen Junker Balthasar und der Stadt Bremen. Durch Vermittelung der Schmaltaldischen Bundesgenossen wird ein Waffenstillstand getroffen. §. 6. Fruchtloser Versuch des Grafen Enno mit Junker Balthasar eine beständige Freundschaft zu errichten, §. 7. und mit der Fräulein Maria einen Vergleich wegen der Herrschaft Jever zu treffen. §. 8. Balthasar läßt wieder Korsaren in

See stechen. Von diesen werden 85 in Bremen enthauptet. Er selbst verfällt in die Reichsacht. §. 9. Schlägt einen abermaligen Antrag zu einer Versöhnung mit dem gräflichen Hause aus. §. 10. Wirbt Truppen und befehdet das Fräulein Maria von Jever. §. 11. Graf Enno überläßt dem Fräulein einige seiner Truppen und errichtet einen neuen Vergleich mit ihr. §. 12. Die Bremer belagern Esens. Fräulein Maria Wittmund. Balthasar stirbt auf der belagerten Burg Esens. Esens und Wittmund gehen über. §. 13. Balthasars Starrsinn. §. 14. Einige Nachrichten von dem Grafen Johann von Ostfriesland. Er mischet sich während der Regierung seines Bruders Enno, in alle Regierungsgeschäfte. §. 15. und 16. Wird von den Ständen mit 100000 Gulden von der Grafschaft abgefunden. §. 17. Vermählt sich mit Dorothea von Oesterreich, einer natürlichen Tochter Kaisers Maximilian I. §. 18. Graf Enno stirbt. Sein Character. §. 19. Seine Nachkommen.

Fünftes Buch.
von 1441. bis 1494.

Erster Abschnitt.

§. 1. Aufkommen und Wachsthum des gretsylischen Hauses, oder der cirksenaischen Familie. §. 2. Ulrich Cyrksena wird Häuptling von Auricher und Norder Neuland, und erhält durch seine erste Vermählung Esens und Stedesdorff. §. 3. Seine vortheilhaften Aussichten erregen §. 4. die Jalousie und eine Conföderation anderer Edelleute. §. 5. Nach dem Tode seines Bruders Edzards wird er zum Obersten und Häuptling der Emder, Auricher, Norder und Lengener angenommen. §. 6. Mit den Hamburgern stehet er in dem besten Vernehmen; auch werden die Gröninger nach gehobenen Mißhelligkeiten seine Freunde. §. 7. Er erhält durch einen Vergleich die Burg zu Dornum und die Idzinga Burg in Norden §. 8. stiftet einen Vergleich mit den Jeveranern: §. 9. erhält die Ruhe im Lande und bringet die Burg Nesse an sich. §. 10. Fruchtloses Indemnifationsgesuch einiger conföderirten Edelleute. §. 11. Ostfriesische Seeräuber. Neuer Vergleich mit Gröningen. §. 12. Ulrich belehnet seinen Stiefschwiegersohn Siebet Attena mit Esens und Stedesdorff. §. 13. 14. mischet sich in die Inhausische Fehde §. 15. tritt den Hamburgern Emden ab: §. 16. söhnet sich mit den verbannten osterbusischen und Larreltern Edelleuten aus, und läßt sich von ihnen ihr Erbrecht auf Brockmerland abtreten. Die Freundschaft zwischen ihm und den Hamburgern erkaltet und bricht §. 17. 18. und 19. in eine offenbare Fehde aus. §. 20. Aussöhnung und Bündniß mit den Hamburgern. Sie überlassen Ulrich auf 16 Jahren Emden und Leerort.

§. 1.

Ein gewisser Cyrk war Ahnherr des gretsylischen Hauses. Seine Söhne nannten sich nach damaliger Volkssitte, Cyrksena, das ist Cyrks Kinder, und seine Nachkommen sind noch Jahrhunderte lang unter dem Cyrksenaischen Geschlechte bekannt. Durch

A mäßig

mäßig beglückte Heurathen und dadurch erfolgte Verbindungen mit den größten Familien stiegen die Cyrksenaer oder die Häuptlinge von Gretsyhl allmählig empor.

Edzard Cyrksena, den uns zuerst unsere Annalen nennen, vermählte sich mit Etta von Visquard, dessen Sohn Enno mit Adda von Grothusen, der Enkel Edzard mit Doda then Broek und der Urenkel Enno mit Gela von Manschlacht. Dieser Enno Häuptling zu Gretsyl ist in einem hohen Alter 1450. verstorben. Er hatte zwey Söhne Edzard und Ulrich. Mit dem Tode Edzards haben wir das vorige Buch geschlossen. Ulrich machte eine neue Epoche in der ostfriesischen Geschichte. Wir werden itzt vorzüglich von ihm reden. Dann hatte Enno noch zwey Töchter Frowa und Abba. Diese war an Lütet Manninga von Lütetsburg, jene erst an Elbo Attena von Esens und Dornum, nachher an Eppo Gottinga von Suidbrock verheurathet. (a)

§. 2.

Der verstorbene Edzard Cyrksena ließ als Obrister der Bundsgenossen, als Häuptling von Emden, Berum, von Norder und Brokmerlande und Mitregent von Auricher Lande an Macht, Größe, Reichthum und Ansehen alle seine Vorfahren weit hinter sich zurück. Sein Bruder Ulrich Cirksena war ebenfalls ein viel geltender Häuptling des damaligen Zeit-

(a) s. im vorigen Theile die 12te Stammtafel. Sie ist aus alten Stammregist. des Gretsyl. Hauses und den genealog. Nachrichten von v. Appelle, Dodo von Knipbausen und von Loringa zusammengesetzet.

Erster Abschnitt.

Zeitalters. Er war erst Mitregent von Auricher Land, nachher, wie erst sein Bruder Ulrich (b) und gleich darauf Wibet von Esens ihm ihren Antheil überließen, der einzige Häuptling Auricher Landes; dann hatte ihm sein Bruder Norder neu Land (c) übertragen, und endlich war er Häuptling von Esens und Stetsdorf. An Esens und Stetsdorf ist er durch die Heurath mit Folke gekommen. Dieses hängt so zusammen. Wibet oder Wiptet war Häuptling zu Esens. Dieser war ein treuer Anhänger des cirksenaischen Hauses, und der Bundesgenossen. In der Fehde wider Focko Ukcn legte er eine sehr feste Burg zu Esens an, und gab nach und nach diesem mittelmäßigen Dorfe durch Erweiterung und Verschönerung ein städtisches Ansehen. (d) Er verheurathete seine Tochter Foolke an Omko Häuptling zu Stetsdorf. (e) Diese zeugten eine einzige verzärtelte Tochter Onne, welche den Eltern durch Ungehorsam und Halsstarrigkeit die Früchte einer üblen Erziehung täglich darbot. Sie machte es so arg, daß ihr Vater sie enterbte, und seine Frau zu seiner Universalerbin einsetzte. Nach Omkes Tode gieng

(b) Emm. L. 123. p. 349.

(c) Emm. l. c. Daher nahm er 1440. den Titel an: Hovetling in den nyen Lande en thô Auricke. s. die Urkunde bey Brenelsen. T. 1. L. 3. u. 36. und bey Beninga p. 309.

(d) Emm. p. 348.

(e) Nach Emmius l. c. ist Wibet Häuptling von Stedesdorf, Omke aber von Esens gewesen. Der Schwiegervater und Schwiegersohn haben gleich nach der Heurath Esens und Stetsdorf gegen einander ausgetauschet. Ich folge aber hier lieber Beninga.

4 **Fünftes Buch.**

die Wittwe Foolcke zur zweyten Ehe mit Ulrich Cirksena über. Gleich nach dieser Heurath (1440) übergab Wibet, ein damals betagter Greis seinem Schwiegersohne Ulrich Esens und alle seine sonstige Güter mit allen daran klebenden Pertinenzien, Rechten und Gerechtigkeiten ewig und erblich und zwar auch auf den Fall, wenn seine Tochter versterben und er zur zwoten Ehe schreiten mögte. Dagegen bedung er sich nur jährliche Zinsen zu seinem Unterhalte, einige Portionen Seelmessen nach seinem Tode, und den Schutz des cirksenaischen Hauses für seine Vornante bis in das neunte Glied gegen ihre etwaige Feinde aus. (f) Er lebte noch sieben Jahre in stiller Ruh, warscheinlich in einem Kloster (g) und starb 1447. (h) Seine Tocher Foolcke bestätigte nicht nur diesen Vergleich, sondern beschenkte auch von Todes wegen ihren Gemahl Ulrich mit Stebesdorf, und allen andern Gütern, welche sie von ihrem ersten Ehemanne Omke durch das vorerwähnte Testament geerbt hatte. (i)

§. 3.

1441 Nach Edzards Tode sah jedweder starr auf Ulrich hin. Alles stand in Erwartung der Dinge die

(f) Dieser Vergleich ist vollständig abgedruckt bey Breneisen T. I. L. 3. p. 63. und bey Beninga p. 309.

(g) Wenigstens war er dem Klosterleben nicht abgeneigt „wente ick my in een Kloster geven wulde, „so söllen se my folgen laten mine Renten" sind seine Ausdrücke in vorgedachtem Vergleiche.

(h) Emm. p. 349.

(i) Beninga p. 308.

Erster Abschnitt.

die da kommen sollten. Er war ein tapferer Herr, der des Schwertes gewohnt war, und lange zur Seite seines Bruders gefochten hatte; er war ein mächtiger Herr, der das angefangene Werk seines Bruders zu vollenden im Stande schien; er war Häuptling von Auricher Land, von Norder Neuland, von Esens und Stetsdorf. Sein noch itzt in hohem Alter lebender Vater Enno, war Häuptling von Gretsyl, welches natürlicher weise auf ihn bald verstammen mußte. Sein nun ohne Erben verstorbener Bruder hatte Emden von den Hamburgern anerhandelt, Verum erheurathet, Brokmerland durch Vergleich an sich gebracht, und ganz Norderland hatte ihm als seinem Häuptling gehuldiget. Dann hatte er hin und wieder mit dem Schwerte einige Schlösser seiner Feinde erobert. Es gehörte eben kein prophetischer Geist dazu, Ulrich Cirksena schon voraus in dem Besitze aller dieser ansehnlichen Länderenen, Flecken und Dörfer zu sehen; und so mußte denn Ulrich Cirksena der mächtigste Häuptling werden, der je in Ostfriesland gewesen.

§. 4.

Dies waren gewiß unangenehme Aussichten für die ostfriesischen Edelleute, die dem cirksendischen Hause nicht gewogen waren. Imel Beninga von Osterhusen und Grimersum und seine Anhänger, die sich mit Edzard ausgesöhnet, und ihres Gefängnisses entlediget waren, schöpften dennoch bey der anscheinenden mislichen Lage neuen Muth. Sie schmeichelten sich mit der Hofnung daß das sogenannte Bündniß der Freyheit, da das Oberhaupt verstorben war, sich trennen würde. Sie breiteten heimlich aus, daß dieses Bündniß blos zur Vergrößerung des

Fünftes Buch.

Cirksenaischen Hauses, zur Unterdrückung der Nation und selbst der Bundesgenossen abziele. Jhmels Entführung aus Emden, Tannes Gefängniß in Hamburg, das gute Vernehmen mit den Hamburgern, die sich hier eingenistelt hatten, das Occens rechtmäßigen Erben entrissene Brokmerland, die Verbannung einiger Edelleute, die allein zu Plünderung ihrer Güter abzweckte, und die angeblich durch Zwang und Verstellung erreichte Huldigung der Auricher, Brockmer und Norder wurden mit den häßlichsten Farben ausgemahlet. (k) Gleich nach dem Tode Edzards und noch vor seiner Beerdigung (l) traten Imel Beninga zu Osterhusen, Ailt Beninga Probst zu Hinte, Frerich zu Larrelt, Redert Beninga zu Grothusen, Tamme zu Petkum, Brunger und Sibrand zu Loquard, und Tido zu Uplewart zusammen, verbunden sich heimlich, einander bey aller vorkommenden Gelegenheit mit Gut und Blut beyzustehen, und einander bey dem ungekränkten Genuß und Besitz ihrer Herrschaften und Güter zu schützen. Jeder verpflichtete sich hiebey nie mit einem gemeinschaftlichen Feinde sich in Traktaten einzulassen und einen besondern Frieden ohne Vorwissen und Zustimmung sämmtlicher Conföderirten einzugehen. Imel Beninga war ein Enkel Imel then Brof und Urenkel Keno then Brof des ältern. Er machte daher ebenfalls auf Brokmerland und Auricher Land Prätension; er entsagte aber für sich und seine Söhne in diesem Bünd-

(k) Emm. p. 551.

(l) Er starb im Sept. Em. p. 351. oder eigentlich im Ausgang Sept. gegen Michaeli. v. Wichr Annal. ad An. 1441. Auf Hieronymi Tag d. i. den 30. Sept. ist das Bündniß schon unterschrieben. f. den Schluß des Bündn. bey Beninga p. 313.

Erster Abschnitt.

Bündniſſe ſeinem Anſpruche zum Beſten der Loquarder Familie, die mit dem letztverſtorbenen Occo then Brok durch die Heurath Tette then Brok näher verwandt war. (m)

§. 5.

Die Conföderirten ſcheinen ihrer Sache ziemlich gewiß geweſen zu ſeyn, weil Brunger von Loquard, ſchon den Titel then Brok annahm, den er ſonſt meines Wiſſens nie geführt hat. Wy Brunger tho Brocke, Sibrand tho Loquard iſt der Anfang der Conföderationsurkunde. Sie bauten aber Schlöſſer in der Luft. Ulrich war durch ſein freundlich einnehmendes Weſen, durch ſeine beredte Zunge, und ſchönen Wuchs, noch mehr durch ſeine bekannte Tapferkeit und allenthalben gerühmte Gerechtigkeit bey Jedermann beliebt. (n) Mit den Hamburgern ſtand er in genauer Verbindung, und wurde von ihnen bey allen ſeinen Planen unterſtützt, und er ſelbſt war ein mächtiger Herr, der jedem Häuptling die Spitze bieten konnte. So wurde er zugleich geſchätzet und gefürchtet. Daher wurde er gleich nach dem Tode ſeines Bruders von den Prälaten, Häuptlingen und gemeinen Eingeſeſſenen zum Obriſten und Häuptling der Ember, Auricher, Norder und Leerer (vielleicht Lengner) angenommen. (o) Er ſchrieb ſich ſeit dieſer Zeit bald Olrik oder auch Ulrik tho Emden, Norden, Auricke und tho Eſenſe ꝛc. Hovetling,

---

(m) Die Conföderationsurkunde bey Beninga. p. 312.

(n) Emm. p. 352.

(o) Beninga p. 314.

ling, bald Ulrik tho Grietsyhl, Norden, Brokmerlande, Esensen, Auricke unde Lengen ꝛc. ꝛc. Hovetling, bald wieder tho Norden, Berum, in de Greet, Aurich, Brokmerlande, Lengen ꝛc. in Ostfrießlande Hovetling. (p)

§. 6.

Bey dem Anfang der Regierung Ulrichs war es ziemlich ruhig. Niemand durfte sich ihm widersetzen, und die Conföderirten fanden es rathsam sich 1442 stille zu halten. In dem folgenden Jahre 1442. brachen einige Mißhelligkeiten zwischen der Stadt Gröningen und Ulrich aus, die aber doch von weniger Bedeutung waren. Koppen Hatten, einem reichen Mann in Möllen, wurde die Erbschaft seines in Gröningen verstorbenen Bruders vorenthalten. Er warb einige Mannschaft an und suchte sich durch Plündern der reisenden Gröninger schadlos zu machen. Die gröningsche Besatzung aus Termünten vereinigte sich mit einigen Deserteurs von den Truppen der Hamburger und Ulrichs, und fielen in Oberledinger Land ein, unter dem Vorwande den Koppen Hatten aufzuheben und ihm die gemachte Beute wieder zu entreißen. Wie sie ihn nicht vorfanden, plünderten sie das Dorf Driver aus und schleppten einige Leute als Gefangene mit sich. Ulrich beschwerte sich hierüber bey den Gröningern, welche sich damit entschuldigten, daß dieser Vorfall nicht auf ihr Geheiß geschehen. Sie versprachen die Loslassung der Gefangenen und die Schadenersetzung, ersuchten dabey Ulrich, den Koppen Hatten zu züchtigen. Ulrich sandte

(p) f. die Dokumente bey Breneisen T. 1. L. 3. p. 65. et seq.

Erster Abschnitt.

sandte sofort einige Soldaten nach Böllen und ließ die feste Burg Hattens, woraus er aber vorher mit seinen Leuten entflohen war, schleifen. Der Senat zu Gröningen entließ die gefangenen Driver zwar sofort, zögerte aber mit der Zurückgabe der geraubten Güter, und sah sogar durch die Finger, wenn die Räuberbande aus Termünte die Ember Schiffe plünderten und den ganzen Emsstrom unsicher machten. Durch ein heftiges Schreiben von Ulrich, und besonders von den Hamburgern, sahen die Gröninger sich endlich gezwungen, um einem offenbaren Krieg vorzubeugen, diesem Unwesen ein Ende zu machen. (q) In dem folgenden Jahre 1443. söhnten sie sich sogar mit Koppen Hatten selbst aus. (r) Das beyderseitige Interesse, sowohl der Ostfriesen als der Gröninger, erforderte, besonders wegen des empor kommenden Handels, Ruhe und Sicherheit. Daher machten sich die Gröninger und Ulrich Cirksena (1444.) feyerlich verbindlich: wenn etwa Mißhelligkeiten, die zwischen Nachbaren selten zu vermeiden sind, entstehen mögten, Niemand sofort zu den Waffen greifen sollte, daß dem freyen Handel nichts in den Weg geleget und den Seeräubern kein sicherer Aufenthalt irgendwo verstattet werden sollte. (s)

§. 7.

Tanne Kankena Häuptling von Witmund und Dornum wurde nach Edzards Tode noch immer zu Hamburg gefangen gehalten. Ulrich söhnte sich mit ihm

(q) Emm. p. 352. et seq.
(r) Emm. p. 355.
(s) Emm. p. 356.

ihm aus, und so wurde er wieder auf freyen Fuß gestellt. Es war dieses eben kein Merkmal der Großmuth Ulrichs. Er ließ sich die Entlassung Tannens theuer genug bezahlen. Tanne mußte ihm nicht nur die seiner Gemahlin zuständige Burg zu Dornum mit der daran klebenden Jurisdiction und allen Pertinenzien, sondern auch die Idzinga Burg mit allen seinen Besitzungen in Norderlande mit dem ausdrücklichen Consens der Kankenaischen Familie schriftlich in Gegenwart des Hamburger Magistrats unter dem großen Stadtssiegel abtreten. (t) So behielt er denn nur Witmund vor sich und mußte sich ohnedem den Hamburgern und Ulrich verpflichten, ohne ihre Zustimmung kein festes Haus in Ostfriesland anzulegen. (u)

§. 8.

Hayo Harles, Häuptling von Ostringen, Rüstringen und Wangenland war, wie wir vorhin gesehen, ein getreuer Bundsgenosse von Tanne Kankena. Eben darum hat er von Edzard bekehdet werden sollen; aber die Pest, worin sowohl er, als Hayo Harles verstorben, vereitelte dieses Vorhaben. (v) Itzt zog Ulrich mit einer großen Mannschaft, die noch mit Hamburgischen Truppen verstärkt war, an die jevrische Gränze, und bedrohte Tanno Düren und Sibet, so hießen die beyden Söhne des verstorbenen Hayo Harles, wie auch den Häuptling Lübbe Oncken mit

(t) Die Urkunde bey Breneisen T. I. L. 3 p. 65.

(u) Beninga p. 316.

(v) 1 Th. am Schlusse.

mit einem Ueberfall. (w) Diese fürchterlich anscheinende Fehde ist aber durch eine völlige Aussöhnung in der ersten Geburt ersticket. Ulrich richtete hierauf einen besondern Aussöhnungs- und Freundschaftsvergleich mit den Eingesessenen von Rüstringen, Ostringen und Wangenland auf, worin er ihnen versprach, sich wegen der vormaligen Mißhelligkeiten nicht zu rächen. Bey künftigen, etwa vorfallenden Zwistigkeiten, verpflichteten sie sich beyderseits nicht die Waffen zu ergreifen, sondern auf den Magistrat zu Hamburg zu compromittiren, und sich desselben Ausspruch zu unterwerfen. (x)

§. 9.

So war denn nach den Vergleichen auf der einen Seite mit Gröningen, auf der andern mit den Jeverländern Friede an den Gränzen, und da sich Niemand den Hamburgern und Ulrich widersetzen durfte, Ruhe im Lande. Diese seine Muße wandte er zur Verschönerung des Landes und zu verschiedenen nützlichen Einrichtungen an. So wuchs täglich sein Ansehn und seine Macht. Im folgenden Jahre bekam er einen neuen Zuwachs seiner Besitzungen. Haye Elstena Häuptling zu Nesse war, durch welche Veranlassung, ist mir unbewußt, erschlagen. (y) Vielleicht hat er mit Ulrich Cirksena Händel angefangen,

(w) Emm. p. 355. Anno 1442. verbrogen sich de Ostringer mit Dirik tho Norden. Das ist alles, was Springer in seiner ievrischen Chronick davon saget.

(x) Den Vergleich bey Breneisen p. 66.

(y) Beninga p. 317.

Fünftes Buch.

fangen; dem sey wie ihm wolle, in demselben Jahr hat Onne Helmeſt, des Entleibten Sohn, seine Burg zu Neſſe mit Zuſtimmung seiner nächſten Anverwandten ewig und erblich übertragen müſſen. (z)

§. 10.

Die Conföderirten oder wenigſtens einige von ihnen haben ſich ſeither entweder wieder gerühret, oder Ulrich und die Hamburger haben Gelegenheit geſucht, ſie anzuzwacken; wir finden wenigſtens Aplt Beninga, Probſt von Hinte, Frerich von Larrelt und Rebert Beninga von Grothuſen wieder 1442. im Gefängniſſe, woraus ſie, durch die Vorſprache von Herzog Philipp 1443. wieder entlaſſen ſind. (a) Wie die Abgeordneten der Hanſee-Städte, und Herzog Philipp von Burgundien zu Deventer zuſammen traten, um ſich auszugleichen, dauchte es den Conföderirten auch Zeit zu ſeyn, dorten ſich über die Hamburger und Ulrich zu beklagen und die Abſtellung ihrer Querelen nachzuſuchen. Ihre Klagpunkte waren,

(z) Das Document bey Breneiſen p. 67.

(a) Beninga p. 316. Frerich von Larrelt mußte ſich verpflichten zu jeder Zeit, wenn Ulrich es verlangen würde, ſich vor ihm zu ſtellen, und deßhalb hat er durch Bürgen, Vorſtand leiſten müſſen. Dieſe Bürgverſchreibung iſt bey Breneiſen T. 1. L. 3. p. 67. abgedruckt. Unter eben dieſer Bedingung werden die andern Gefangenen entledigt, und die Ao. 1426. geflüchteten und vertriebenen Edelleute wieder in das Vaterland vorhin zurück gekommen ſeyn; da dann die Hamburger und Ulrich ſie noch immer in der Qualität als Gefangene anſahen; ſonſt läßt es ſich nicht reimen, wie Alt (bey Beninga p. 320.) von einer 18 jährigen Verbannung reden kann. Ueberhaupt iſt dieſe Sache äußerſt verwirrt und dunkel.

Erster Abschnitt.

waren, die Entlassung des Probsten Imels, der noch immer zu Hamburg in dem Gefängnisse schmachten mußte, und die Vorenthaltung ihrer Güter. Imel berechnete seinen erlittenen Schaden über 70000 rheinische Gulden, eine überaus große Summe nach damaligen Zeiten, dabey brachte er seine Prätension auf Brokmerland wieder in Anregung. Haro von Hinte schlug die Zerstörung seiner Burg auf 4000 rheinische Gulden, und seinen Schaden seit seiner Verbannung jährlich auf 1000 Gulden an, und Aylt glaubte jährlich 400 Postulat=Gulden und 4000 rheinische Gulden Schaden an seiner geschleiften Burg erlitten zu haben. (b) Zu Deventer wurden die Traktaten abgebrochen; da denn auch die Bemühung der ostfriesischen Querulanten fruchtlos war. Hierauf giengen sie nach Holland und wandten sich an den Herzog Philipp. Hier wurden sie zwar wohl aufgenommen, aber mit leeren Vertröstungen abgespeiset. (c)

§. 11.

Brunger von Loquard hielt sich zu Farmsum 1444 auf, und suchte sich durch das so sehr beliebte Kaperhandwerk auf der Emse zu rächen. Auf schriftliches Ansuchen Ulrichs, wurden die Kaper von den Gröningern vertrieben. Kaum waren diese aus einander gejaget, so erschienen neue Ostfriesische Seeräuber, Onne und Rent von Marienhave, Folkert von Osterl, Fedde von Surhusen und einer Beke Haringsma von Schnek waren die Anführer. Sie
plün=

(b) Die förmliche Klage bey Beninga p. 317.
(c) Emm. p. 356. Schot. p. 306.

14 **Fünftes Buch.**

plünderten und raubten die Hamburger und Emder Schiffe, und waren so kühn, daß sie sich bis an die Ember Mauern wagten. Auch diese wurden von den Gröningern zerstreuet. Hiedurch wurde die gute Freundschaft zwischen den Gröningern und Ulrich näher befestiget. Eine Kleinigkeit störte aber beynahe dieses gute Vernehmen. Popke Reynda, Hauptmann auf Stikhusen, hatte eine Foderung auf Ulbet, in dem alten Amte. Er suchte sich selbst Recht zu verschaffen, und schleppte 6 Leute als Gefangene aus dem alten Amte mit sich, die er nicht loslassen wollte, so lange er nicht befriediget worden. Die Gröninger zogen dagegen auf ihrem Jahrmarkte einige ostfriesische Kaufleute in Arrest. Nach hartem Schriftwechsel zwischen Gröningen und Ulrich ist diese Sache aber gütlich beygelegt. (d)

§. 12.

Seit hundert Jahren und drüber hat in Ostfriesland keine solche Stille und Ruhe geherrschet, wie itzt. Ganze drey Jahre übergehen unsere Annalen mit Stillschweigen. Ulrichs Stieftochter Onna (e) war mit seiner Schwester Frauke Sohn, Sibeth von Dornum (f) verheurathet. Diese Onna ist, wie wir vorhin erwähnet haben, von ihrem Vater Onke und von ihrem Großvater Wibet enterbet worden. Entweder aus Zuneigung gegen seinen Vetter Sibeth, oder dem Schein einer Unbilligkeit und der üblen Nachrede, daß er seiner Stieftochter

Güter

(d) Emm. p. 357. et seq. Schot. p. 307.
(e) s. oben §. 2.
(f) s. Stammtafel 6. und 12.

Erster Abschnitt.

Güter an sich zöge, auszuweichen, übertrug er nach seines Schwiegervaters, Wibets, Absterben Esens und Stedesdorf seinem Vetter Sibet und dessen Erben, unter der Bedingung, daß sie als getreue Unterthanen ihn und seine Erben für ihre Landesherrn erkennen, und ihnen stets hold, gehorsam und gewärtig seyn sollten; im Entstehungsfalle aber beyde Herrlichkeiten wieder auf ihn, Ulrich, und die Herren dieses Landes, zurückfallen sollten. (g) So war denn Esens und Stetsdorf ursprünglich ein Ostfriesisches Lehn.

1447.

§. 13.

Sibeth fand bald Gelegenheit, als ein getreuer Vasall, Ulrich zu dienen, und ihm bey der itzt aufgekommenen Inhausischen Streitsache Heerfolge zu leisten. Die älteste Inhausische Familie, die man noch zur Zeit in dieser Epoche von der Kniphausischen Familie trennen muß, ist äußerst dunkel (h) und von den Familienverträgen dieser Zeit sind keine Documente

(g) Up sodane Condition, dat genante Sibo, he und syne Erven und naherven tho ewigen Dage I. Ulrich und syne erven tho ewigen Dagen als Heeren dusser lande stedes daar vor schulde erkennen, densulven deenst und gehorsam stedes als getrouwe underdanen plegen, wo nicht, schulde he Esens und Stedesdorpe, und syne nakomlinge so dar in sumig wurden befunden, berovet syn, und an I. Ulrich und Heeren dusser Lande weder fallen. Beninga p. 325. Nach Emm. hat Ulrich den Sibeth erst mit Stetsdorf und bald nachher mit Esens belehnet. p. 362.

(h) Man vergleiche Emm. p. 363. Shot. p. 314. Bruschius p. 93. Winkelmanns Oldenb. Chronik p. 20. Hamelmanns Old. Chr. p. 241. Muller Diss.

16 **Fünftes Buch.**

mente vorhanden. Man kann daher mit Sicherheit nicht auf den wahren Grund der Sache kommen. Hero Tannen von Sandel, so viel ist gewiß, besaß damalen, Namens seiner Gemalin Tiader, es sey aus einem wirklichen Erbrechte, oder aus einem Familienvertrag, Inhausen. Unvermuthet kam Alke Onken, der auf Inhausen ebenfalls Anspruch machte, in der Abwesenheit Heros, vor die Burg, eroberte sie, und setzte sich mit Gewalt in Besitz. Er war, wie alle Stammregister es einstimmend ausweisen, kein Abkömmling der Inhausischen Familie. Er wandte vor, daß sein Vater Ico Onken Inhausen von seiner Schwiegerin Hisa gekauft und sie abgefunden habe. Seine Zeitgenossen entkannten die Begründung dieser Behauptung. Daher hat Alke, wie Ulrich von Weerdum berichtet, sich den Zunamen Quade Alke zugezogen. Hero Tannen schrie über Gewalt, und suchte bey Ulrich Cirksena, Mauritz Kankena von Dornum und Edo Bozings von Gödens, Schutz. Alke, der das ihm annähernde Ungewitter voraus sah, wandte sich an Tanne Düren, Häuptling von Jever. Ulrich Cirksena und sein Vasall Sibeth von Esens waren gleich mit Roß und Mann zur Hand. Sibeth rückte vor Jever, eroberte die Stadt, plünderte die umherliegende Kirchen und Dörfer, und führte 300 Mann gefangen mit sich weg. Ulrich durchstrich Wangerland und Rüstringen, und zog mit reicher Beute beladen zurück. Nach Ulrichs Rückzuge fiel Tanno Düren in Harlingerland ein. Sibeth von Esens und Mauritz Kan-

Diss. de Dynast. p. 77. Ulrich v. Werdum Series Familiae Werdum. ohngefehr im Anfange Loringa und v. Kniph. Gen. Nob. in Tabula Inhus. s. auch im ersten Theile dieser Geschichte Tab. 14.

Erster Abschnitt.

Kankena von Dornum rückten ihm entgegen. Bey Niarp kam es zu einer Schlacht, worin Tanne Düren den Sieg erkämpfte und Mauritz Kankena gefangen machte. So wie er nun sich ganz Harlinger land zu bemeistern schien, fielen Cyrk von Friedeburg und Edo Boyngs von Gödens in Ostringen und Rüstringen ein. Hieduch bekam Harlingerland Luft, und Tanne Düren mußte sich zurückziehen. Der herannahende Winter machte dieser Fehde ein Ende. (i)

§. 14.

Kaum war der Acker bestellt, so sammleten sich 1448 die Landleute wieder zu den Fahnen Ulrichs. Er fiel in Jeverland ein, und eroberte die Sengwarder Kirche mit Sturm. Hierauf gieng er grade auf Inhausen los. Unterdessen kamen Hamburger und Bremer Gesandten ins Lager, und stifteten durch ihre Vermittelung einen Frieden. Die Friedensbedingungen waren, daß Alke innerhalb zwey Monaten Inhausen, Hero Tannen einräumen sollte. (k) Wie die 8 wöchige Frist abgelaufen war, beschwerten sich die Eingesessenen von Ostringen, Rüstringen und Wangerland über Hero Tannen, weil sie auf sein Veranlassen durch Plünderung und Brandschatzungen hart mitgenommen waren. Sie verlangten Schadensersetzung, und ersuchten Alke durch ihren Häuptling Tanne Düren, bis zu ihrer Befriedigung die Burg nicht dem Hero Tannen einzuräumen. So

warfen

(i) Emm. p. 363. Schot. p. 314. Beninga p. 326. Brufchius p. 152.

(k) Dilichii Chron. Bremenfe p. 160. Hamelm. p. 241. Emm. und Schot. l. c.

warfen sich Tanne Düren und Alke den Ball zu, und letzterer blieb in dem Besitze von Inhausen. Gleich im Anfange des folgenden Jahres, hatten Alke und Tanne Düren einen schriftlichen Contract errichtet, wornach Sengwarden nach Alkens Tode an Jever zurückfallen, und er und seine Erben Inhausen als ein Jevrisches Lehngut besitzen sollte. Hero Tannen schrie zwar wieder über Unrecht, er fand aber wegen innerlichen Unruhen in Ostfriesland kein Gehör. Er zog hierauf nach Werdum. Seine Nachkommen haben ihre Ansprüche auf Inhausen sich vorbehalten, und lange fortgesetzet. (l)

§. 15.

Emden ist in diesem Jahre von Ulrich Cirksena den Hamburgern wieder eingeräumet worden. Ob die Hamburger Edzard Cirksena Emden auf gewisse Jahre überlassen hatten, und dieser Termin itzt abgelaufen war, oder ob der vorhinnige Uebertrag an Edzard, nur ein masquirter Handel gewesen, oder ob die Hamburger itzt Ulrich nicht trauten, und daher die Zurückgabe der Stadt verlanget haben; ist eine so dunkle Sache, daß selbst den damaligen Zeitgenossen, wie Emmius behauptet, der rechte Zusammenhang unbekannt geblieben ist. (m) So recht mit gutem Herzen scheint indessen Ulrich Emden nicht abgetreten zu haben, weil bald nachher die Mißhelligkeiten zwischen ihm und den Hamburgern ausbrachen. Die Hamburger machten zwar bey dem Magistrat und mit den übrigen Officianten keine Aende-

(l) Hamelm. p. 242. Ulr. v. Werd. Ser. Fam. Werd. Mfpt. Emm. und Schot. l. c.

(m) Beninga p. 325. Emm. p. 365.

Erster Abschnitt.

Aenderungen, übertrugen aber das Ruder der Regierung, sowohl über Emden als ihren übrigen Besitzungen in Ostfriesland zween aus ihrem Magistrate, Johann Gerber und Albert Schreier; und über diese setzten sie einen Präsidenten oder Statthalter, Popke Keniber. (n)

§. 16.

Bisher waren die Hamburger und Ulrich die besten Freunde. Beyde arbeiteten nach einem und demselben Plane, die Oberherrschaft in Ostfriesland zu erhalten. Mit gemeinschaftlicher Hand hatten sie auch diesen ihren Plan unter der Larve, die Freiheit des Landes aufrecht zu erhalten, glücklich vollführet. Alles mußte sich ihren Winken unterwerfen. Nun kam es itzt darauf an, wer von beyden, die Hamburger oder Ulrich, die Oberhand behalten sollte. 1449 Gleich nach der Uebergabe Embdens, trat die Jalousie ins Mittel, und die Freundschaft erkaltete. Die Hamburger gaben vor, daß Ulrich einige Güter (ich weiß nicht welche) zurück behalten habe, die Pertinenzen von der Stadt seyn sollten. Dies gab die erste Gelegenheit zu wechselseitigen Zänkereyen. (o) Unterdessen hatte sich Ulrich mit den Häuptlingen, Imel Beninga von Osterhusen und Grimersum, dessen Sohn Aylt und Frerich von Larrelt, ausgesöhnet. Diese schwärmten noch immer als Verbannte in Gröningerland herum. Sie traten ihr Erbrecht auf Brokmerland, welches von ihrer Mutter und Großmutter Adda then Broek auf sie verstammet war, Ulrich feyerlich in einer deshalb ausgestellten

(n) Emm. l. c.
(o) Emm. p. 365.

stellten Urkunde ab. (p) Dieser Aussöhnung ohnerachtet getrauten sie sich nicht in Ostfriesland auf ihre Güter zurückzukehren, weil sie mit den Hamburgern nicht ausgeglichen waren. Sie wandten sich daher erst an den Gröninger Magistrat, und ersuchten um eine Vorsprache bey den Hamburgern, und um Unterstützung ihres Gesuches, wieder in das Vaterland zurückzukehren. Sie erhielten auch 1450 ein Vorschreiben an die Drosten zu Emden, diese aber verwiesen die unglücklichen Häuptlinge selbst an den Magistrat zu Hamburg. Dort sandten sie zwey Geistliche, Johann Münter, Prior zu Buer-Münken, und Isebrand, Prediger zu Norden, ab. Diese brachten die tröstliche Antwort zurück, daß Hamburg diese Streitigkeiten zur Untersuchung und Entscheidung dem Häuptling Wiard von Oldersum und Tanno Kankena überlassen würde (q) vielleicht nur um die Sache in die Länge zu ziehen. Es ist wenigstens nichts daraus geworden.

§. 17.

Die Hamburger hatten die Güter der verbannten Edelleute sequestrirt. Es war also ganz natürlich, daß sie die Restitution dieser Edelleute zu verhindern suchten. Dagegen war Ulrich sehr daran gelegen, daß ihnen ihre Güter wieder eingeräumet würden, um die Hamburger zu schwächen. Dies wird die Ursache gewesen seyn, warum er, der sich sonst so hart gegen diese Edelleute bezeiget hat, sich im vorigen Jahre mit ihnen ausgeglichen hat. Ohne allen Zweifel hatte er ihnen die Restitution ihrer Güter

(p) Bey Breneisen T. 1. L. 3. p. 68. und 69.
(q) Emm. p. 366.

Erster Abschnitt

ter bey diesem Vergleiche versprochen, und dies war denn wohl der zweyte Grund der Mißhelligkeiten zwischen den Hamburgern und ihm. Wie sich endlich die Eingesessenen in den Herrlichkeiten der geflüchteten Edelleuten, vermuthlich auf Ulrichs Anstiften, der Gerichtsbarkeit der Hamburger entzogen, sich an ihn wandten, um Schutz baten, und sich feyerlich erklärten, daß sie lieber sich einem einländischen Herrn, als einer auswärtigen Stadt unterwerfen wollten, brach das längst in der Asche lodernde Feuer los. Die Hamburger, hierüber äußerst aufgebracht, plünderten einige Eingesessene, andere warfen sie in das Gefängniß. Sie giengen noch weiter, hielten einige Schiffe an, die den Unterthanen Ulrichs, oder anderer Häuptlinge gehörten, die es mit ihm hielten, und plünderten sie. Ulrich ließ alle feste Häuser mit gehöriger Mannschaft besetzen, und suchte sich durch häufige Ausfälle in das Gebiet der Hamburger, durch Plündern zu rächen. Da wurden denn an beyden Seiten Menschen gefangen weggeführet, Vieh weggeschleppet, und Dörfer verwüstet und verbrannt. Ulrich brachte bald Ember, Gretmer, Aurich und Brokmerland, der mächtige Häuptling Wiard von Oldersum und Uphusen, die Gegenden bey Emden herum, und Moormerland, Poppo Manninga und Emo Ubbes Norderland, Sibet von Esens und Mauritz Kankena, Harlinger Land in die Waffen. Indessen hatten die Hamburger hin und wieder in Ostfriesland bey den Eingesessenen Anhang; so daß einige es mit ihnen, die mehresten es aber mit Ulrich und seinen Genossen hielten. (r)

§. 18.

(r) Emm. p. 368.

§. 18.

1431 Um mit mehrerem Nachdrucke diese Fehde fortzusetzen, verstärkten sich die Hamburger mit neuen Truppen, die sie theils aus Hamburg erhielten, theils in dem Oldenburgischen angeworben hatten. Auch sandten sie aus ihrem Magistrate die Rathsherren, Detlef Bremer, Johann Gerber, Parldon Lüttich, Andreas Gronenberg, Helmich Renzel und Erich Zeven nach Ostfriesland, um in diesem kritischen Zeitpunkte die Oberaufsicht in dem Krieges- Finanz- und Regierungswesen zu führen. Plündern, Brandschatzen, Morden und Brennen von beyden Seiten, waren die gewöhnlichen Auftritte, die sich in diesem Jahre ereigneten. Nie ist es aber zu einer förmlichen Schlacht gekommen. Die Gröninger ließen sich diese Sache sehr angelegen seyn, und bewürkten zwey mal einen Waffenstillstand. (s)

§. 19.

Während des Waffenstillstandes rüsteten sich die Hamburger sowohl als Ulrich zu einer neuen Fehde. Wie der Termin abgelaufen war, wurde 1452 aber Krieg hitziger und grausamer fortgesetzet, wie vorhin. Die Hamburger belagerten die Burg zu Grothusen, sie wurde aber von Sibet, Häuptling von Esens und Stetsdorf entsetzet. Andreas Gronenberg, dieser war der Heerführer der Hamburger, zog sich zurück, und belagerte Hinte. Auch diese Burg wurde von Sibeth entsetzet. Endlich gieng Gronenberg mit der ganzen Hamburgischen Macht und mit den bewafneten Bürgern aus Emden vor Oster-

(s) Emm. c. 1.

Erster Abschnitt.

Osterhusen. Hier wurde er von Sibeth angegriffen und nach Emden zurückgeschlagen. (t) Von dieser Begebenheit ist ein Volkslied vorhanden.

> Idt geschach op Sunte Magnus Dach,
> Dat men de Hamborgers mit de van Emden
> vor Osterhusen sach,
> Dat wort Iuncker Sibo Esens entwaer,
> De dref de Hamborgers mit do Emders van daer,
> Mit bussen, Loede und scharpen pylen,
> Daer durch makeden de Hamborgers nach Emb-
> den Korte Mylen. (u)

Endlich ist in dem Herbste dieses Jahres zwischen Herzog Adolph von Schleswig, welcher die Hamburger mit Hülfstruppen unterstützet hatte, und den Hamburgern auf der einen und Ulrich Cirksena und seinen Bundesgenossen auf der andern Seite, ein Waffenstillstand abgeschlossen worden. (v) Die Oldenburger, die immer den Hamburgern Vorschuß geleistet, und die Ostfriesen hatten sich seither an beyderseitigen Gränzen in Plündern, Morden und Brennen geübet. Auch diese Fehde ist gleich darauf, zwischen Graf Gerhard von Oldenburg und Ulrich ausgeglichen. (w)

(t) Emm. p. 368. Beninga p. 328.

(u) Beninga p. 329.

(v) Abgedruckt bey Brenneisen T. 1 L. 3. p. 70.

(w) Chron. Oldenb. bey Meibom. T. 2. p. 177.

§. 20.

Die Kosten, welche die Hamburger bisher auf die Unterhaltung der Garnisonen in Emden und Leerort, auf die beständige Anwerbung der Soldaten, auf die Verstärkung der Festungen und auf die Rüstungen bey den ostfriesischen Fehden verwandt, entsprachen lange dem Nutzen nicht, den sie daraus zu erndten sich vermuthet hatten. Alle diese Kosten hatten sie, nach ihrem Vorgeben, zum allgemeinen Besten und zur Sicherheit des Seehandels und der Kauffarbeischiffe angewandt, daher hielten sie bey den Hansee-Städten um einen Zuschuß an. Wie sie mit leeren Vertröstungen von einer Zeit zur andern hingehalten wurden, glaubten sie es ihrer Stadt zuträglicher zu seyn, sich mit Ulrich auszusöhnen, und 1453 ihm Emden und Leerort zu überlassen. (x) Im Anfange Aprils kam dieser Vergleich glücklich zu Stande. Der Einhalt desselben ist: die Hamburger übergeben Ulrich und seinen Erben auf 16 Jahre Emden und Leerort; für diesen eingeräumten Besitz, zahlet Ulrich 10000 Mark Lübisch. (y) Nach Ablauf der 16 Jahre, stehet es den Hamburgern frey, gegen Zurückzahlung dieses Vorschusses, und der von ihm verwandten, nach einer billigen Taxation auszumittelnden Kosten, an Verstärkung und Ausbesserung der Festungen, Emden und Leerort wieder einzulösen; Ulrich verpflichtet sich keine Seeräuberey

der

(x) Traziger Hamb. Chron. bey Westph. T. 2. p. 1354.

(y) Das Quantum ist zwar nicht in dem Vergleiche ausgedruckt, erhellet aber aus der Quitung über die im Jah. 1455. von Ulrich ausgezahlte 10000 Mark Lüb. Breneisen p. 74.

Erster Abschnitt.

der oſtfrieſiſchen Eingeſeſſenen zu verſtatten, keine Zölle auf Hamburgiſche Waaren zu legen, den Hamburgern, wenn ſie in Krieg verwickelt werden ſollten, in Emden und Leerort freye Ein- und Ausfahrt zu verſtatten, keine neue Schlöſſer und Feſtungen ohne ihr Vorwiſſen in Oſtfriesland zu bauen, der Stadt Emden und derſelben Eingeſeſſenen ihre Freiheit und Gerechtſame nicht zu kränken, und 300 Schützen auf ſeine Koſten zu ſtellen, wenn die Hamburger bekrieget werden ſollten; ſo wie die Hamburger ſich wieder verpflichten, falls Ulrich befehdet werden möchte, ihm mit 300 Schützen zu Hülfe zu kommen. An beyden Seiten wird eine beſtändige Freundſchaft und ewiger Friede, eine allgemeine Amneſtie der Mordthaten, des Brandes und der Plünderungen, die Loslaſſung beyderſeitiger Gefangenen und die Aufhebung des Strandrechtes von verunglückten Hamburgiſchen Schiffen an der oſtfrieſiſchen Küſte verſprochen. Dieſer Vergleich iſt von Ulrich und ſeiner Schweſter Söhnen Sibeth von Dornum und Eſens, und Poppo Manninga von Lütetsburg unterſchrieben und beſiegelt. (z) So wurde denn Emden und Leerort, Ulrich Cirkſena eingeräumet, und die Hamburger zogen ihre Truppen wieder aus Oſtfriesland. In Emden beſtellte Ulrich Egbert Boyng und auf Leerort Eggerik Beyerſlet zu Droſten. (zz)

(z) Die ganze Urkunde iſt bey Breneken T. I. L. 3. p. 71. et ſeq. abgedruckt.

(zz) Emm. p. 373.

Zweyter Abschnitt.

§. 1. Ulrich verheirathet sich als Wittwer nach erhaltener päbstlichen Dispensation mit Jocko Uken Enkelin, Theda. §. 2. wird von den Ständen zum Oberhaupt und Regenten von Ostfriesland angenommen §. 3. 4. Und von dem Kaiser Friedrich III. mit Ostfriesland, oder den Ländern zwischen der Emse und der Weser belehnet. Der Kaiser erhebet ihn und seine Descendenten in den Reichsgrafenstand, und macht Ostfriesland zu einer Reichsgrafschaft. §. 5. Ulrich verheimlichet den Lehnsbrief und enthält sich des gräflichen Titels. §. 6. Die Mißhelligkeiten zwischen dem Herzog von Burgundien und Ulrich, werden durch Vermittelung der Stadt Gröningen beygeleget. §. 7. und 8. Das Westerlauersche Friesland wird wieder mit dem Deutschen Reiche verbunden. §. 9. Fehde zwischen den Ostfriesen, Jeveranern und Oldenburgern. §. 10. Siebet Attena wird Häuptling von dem ganzen Harlingerlande. §. 11. und 12. Ulrich sichert den Seehandel durch Vergleiche und Commerzientraktate, mit den Holländern und Gröningern. §. 13. und 14. Kauft von der Abdenalschen Familie ihr Erbrecht auf Emben an sich, und läßt sich §. 15. durch den Pabst, von dem den Hamburgern geleisteten Eide entbinden. §. 16. 17. und 18. Embens Entstehen, Wachsthum und älteste Verfassung unter den Häuptlingen §. 19. unter den Hamburgern und §. 20. und 21. unter Ulrich. §. 22. Embens Wappen.

§. 1.

Ulrichs Vater, Enno Cirksena war kürzlich (a) in einem sehr hohen Alter verstorben. Wie nun dadurch auf ihn Gretsyhl verstammet, ihm itzt Emden und Leerort eingeräumet war, er vorhin schon als Häuptling über Norder, Auricher, Brockmer und Lengner Land, und Berum regierte, der tapfere Si-

beth

(a) Ao 1450. Beninga p. 328.

Zweiter Abschnitt. 27

beth von Dornum, Esens und Stetsdorf, sein Lehnsmann, der mächtige Wiard von Uphusen und Oldersum sein Busenfreund, und die Hamburger, seine
Bundesgenossen waren; so war er mächtig genug,
dem ganzen Lande Gesetze vorzuschreiben, und sich
zur Oberherrschaft von Ostfriesland hinan zu schwingen. Die vormaligen Bundesgenossen und Anverwandten von Focke Ukena, die durch seinen Bruder
Edzard, durch ihn und die Hamburger so sehr gedemüthiget worden, mußten gewiß sein immer wach-
sendes Glück mit schelen Augen ansehen. Um diesen 1454
Stein des Anstoßes zu heben, und einer etwaigen
neuen Kabale wider ihn auszuweichen, bot er als
Wittwer, denn seine Gemalin Foolke war seither
verstorben (b) Focke Ukens Enkelin, Theda, seine
Hand an. Er war mit ihr im vierten Grade (nach
der canonischen Computation, im siebenten aber nach
der Civilberechnung) verwandt. (c) Diese nahe
Verwandtschaft stand nach damaliger bekannten Verfassung, den beyden Verlobten entgegen. Sie,
Ulrich und Theda wandten sich an den Erzbischof von
Bremen, stellten demselben den großen Vortheil
dieser

(b) Ao. 1458. Emm. p. 369.

(c) ○ Keno then Brock
    △
Oceo Doda
 | |
 ○   ○
Occa Enno
 | |
 ○   ○
Hebe Ulrich
       |
      Theda

dieser Verbindung vor, indem dadurch die Harmonie des ganzen Landes wieder hergestellt, und alle Fehden und Zwietracht zwischen den ostfriesischen Familien gänzlich ausgerottet werden würden. Dem Bischofe kostete es daher wenig Mühe, auf seinen deshalb erlassenen Bericht an den päbstlichen Stuhl, die Dispensation zu erhalten, welche denn der Pabst Nicolaus sofort ertheilte. (d) Die Heirath wurde im Ausgange Iunii auf dem Berummer Schlosse vollzogen. (e)

§. 2.

(d) Nicolaus Episcopus servus serv. Dei, venerabili Archiepisc. Brem. sal. et apost. bened. Oblatae nobis pro parte dilecti filii, Nobilis viri Ulrici, Capitalis in Greetsyhl, Norden, Aurike et alior. divers. Dominiorum partium Frisiae Domicelli, ac dilectae in Christo filiae, nobilis mulieris Thedae, natae filiae Fockonis Ukens Domicellae, tuae et Monaster. dioeces. petitionis series, continebat, quod ipsi pro conservandis pace et concordia in dictis dominiis, et ne guerrae et dissensiones, quae olim inter ipsum Ulricum, et suos, ac dictae Thedae parentes et amicos suscitatae et postmodum sublatae fuerunt, reviviscant, desiderant invicem matrimonialiter copulari. Sed quia tertio quo Ulricus, et quarto quo Theda praedicti a communi stipite distant, consanguinitatis gradibus invicem sunt coniuncti et propterea eorum desiderum adimplere nequeunt, dispensatione super hoc Apostolica non obtenta pro parte eorum desiderium Ulrici et Thedae nobis fuit humiliter supplicatum, ut providere eis super his de opportune dispensationis gratia misericorditer dignaremur. Nos igitur — etc. Dat. Romae apud sanctum Petrum Ao. 1444. decimo nono Kal. Ian. Pontif. nostri Anno octavo. Bey Breneisen T. 1. L. 3. p. 75.

(e) Emm. p. 372. Schot. p. 320.

Zweiter Abschnitt.

§. 2.

Durch diese Heirath wurden die Familienzwistigkeiten größtentheils gehoben. Mit Jmel Beninga von Osterhusen und Grimersum (f) Aylt von Hinte, und Friedrich von Larrelt, hatte er sich, wie wir bereits oben angemerket haben, schon seit einigen Jahren ausgesöhnet. (g) Er setzte sie nach Abzug der Hamburger wieder in den Besitz ihrer Güter. Auch dem Brunger von Loquard räumte er, nach geleistetem Verzicht auf Brokmerland, die Dörfer Loquard, Risum und Kampen ein. (h) So machte er sich bey seinem Ansehen und seiner gefürchteten Macht allenthalben beliebt. Um nun für die Zukunft das Vaterland für solche blutige und landverderbliche Auftritte, die bisher die unseligen Factionen der Häuptlinge veranlasset hatten, zu sichern, erachteten die Geistlichkeit, die Ritterschaft und der Bauernstand (i) es dem Vaterlande zuträglich zu seyn, sich

(f) Dieser ist im hohen Alter 1453. verstorben. Beninga p. 353.

(g) Emm. l. c. setzet diese Aussöhnung, da ihm die von Breneisen edirte Urkunden unbekannt gewesen, erst auf 1454.

(h) Emm. und Schot. C. c. Nach Brungers Tode hat sein Sohn Otto Brungsm (1460) diesen Contract bestätiget, und dafür seinem Erbrechte auf Brokmerland und Auricherland entsaget, wofür er von Ulrich annoch 60 Grasen Landes in der Westerbuser, Freysummer und Midlummer Hainrich erhalten hat. Dieser Vergleich findet sich bey Breneisen T. 1. L. 3. p. 84.

(i) Beninga nennet ausdrücklich Praelaten, Hovetlingen sampt de treffyoksste Eygenerveden. p. 330.

Fünftes Buch.

sich einem Herren zu unterwerfen. Dies war denn auch in der That das einzigste Mittel, wodurch dem zerrütteten Zustande wieder abgeholfen werden konnte. Bey der glücklichen Lage Ulrichs konnte die Wahl keine Schwierigkeit finden. Er war es, der von den versammleten Ständen, also auf einem Landtage, itzt zum Regenten und Oberhaupt von Ostfriesland, mit Vorbehalt aller, dem Lande überhaupt, und jedem Eingesessenen insbesondere zustehenden Privilegien und Gerechtigkeit, ernannt wurde. (k)

§. 3.

Freilich ist nicht zu vermuthen, daß die Wahl Ulrichs, zum Regenten, von der Emse bis zur Weser, durchaus einstimmend getroffen sey. Der mächtige Tanne Düren, Häuptling von Ostringen, Rüstringen und Wangerland, und die Kankena in Witmund und ihre Anhänger blieben noch immer seine abgesagten Feinde. Wahrscheinlich sind diese und einige andere Edelleute auf diesem Landtage nicht zugegen gewesen. Um nun in der Folge auch diese sich unterwürfig zu machen, und Emden und Leerort, welche beyde Oerter er, nach der mit den Hamburgern eingegangenen Verbindung, nach Ablauf der bestimmten Frist, wieder überliefern mußte, den Hamburgern zu entreißen, trug er dem Kaiser Friedrich III. Ostfriesland zum Lehn auf. Der Kaiser erhob hierauf Ulrich, dessen Gemalin Theba und ihre Nachkommen in den Reichsgrafenstand, machte Ostfriesland zu einer Grafschaft des heiligen römischen Landes, und belehnte ihn, seine eheliche Leibeserben namentlich mit Emden, Norden, Gretsyhl, Behrum,

Esens,

(k) Beninga, Emm. und Schot. l. c.

Zweiter Abschnitt.

Esens, Jever, Friedeburg, Aurich, Lehroft, Stickhausen, Lengen und andern Schlössern und Dörfern von der Westeremse (l) bis an die Weser, mit Butiadinger und Stadtland, mit allen um die ostfriesische Küste liegenden Inseln, ins Süden von dem Aastrom (m) bis an die deutsche Gränze, (n) mit Hampol, (o) Detern, Lengen und der friesischen Wedde, (p) jedoch mit Vorbehalt aller dem Lande zustehenden Freiheiten und Gerechtigkeiten, so demselben von Karl dem Großen und seinen Nachfolgern, ertheilet worden, oder welche es bisher gehabt und gebrauchet hat. Dies ist der wörtliche Einhalt des von

(l) Die Emse ergießt sich in zwey Arme um Borkum, in die Nordsee. Der Strom rechter Hand nach Ostfriesland hin, heißt die Osteremse, der andere, nach der Gröninger Seite hin, die Westeremse.

(m) Die Aa, oder Aha wird auch wohl die Sypa genannt: Emmii descr. chor. p. 35. Sie theilet die Provinz Gröningen von Ostfriesland, und fliesset aus Reiderland in den Dollart.

(n) d. i. bis an das Stift Münster und an die Graffschaft Oldenburg ins Süden.

(o) Hampol ist ein kleiner Bach, welcher Oberledingerland ins Süden, nach der Emsseite hin, von dem Stifte Münster trennet.

(p) Die Friesische Wedde, oder auch Werder, lag an der Friedeburger Gränze. Emm. p. 574. in einem alten Mspte. stehet: Die Kirchspiele Bothorn und Zetel, oder die friesische Wedde; und in der Chronik der Freesen heißt es: Freesche Wedde, als de Karspelen, Freyjade, Batel, Zetel, Bothorn und Horsten.

von Kaiser Friedrich um Michaeli 1454. unterschriebenen Diplom. (q)

§. 4.

So war denn nunmehr Ulrich, Graf von Ostfriesland. In dieser Qualität verpflichtete er sich schriftlich im December dieses Jahres, dem römischen Kaiser und dem heiligen Reiche getreu, gewehr, gehorsam, hülflich und beständig zu seyn: Sr. Kaiserl. Majest. und des heiligen Reiches Frommen zu fördern, Schaden zu wenden, und alles das zu thun, was ein getreuer Graf und Lehnsmann des Reichs, seinem Lehnsherrn zu thun schuldig und pflichtig ist, doch alles, der Freiheit und der Gerechtigkeit, die er und seine Vorfahren bisher gebraucht und gehabt haben, unbeschadet. (r)

§. 5.

Der neue Graf Ulrich hielt es noch zur Zeit nicht rathsam, den Lehnsbrief, womit er von dem Kaiser begnadiget war, öffentlich bekannt zu machen.

Er

(q) Abgedruckt bey Breneisen. T. 1. L. 3. p. 75. et seq. Beninga p. 334. In Lünigs Reichsarchiv, Cent. 2. p. 496. Wie irrig einige auswärtige Geschichtschreiber die bisherige ostfriesische Verfassung sich gedacht haben, erhellet aus dieser Probe: „Vor „diesem gehörte Ostfriesland zu Teutschland, und „hatte seinen Dynastam vermöge des Privilegii von „Carolo M. Jetzo machte Friederich III. den von „Gretzmühl zum Grafen, als er seine allodia in „feudum offerirte. Er gab ihm auch das Ius, so „er als Kaiser hatte. Gladovs Reichshistorie 6s „Buch p. 166. n. 6.

(r) Die Urkunde bey Breneisen p. 77.

Zweiter Abschnitt.

Er verzögerte die Investitur, und nahm noch nicht den Titel eines Grafen an. Er selbst schrieb sich, vor wie nach, Junker Ulrich; so betitelten ihn auch die Auswärtigen, der Pabst und die Stadt Gröningen, die Häuptlinge in Ostfriesland und seine eigne Unterthanen. (s) Noch 1462. (t) und gar im Anfange 1463. hieß er sich schlechtweg Häuptling. (u) Wegen dieses seines klugen Benehmens vergleicht ihn ein auswärtiger Schriftsteller mit den beyden großen Männern August und Karl Martell. Auch beyde wollten keine Könige heißen, um dem Volke keinen Anstoß zu geben, und desto sicherer ihre Plane ausführen zu können. (v) Indessen suchte er in dieser Zwischenzeit durch sein gefälliges und freundschaftliches Wesen, und durch Beylegung der Streitigkeiten einiger Häuptlinge unter sich, sich immer mehr beliebt zu machen, und die Gemüther zu gewinnen. Besonders war ihm Cyrk von Friedeburg sehr gehässig. Dieser stand mit den Gröningern, vielleicht wegen Kaperey, in Fehde. Ulrich söhnte ihn und Emden mit der Stadt Gröningen aus, und machte sich dadurch ihm sehr verbindlich. (w)

§. 6.

(s) s. alle Documente bey Breneisen von p. 78. bis 90.

(t) Auf einem Sarkstein an der Kirche zu Weener von 1462. stehet: Olricus de Gretha, Capitaneus Ostfrisie. Tiadens gelehrte Ostfr. 2 Theil. p. 174.

(u) s. das Document von 1463. in der Note bey Beninga p. 344.

(v) Forstneri Notae Polit. ad Tacit. p. 11. p. 17.

(w) Emm. p. 373. Schot. p. 321.

§. 6.

Beynahe wäre es zwischen dem Herzog Phllipp von Burgundien, als Herrn von Holland, Seeland und Friesland, und dem Grafen Ulrich zum Bruch gekommen. Die Rotterdammer Kaufleute hatten ein, dem Grafen Ulrich zuständiges Schiff, mit Arrest belegen lassen. Dies gab die Gelegenheit zu den Mißhelligkeiten. Den Gröningern war sehr daran gelegen, daß der Seehandel nicht gestöret wurde, der Herzog hatte seine Hände, wegen der Utrechter Bischofswahl, voll; und Ulrich mußte, wegen seiner Lage, einen auswärtigen Krieg zu vermeiden suchen. Die Stadt Gröningen bot sich daher als Friedensstifterin an. Dieses wurde von beyden Seiten angenommen. Es wurde also auf Gröningen compromittiret, und das Laudum gieng dahin: Die Holländer sollten Grafen Ulrich schadlos stellen, Graf Ulrich, Sibeth von Esens und Cyrk von Friedeburg, welche beyde letztere von der Kaperey scheinen ein Handwerk gemachet zu haben, sollten alle Feindseligkeiten zu Wasser und zu Lande wider die Holländer, Seeländer und Friesen einstellen, und diese sollten wiederum die Ostfriesen nicht beschädigen. Alle künftige Irrungen sollten durch den Weg Rechtens ausgemachet werden. (x)

(margin: 1455)

§. 7.

Nachdem der Kaiser Ostfriesland zu einer Reichsgrafschaft gemachet hatte, suchte er auch die Friesen jenseits der Lauer wieder an das deutsche Reich zu bringen. Folgendes gab die Veranlassung dazu. Wie

---

(x) Das Laudum bey Brencisen l. c. p. 78.

Zweiter Abschnitt.

Wie die westerlauerschen Friesen zur Zeit Wilhelm VI. sich (1414.) Staveren bemächtiget hatten, waren sie von der Holländischen Oberherrschaft völlig befreyet. Zwar ließen sich einige Häuptlinge und Eingesessene, nachher mit dem Herzog Johann von Bayern ein, und nahmen ihn zu ihrem Herrn an. Diese Verträge haben aber nie einen Erfolg gehabt. Jacoba war, wegen der innerlichen Unruhen in Holland, zu ohnmächtig, das vermeinte Recht der Holländischen Grafen auf Friesland durchzusetzen. Wie aber Philipp, dieser herrschsüchtige Herr, zur Regierung kam, wandte er alle Mittel an, die Friesen wieder zum Gehorsam zu bringen. Er erneuerte zwar immer mit ihnen den Waffenstillstand, suchte aber dagegen die innerlichen Streitigkeiten, der noch immer fortwährenden Factionen der Schiringer und Vetkoper zu unterhalten, und mischte sich sogar in die ostfriesischen Unruhen, indem er, wie wir oben angeführet haben, Imel von Osterhusen und seine Anhänger, in seinen Schutz nahm, und sich ihrer annahm. Nie ist der Bürgerkrieg zwischen den Schiringern und Vetkopern mit größerer Wuth geführet worden, wie, 1450. und in den folgenden Jahren. Itzt glaubte Herzog Philipp mit leichter Mühe, die Oberherrschaft über Friesland, wornach er und seine Vorfahren so lange fruchtlos gestrebt hatten, erhalten zu können. Er sandte Abgeordnete nach Ostergo und 1456 Westergo, und verlangte, daß sie ihn, unter vortheilhaften Bedingungen und unter Bestätigung ihrer Freyheiten und Privilegien, für ihren Landesherrn annehmen sollten. Hieben fügte er die Drohung hinzu, daß er im Weigerungsfalle, sie durch Heereskraft dazu zwingen würde. Die Friesen bestürzt über das Verlangen des Herzogs, sandten einige Landesleute, mit hinlänglicher Vollmacht versehen,

C 2 nach

nach Harlem, um sich mit dem Herzoge in Traktaten einzulassen. Der Herzog wiederholte sein Ansuchen, wovon er nicht abgehen könnte, und gab den
Deputirten, zur Einbringung einer cathegorischen
Erklärung ihrer Committenten, Frist bis Weinachten dieses Jahres. (y) Die bedrängten Friesen versammleten sich zu Leuwarden, und suchten Hülfe bey
den Gröningern und den Umländen, wie auch bey
Graf Ulrich. Sie erinnerten die Gröninger und
die Ostfriesen an das alte allgemeine Bündniß der
Friesen zwischen dem Fly und der Weser, schilderten
ihre mißliche Lage, und stellten ihren alten vormaligen Bundesgenossen die Gefahr vor, worin sie
selbst gerathen würden, wenn der mächtige Herzog
sich erst das westerlauersche Friesland würde unterwürfig gemachet haben. (z) Wie sie hier wenig
Trost fanden, traten die Ostergoer, Westergoer und
Siebenwolbner zu Bolswart zusammen, vereinigten
sich erst durch Beylegung der Streitigkeiten zwischen
den Schiringern und Vetkopern, und verbanden sich
mit gemeinschaftlicher Hand, sich dem Herzoge zu
widersetzen. (a)

§. 8.

Der Kaiser Friedrich III. nützte das Ungewitter,
welches sich dem friesischen Horizont zu nähern schien.
1457 Er sandte einen Thomas von Guristed nach Friesland,

(y) Wagenaer vaderl. Hist. T. IV. Boek. 13. §. 14.
Winshem. Chr. v. Vriesl. p. 262. Ocko Scarl.
Chron. v. Vriesl. p. 190. Emm. p. 38. Schot. p. 324.

(z) Emm. und Schot. l. c.

(a) Das Bündniß ist abgedruckt in v. Schwarzenberg Chart. Boek. T. I. p. 590. Schot. in Tablino p. 591. Occo Scharl. p. 190. Winshem. p. 263.

Zweiter Abschnitt.

land, um die Schatzungen, die sie so viele Jahre schuldig geblieben, dem Reiche zu entrichten. Sie mußten nemlich 1 Groschen von jeder Herdstelle nach dem Begünstigungsbriefe Kaisers Sigismund, von 1418. dem Reiche entrichten. Weil aber die Traktaten mit dem damaligen Kaiserlichen Gesandten Wuntschlau abgebrochen worden; (b) so haben sie diese Schatzung gewiß nicht entrichtet, und hielten sich noch immer von dem deutschen Reiche getrennt. (c) Indessen fühlten sie sich itzt bey ihren bedrängten Umständen gemüßiget, sich dem Kaiser und dem Römischen Reiche zu unterwerfen, und Schatzungen zu bezahlen. Hiebey machten sie die Vorbedingung, daß der Kaiser ihnen die von Karl dem Großen und von Sigismund ertheilte Privilegia erneuern und bestätigen, auch dem Herzog Philipp bey nahmhafter Strafe verbieten sollte, sich aller Herrschaft über Ostergo, Westergo und den Sieben-Wolden zu enthalten. (d) Der Kaiser befriedigte den Wunsch der Friesen, bestätigte ihnen ihre Privilegia, und erinnerte sie in Absicht der rückständigen Schatzung ausdrücklich an den Ausspruch des Heilandes, gebet dem Kaiser, was des Kaisers ist und Gotte,

was

(b) 1. Theil bey dem Jahre 1418.

(c) Emmius behauptet c. l. sie hätten die Schatzungen würklich immer entrichtet, die Kaiserlichen Rentmeister aber hätten sie untergeschlagen. Dies ist aber ganz unwarscheinlich, streitet auch wider den Zusammenhang der Geschichte, und findet sich in keinem Dokumente oder einem ältern Schriftsteller davon die geringste Spur.

(d) Die Artikel bey Beninga p. 346. v. Schwarzenberg p. 592. Occo Scarl. v. Boek p. 594. Winshem. p. 265.

was Gottes ist. (e) Hiebey befahl er in einem besonderen Schreiben unter dem 10. August, daß die Friesen sich niemaln wieder unterstehen sollten, sich dem Römischen Reiche zu entziehen, (f) zugleich meldete er dem Herzog Philipp, daß die Friesen, welche doch unmittelbare Unterthanen des Reichs wären, sich beschweret hätten, wie er, der Herzog, daran arbeitete, sie sich unterwürfig zu machen. Bey Kaiserlicher Ungnade befahl er dem Herzog, die Friesen als Reichsunterthanen nie wieder zu beunruhigen. (g) Philipps hohes Alter und seine häusliche Unruhen, erlaubten ihm nicht, sein vermeintes Recht auf Friesland durchzusetzen. So wurde denn auch das westerlauersche Friesland wieder mit dem deutschen Reiche verbunden.

§. 9.

(e) Bey v. Schwarzenh. p. 593. Schot. in Tablino p. 28. Occo Scarl. p. 195.

(f) Bey v. Schwarzenh. p. 594. Schot. in Tablino p. 126. Breneisen T. 1. L. 3. p. 81. Die Urkunde ist Latein., eine niedersächsische und Holländische Uebersetzung bey Beninga p. 347. Schot. in Tablino p. 30. und Occo Scarl. p. 197.

(g) Bey v. Schwarzenh. p. 595. Haincon. p. 125. Breneisen l. c. Breneisen sagt in der Note, den Kaiser haben die Händel von Imel und Hisko, worin sich der Herzog gesteckt hat, zu diesem Mandate veranlasset. Dies ist aber schnurstraks wider die Geschichte. Alle vorstehende Urkunden geben auch nur blos auf das westerlauersche Friesland. Eine niederf. und Holländische Uebersetzung dieser Urkunde ist ebenfalls bey Beninga p. 350. Schot. in Tabl. p. 29. Occo Scarl. p. 196.

Zweiter Abschnitt.

§. 9.

Indessen waren in Ostfriesland neue Unruhen ausgebrochen. Tanne Düren, Häuptling von Jever ꝛc. verdroß es ungemein, daß Ulrich zum Häuptling oder Regenten von ganz Ostfriesland angenommen worden. Er glaubte, daß dieses seinen Gerechtsamen, weil er seine Zustimmung nicht dazu gegeben hatte, zum Nachtheil gereichen könnte. Vielleicht hatte er auch einen Wink von der Erhebung Ulrichs in den Grafenstand, und von der Belehnung mit Ostfriesland erhalten, welches indessen noch immer verheimlichet wurde. Um Ulrich Trotz zu bieten, schloß er ein Bündniß mit dem Grafen Gerhard von Oldenburg ab, und brachte Tanne Kankena von Witmund, Edo von Gödens und Cyrk von Friedeburg auf seine Seite. Ulrich vernahm diese Anstalten, und benachrichtigte sofort davon seinen Vasallen Sibeth. Durch Bestechung eines Bedienten, kam dieser unvermuthet um Weinachten 1456. des Nachts auf Tannens Schloß zu Witmund, und nahm ihn auf seinem Bette gefangen. Er entschuldigte diesen unzeitigen Besuch mit der Nothwendigkeit, die Burg, wegen der bevorstehenden Fehde mit Tanne Düren, für den Grafen Ulrich, in Besitz zu nehmen, und versprach, nach geendigten Unruhen, die Burg ihm wieder zu überliefern. Mit diesem Compliment ließ er den alten Mann laufen. Im Sommer des folgenden Jahres (1457.) brach die Fehde in volle Flammen aus. Zwischen Witmund und Jever kam es zu einer Schlacht. Ulrich und Sibeth siegten, Lübbe Omken von Kniphausen und Alke von Inhausen wurden gefangen, Tanne Düren entkam. Unterdessen erhielt Tanne Düren Hülfstruppen aus Oldenburg, überfiel Sibeth, und schlug

schlug ihn bey Nordorp. Sibeth rächte sich aber bald. Er kam unvermuthet vor Jever, eroberte die Stadt, und kam mit 300 Gefangenen, 5000 Stück Hornvieh, und ansehnlicher Beute wieder in Harlingerland zurück. Nach solchen Morden, Rauben und Plündern haben sich endlich Ulrich und Sibeth mit Tanne Düren, Cirk und Edo von Göbens ausgesöhnet, oder doch einen Waffenstillstand abgeschlossen. Mit dem Grafen von Oldenburg hatten sie sich indessen noch nicht ausgesöhnt. Ulrich sandte Sibeth durch Moritz von Dornum und Sivke, Drosten von Lengen, eine Verstärkung zu. Mit diesen über 5000 Mann stark, that er einen Zug in das Oldenburgische, raubte, plünderte und brannte bis vor das Thor von Oldenburg. Der Graf Gerhard schnitt ihnen aber zwischen Monsingen und Fikensholt den Rückzug ab. Siebeth sah sich daher genöthiget, sich durchzuschlagen. Dies gelang ihm zwar, er mußte aber über 200 Leichen und 260 Gefangene zurück lassen. Hierunter war selbst Mauritz von Dornum, der sich erst ein Jahr hernach mit schwerem Gelde wieder gelöset hat. Bald nachher wagte Sibeth noch einen Einfall in Ammerland, wurde aber wieder von den Oldenburgern bey dem Rückzuge ohnweit Ape aufgefangen und geschlagen. (h) Diese Plackereyen zwischen den Ostfriesen und den Oldenburgern, wurden noch eine geraume Zeit fortgesetzet. So that der Graf Gerhard bald hernach einen Einfall in Ostfries-

---

(h) Beninga p. 339.-341. Emm. p. 378. Schot, p. 323. Hamelman p. 254. 257. welcher letzterer dieses alles verwirrt und chronologisch unrichtig erzählet. s. auch von der Schlacht bey Fikensholt. Chron. Oldenb. bey Meibom T. 2. p. 178. und Chron. Rastedense eod. p. 117.

Zweiter Abschnitt.

friesland, und trieb bey seinem Rückzuge eine große Heerde Hornvieh, die er mit Hülfe Alkens von Innhausen geraubet hatte, als eine Beute vor sich her. In dem folgenden Jahre kamen die Friesen mit 25 Schiffen, plünderten jenseits der Weser und Hunte die Eingesessenen und steckten einige Häuser in Brand. (i) So beschädigten sich immerhin wechselsweise die Oldenburger und Ostfriesen.

§. 10.

Sibeth Attena blieb während dieser Fehde noch immer im Besitz des Schlosses Witmund, woraus er den Tanne Kankena bey seiner nächtlichen Visite vertrieben hatte. Dieser hielt sich in dieser Zwischenzeit bey dem Hofe des Grafen Gerhard von Oldenburg auf, und focht mit dem Grafen wider Ulrich und Sibeth. Erst 1461. hat er sich mit Sibeth ausgeglichen. Dieser behielt Witmund und räumte dafür Tannen die Osterburg zu Dornum ein. Hierauf ließ er das alte Witmunder Schloß abbrechen und eine ganz neue Burg bauen. (k) So war denn Sibeth Attena nunmehr Häuptling der drey Herrlichkeiten, Esens, Stedesdorf und Witmund, oder von ganz Harlingerland. Seine Nachkommen haben auch dieses Harlingerland ungetheilt besessen. Ohngefähr 150 Jahr später kam es durch die Vermählung seiner Urenkelin Walpurgis mit dem Grafen Enno III. an das ostfriesische Regierhaus, welches wir unten weiter ausführen werden. Wir merken hier nur noch an, daß Harlingerland seine Benennung

---

(i) Chron. Oldenb. c. l. p. 179.

(k) Schot. p. 327. Beninga p. 358.

nung von einem kleinen Bache, die Harrel, hat, welcher sich zwischen den Inseln Wangenoge und Spikeroge in die See ergießt. (l)

§. 11.

Auch an der andern Seite von Ostfriesland zwischen den Gröningern und Embdern entstanden einige Mißhelligkeiten wegen der Schiffarth auf der Emse, welche durch einen besonderen Commerzientractat gehoben ist. Diesen Traktat hat die Stadt Gröningen und die Umlanden mit Graf Ulrich und Sibeth errichtet. Hiernach ist den Gröningern freyer Handel durch ganz Ostfriesland zu Wasser und zu Lande, in und außer den Märkten, ohne Abgaben und Zölle, gleich den Einländern verstattet. Eben dieses Privilegium ist den Ostfriesen in und durch Gröningerland vergönnet. (m) Hierüber entstand aber in der Stadt Gröningen ein Tumult, wodurch der Commercientractat nicht zur Ausführung gekommen. (n)

§. 12.

Zu dieser Zeit hielt sich eine Räuberbande zu Otterdum auf, welche die ostfriesischen Schiffe plünderte. Der immer rüstige Sibeth gieng mit bewafneter

(l) Harckenroth Oßf. Oorspronk. p. 824.

(m) Der von den Gröningern unterzeichnete Commercientractat bey Brenelsen c. l. p. 80. Das von Ulrich und Sibeth ausgestellte Document hat Harkenroth in der Note bey Beninga p. 343. geliefert.

(n) Emm. p. 376. Schot. p. 322.

Zweiter Abschnitt. 43

neuer Mannschaft über die Emse, bestürmte und eroberte Otterdum, und machte damit dem Unwesen ein Ende. (o) Schon lange her neckten sich die Holländer und Ostfriesen zur See. Wo sie nur Gelegenheit fanden, nahmen sie einander die Schiffe weg, und beunruhigten den Handel. Diesen alten Groll zwischen beyden Nationen, hob Ulrich durch eine förmliche Aussöhnung. Der Vergleich wurde von ihm 1458 und sämmtlichen Häuptlingen unterschrieben. Nur die Jeorischen, Inhausischen und Kniphausischen Häuptlinge haben die Unterschrift, es sey aus dem Privat-Hasse gegen Ulrich, oder aus Kaperlust, verweigert. Sie zogen Cyrk von Friedeburg mit in ihr Interesse, und verbanden sich, den Holländern zur See mit gemeinschaftlicher Hand Abbruch zu thun. Ulrich warnte Cyrk, mit dem er sich vorhin ausgesöhnet hatte, von seinem Vorhaben abzustehen. Er konnte ihn aber nicht überholen. Daher schrieb er 1459 an die Amsterdammer, daß sie ihm und den Ostfriesen überhaupt, es nicht zur Last legen mögten, wenn ihre Schiffe von den widersinnigen Edelleuten angegriffen würden, er für sich, würde stets für die Sicherheit des Seehandels wachen, und sich immer zur Zufriedenheit der Holländer betragen. Besonders warnte er die Amsterdammer vor dem treulosen Cyrk. Dies war der Grund der nachherigen Feindschaft zwischen Cyrk und Ulrich. So stellte Ulrich den bisher gehemmten Handel auf Holland wieder her. Gleich nachher trat er in ein neues Bündniß mit der Stadt Gröningen und erneuerte die alte Freundschaft. Hieben wurde verabredet, daß von beyden Seiten, das Hafengeld und die Zölle nie sollten erhöhet

---

(o) Beninga p. 341.

höhet werden, und daß jährlich auf den zweyten Sonntag nach Pfingsten von Seiten der Gröninger und der Ostfriesen Deputirte zusammen treten, und alle etwaige Mißhelligkeiten schlichten sollten. So sorgte Ulrich für das gemeine Beste, und wurde daher von der ganzen Nation, vorzüglich aber von den Embern geschatzet. (p)

§. 13.

Ulrich besaß Emden noch immer iure crediti von den Hamburgern. Er mußte daher befürchten, daß, wenn die 16 Jahre verflossen seyn würden, die Hamburger die Stadt wieder einlösen würden. Um sich in dem Besiz der Stadt festzusetzen, und den Hamburgern in ihrer Rechnung einen Querstrich zu machen, handelte er von den Nachkommen der vormaligen Häuptlinge von Emden, ihr Erbrecht an sich. Luert oder Lübbert Abdena, Probst und Häuptling, ließ drey Söhne nach, Friedrich, Wiard und Luerd. Des letztern Urenkel war der unglückliche Imel Abdena, den die Hamburger mit List aus Emden gelocket hatten, und der 1455. ohne Nachkommen im Gefängniß zu Hamburg verstorben war. (q) Sein nächster Intestat-Erbe war seiner Schwester Reynste Sohn, Eggo von Westernold. Friedrichs Urenkel war Gerhard von Petkum, und Wiards Urenkel Abko Beninga von Loppersum. (r) Beyde letztere glaubten, als Descendenten von Luert dem

älteren,

(p) Emm. p. 383. Schot. p. 326.

(q) Beninga p. 393.

(r) s. die Stammtafel und das Document bey Brencisen T. 1. L. 3. p. 83.

Zweiter Abschnitt.

ältern, zusammen für ⅔ ein Erbrecht an Emben zu haben, da sie denn das übrige ⅓ Eggo von Westernold zurechneten. Sie konnten sich leicht vorstellen, daß so wenig Ulrich, als die Hamburger, ihnen je wieder den Besitz der Stadt einräumen würden; daher suchten sie, so gut wie sie konnten, mit dem Grafen Ulrich zu accordiren. Sie wiesen ihre Abkunft 1460 in absteigender graden Linie von Luerd dem ältern und das daraus zu folgernde Erbrecht, durch ihr Stammregister erst nach, und traten ihre zwey Drittel an dem Schlosse zu Emden, und der dazu gehörenden Herrlichkeit, dem Grafen Ulrich ewig und erblich ab. Bey dieser feyerlichen Handlung waren die vornehmste Geistlichkeit aus dem Lande, ferner Sibeth Attena, Häuptling von Esens, Stedesdorf und Witmund, und einige andere Häuptlinge, ferner Egbet, Vogt (Drost oder Commandant) von Emden, die vier Bürgermeister und drey Bürger der Stadt gegenwärtig. (s)

§. 14.

(s) „So dat Abeke, Gerd und Eggo tho sytem
„Deele tho dessen Slote und Heerde tho Emeden
„und syner thobehorende Heerlichheyd, van dreen
„Broderen utbgespraten unde geteelt syn, — so
„isset Abeke und Gerd mit vryen guden Willen,
„und vorberaben Mode, und unbedwungen vor
„uns allen vorbem: öre angevallen Deel en Erffe-
„nisse, alse ein ydtlik synen darben vullen Part an
„dem vorben: Slote und Heerde tho Emden und
„der Heerlickheyd, vor sich, und öre rechte Erven —
„deme Edelen wolgebooren Junckeren Oirike, und
„synen rechten Erven tho ewigen Tyden, erfflick
„tegen tho beholdende, tho besittende, tho bruken-
„de, synen Erven vorban tho ervende, mit Han-
„den und mit Munden upgedragen und gegeven
„hebben und verlaten, sunder jeenigerley Uthwy-
„singe offte Beschedinge jeniger Deele, behalven
„Erve

§. 14.

Gerhard von Petkum und Abke von Lopperſum konnten nach den bürgerlichen gemeinen Rechten nicht den geringſten Anſpruch an Emben machen, weil Egge von Weſternolt der nächſte Anverwandte des letzt verſtorbenen Imel Abbena war. Ihr Erbrecht haben ſie alſo ungezweifelt auf das oſtfrieſiſche ſtatutariſche Rückfallsrecht gegründet, wornach die Erbgüter dahin verſtammen, wo ſie hergekommen. Alle dreye, Gerhard, Abke und Egge waren Deſcendenten aus drey verſchiedenen Linien des gemeinſchaftlichen Stammvaters Luerd Abbena des älteren, daher rechneten beyde erſtere ihr Erbrecht, wieder auf ⅓. Nach unſern ſtatutariſchen Rechten fällt der väterliche Heerd auf den jüngſten Sohn. Daher gelangte der letztgeborne Sohn Luerd Abbena der jüngere zu dem Beſitze Embdens, und vererbte Emden erſt auf ſeinen Sohn Hisko, und dann auf ſeinen Enkel Imel. Weil nun Egge von Weſternold der einzigſte Deſcendent der jüngeren Linie, oder der letzten Häuptlinge von Emden war, ſo wird er gewiß Gerhard und Abke nicht als Miterben gerechnet, und wider die von ihnen angenommene Ceſſion ihres vermeinten ⅔ proteſtiret haben. (t) Graf Ulrich hat aber nachher

„Erve und Werve, de ſe unter Inds vrye in Beſitte hebben, tho deeſen Heerde hoorende, de willen „ſee unde ſchoelen unbekümmert holden — So „bat Junker Ulrik ſodann tween Parte deſes Sloꞏꞏtes, Heerdes unde Herrlichkeit mag redelicken „Brucken ꝛc. — Datum Ao. Dei 1400 ſexageſimo „am neegſten Maendage na des billigen Crucis exꞏꞏaltationis." Die ganze Ceſſion iſt bey Brenteiſen l. c. p. 83.

(t) Hieran iſt gar nicht zu zweifeln, theils weil er nicht dazu hat beweget werden können, ſein ihm

Zweiter Abschnitt.

her (1466.) diese Streitsache durch einen Vergleich gehoben, wornach Egge von Westernold sein ganzes Erbrecht an Emden, dem Grafen Ulrich feyerlich übertragen hat. Hievor hat ihm der Graf den Heerd zu Wichusen mit 300 Grasen Landes, und 80 Grasen unter Lopperfum überlassen, und ihm Egge sein väterliches Erbgut in Reiderland eingeräumt. (u) So wurde denn erst von der Zeit an, Graf Ulrich rechtmäßiger Besitzer von Emden.

§. 15.

Es ist leicht zu vermuthen, daß Graf Ulrich gleich bey der ersten Cession der ⅔ von dem Erbrechte an Emden die Absicht gehabt habe, das Schloß und die Stadt den Hamburgern zu entreißen, und für sich zu behalten. Ihm stand aber der Contract von 1453. überhaupt im Wege, noch mehr aber seine Religiosität, weil er die Erfüllung dieses Contractes mit einem körperlichen Eide beschworen hatte. (v) Pabst

zugewiesenes ⅓ ebenfalls dem Grafen Ulrich zu cediren, theils weil er in der nachherigen Cession (1466) nicht von einem ⅓ sondern von seinem ganzen Erbrechte redet, vorzüglich aber, weil er darin ausdrücklich saget, daß mit dieser Cession aller Unwille und Klage, die er mit dem Grafen Ulrich, wegen seines Rechtes an dem Schlosse und den Pertinenzien von Emden gehabt, hiemit geschlichtet und niedergeleget werden sollten, und endlich die Schiedsleute, die in dieser Streitsache gebrauchet worden, ausdrücklich benennet werden. s. die Cession bey Breneisen p. 93.

(u) Breneisen c. l.

(v) Art. 13. Alle deese vorschr. Stücke, sampiliken und besonders, hebben Wy Dirk Hovetling,

Fünftes Buch:

Pabst Nicolaus hatte vorhin ihm erlaubet in einem
1461 verbotenen Grad der Ehe zu heirathen. Itzt wandte er sich durch den Erzbischof von Bremen an den Pabst Pius II., stellte das Erbrecht seiner Gemalin, als Enkelin Focke Ukens, auf Lehrort und das ihm durch einen rechtmäßigen Contract übertragene Erbrecht für ⅔ auf Emden auf der einen Seite, und dann die gewaltsame und unrechtmäßige vormalige Occupation der Hamburger auf der andern Seite vor, mit Bitte, zur Ausführung seines Rechtes, wider die Hamburger, ihn des ihn bindenden Eides zu entlassen. Der Pabst fand hiebey kein Bedenken, ertheilte auch hier seine Dispensation, und relaxirte Ulrich von der Verbindlichkeit des Eides. (w) Dies war

ling, vor uns, und unsen Erven, den vorgenannten Borgemeesteren unde Raedtmannen der Stadt Hamburg eren Rakomellingen und der Stadt Hamburg gelovet und geschworen, loven und schweeren en be jegenwoordig in disser Schrift mit unsen lyfflicken Fingern rechtes stavedes Edes tho den Hilligen schwerende, stede, rast, sünder arge List tho holdende unverbraeken. Breneisen I. p. 73.

(w) — Ex parte Nobilium, Ulrici Tzyerza, Capitanei in Oftfrifia, et Siboldi in Efenfen ac Poptati in Pewefum ejusdem Ulrici nepotum Laicorum veftrae (archiep. Brem.) djoecefis, nobis nuper oblata petitio continebat, quod olim ipfe Ulricus duo caftra, Emeda et Leerort — quorum fundus unius ratione dotis uxoris ipfius Ulrici, et duae partes de tribus alterius caftrorum eosdem, cum ipforum pertinentiis ad praefatum Ulricum legitime fpectant et pertinent, iam dudum per confulatum oppidi Hamburgenfis per vim et violentiam detenta et occupata, fub certis modis et conditionibus tunc appofitis de manibus confulatus Hamburgenfis habuit et recepit, ad hoc ipfa caftra, de confenfu eorundem Confulatus, per fpatium certorum

Zweiter Abschnitt.

war ein Balsam auf dem verwundeten Gewissen Ulrichs. Er und seine Nachfolger blieben, der Hamburgischen Protestationen ohnerachtet, in dem Besitze Emdens; bis auch endlich diese Streitsache 1495 durch einen Vergleich gehoben wurde.

§. 16.

Emden hat in der ostfriesischen Geschichte nachher die größte Rolle gespielt. Sie ist seit einigen Jahrhunderten bis itzo die größte, die ansehnlichste Stadt unsers Vaterlandes. Daher wird es dem Leser vielleicht nicht unangenehm seyn, bey dieser Gelegenheit, die kurze Geschichte dieser Stadt mit einem Blicke zu

rum annorum tunc expressorum teneret et gubernaret — et propterea ipse Ulricus super retentione castrorum eorundem, ac viribus suis sibi, in ipsis castris legitime pertinentibus, ut profertur, contra Consulatum Hamburgensem iustitia mediante agere intendat et stante et obstante iuramento hoc licite facere non possit, supplicari fecerunt humiliter iisdem Ulricus et Nepotes, sibi super his pro sedem applicatam de opportuno remedio misericorditer provideri. Nos igitur auctoritate Domini Papae, cujus primariam curam gerimus, et de ejus speciali mandato, super hoc vivae vocis oraculo nobis facto, circumspectioni vestrae[1] committimus, quatenus, si est ita, iisdem Ulrici et nepotibus exponentibus, injuncta inde eorum cuilibet a temeritate iurandi praevia pro modo culpae prima salutari iuramento ipsum quoad effectum agendi dumtaxat relaxeris, et deinde iniicietis ipsos Ulricum et nepotes exponentes, quo ad dictum esse suum agendi tantum ad observatiam iuramenti minime teneri. Datum Romae apud sanctum Petrum, sub sigillo officii primario ad 19. Maii Pontific. Domini Pii Papae II. Ao. tertio. Ist abgedruckt vollständig bey Brenneisen c. l. p. 85.

zu überschauen. In älteren Documenten schrieb man Emuden, Emetha, Emeden, ißo zusammen gezogen Embden, gewöhnlicher aber Emden. Wahrscheinlich hat die vorbeyfließende Eemse die Benennung dieses Ortes veranlasset. Ist Amisia, wo Germanicus seine Flotte vor Anker legte, unser Emden, so ist Emden der älteste Ort in Ostfriesland, dessen die Geschichte gedacht hat. Man kann sich hier keinen großen Begriff von Emden machen. Einige armselige chaukische Fischerhäuser und ein etwa von Germanicus zur Deckung seiner Flotte hier angelegtes Bollwerk, ist höchstens alles, was man hier antreffen mag. (x)

§. 17.

Viele Jahrhunderte lang blieb Emden ein ganz unbedeutendes Dörfchen. Gnapsdus gab ihr schon in der Mitte des 12. Jahrhunderts, Mauern. (y) Ich habe zwar keinen festen Grund, dieses abzustreiten, nur sind mir die Dichter in dem historischen Fache immer etwas apokryphisch. Auch muß ich es dahingestellet seyn lassen, ob in dem 13ten Jahrhundert schon Münzen in Emden ausgepräget worden. Abt Emo, ein Schriftsteller dieses Jahrhunderts, gedenket bey dem Jahre 1233. einer Emdner Münze. (z) Dies hat nun wohl seine Richtigkeit. Daraus

(x) 1ter Theil 2. B. 1. Abschn. §. 14.

(y) Forte quadringenti nunc excessere Decembres, a quibus incepit moenibus Aemisa coli; in encomio civit. Emidanae. Gedruckt Emden 1557.

(z) Totidem quoque marcas secundom monetam Emethensium exhibuerunt Uthusensibus; Emo. p. 98. Emm. de Statu Reip. et ecl. Fr. Or. p. 17.

Zweites Abschnitt.

aus folget aber nicht, daß Emden ein großer ansehnlicher Ort müsse gewesen seyn; denn auch einige Klöster hatten die Münzgerechtigkeit. Auch ließen einige Häuptlinge Münzen schlagen, wovon noch viele vorhanden sind. Wenn indessen Alting behaupten will, daß diese Emdner Münze in Wester Emden in Gröningerland geprägt sey; (a) so ist er doch hinlänglich von Halshma widerleget worden. (b) Im Anfange des 14. Jahrhunderts oder vielleicht noch früher, hatte Emden schon seine Häuptlinge, die diesen Flecken unter der Benennung, bald eines Probsten, bald eines Drosten regierten, und auf der Burg wohnten. Wiard Abbena wird in dem Emsiger Landrechte bey dem Jahre 1312. schon unter den Emsiger Häuptlingen und als Drost von Emden (Drusta tho Emutha) aufgeführet. Ihm folgte sein Sohn Luerd Abbena, Probst und Häuptling zu Emden, welcher 1358. verstorben ist. (c) Ich vermuthe, daß die ersten Emdner Häuptlinge bloße Pröbste gewesen. Die Probsteien und Decanate wurden schon lange vorher mit Adlichen Personen aus dem Laienstande besetzet, die diese wichtige Stellen auf ihre Nachkommen erblich machten. Hierüber klagte schon Emo bey dem Jahre 1217; (d) und noch 1493. sahe sich Pabst Alexander VI. genöthiget, über diese Irregularität zu dispensiren. (e)

Diese

(a) Alting. not. Germ. infer. P. II. p. 49.

(b) Verhand. door de Genootsc. pro exc. iure paer. T. 2. p. 268.

(c) Emm. hist. fr. p. 311.

(d) Emo. p. 50.

(e) Das päbstliche Breve in der Vorrede zum ostfr. Landrecht p. 116. not. f.

Diese Pröbste wußten auch die weltliche Obergerichtsbarkeit an sich zu reißen, und so wurden aus ihnen zugleich Häuptlinge. Nach Juerds Tode theilten sich seine Söhne in die Regierung: Der älteste, Friedrich Abdena wurde Probst, die übrigen, Wiard der jüngere, Juerd der jüngere und Kampo nannten sich Häuptlinge, oder Drosten. (f) Das Justiz- und Polizeywesen in diesem Flecken, wurde von einem Verwalter oder Amtmann versehen, der unmittelbar unter dem Drosten stand, und den die Häuptlinge mit Zuthun der Bürgerey, bestellten. (g) Von sonstigen Magistratspersonen oder Vorstehern der Bürger, wußte man nichts. Die Regierung war also allein in den Händen der Pröbste, und der Drosten oder Häuptlinge. (h)

§. 18.

Klein und unbedeutend war vorhin dieses Dorf oder Flecken. Es wurde von einem Bollwerk, welches von dem Delfe anfieng und sich durch die Schusterstraße (i) bis an die Burg erstreckte, eingeschlossen. (k)

(f) Chron. der Fr. bey dem Jahre 1368. Emm. p. 211.

(g) Die Flecken worde der Tydt van eenen Verwalter ofte Ambtmann under den Drosten, ghelyk voorgesegt van den Hövetlingh allogar met thoboden der Börgery verordnet, gheregeert. Chr. der Fr. l. c.

(h) Man heft damalen noch van eenen Bürgermeesteren dar gewikt, De Juntern op det Schlot hebben regeeret. Elsenii Chronic. ad An. 1368.

(i) Jtzo die große Straße Harkenroth Oorspr. p. 114.

Zweiter Abschnitt.

sen. (k) Nachher wurde der Ort allmählich erweitert. 1368. wurde schon die große Brücke über den Delf geschlagen. Hiedurch wurde der Flecken mit dem Franziskanerkloster (der Gasthauskirche) in Verbindung gesetzet. Damals wurde auch eine Mauer mit 2 kleinen Thoren jenseits des Delfs vor dem Kloster erbauet. (l) Von dieser Zeit fieng Emden an, durch den Kaufhandel allmählich empor zu kommen, und sich über die Dörfer Larrelt und Osterhusen zu erheben. (m) Die unter dem Namen der Victualienbrüder bekannten Seeräuber legten aber vorzüglich den ersten Grundriß zu der Größe Emdens. Probst Hisko Abbena, dieser unruhige Mann, dessen wir vorhin so öfters erwähnet haben, war der einzige Häuptling und Regent von Emden, es sey als Erbe seines Vaters Luerd Abbena des jüngern, auf den nach dem vaterländischen statutarischen Rechte, der Besitz des väterlichen Heerdes, also das Emdner Schloß verstammen mußte, oder aber, weil er seine Vettern, die Descendenten von Friedrich und Wiard Abbena abgefunden hatte. Dieser Probst Hisko nahm die Seeräuber in seinen Hafen auf, wohin sie ihre Beute in Sicherheit brachten. (n) Der Absatz dieser geraubten Waaren mußte nothwendig viele Kaufleute dahin locken. Dadurch wurde Emden immer mehr bevölkert, bereichert und vergrößert. Bey Ankauf der geraubten Waaren für niedrige Preise fand der Bürger,

D 3   der

(k) Elsenii Chron. und Emm. l. c.

(l) Elsen. Chr. Emm. und Chr. der Fr. l. c.

(m) Chron. d. Fr. l. c.

(n) Chron. der Frees. ad An. 1396.

der Handwerker, der Ackersmann mehr seine Rechnung, als bey der Handarbeit. Jeder wurde Kaufmann, und der Handel wurde belebet. Dabey hatte Emden das besondere Glück, daß bey den immerwährenden Fehden der Häuptlinge, worin andere Dörfer, Flecken und Schlösser verwüstet und verheeret wurden, sie bis dahin nie erobert worden. So konnten denn auch hier mit mehrerer Sicherheit Waarenlager angeleget und der Handel geführet werden. 1412 legte Probst Hisko den Grund zu einer Kämmereycasse, indem er die Accise auf Tücher, Bier, Leder, Stahl, Butter, Salz, Honig, Wein, Holz, Wachs und Pech einführte. (o) Dies waren gewiß schon wichtige Handlungsartikel. Vielleicht ist auch damals schon das Stapelrecht in Emden eingeführt gewesen, wenigstens redet davon das Privilegium Kaisers Maximilian I. als einem uralten Rechte. (p) So bekam Emden nach und nach ein städtisches Ansehen. Die vornehmsten Eingesessenen hießen Bürger, und das Bürgerrecht war schon ein vielgeltendes Privilegium. (q) Die Vorgesetzten der Stadt waren der Vogt, Richter und Rath. Der Vogt d. i. Drost oder Amtmann, war der erste Official und wohnte auf der Burg. Er war der Geheime-Rath des Häuptlings, Commandant der Festung und Oberrichter in Criminalsachen. Die Richter und Rath besorgten das Polizey- und Justizwesen der Stadt. (r)

§. 19.

(o) Beninga p. 181.
(p) Brenneis. T. I. L. V. p. 204.
(q) Beninga p. 261.
(r) Emm. p. 326.

Zweiter Abschnitt.

§. 19.

Die Regenten des Städtgens waren, nach der Flucht des Probst Hisko (1413.) erst Keno then Brok, und nach dessen Tode Occo then Brok. Diesem wurde in dem Friedensschlusse von 1421 der Ort ewig und erblich zugesichert. Nach der unglücklichen Schlacht auf den wilden Aeckern (1427) wurden Occo then Brok die Federn ausgerupfet, und Hisko gelangte wieder zu dem Besitze der Stadt. Er starb kurz nachher. Ihm folgte sein Sohn Probst Imel Abdena. Dieser wurde (1431) mit List gefangen und nach Hamburg abgeführet. So kam Emden in die Hände der Hamburger, die eine starke Besatzung in die Stadt legten, und den Schein der Regierung der Fosse, Imels Mutter überließen. Nach ihrem Tode (1437) nahmen die Hamburger die Maske ab, nahmen selbst das Schloß in Besitz, bauten aus den verwüsteten Schlössern der rings herum wohnenden Edelleute) Mauern, Thore und Festungswerke. Sie bestellten auch aus ihren Mitteln einen Drosten und Gouverneur der Stadt. Bey allen diesen Veränderungen unter Hisko, dem Brokischen Hause, Ihmel und den Hamburgern litte die Stadt nicht das mindeste. Jedweder Besitzer sahe sie als sein Eigenthum an, und jedweder sorgte für ihr Aufkommen und Wachsthum. Vorzüglich fieng unter den Hamburgern, die den Handel verstanden, und denselben nach allen Kräften begünstigten, die Stadt zu blühen an. Aber nicht blos durch den Handel, sondern auch durch Fabriken kam dieser Ort empor. So treffen wir unter andern schon 1448 eine Oehlmühle in Emden an. (s)

§. 20.

(s) Beninga ad An. 1448.

Fünftes Buch.

§. 20.

Die Hamburger überließen zum Schein (1439) Edzard Cirksena die Stadt, welcher den Titel Häuptling von Emden annahm. Das Justiz- und Polizeywesen wurde noch immer von den Richtern und Rath verwaltet. Diese entsprachen nicht mehr der Größe und Würde der Stadt. Auf Anhalten der Bürgerschaft wurde (1442) nach dem Beyspiele anderer ansehnlichen deutschen Städte ein beständiger Magistrat, welcher aus 4 Bürgermeistern bestand, angeordnet. Die ersten Burgermeister hießen Gerold Eggena, Tamme Ewena, Michael Ringius und Otto Schröter. (t) Hieben erinnern wir noch beyläufig, daß 1504 die Rathmänner oder Rathsherrn angeordnet worden. Den Hamburgern wurde Emden 1448 von dem Grafen Ulrich wieder eingeräumet. Bald nachher 1453 versetzten die Hamburger auf 16 Jahre die Stadt gegen einen ansehnlichen Vorschuß dem Grafen Ulrich. Dieser entwarf von dieser Zeit an den Plan, die Stadt den Hamburgern auf immer zu entreißen. Dies ist die kurze Geschichte Embens, die oben hin und wieder weitläuftiger berühret ist.

§. 21.

Graf Ulrich hat sich vorzüglich bestrebet, Emden immer mehr empor zu bringen. 1455 erbaute er das schöne Chor an der großen Kirche, und pflasterte die Straße an dem Delf. (u) 1458 führte er
seinen

(t) Emm. p. 355.

(u) Beninga p. 338. Emm. p. 374. Loringa in Fam. Circf.

Zweiter Abschnitt.

seinen Pallast an der Burg nach der Eemsseite auf, legte eine neue Pohl bey dem Folder Kloster an (v) und erweiterte 1461 den Stadtgraben. (w) Er hielt sich die mehreste Zeit in Emden auf, und residirte auf seiner Burg. (x) Dadurch gewann die Stadt an Ansehen und Nahrung. Mit Rath und Zuthun der Bürgerschaft entwarf er 1465 zum Besten der Stadt eine aus 28 Artikeln bestehende Verordnung. Hierin sorgte er für die Sicherheit der Bürger, und setzte auf thätige und wörtliche Beleidigung bestimmte Strafen feste, überließ den Bürgermeistern die Ansetzung neuer Bürger, die für das Bürgerrecht 3 Postulatgulden erlegen, den Bürgereid schwören, und zur Vertheidigung der Stadt Harnisch und Gewehr halten mußten, setzte fest, daß, falls ein Bürger oder anderer Eingesessener die Stadt mit seinem Vermögen verlassen wollte, 14 Tage vor seinem Abzuge ein Proclam wider seine Creditores erlassen sollte, verordnete eine neue Maaße und begünstigte den Handel der Eingesessenen der Stadt. (y) Wie sich der Seehandel immer mehr ausbreitete, errichteten die Schiffer unter sich eine Brüderschaft oder Gilde. Sie ernannten 1481 die heilige Maria zu ihrer Patronin. 1496 dankten sie die heilige Frau wieder ab, und gaben sich in den Schutz des

---

(v) Beninga p. 354. Emm. p. 383.

(w) Beninga p. 358.

(x) Emm. p. 383.

(y) Diese Statuta finden sich in Emmii Tractat von Ostfr. ins Teutsche übersetzt. Aurich 1732. p. 344.

heiligen Clemens. (z) Noch itzo blühet diese Gilde unter dem Namen der Clementiner Brüderschaft.

§. 22.

Zum Beschluß müssen wir noch des Stadts-Siegels erwähnen. Das alte Stadtssiegel, welches sich die vormaligen Richter und Rath bedienten, war ein in der Mitte getheilter Schild. Unten war fliessendes Wasser angebracht, oben ein hervorspringender Löwe. Ueber dem Schilde saßen die beyden Schutzpatrone der Stadt, Cosmus und Damianus. Die Umschrift war: Sigillum Opidi Civ. Ehms. (a) Daß ein springender Löwe das alte Embder Wappen gewesen, läßt sich um so viel weniger bezweifeln, weil wir noch eine unter den Zeiten der Hamburger geschlagene silberne Münze (ein Krumstert) haben. Auf der einen Seite stehet ein springender Löwe, mit der Umschrift: moneta nova emedensis, auf der Rück-

(z) 1481. is van sommige Schipper en die ter Zee-reden defe Broderschap ter Ehren van onse lieven Frouen opgenomen. 1469 van Schippers en Broederen is des Donderdaags am billigen drie Koninge een Ordning gemacket, en St Clement voor denen Patroon aengenomen de byenkomste to holden in aller Ehren erlövet, by een Tonne hambörger Beer, en 2 Olderluden en 4 Schaffer verordnet.
Ex Serie der Embder Officianten.

(a) Dieses Siegel hängt an einem Kaufbriefe von 1438 in dem Embder Archive. Der Anfang ist: Wy Richters en Raed in Emeden — und der Schluß: In Oreunde der Warheyt, zo hebben wy Richters en Raed vorschr. unser Stand Insegel wytlyck doen hangen an dussen breef. Anno Dei 1438. crastina purificationis virginis Marie gloriose die.

Zweiter Abschnitt.

Rückseite das Hamburger Wappen auf einem Kreuze ruhend, mit den Buchstaben H. A. M. B. und herum: Benedictus Dominus Deus; und über dem Thore der großen Kirche, an der Westseite hab ich zwey in Sandstein ausgehauene schrägliegende Schilde bemerket. In dem einen ist das fließende Wasser, in dem andern der springende Löwe deutlich zu erkennen. Nachher vielleicht von der Zeit an, wie der Magistrat angeordnet ist, führte die Stadt in ihrem großen Siegel blos die beyden Heiligen, Cosmus und Damianus mit der Umschrift: S. burg e. cium in Emeden (Sigillum burgemagistrorum et Civium in Emeden). (b) Das itzige Wappen der Stadt ist eine gekrönte Harpie, welche halb über einer Mauer mit ausgespannten Flügeln hervorraget, und unten fließendes Wasser hat. Unstreitig war der Löwe das Familienwappen der Abbenaischen Familie (c) statt dessen nachher zur Ehre des gräflichen Regierhauses, womit die Stadt damalen noch in dem besten Vernehmen stand, die cirksenaische oder gräfliche Harpie angenommen ist. Der alte Dichter Gnapfäus zielet auch hierauf, wenn er in seinem Encomio civ. Emd. singet:

Incumbit forma Harpiae muro istius urbis,
   Cuius ad ima fluens aequoris unda iacet,
Arguat ut Comites promissis desuper alis,
   Aemdanos cives in sua habere fide.

(b) Dies bewähren eine Menge noch vorhandener Documente, worunter dieses Siegel hängt. Einen Abdruck findet man bey Harkenroth in den Oorspronk p. 96.

(c) So führte Icce Wiarbs, Häuptling von Emden (warscheinlich ein Sohn Wiarbs Abbena)

Fünftes Buch

Mit diesem Wappen hat der Kaiser Maximilian I. durch den besonders unter dem 10. Aug. 1495. ertheilten Wappenbrief die Stadt begnadiget. (d) Aus dem darin vorkommenden Ausdrucke „von neuem gnädiglich verliehen und gegeben" läßt sich indes vermuthen, daß die Stadt schon vorher dieses Siegel angenommen hat, und nun erst dazu, auf ihr Anhalten die Kaiserliche Autorisation und Bestätigung durch den förmlichen Wappenbrief erhalten hat.

---

einen springenden Löwen in seinem Siegel. Harkenr, Vorsprunck in der Vorrede.

(d) Dieser Wappenbrief ist abgedruckt bey Brenelsen T. I. L. I. p. 213. und Harckenr. Oerspr. p. 119.

Drit-

Dritter Abschnitt.

§. 1. Fehde zwischen den Jeverschen und rüstringschen Häuptlingen und dem Grafen von Oldenburg an der einen und Ulrich an der andern Seite. §. 2. Mißlungener Anschlag des Grafen Gerhard von Oldenburg auf Friedeburg. §. 3. Ulrich nimmt die Oldersumische und Altlummer Edelleute auf. §. 4. Wiard von Oldersum stirbt. Sein Testament. Die Gräfin Theda erhält Faldern. §. 5. Neue Fehde zwischen Sibet Attena und den Oldenburgern. §. 6. Gränzstreitigkeiten zwischen Münster und Ostfriesland. §. 7. Der Kaiser ernennet Norden zu einer Reichsgrafschaft, und Ulrich zum Grafen von Norden. Von dieser Zeit an, nennet er sich öffentlich Graf. §. 8. Er und seine Descendenten werden von neuen durch ein Kaiserliches Diplom mit Ostfriesland von der Ems bis zur Weser belehnet. §. 9. Bemerkungen über diesen Lehnbrief. §. 10. Ulrich wird feyerlich durch einen Kaiserlichen Herold in Emden als Graf investirt. Siebet Attena wird zum Ritter geschlagen. §. 11. Graf Ulrich macht sich um Ostfriesland verdient. §. 12. Er stirbt. Seine Nachkommen. §. 13. Sein Charakter.

§. 1.

Die Häuptlinge Tanne Düren von Jever, Lübbe von Kniphausen, Alke von Inhausen, Ede von Gödens und Cyrk von Friedeburg blickten noch immer mit neidischen Augen auf Ulrich hin, und schlossen unter sich wider ihn ein enges Bündniß. Cyrk verließ sich vorzüglich auf sein festes Kastel zu Repshol, und beschädigte durch häufige Streifereyen, Ulrich und dessen Bundesgenossen. Aber ehe er sichs versah, rückte Ulrich vor das Kastel, eroberte und schleifte es. Itzt verband sich Cyrk mit dem Grafen Gerhard von Oldenburg. Dieser fiel unvermuthet

chet in Ostfriesland ein, und zog mit reicher Beute, bevor das Volk sich zu ihren Fahnen versammeln konnte, über die Gränzen zurück. Indessen hatte Sievke, Drost oder Amtmann in Mormerland einige Leute an sich gezogen. Er verfolgte die Oldenburger, holte den Nachtrab ein, und schlug viele darnieder. (a)

§. 2.

Cyrk wird durchgehends beschuldiget, daß er zum Nachtheil des Vaterlandes, mit dem Grafen von Oldenburg unter einer Decke gelegen habe. Indessen traute er ihm selbst nicht, und war immer sehr auf seiner Huth, daß die Oldenburger ihm nicht Friedeburg, diese friesische Gränzfestung, wegnähmen. Ohngefähr zu dieser Zeit (b) kamen Cyrk und Graf Gerhard auf der friesischen Weyde zusammen, um unter sich eine Gränzstreitigkeit zu schlichten. Der Graf bat sich aus, nach einigen Tagen, ihn auf Friedeburg zu besuchen. Cyrk versteckte heimlich 70 wehrhafte Männer auf dem Steinhause, und erwartete so mit Sicherheit die Ankunft des Grafen. Der Graf kam mit einer Suite von 40 Leuten, und ließ die Stärke der Besatzung auskundschaften. Wie er von der Schwäche derselben unterrichtet war, fieng er zu dreyen malen bey der Mahlzeit ein niederdeutsches Lied zu singen an: Ruse, Muse, malk seh tho sinen Huse. Dies war die abgeredete Losung zum Angrif. Schon fiengen die Oldenburger an, sich des

Waffe

(a) Emm. p. 385. Schot. p. 326. Beninga p. 358.

(b) Beninga setzet diese Geschichte schon auf das Jahr 1436.

Dritter Abschnitt.

Walles zu bemeistern, wie Cyrk mit dem Fuße stampfte. Gleich traten 70 geharnischte Männer durch eine heimliche Thüre in die Stube und steurten dem Oldenburgischen Unwesen. Der erschrockne Graf entschuldigte sich so gut er konnte. Cyrk verwieß ihm ernstlich sein Vorhaben, und verzieh ihm. (c)

§. 3.

Die ostfriesischen Edelleute lagen sich noch immer, wie gewöhnlich in den Haaren. Graf Ulrich mußte durch sein Ansehen und durch seine Klugheit den Ausbruch einer öffentlichen Fehde zu hemmen, lange hatten sich Wiard von Oldersum und Gerd von Petkum wegen der Obergerichtsbarkeit von Petkum herumgezanket. Gerd gerieth in Wortwechsel mit Wiards Bedienten, und wurde wacker durchgehauen. Dadurch stieg der alte Groll zwischen beyden Häuptlingen zu einem größeren Grade. Gerd, der vielleicht die verlangte Satisfaction nicht erhielt, ließ Wiard auf einem Wege aufpassen, und ihn von seinen Leuten angreifen. Mit der größten Lebensgefahr schlug dieser sich aber glücklich durch. Nun legte sich Ulrich ins Mittel, verglich die beyden sich anfeindenden Edelleute, und schlichtete mit Siber von Esens und einigen Geistlichen ihre Streitigkeiten. Der Haupteinhalt des Laudum war, daß Gerd und seine Nachkommen die Regierung über das Dorf Petkum behalten, dagegen die Petkummer eine gewisse Anzahl Kühe an Wiard und seinen Erben aufbringen sollten. (d)

§. 4.

(c) Beninga c. l. Emm. p. 385. Schot p. 327.
(o) Emm. p. 368. Schot. p. 328. Das Laudum bey Stemelsen. T. I. L. 3. p. 89.

§. 4.

Kurz hierauf im Ausgang Nov. 1461. machte Wiard in seinem hohen Alter auf dem Krankenbette sein Testament und starb. Dieses Testament errichtete er vor seinem Beichtvater und zweyen Zeugen. Diese, aus dem canonischen Rechte entlehnte Art zu testiren, ist von jeher in dieser Provinz üblich gewesen. Noch itzo sind diese Testamente, mehr, wie die solennen und gerichtlichen gewöhnlich. Die Geistlichen standen sich hieben treflich. Merkwürdig ist auch in dieser Absicht das Wiardsche Testament, worin er ad pias causas so ansehnlich legatiret und die Abfendung eines Pilgrims nach Rom für sich und seine verstorbene Gemalin verordnet hat.

§. 1. „Int erste so hebbe ick gegeven und befahlen
„Sünte Antonio und Sünte Simeoni thó
„Oldarsum, tho eener ewigen Vicarie, all dat
„Erve, dat ick tho der Bonenborg und in Hat
„sumer Hammercke liggende hebbe, als mine
„Olderen dat angeervet hebben, und daertho
„twee yserne Koe by der Vicarie thö blyven,
„und myne Erve shölen dartho bouwen een
„Hueß tho des Preesters Behoef. Item den
„Kerck-Heeren tho Olöttsum twee Koen up dat
„lehen, und myne Erven shölen dat Kerckhee-
„ren-Hues mit Steene decken.

§. 2. „Item up der Vicarie Sünte Nicolaes twee
„yserne Koe, Item Jhler Monnicken sollen
„hebben dat Land tho der middelsten Barch by
„Monicken Bargen, dat ligt binnen Schlötes;
„Item Ochtelbueren Hilligen shelen hebben een
„Päer Ossen; Item Simonswoltner Hilligen
„een Päer Ossen; Item Sünte Marig Magdale-
„na

Dritter Abschnitt. 65

„und in Almgewölbe een paer Offen, 4000 Mur-
„steene tho Hülpe den Klockthören, und so veele
„Dacksteene, dat de gedecket werde. Item
„S. Margriete, tho der Capellen tho Monnicke-
„bargen so veele Muersteens und Dacksteens
„so se beheven tho der Capellen mit der olden
„Steene. Item Faller Brodern sholen heb-
„ben tho Huite van lütke Faller Werve twee
„Jaer lang. Item de Süsteren tho Reide und
„tho Thebingen, malck eine Koe. Item Olver-
„summer Hilligen twee Koen. Item Sünte
„Nicolaus tho Wirdermüncken, eene 1000
„Steenes. Item so sellen mine Erven Meester
„Clemens betaelen dat achterstalliege Geld van
„den Orgelen. Item so sell'n mine Erven vor
„my und saliger Essee einen Pelegrimmen sen-
„den tho Rome."

Wiard besaß die von Grafen Ulrichs Schwiegervater Ucke Fockens herrührende Herrlichkeit Oldersum. (e) Schon längst hatte Ulrich oder seine Gemalin Theda darauf Anspruch gemacht. Um nun
seinen Kindern den Besitz Oldersums zu sichern, gab
Wiard an Theda in diesem Testamente die Burg zu
Midlum und zwey Landgüter zu Midlum und
Eppingwehr, und berechnete dabey den Schaden, den
ihm Thedens Großvater, Focke Uken zugefüget hatte;
dieses sein Vermächtniß und sein Schaden balancirte
er mit Oldersum dergestalt auf sein Gewissen, „dat
„nehm it up mine Seele" ist sein Ausdruck, daß
Theda völlig damit entschädiget sey. Theda hat sich
aber dabey nicht beruhigen können. Sie hat bald
nach

(e) Die neue Burg zu Oldersum ist von ihm
1438 erbauet. Sprengers ievrische Chronick ad
An. 1438.

nach dem Absterben des alten Wiards, sich mit dem jüngeren Wiard von Uphusen und seinen Brüdern verglichen, und sich mit Faldern und einem Heerd in Velthusen abfinden lassen. (f) Dann ernannte Wiard in seinem Testamente den Grafen Ulrich und Sibeth von Esens zu Vormündern über seine Kinder. (g) Er ließ 3 Söhne Haro, Haike und Wiard und eine Tochter Occa nach. (h)

§. 5.

Wie die brüderlichen Zwistigkeiten zwischen den beyden Grafen von Oldenburg, Gerhard und Moriz in einen offenbaren Krieg ausbrachen, wurde Graf Gerhard von seinem Bruder dem Könige Christian 1462 von Dännemark unterstützt. (i) Dagegen nahmen die Bremer und Sibeth von Esens die Parthey des Grafen Moriz. Diese rüsteten eine Flotte aus, und thaten zur See den Dänen, Norwegern und Hollsteinern allenthalben Abbruch. Sibeths Liebhaberey war, Beute machen. Er schonte weder Freunde noch Feinde. Selbst die Schiffe der Grönlinger, mit denen die Ostfriesen in Bündniß standen, 1463 wurden von ihm angegriffen. Hiedurch wäre es beynahe zum Bruch zwischen Gröningen und Ostfriesland gekommen, wenn Ulrich nicht durch seine Klugheit diese Streitsache beygeleget hätte. (k)

Damit

(f) Emm. p. 387. und p. 390. Beninga, p. 361.

(g) Das Testament bey Breneisen p. 86.

(h) s. die geneal. Tabelle IX.

(i) Dilichii Chron. brem. p. 163. Hamelm. Oldenb. Chron. p. 260.

(k) Emm. p. 388.

Dritter Abschnitt.

Damit nun aber Graf Gerhard für einen Einfall der Friesen in das Oldenburgische gesichert seyn möchte, legte er die Festung Neuenburg an (l) Sie war noch nicht vollendet, wie die Ostfriesen mit großer Macht heranrückten, sie zu schleifen. Die Oldenburger aber schlugen die Sturmglocken, versammleten sich sofort, und schlugen die Friesen zurück. (m)

§. 6.

Seit langer Zeit waren zwischen den Eingesessenen der münsterischen und ostfriesischen Gränzörter Buerwal, oder Brual und Dyle verschiedene Mißhelligkeiten wegen der Gränze. Damit diese Streitigkeiten nicht in eine förmliche Befehdung ausarten sollten, sind auf Veranlaßung Ulrichs und des Bischofes von Münster, Johann von Bayern, die rechten Limiten an dieser Seite, zwischen Dyle und Brutial, durch eine Menge Deputirten, von beyden Seiten gezogen worden. (n) In dem hierüber ausgefertigten Instrumente, werden die Deutschen und Friesen, und der friesische und deutsche Grund (Duitsche und Freesen, Dyle op den freeschem Boden oder Grund, Buerwal in duitschem Grund) genau von einander unterschieden. So ist auch Graf Ulrich mit Ostfriesland bis an die deutschen Gränzen (duitsche Palen) in dem Lehnbriefe von 1454. belehnet. Hieraus kann man sicher schließen, daß sich die Ostfriesen noch nicht zu dem deutschen Reiche gerechnet haben.

§. 7.

(l) Hamelman l. c.

(m) Chron. Oldenb. bey Melb. T. 2. p. 179.

(n) Das hierüber ausgefertigte Document bey Breneisen p. 91.

§. 7.

In diesem Documente nennt sich Ulrich: Junker Ulrich von Gretsiehl, in Ostfriesland Häuptling, nun Ritter und Graf. Dies ist das erste mal, daß er den Titel eines Grafen öffentlich angenommen hat. (o) Mit dem beygefügten Wörtchen nun scheint er auch zu verstehen geben zu wollen, daß er nun erst, oder neulich in den Grafenstand erhoben worden.

(o) Auf einem noch vorhandenen Denkmal an der Werner Kirche nannte er sich noch 1462 Häuptling von Ostfriesland. So lautet die in Sandstein eingehauene Inschrift: Olricus de Gretha, Capitaneus Ostfrisiae. Platens gelert. Ostfr. T. 2. p. 174. und Harckenr. Oorspr. p. 382. Ja gar in einem Jubilate 1463. ausgestellten Documente nennet Ulrich sich noch Häuptling in Ostfriesland. Beninga p. 344. in der Harkenrothschen Note. Unter so vielen von Ulrich vorhandenen Urkunden ist doch eine von 1457. den Tractat mit Gröningen betreffend, worin er sich Graf und Herr zu Gretsyl, Norden, Aurich, Embden, Berum, Häuptling in Ostfriesland, schreibet. Harkenroth ad Beningam p. 342. Harkenroth vermuthet daher, daß Ulrich sich in Ostfriesland Häuptling und Juncker, außer der Provinz aber Graf nennen lassen p. 344. Möchte dieses, allen übrigen widersprechende, Document ächt seyn, denn Harkenroth sagt nicht, ob es ein Original oder eine Copei ist, so ist ihm doch auswärts der Grafentitel nicht erwiedert worden. Selbst die Gröninger nennen ihn in dem von ihrer Seite ausgestellten Commercientractat, bloß den eersamen fromen Iuncker Olrich. Genug, alle übrige Documente bewähren es, daß er vor 1463. sich nicht den Grafentitel beygeleget, und ihn die Edelleute in der Provinz, die Gröninger, und selbst der Pabst nur Juncker, Häuptling und Capitaneum genannt haben. Brenelsen T. 1. L. 3. p. 78-90.

Dritter Abschnitt.

sen.. Und noch wollte er nicht Graf von Ostfriesland, sondern nur Graf von Norden heißen. Dieses
hänget so zusammen. Nach dem Lehnbriefe von
1454. war er zwar würklich schon damals zum
Reichsgrafen ernannt. Er hatte aber seither entweder den Lehnbrief nicht verlautbaren lassen, um einer
Conföderation der ihm nicht gutgesinnten Häuptlinge auszuweichen, oder aber der Lehnbrief fand
öffentlichen Widerspruch. (p) Genug, er durfte es
entweder nicht wagen, oder fand es wenigstens nicht
rathsam, den Charakter eines Grafen öffentlich zu
führen. Dagegen ließ er sich und seine Nachkommen nun 1463 von dem Kaiser zum Grafen von
Norden ernennen, und Norderland zu einer Grafschaft erheben. (q) Hierwieder konnte Niemand
etwas einwenden, weil Norden ihm eigenthümlich
gehörte,

(p) Emm. L. 25. p. 389. Breneisen T. 1. L. 2.
p. 91. widerspricht zwar dem Emmius, dieser wird
aber von Tiaber l. c. gerechtfertiget.

(q) Dieses nirgends abgedruckte Originaldocu-
ment befindet sich hier im Archive. Es heißt darin:
„Haben darum des bemeldeten Ulrichs Wonung
„und Wesen genannt Norden zu einer Grafschaft
„des Heiligen Reichs aus römischer Kaiserlicher
„Macht erhebet und gemacht, und denselben Ulri-
„chen und alle seine eheliche Leibeserben für und
„für darauf gegrafet, und zu Grafen und Gräfin
„unser und des Heil. Reichs geschöpfet, gesetzet,
„gewirdiget, gemachet und erhebet; schöpfen, se-
„tzen, wirdigen, machen und erheben Sie also zu
„unsern und des heiligen Reichs Grafen und Gräfin
„von römischer Kaiserlicher Macht wissendlich in
„Kraft dieses Briefes, also daß sie sich nun hinfür
„Grafen und Gräfin zu Norden schreiben, nennen,
„und von männiglich genannt sollen werden ꝛc.
„Geben zu der Neustatt am Sanct Veitstage 1463.

gehörte, und in dem Diplom keiner Belehnung mit irgend einem andern Lande gedacht wird. Norderland wurde also eine Reichsgrafschaft. Dies ist eine völlig bisher unbekannte Anekdote in der ostfriesischen Geschichte.

§. 8.

Dieses Kaiserliche Diplom war vielleicht von dem Grafen Ulrich ausgewürket, um die Häuptlinge und Eingesessenen zu dem Titel und der Würde eines Grafen zu gewöhnen. Er mußte auch in der That alles zu seinem Vortheile vorzubereiten, und die widrigen Gemüther zu gewinnen. Das folgende Jahr schien ihm schon gelegen zu seyn, das Ziel seiner Wün-
1464 sche zu erreichen. Er ließ sich und seine Gemalin Theda, und seine Descendenten von dem Kaiser Friedrich von neuen in den Grafenstand erheben, und mit den Schlössern Emden, Norden, Gretsyl, Berum, Aurich, Lehrort, Stickhausen, mit allen ihren Pertinenzien, Ländern und Leuten, von der Wester-Emse an, bis an die Weser, mit Bublandingerland inbegriffen, und dann nordwärts von der See an, bis südwärts an die deutschen Gränzen, belehnen. Dieses Diplom ist um Michaeli 1464. von dem Kaiser ausgestellt. (r)

§. 9.

In diesem Lehnbriefe werden der Schlösser und Städte, Esens, Stengen, Jever, Friedeburg, imgleichen des Stadtlandes nicht erwähnet, womit doch

(r) Es ist in den 1610. gedruckten Verbundbriefen am Ende abgedruckt, und im Originale in dem Regier. Archive befindlich.

Dritter Abschnitt.

doch Graf Ulrich nach dem erſten Diplom ausdrück⸗
lich belehnet worden. Eſens wird hier mit Still⸗
ſchweigen um deswillen übergangen ſeyn, weil Ulrich
dieſes Städtgen mit ſeinem Gebiete dem Sibeth
übertragen hatte; Sengen nicht, weil dieſe Feſtung
nicht mehr vorhanden, ſondern geſchleifet war, und
in ihren Ruinen lag; Jever, Friedeburg, und
Stadtland nicht, weil die Häuptlinge ſich immer
dem Grafen widerſetzet hatten. Um nun von dieſer
Seite dem wieder zu vermuthenden Widerſpruch aus⸗
zuweichen, wird vielleicht Ulrich ſelbſt darauf ange⸗
tragen haben, daß in dieſem neuen Diplom Jever,
Friedeburg und Stadtland mögten übergangen wer⸗
den. Zwar hat noch auf dieſen Lehnbrief, Ritter
Sibeth als Lehnträger und Vormund der minderjäh⸗
rigen Gebrüder Uco, Enno und Edzard 1468. den
Huldigungseid abgeſtattet, nachher aber iſt, bey der
Belehnung der folgenden Grafen, das Diplom von
1454. zum Grunde geleget, und iſt ſelbiges von den
nachfolgenden Kaiſern, Ausweiſe ſämmtlicher Lehn⸗
briefe, den regierenden Herren bis auf den letztver⸗
ſtorbenen Fürſten Carl Edzard beſtätiget worden.
So iſt ſchon dem Edzard dem I. 1495. ertheilten
Lehnbriefe, der erſte Lehnbrief von 1454. wörtlich ein⸗
verleibet worden. (s)

§. 10.

Im Ausgange dieſes Jahres kamen die Kai⸗
ſerlichen Abgeſandten mit einem Herold in Oſtfries⸗
land, um den neuen Grafen Namens des Kaiſers,
öffentlich in ſeine Würde und Rechte einzuführen.

(s) Abgedruckt in der Replic und Gegenabferti⸗
gung in Sachen Waldeck contra Oſtfriesland p. 30.

Fünftes Buch.

Auf den 21. December wurde ein Landtag nach Emden ausgeschrieben. Dort in der Gasthauskirche machte der Kaiserliche Herold Arnhold too auf einem erhabenen Gerüste in seinen Heroldskleidern den Landesständen durch Vorlesung des Kaiserlichen Diploms, bekannt, daß der Kaiser, Ulrich und seine Gemalin Theda, und ihre Descendenten in den Reichsgrafenstand erhoben, und ihn mit Ostfriesland bis zur Weser belehnet habe, und empfahl den Landesständen Einhalts des Kaiserlichen Diploms, den Grafen Ulrich nunmehr für einen Grafen zu erkennen, und ihm den schuldigen Gehorsam zu leisten. Hierauf überreichte der Kaiserliche Abgesandte, Graf Palenstein, dem knienden Graf das Schwerd und die Fahne. So wurde denn Graf Ulrich feyerlich investiret. Nach dieser verrichteten Handlung wurde auch Junker Sibeth mit den gewöhnlichen Feyerlichkeiten zum Ritter geschlagen. (t) Hierauf reiseten die Kaiserlichen Gesandten nach Ostringen und Rüstringen, und machten den Häuptlingen Tanne von Jever, Lübbe von Kniphausen, Alke von Inhausen, Edo von Gödens und Cyrk von Friedeburg bekannt, daß Ulrich von dem Kaiser in den Grafenstand erhoben sey, und befahlen ihnen bey Strafe der Kaiserlichen Ungnade, nunmehr Ulrich für einen Grafen und ihren Oberherrn zu erkennen. Ein gleiches ist von dem Herold in Butiadingerland geschehen. (u) So ist denn Graf Ulrich, ohne allen Widerspruch, wenigstens sind davon keine Nachrichten vorhanden, für einen Grafen und Herrn von Ostfriesland anerkannt

(t) Beninga p. 362. Emm. p. 389. Schot. p. 328.

(u) Sickel Beninga Chronicke 1.Theil Mspt.

Dritter Abschnitt.

kannt worden. Diese Erhebung in den Grafenstand, und die Belehnung mit Ostfriesland hat dem Grafen 18000 rheinische Gulden gekostet. Hievon hat der Kaiser 9000 Gulden erhalten, die übrigen 9000 Gulden sind mit der Gesandschaft aufgegangen. (v) In dem folgenden Jahre ist Graf Ulrich schriftlich 1465 von der Ritterschaft, und namentlich von Occo zu Loquard, Ayelt zu Grimersum, Ayelt zu Hinte, Gerd zu Petkum, Hayo zu Papenberg, Enno zu Uttum, Eger und Heno Mauritz in Emden gehuldiget. (v) Dagegen huldigten ihm Seelger zu Uphusen und Hano und Haike von Oldersum erst 1466. Sie erklärten sich zugleich für seine Vasallen, und nahmen ihre Herrlichkeiten von ihm zum Lehn. (w)

§. 11.

Des Grafen Ulrichs Bestreben zielte vorzüglich dahin ab, sich in seiner Würde zu erhalten, und den Wohlstand des Landes zu befördern. Mit den Nachbaren lebte er in Frieden, und durch Schwerd und gütliche Vergleiche stillte er bisher die Fehden der stets streitenden Häuptlinge. Seine Klugheit hatte schon die Vorbereitungen veranstaltet, die Hamburger aus der Provinz zu halten, und sich und seinen Nachkommen den Besitz Embens zu sichern. Durch seine vortrefliche Einrichtungen, blühte der Handel in Emden, und durch die vorhin erwähnte neue Gebäude, verschönerte er die Stadt. So wie er für Emden sorgte, ließ er sich die Verschönerung des ganzen Landes angelegen seyn. 1448 legte er die neue Burg zu Aurich an. Dies war ein vierecktes

(v) Die Urkunde bey Breneisen p. 92.
(w) Breneis l. c.

tes mit 4 Thürmen versehenes Gebäude, welches er mit einem Wall und Graben umzog. Diese Burg ist das gegenwärtige inwendige Schloß, welches aber nachher etwas verändert ist. (x) Diese Burg wurde die Uberburg (averborch) genannt, (y) weil sie der alten Burg, oder dem itzigen Piquirhofe gegen über lag. 1444. erbaute er eine neue Burg zu Berum. (z) 1445. das hohe kostbare Chor an der Norder Kirche (a) und 1457. ein neues Schloß zu Greetsyl. Dies war ebenfalls ein Quadrat mit einem hohen Thurm. (b) 1449. ließ er den Thurm zu Marienhave warscheinlich zum Besten der Schiffarth höher bauen. (c) 1461. die große Syhl bey Greetsyhl legen, (d) und 1462. ein schönes Chor an der Kirche in Weener setzen. (e) Auch das Beste

der

(x) Beninga p. 325. Breneis. T. 1. L. 1. c. 5. p. 47. Emm. p. 362. Schot. p. 313. Funks Chronik T. 1. p, 200.

(y) Beninga c. l.

(z) Emm. p. 355.

(a) Emm. p. 357. Die Inschrift hat gelautet: Istud aedificium est inceptum cum adminiculis nobilis, Domicelli Ulrici I. Nordae capitalis — — et Civitatis Nordae. Reershemil Prediger Denkmal. Harkenroth in seinen Oorsp. p. 730 und Feltman in stulis bonorum lesen etwas anders.

(b) Beninga p. 344. Emm. p. 379. Dieses Gebäude legte der Graf bey der alten Burg, dem cirksenaischen Stammhaus an. Diese alte Burg ist von Graf Edzard I. abgebrochen. Beninga ebendas.

(c) Beninga p. 356. Emm. p. 384.

(d) Beninga p. 358.

(e) Breneisen c. l. p. 52. Zu seinem Andenken ist in einem Sandsteine gehauen: „Ao. Domini 1462

Dritter Abschnitt.

der Klöster ließ er sich angelegen seyn, und wo er ein Unwesen vorfand, suchte er demselben Wandel zu schaffen. Schon 1444. nahm er eine Reformation mit dem Kloster Silo vor. Die Benediktinernonnen versetzte er in das Kloster Marienkamp bey Esens, wovon wir an einem gelegneren Orte weiter handeln werden.

§. 12.

Die kurze Zeit, worin Ulrich als würklicher Graf regierte, war überaus friedsam. Selbst mit dem Grafen Gerhard von Oldenburg, diesem geschwornen Feinde der Ostfriesen, söhnte er sich in dem letzten Jahre seiner Regierung aus. (f) Nur Cyrk von Friedeburg, dieser unruhige Mann, war durch seine Seeräuberey den Gröningern, Bremern und Hamburgern noch immer lästig. (g) Dies sind die einzigsten Unruhen, deren die Annalen in dieser Epoche gedenken. Graf Ulrich überlebte sein Glück nicht lange. Er wurde schleunig krank und starb 1466 den 27. September auf seiner Burg zu Emden. Sein entseelter Körper wurde nach Norden geführet, und in dem Kloster Marienthal mit vielem Pompe beygesetzet. (h) Er ließ 6 unmündige Kinder nach: Heba, geboren 1457.; Gela, geb. 1458.; Enno, geb. 1460.; Edzard, geb. 1462.; Uko, geb. 1464. und

1462 post pentecost: incepta est fabrica chori hujus, cum Thamo fuit ip. pts. et curatus Domicellus Olricus de Gretha Capitaneus Ostfrisiae.

(f) Schiphauer Chr. Oldenb. bey Meib. T. 2. p. 181.

(g) Emm. p. 390. Schot. p. 329.

(h) Beninga p. 364. Emm. und Schot. l. c.

und Almuth, geb. 1465. Almuth, die jüngste Tochter, war nur ein Jahr, und Enno, der älteste Graf, erst 6 Jahr alt. Die drey jungen Grafen, Enno, Edzard und Uco werden öfters in dieser Geschichte vorkommen. Heba wurde die Gemalin des Grafen Erich von Schaumburg. Als Witwe zog sie nachher wieder nach Ostfriesland, und starb 1476. (i) Gela starb 1492. und Almuth 1522., beyde unverheirathet. (k)

§. 13.

Kein Ostfriesischer Häuptling hat die Stuffe des Glücks erreichet, die Graf Ulrich erstiegen hat. Er war ein für sich begüterter Edelmann, vermehrte seine große Besitzungen durch reiche Erbschaften, und heirathete zweymal überaus glücklich. Seine Macht, Kriegeskunde und Tapferkeit verschafften ihm Ruhe im Lande, seine Staatsklugheit das Ruder der Regierung, seine Milde und Gerechtigkeit die Liebe des Volkes. Jahrhunderte hatten die Ostfriesen in ihr eigen Eingeweide unter dem Deckmantel der Freiheit gewühtet. Morden, Brennen und Plündern waren die täglichen Begebenheiten in dieser unglücklichen Provinz. Ulrich war es vorbehalten, die ganze streitende Nation unter seinen Flügeln zu versammeln, ihre Schwerter in Pflugschaaren zu verwandeln, und den Janustempel zu schließen. Er, der uns den Frieden gab, ruhe in Frieden!

(i) Emmius p. 383. Schot. p. 326.
(k) s. Lonings und andere Genealogisten mehr.

Vierter Abschnitt.

§. 1. Schilderung der Friesen vom Pabst Pius. §. 2. Die verwittwete Gräfin Theda tritt die vormundschaftliche Regierung an. Ritter Sibeth Attena wird Lehnträger bis zur Volljährigkeit der jungen Grafen. §. 3. Ruhe in Ostfriesland. Tanne Düren, Häuptling von Jever stirbt. §. 4. Schutzbündniß der Ostfriesen und der Gröninger, wider den Herzog Karl von Burgundien. §. 5. Fehde zwischen den Ostfriesen und Oldenburgern. §. 6. Ritter Sibeth Attenas Tod und Nachkommen. §. 7. Fürchterliches Bündniß zwischen Herzog Karl von Burgundien, und dem Grafen Gerhard von Oldenburg, wider Ostfriesland. Der Herzog stirbt. §. 8. Der Kaiser weiset die Butjadinger als Vasallen des ostfriesischen Regierhauses an, ihren Beytrag zu dem Reichscontingent an die Gräfin Theda zu entrichten. §. 9. Kurze Geschichte der Festung Friedeburg. Cort Kantena van Friedeburg stirbt. §. 10. 11. Friedeburg kommt an das gräfliche Regierhaus. §. 12. 13. Darüber entstehen Streitigkeiten zwischen Oldenburg und Ostfriesland. §. 14. Die Herrschaft Varel kömmt an Oldenburg. §. 15. Theure Zeit. §. 16. 17. Fortdauernde Fehden zwischen Oldenburg und Ostfriesland. — Friede.

§. 1.

In dieser Epoche entwirft ein damals lebender auswärtiger Gelehrter (a) eine Charakteristik von den Friesen. „Sie sind, sagt er: ein unbändiges in den Waffen wohl geübtes Volk, stark, und groß von Körper, sicher und unerschrocken trotzet es auf seine Freyheit, obschon Philipp von Burgundien sich Herr von Friesland nennet. Aber in der That sind die Friesen

---

(a) Aeneas Silvius Picol. (nachher Pabst Pius II) in Statu Europae cap. 27. in Freh. Scr. rer. germ. p. 73.

Friesen ein freyes Volk, welches nach seinen uralten Sitten lebet, kein frembes Joch erträget, noch über andere zu herrschen verlanget. Denen Friesen mißfällt eine hohe Kriegeswürde. Einen vornehmen mächtigen Mann, der sich über andere zu erheben suchet, dulden sie nicht. Jährlich wählen sie ihre Magistratspersonen, die dem Staate mit gleichem Rechte, ohne Unterschied der Person vorstehen; strenge strafen sie die Unzucht der Frauenspersonen, nicht leichte nehmen sie unverheirathete Priester an, damit sie frembe Ehebetten nicht besudeln, denn sie halten dafür, daß die Enthaltsamkeit über die Natur des Menschen gehe. Ihr ganzer Reichthum bestehet in Vieh, ihr Land ist eben und sumpfig, es hat einen Ueberfluß an Gras und Mangel am Holz. Auf ihren Feuerherden brennen sie schwefelhaften Torf und getrockneten Kuhmist. (b) So redet Pabst Pius II. von unsern Vorfahren. Seitdem aber nunmehr Ostfriesland den Grafen Ulrich und seine Descendenten für ihre Herren anerkennet hat, ist in Absicht Ostfrieslandes aus diesem Gemälde ein ansehnlicher Theil verwässert worden.

§. 2.

Gräfin Theda trat nach Absterben ihres Gemals die vormundschaftliche Regierung an. Auf seinem Sterbebette hatte Graf Ulrich seine getreue Freunde, Ritter Sibeth von Esens und Heno Mauritz,

(b) Hievon singt auch Gnapheus in seinem Encomio civ. Aemd.
Cespite non pudor est Frisiis libasse fimoque,
Et veste et Genio, ruricolaeque lari.
Namque fimus bubulus ruri torretur, ut igni
Admotus flammas det rutilante foco.

Vierter Abschnitt.

riß von Dornum ersuchet, die Mitvormundschaft über seine unmündige Kinder zu übernehmen, und sich seiner Wittwe und Kinder mit Rath und That anzunehmen. Ihr eidliches Versprechen beruhigte den sterbenden Grafen, und die nachherige Erfüllung entsprach seinem Wunsche. (c) Der Beirath dieser beyden wackeren Männer, und die Klugheit und Herzhaftigkeit der Gräfin selbst, hoben die Schwierigkeiten ihrer mißlichen Lage. Gräfin Theda sorgte bald dafür, daß ihre Söhne mit der Grafschaft Ostfriesland belehnet wurden. Wegen ihrer Minderjährigkeit ist der Kaiserliche Lehnsbrief von Jacobi 1468. auf Ritter Sibeth von Esens als Lehnträger und Bevollmächtigter der minderjährigen Gebrüder Ulo, Enno und Edzard ausgefertiget. In welcher Qualität er auch den Huldigungseid geleistet hat. (d)

§. 3.

(c) Emm. p. 391. Schot. p. 329.

(d) Wir Friedrich ꝛc. thun kund, daß uns unser und des Reichs getreuer Sibo von Esens, Ritter anstatt — Ulo, Enno und Edzard, Gebrüdern, Grafen zu Norden, Emden und Emsgowen, so noch nicht zu ihren Jahren kommen seyn, fürbringen lassen hat, wie weiland ihr Vater, auch Grafe der vorgemeldeten Grafschaft mit den Schlössern Greetzyhl, Berumb, Aurich, Lehrort und Stickhausen, mit allen ihren zugehörigen — von der Westerause ostwerts, bis an die Weser mit Rudiabingen von der See südwerts bis an die deutsche Palen, von dem Norden, von der See bis zur Hampoel, zu Detern und Lengen, und ander sein Gut — von uns und dem heiligen Reiche zum Lehn empfangen, die nun auf die benannte seine Kinder erblich kommen und gefallen seyn; — Also haben Wir den genannten Sybo — solche Stücke und

Güter

Fünftes Buch.

§. 3.

Mager sind unsere Annalen in Erzählung der Thatsachen in den ersten Jahren der vormundschaftlichen Regierung der Gräfin Theda. Ein sicherer Beweiß, daß in diesem Zeitpunkte nichts wichtiges von Belange vorgefallen, und die Gräfin durch ihre Klugheit die Ruhe im Lande erhalten hat. Tanne Düren, Häuptling zu Jever, Rüstringen, Ostringen und Wangerland, dieser mächtige Herr war immer ein starker Widersacher des gräflichen ostfrisischen Hauses. Sein Todesfall sicherte noch mehr 1468 die ruhige Regierung der Gräfin. Er starb 1468 (e) Seine erste Gemalin war Tetta von Pakens, (f) seine zwote Almuth von Werdum. (g) Letztere hat sich nachher mit Reno Howerda, Häuptling von Nesse und Uphausen vermählet. (h) Tanne Dürens Kinder aus der ersten Ehe waren Edo Wimken, Tiade und Hajo. Dieser starb gleich nach seinem Vater. (i) Tiade war an Wibet von Esens verheira-

Güter — als Träger und anstatt eye genannter Kinder zum Lehen gründiglich verliehen, leihen ꝛc. Gegeben Grätz am Mittewochen nach St. Jacobi Tag 1468. Dieser Lehnbrief liegt in dem Regierungsarchive.

(e) Emm. p. 391. Beninga p. 365.

(f) Hamelman Chr. p. 461. Winkelm. Chron. p. 18.

(g) Hamelm. l. c, Ulrich v. Werdum Series fam. Werd. Mspt.

(h) Meines friesische Merkwürd. p. 84.

(i) Emm. und Beninga c. I.

Vierter Abschnitt. 81

heirathet. (k) Ebo Wimken folgte seinem Vater in der Regierung. Zum Unterschiede seines Uraltvaters wird er Ebo Wimken der jüngere genannt. (l)

§. 4.

Noch immer angelten die Grafen von Holland nach der Oberherrschaft von Friesland. Der Herzog Philipp I. von Burgundien war der letzte, welcher, wie wir oben angeführt haben, einen fruchtlosen Anschlag auf Friesland machte. Ihm folgte sein Sohn Karl der streitbare. Dieser verlangte gleich nach 1469 Antritt seiner Regierung, daß die westerlauerschen Friesen ihn als Grafen von Holland, für ihren Herren erkennen, ihm huldigen, und den schuldigen Tribut jährlich bezahlen sollten. Er glaubte diese seine Ansprüche mit dem besten Erfolge durchsetzen zu können, weil die Gröninger seinem Bruder David von Burgundien, Erzbischof von Utrecht, in diesem Jahre gehuldiget hatten, die westerlauerschen Friesen also von den Gröningern nicht würden unterstützet werden. Der Herzog richtete aber nichts weiter aus, als daß die Friesen Gesandten nach dem Haag und nachher nach Enkhuisen schickten. Die an beyden Oertern angestellte Traktaten waren fruchtlos und wurden abgebrochen. Uffo von Dokkum, ein friesischer Edelmann, lebte mit seinen Landesleuten in Uneinigkeit. Er fügte sich zu dem Herzoge, machte sich anheischig, daß seine Unterfassen dem Herzoge huldigen sollten, und schlug dem Herzoge vor, mit den Waffen in der Hand, die alten Ansprüche Hollands auf Friesland
geltend

(k) Winkelm. Chron. p. s.
(l) s. Stammtafel I.

geltend zu machen. Dieser Anschlag zog dem Uffo die Verbannung aus den friesischen Staaten, und 1470 den Ruin seiner Güter zu. Schon rüstete Karl eine mächtige Flotte aus; aber der verwirrte Zustand in England unter dem Könige Eduard IV. der nach Holland flüchten mußte, und dessen sich der Herzog Karl mit aller Macht annahm, und der daraus nachher entstandene Krieg mit dem Könige Ludewig XI. von Frankreich, verscheuchte das Ungewitter, welches gegen Friesland heranzog. Kaum war der Friede mit Frankreich geschlossen, so rüstete sich Karl 1473 zu einem Zuge nach Gelderland. Hier wurde er als Herzog von Geldern und Graf von Zütphen gehuldiget. Diese nahe Nachbarschaft war der Stadt Gröningen und den Umlanden bedenklich. Sie schlossen daher ein enges Bündniß mit einander ab, sich wechselsweise wider alle Angriffe eines fremden Prinzen die hülfreiche Hand zu bieten. Hierauf ersuchten sie die Ostfriesen, welchen, wenn Gröningerland bezwungen war, dieselbe Gefahr bevorstehen möchte, diesem Bunde beyzutreten. Die Ostfriesen glaubten, daß das Gesuch der Gröninger dem Wohlstande und der Sicherheit Ostfrieslandes entspräche. Die Gräfin Theda, Ritter Sibeth von Esens, Poppo Manninga von Pewsum, Edo Wimken von Jever, Edo Boyngs von Gödens, Lübbe Oncken zu Kniphausen, Alke zu Inhausen, und andere Häuptlinge mehr, wie auch die begüterten Eingesessenen, (mene Meente) trafen mit Gröningen und den Umlanden ein Bündniß auf 20 Jahre, des Einhalts: die Ostfriesen und Gröninger sollten sich wechselsweise wider den Herzog von Burgundien, falls er der angreifende Theil seyn sollte, mit 1000 Mann Beystand leisten; wenn aber der Nothstand der einen Provinz sich vergrößern, und die andere von dem

feind-

Vierter Abschnitt.

feindlichen Einfall verschonet bleiben möchte, sollten alle streitbare Männer bis auf die nöthige Garnison in den Festungen, der nothleidenden Provinz zu Hülfe kommen; wenn aber Ostfriesland und Gröningerland zugleich möchte angegriffen werden, müßte jedweder, so gut er könnte, seine eigne Gränze vertheidigen. Uebrigens sollte kein Theil ohne des andern Zustimmung, sich in Traktaten, geschweige denn in einen Vergleich mit dem Herzoge einlassen. Dieser Vertrag ist von beyderseitigen Contrahenten auf den 13. August 1773. besiegelt worden. Nur der einzige Cirk von Frideburg, dieser stets unruhige Edelmann wollte diesem Bündnisse nicht mit beytreten. Schon wurde an einem allgemeinen Bündniß der Friesen, von der Süderfee bis an die Weser, gearbeitet, wie der Herzog Karl aus Gelderland nach Trier zog, um von dem Kaiser Krone und Scepter, oder den Titel eines Königs von Burgundien, eine Würde, wornach sein hohes Herz lange gehaschet hatte, zu erlangen; und als ihm dieses mißlang, mit dem weitaussehenden Projekte schwanger gieng, sich der ganzen Rheingegend, von Nimwegen an bis zu Basel zu bemeistern. Hiedurch erhielten die Friesen Luft. Das wichtige Bündniß war nun nicht mehr bringend, und kam nicht zu Stande. (m)

§. 8.

Unterdessen fieng Graf Gerhard von Oldenburg wieder an, die Ostfriesischen Gränzen zu beunruhi-

---

(m) Wagenaars vaderl. Hist. XIII. Bock p. 107. et seq. Idzinga Staatsrecht II. Deel p. 399. et seq. Occo Scarl. p. 210. et seq. Beninga p. 366. Winshem. Chr. fol. 279. et seq. Schot. p. 340. et seq. Emmius p. 396. et seq.

gen. Unvermuthet zog er bey Westerstede einige Truppen zusammen und fiel über das Morast, denn es war damals ein sehr trockner Sommer, in lengener Land ein. Der Amtmann oder Drost Siwke war nicht gefaßt, dem andringenden Feinde zu widerstehen. Er hielt sich stille mit seiner kleinen Besatzung in Uplengen auf, welchen Ort die Gräfin Theda in dem vo.igen Jahre stark befestigen lassen. (n) Wo bleibt nun Siwke mit seinen gelben Haaren? riefen die Oldenburger spöttisch, wie sie Uplengen vorbeyzogen. Sie rückten hierauf tiefer ins Land hinein, und plünderten Strakholt, Bagband, Hesel und Holtland aus. Siwke und der Amtmann zu Stickhausen, Lange Haye, hatten indessen in der Eil einiges Volk zusammen gebracht. Wie die mit Beute reich beladenen Oldenburger ihren Rückzug über Holtgast nach Detern nahmen, und über den engen Deich einherzogen, wurden sie unvermuthet von beyden Seiten von den Amtleuten Siwke und Haje, mit solchem glücklichen Erfolge angegriffen, daß die Oldenburger bald in Unordnung geriethen, die Flucht nahmen, über 1000 Mann auf dem Platze verlohren, und ihre Beute größtentheils zurücklassen mußten. (o) Dieser Niederlage ohneracdtet wagte der Graf noch einige Streifereyen. Er durchstrich Rüstringen, Ostringen und Auricherland, brandschatzte die Eingesessenen, plünderte ihre Häuser aus, und schonte weder Priester noch Wittwen, noch Kindbetterinnen. Er fiel seit der Zeit öfters bey Friedeburg in Ostfriesland ein, und nahm über Friedeburg wieder seinen Rückzug, denn der treulose Cyrk lebte

---

(n) Emm. p. 401.

(o) Beninga p. 369. Emm. p. 405. Schot. 347.

Vierter Abschnitt.

lebte in einem heimlichen Einverständniß mit dem Grafen, und sah durch die Finger, wenn die Oldenburger vorbey marschierten. Edo Wimken von Jever, Alke von Jnhausen, Lübbe Oncken zu Knipens und Edo Boyngs von Gödens standen vor dem Riß, wenn der Graf von dieser Seite in Ostfriesland einfiel. Diesem Unwesen Wandel zu schaffen, traten diese mit der Gräfin Theda in ein enges Bündniß. (p) Lübbe Oncken fiel hierauf gleich in das Oldenburgische ein und verwüstete Oldenbrok, dagegen rückten die Oldenburger bis nach Repsholt hervor. Hier wurden sie von den Ostfriesen angegriffen und zurückgeschlagen; dem Grafen gelang es indessen Stratholt auszuplündern (q) so wie den Friesen in Ape, Beute zu machen. (r) Graf Gerhard erdreistete sich nachher auch in das Stift Münster und in das Bremische zu streifen. Heinrich von

F 3   Schwar-

(p) Emm. und Schot. l. c. Hamelman p. 271

(q) In dem Chor der Stratholter Kirche ist noch die Inschrift: Benedictus Iesus Mariae filius, Anno Domini 1473. regnante Theda Comitissa in Ostfrisia, tempore Parasceves, devastata est praesens villa, per comitem Gerhardum in Oldenburg, et accepit spolia multa scil. 9 stigas boum, vaccarum, caballos. Nec non devastaverunt Domum Dotalem et captivati sunt tres in villa. Et accepit spolia multa, aurum, argentum et elenodia.

Dabey findet sich noch eine Inscription:
Quidquid de altari rapitis, rapina maledictio est.
Avaritia crescit in infinitum.
Nunc tempus est flendi, locus est peccata loqui,
Postea gaudebunt, qui nunc sua crimina flebunt.
f. Reeshemii Lutterisch Prediger Denkmal p. 144.

(r) Schiphouw. Chron. Oldenb. bey Meibom T. 2. p. 183. Hamelman p. 271.

Schwarzenborg, Bischof von Münster und Administrator von Bremen sandte deshalb einen Fehdebrief nach Oldenburg, und rückte mit seinen Truppen in das Oldenburgische ein. Mit ihm verbanden sich die Bremer und Ostfriesen. Zu schwach, diesem gemeinschaftlichen Feinde die Spitze zu bieten, warf sich Graf Gerhard mit seinen Leuten in die Stadt Oldenburg. Hier mußte er eine siebenwöchige starke Belagerung aushalten. Die Stadt würde auch erobert worden seyn, wenn nicht durch Vermittelung der Grafen von Teklenburg und Hoja, und des Bischofs von Osnabrügge diese Streitsache gütlich beygeleget worden. (s)

§. 6.

Immittelst starb Margaretha von Westerwold, die zwote Gemalin Ritter Sibeths von Esens und Dornum. Aeußerst gerührt über diesen Todesfall, fiel er selbst in eine schwere Krankheit, worin er zu Embden, im December 1473. verstarb. Seine Leiche wurde nach Esens geführet, wo sie bey seiner Gemalin in dem Chor begraben lieget. (t) Sein Testament errichtete er auf seinem Sterbebette. Er muß ein besonderer Liebhaber von Pferden gewesen seyn; sie lagen ihm so am Herzen, daß er in seiner tödlichen Krankheit namentlich über sie gleich anfangs in dem Testamente disponirte. Der Kirche zu Esens

---

(s) Schiph. l. c. Hamelman p. 273. Kranz in Metropoli Lib. XII. c. II. Beninga p. 370. Emm. p. 409.

(t) Emm. c. l. Beninga p. 369. Die Grabschrift uf seinem Epitaphio, worauf er in Stein ausgehauen lieget, f. bey Harkenroth in Oorspronk p. 830.

Vierter Abschnitt. 87

Esens legathrte er sein graues Pferd mit seinem Harnische, dem Esener Kloster sein Pferd, Töpfe genannt, denen Klöstern zu Buermunken und Sieltermünken einige Füllen, seinen Trabanten Hermann und Engelman das beste Pferd, welches Hermann zu reiten pflegte, dem Stallknecht Konrad und Johann Barwisch die beyden Pferde, genannt Muncke und Trübbet, dem Aske den alten Gaul, den er reitet, (den Pagen, den he ritt) Ailke sein Reitpferd, und dem Meister Hicke sein braunes Pferd. Seinen Kindern aus den beyden verschiedenen Ehen, wieß er ihre mütterliche Güter an, und empfohl seinen Söhnen, als Vasallen des gräflichen Hauses die schuldige Treue und den Gehorsam, den er stets dem Grafen Ulrich und der Gräfin Theda bewiesen hatte. Zu Vormündern über seine Kinder und zu Executores seines Testamentes bestellte er die Gräfin Thedy, Hero Maurij, Hicko Kankena und Hicko Boynge von Werdum. (u) Sein Vater war der tapfere Sibet Attena von Dornum, seine Mutter Frowa von Gretsyl. Er war zu Manschlacht, welches seine Mutter zum Brautschatz erhalten hatte, gebohren. (v) Er ließ vier Kinder nach: Frowa, die Gemahlin Ebo Wimkens von Jever, und Hero Omken, waren aus der ersten Ehe von Onna von Sebesborf. In der zweyten Ehe hatte er mit Margaretha von Westerwold Ulrich und Sibeth erzeuget. (w) Wir

F 4 merken

(u) Das Testament bey Brehelsen T. I. L. IV. p. 96.

(v) Harckenr. l. c. Beninga p. 308.

(w) siehe die VI. Stammtafel, und das Testament.

merken noch im Vorbeygehen an, daß er 1468 r. die starke Burg zu Wittmund erbauet hat, die nun vor einigen Jahren abgebrochen ist. (x)

§. 7.

1474. Der tapfere Ritter Sibeth hatte so oft den Feinden des ostfriesischen gräflichen Hauses mit dem besten Erfolge die Spitze geboten. Sein Absterben flößte dem Grafen Gerhard von Oldenburg Muth ein, in Ostfriesland Eroberungen zu machen. Unterrichtet von dem Projekt des Herzogs Karl von Burgundien, sich ganz Friesland unterwürfig zu machen, verfügte er sich zu dem Herzoge, der sich dermalen mit der Belagerung von Nuis beschäftigte. Der Graf entdeckte dem Herzoge seine Gedanken von Eroberung Frieslandes und versprach ihm hülfreiche Hand zu leisten. Willkommen war der Graf dem Herzoge, und so kam bald der förmliche Contrakt zu Stande, der, wie es darin heißt, zum Lobe des allmächtigen Gottes, und zur Erhöhung und Erweiterung der rechtgläubigen Kirche (y) in dem Ausgange Novembers 1474. in dem Lager von Nuis unterschrieben und besiegelt wurde. (z) Hiernach verpflichtete sich Graf Gerhard, dem Herzoge, so bald er

(x) Harkenroth p. 255.

(y) Ad laudem omnipotentis Dei, sanctaeque orthodoxe fidei exaltationem et ampliationem, quam ex toto cordis desiderio super omnia cupimus — welche Heuchelen! Vielleicht hat Graf Gerhard gar die Friesen für Ketzer ausgeschrieen.

(z) Hamelman hat diese Urkunde nach dem im Oldenburgischen Archive befindlichen Original mitgetheilet p. 279.

Vierter Abschnitt.

er in Friesland, es sey zu Wasser oder zu Lande einfallen sollte, wenigstens mit 600 Reutern und 4000 Mann zu Fuße zu Hülfe zu kommen, und Ostfriesland als ein dem Herzoge zustehendes erbeigenthümliches Land (a) demselben zu unterwerfen, und demnächst, wenn er mit Ostfriesland fertig seyn mögte, dem Herzoge 2000 Mann Hülfstruppen über See zu senden, um auch Westfriesland (b) mit erobern zu helfen. Dagegen versprach der Herzog den Grafen, wegen seines Kostenaufwandes zu entschädigen, ihn und seine Nachfolger mit Mormerland, Auricher- und Jeverland, welche Distrikte, wie er wähnte (c) zu der Grafschaft Oldenburg von Alters her, gehöret haben, und demselben von den Friesen entrissen worden, zu belehnen und endlich ihn zum Statthalter über ganz Friesland mit einem Gehalte von 2000 rheinischen Gulden zu bestellen. Aber dieses, den sämmtlichen Friesen, fürchterliche Bündniß, war ein bloßes Hirngespinst. Die langwährende fruchtlose Belagerung von Nuis, der Krieg in Lotharingen, die Niederlage des Herzogs bey Granson und sein Tod auf dem Bette der Ehren bey Nancy (1477) sicherte die Friesen für alle sie drohende Gefahren. (d)

F 5 §. 8.

(a) Manu armata intrare *predictam patriam nostram*, quae vocatur Ostfrisia, et illam subjugare et reducere ad nostram veram et integram obedientiam.

(b) Hier wird unter Westfriesland die Provinz Friesland verstanden.

(c) Ut asserit, stehet in dem Original. Hamelmans gar zu freye Uebersetzung heißt: wie auch Brief und Siegel lauten sollen. p. 278.

(d) Wagen. vad. Hist. XIV. Bock.

§. 8.

Wie der Herzog Karl von Burgundien mit 80000 Mann Nuis belagerte, forderte der Kaiser Friedrich III. von den Reichsständen wider ihn die Reichshülfe. Auch die Gräfin Theda wurde angesprochen, eine gewisse Anzahl Leute zu stellen. Sie entschuldigte sich mit ihrem Unvermögen und daß sie zur Deckung ihres eignen Landes, ihre Truppen selbsten bedürfte, bot aber dagegen dem Kaiser zur Erweisung ihres schuldigen Respekts ein Surrogat von 4000 rheinischen Gulden, mit Vorbehalt ihrer Gerechtsame auf künftige Fälle, dar. Der Kaiser nahm dieses Anerbieten an, quittirte sie über den abschlägigen Empfang von 2000 fl. und befreyte sie von der naturellen Stellung der Leute. (e) In der darüber ausgestellten Quittung gab der Kaiser der Gräfin die Versicherung, daß dieses Contingent den Privilegien, Landrechten und alten Gewohnheiten, unpräjudicirlich seyn sollte. Die Gräfin wird also auf die zehnte Willkühr sich bey dem Kaiserlichen Antrage bezogen haben, wornach die Friesen nicht weiter durften Heerfahrt leisten, dann ins Osten bis an die Weser, und ins Westen bis an das Fly. (f) Zugleich

(e) Die Quittung des Kaisers vom 21. Iul. 1475. bey Brenelsen T. I. L. V. p. 99. worin es am Schluß heißt: Darum sagen wir dieselbe Theda, ihren Kindern und Erben, solcher obbestimmten Hülfe quit, ledig und los, in Kraft dieses Briefes. Und soll auch dieselbe Hülfe der itzt genannten Theda, ihren Kindern, Landen und Leuten, an ihren Privilegien, Landrechten und alten Gewohnheiten, ob sie der hätten, ganz keinen Schaden, Abbruch noch Verletzung bringen, in keine Weise.

(f) Ostfr. Landrecht L. I. c. 54. in der Ursprache aber bey Schot. in Beschry. van Friesl. p. 58.

Vierter Abschnitt. 91

Zugleich aber beschwerte sich die Gräfin über die Butjadinger, daß sie ihren Antheil zu dem von ihr entrichteten Reichs- und Kreiscontingent zu 4000 fl. nicht entrichten wollten. Worauf der Kaiser den Häuptlingen, Bürgern und gemeinen Eingesessenen von Butjadinger- und Stadtland bey Verlust aller ihrer Lehnen, Erbschaften und Gerechtigkeiten, und bey Strafe 100 Mark löthigen Geldes anbefahl, als Vasallen der Gräfin Theda, in Kraft des Kaiserlichen Lehnbriefes, nach ihrem Vermögen zu diesem Contingente das ihrige beyzutragen. (g) Ob und in wie ferne aber die Butjadinger und Stadtländer diesem Kaiserlichen Befehle nachgekommen, läßt sich aus Mangel der Urkunden und Annalen nicht bestimmen.

9.

Immittelst starb Cyrk von Friedeburg. Sein Tod veranlaßte wieder neue Händel. Friedeburg ist 1359 von Edo Wimken dem älteren erbauet. (h) Nach Edo Wimkens Tode kam Friedeburg auf dessen Enkel Sibeth Papinga. Dieser räumte die Burg seinem Schwiegervater Focke Uken, nach dessen Unstern 1432 ein. (i) Graf Diederich von Oldenburg, ein unversöhnlicher Feind Fockens, weil er die Comtesse Ingelborg vertrieben, belagerte ihn, und nahm die Festung ein, wie Focke sich nicht länger halten konnte und entfliehen mußte. (k) Die Friesen hielten

(g) Dieses Kaiserliche Mandat bey Bremelsen l. c.
(h) Hamelman p. 143.
(i) Emm. p. 306. und 328.
(k) Beninga p. 268. Emm. p. 331.

ten den Oldenburgischen Besitz äußerst gefährlich, daher kauften sie von dem Grafen Dieberich diese Festung für 1000 Postulatgulden 1436 wieder an sich. (l) Sie schleiften hierauf die Burg, damit die Oldenburger sich nicht wieder dorten einnisteln sollten. Wie aber bald nachher der Graf in Ostfriesland streifte, traten die Ostfriesen zwischen der Ems und Jade zusammen, und richteten die Burg wieder auf. Da nun der vorige Besitzer Sibeth Papinga bereits 1433 verstorben war; so übergaben die Friesen diese von ihnen auf Landeskosten neu erbaute Gränzfestung dem Häuptlinge Hilmer Kankena (m) von Repsholt, in dessen Gebiet sie lag, und verpflichteten ihn, sie zum Besten des ganzen Landes wider alle feindliche Anfälle zu vertheidigen. Dieser kam seinen Pflichten genau nach, und starb als ein ächter Patriot. Ihm folgte sein Sohn Cyrk. Dieser unruhige Mann, dessen wir so öfters gedacht haben, ließ Friedeburg mehr befestigen; so daß sie die stärkste Festung dieser Provinz wurde. (n) Die Lage war vortreflich. An der Südwestseite hatte sie einen weitläuftigen Morast, welcher sich von der Burg an, bis ins Auricher Amt, ganz nach Strakholt hin, beynahe zwey Meilen weit erstreckte; und an der Nordseite gieng das Seewasser, nach Einreißung
der

(l) Schiphouw. Chron. Oldenb. bey Meib. T. 2. p. 179. Hamelman p. 194. Beninga c. l. Emm. p 333.

(m) Warscheinlich wohnte er vorhin auf der Hilmersburg bey der Dose. Sein Vater schrieb sich zufolge aller Genealogien Hebbo Lauckena up der Dose.

(n) Emm. p. 333.

Vierter Abschnitt.   93

der Jade und Wegschwemmung des Schlieberſyhls, faſt nach Friedeburg hinan. Daher werden noch einige Stücken Landes in dem Etzeler Kirchſpiele Groden, das iſt, eingedeichte Länder genannt. (o) Soviel von Friedeburg ſelbſt. Nicht ſo wie ſein Vater, dachte Cyrk. Er war ein beſtändiger Feind des gräflichen Oſtfrieſiſchen Hauſes, lag mit dem Oldenburgiſchen Grafen durchgehends unter einer Decke und vergönnte ihm den freyen Aus- und Einzug. (p) Kurz vor ſeinem Tode (1474) ließ die Gräfin, unter Anführung Heno Mauritz Kanckena von Dornum, einige Truppen nach Friedeburger Amt rücken. Moritz gieng zuerſt auf Repsholt los. Repsholt hatte vorhin zwey große, ganz vortrefliche Kirchen. Die eine war ſchon vor langer Zeit, unbekannt auf welche Veranlaſſung, zerſtöhret. Die andere, wobey ein hoher ſtarker Thurm ſtand, war von Cyrk befeſtiget. Dieſe Kirche, worin Wiard, ein Baſtard Bruder des Cyrks kommandirte, wurde bey dem erſten Angriffe von der Gräfin erobert. Sie ließ den Thurm herunter reißen, wovon noch die Ruinen ſichtbar ſind, errichtete an der Repsholter Brücke ein Blockhaus, legte darin eine Beſatzung ein, um Cyrks und der Oldenburger Streifereyen zu wehren, und zog ihre Truppen ſiegreich zurück. (q)

§. 10.

Bald nachher (1475) ſtarb Cyrk Kankena 1475 und ließ einen natürlichen Sohn, Folkard nach.

Dieſem

(o) Jherings hiſtoriſche Beſchreibung des Amtes Friedeburg Mſpt.

(p) Emm. p. 271.

(q) Emm. p. 409. Beninga p. 370.

Diesem befahl er auf seinem Krankenbette, sofort nach seinem Ableben den Oldenburgischen Drosten von Neuenburg davon zu benachrichtigen. Dies geschah. Der Drost rückte gleich mit einigen Reutern heran, um sich der Burg für seinen Herrn, den Grafen von Oldenburg, zu bemeistern. Die Besatzung versperrte aber dem Drosten das Aussenthor, und meldeten diesen Vorfall dem Magister Tiard Kankena, Prediger zu Aurich, und Heno Mauritz von Dornum. Erster war einer der nächsten Anverwandten des Verstorbenen. (r) Damit nun der Graf von Oldenburg den rechten Erben und überhaupt den Ostfriesen nicht zuvor kommen möchte, schickten die Gräfin Theda und Heno Mauritz, der sich damals als Vormund über Ritter Sibets Kinder, in Esens aufhielt, fast zu gleicher Zeit einige Mannschaft nach Friedeburg. Die Besatzung übergab der Gräfin sofort mit der Bedingung, eines freyen Abzuges und Bezahlung ihres rückständigen Soldes, die Burg, um solche den nächsten Erben, als dem Magister Tiard, Cirks Brudersohn, Haro, Cyrks Bruder, und dem Bastarde Folkert zur Hand zu stellen. Diese nächste Anverwandten aber überließen die Burg der Gräfin und Heno Mauritz von Dornum, weil sie sich vielleicht nicht stark genug fühlten, sie gegen den Grafen von Oldenburg zu vertheidigen. (s)

§. 11.

(r) f. die Kankenaische Genealogie Tab. XIII.

(s) Beninga p. 372. Emm. p. 413. verglichen mit dem Atteste des Tiarks bey Greneisen T. I. L. IV. p. 98. Sprenger sagt in seiner levrischen Chronik ad Ann. 1435. die Burg sey Heno Omken von Esens und seinem Schwager Edo Wimken von Jever nebst der Gräfin Theda übergeben worden,

Vierter Abschnitt.

§. 11.

Heno Mauritz brachte bald nachher die Friedeburg mit allem was dazu gehörte, an sich, daher scheint es mir wahrscheinlich zu seyn, daß die nächsten Erben des Cyrks, der Gräfin Theda und Sibets Kindern, nur die Festung zu einer Besatzung vorerst, um sie für den Oldenburgern zu sichern, eingeräumet haben. Ob nun aber Heno Mauritz den Erben des Cyrks ihr Erbrecht abgekaufet, oder ob Cyrk ihm die Friedeburg legatiret habe, wie andre wollen (t) darüber herrschet eine Dunkelheit, wodurch wir aus Mangel der Urkunden nicht durchschauen können. Genug Heno Mauritz war alleiniger Herr von Friedeburg, und schrieb sich auch Mauritz von Dornum und Friedeburg Häuptling. (u) Wie nun bald hierauf Heno Mauritz von den Oldenburgern gefangen wurde, und dadurch bey seiner Entlassung in schwere Schulden gerieth, ließ er die Friedeburg von der Gräfin Theda sich abhandeln. Er übergab zufolge des darüber 1481 aufgerichteten Vergleichs, der Gräfin die Friedeburg mit allen dazu gehörigen Ge-

den, womit Hamelman p. 273. übereinstimmt, auch bewähret das Attest des Magisters Tiarks, daß die Festung der Gräfin Theda und Sibeths Kindern, wobey des Heno Omken, Sibets Sohn namentlich gedacht wird, von Cyrks nächsten Erben überantwortet worden. Wenn also Beninga von Heno Mauritz redet, so hat er anfänglich die Burg nicht für sich, sondern als Vormund über Sibets Kinder, Heno Omken und dessen Geschwister, mit der Gräfin Theda besessen.

(t) Emm. p. 414.

(u) s. das Document bey Breneisen T. I. L. IV. p. 101. und 104.

Gebäuden, mit der Herrlichkeit und allen Ländereyen, behielt aber seine Privatgrundstücke, die er in der Herrlichkeit liegen hatte, 100 Diematen Landes in der Repsholter Hamrich, vier Meier auf dem Rispel, die dortige Schäferey, und alle Mobilien auf dem Hause sich vor; dagegen zahlte ihm die Gräfin 5000 rheinische Gulden aus, versprach ihm die Eviction wegen der Westerburg zu Dornum, worauf Aylt von Hinte Anspruch machte (v) und ihn und seinen Bruder Hicko, der Rechten Licentiaten und Probsten zu Emden, bey dem Besitze der Kirchspiele Dornum und Westerhave zu schützen. Dann verstattete die Gräfin den beyden Gebrüdern Mauritz und Hicko die Zollfreyheit zu Friedeburg. (w) So kam denn Friedeburg und die Herrlichkeit an das gräfliche Haus. Gräfin Theda ließ, so bald ihr Friedeburg überliefert war, mit starker Mannschaft das Mühlentief nach Etzel neu aufgraben, und so erweitern, daß man mit Schiffen aus der Jade und der Weser bis an Friedeburg fahren konnte. (x)

§. 12.

Den Grafen Gerhard von Oldenburg verdroß es ungemein, daß die Ostfriesen ihm so vorgekommen, und Friedeburg besetzet hatten. Er suchte sich durch einen neuen Einfall in Ostfriesland zu rächen. Die

(v) Diese Prätension hat die Gräfin den Erben 1483. abgekaufet. Der Contract bey Breneisen T. I. L. IV. p. 106.

(w) Beninga p. 372. Emm. p. 420. der Contract bey Breneisen p. 104. woraus dieses mit mehrerem hervorgehet.

(x) Beninga p. 373.

Vierter Abschnitt.

Die beyden Drosten Sirvke von Lengen und Lange Hane von Stickhausen fielen unvermuthet den Grafen, der über das Lengner Meraz einherzog, an, und brachten seine Leute in Unordnung. Sie schlugen den Grafen zurück, der mit genauer Noth ihren Händen entkam. Es glückte ihnen aber, viele vornehme Oldenburger gefangen zu nehmen. Selbst des Grafen Sohn, Adolph, ein rüstiger junger Herr, war unter der Zahl der Gefangenen. Er wurde nach Berum ausgebracht, und ist daselbst beynahe 7 Jahre in Verhaft gewesen. (y)

§. 13.

Nach diesem unglücklichen Vorfall fieng Graf Gerhard mit den Bremern neue Händel an. Diese 1476 rückten in Verbindung mit münsterischen und ostfriesischen Truppen ohngefähr gegen Ostern in das Oldenburgische ein, raubten durch ganz Ammerland, brannten einige Dörfer ab, und zogen mit großer Beute wieder ab. Wie die Bremer bey dem Abzuge sich von den Ostfriesen und Münsterländern getrennt hatten, griff der Graf sie in dem Moor-Riem an, legte viele darnieder, machte über 800 Mann gefangen und eroberte 15 Kanonen. Von dieser Schlacht wird diese Gegend die Bremer Laufe genannt. Die Gefangenschaft ihrer Leute, zwang die Bremer zu einem Vergleiche, welcher durch Vermittelung der Bischöfe von Verden und Osnabrügge zu Quakenbrügge zu Stande kam. Die Ranzion der Gefangenen kostete den Bremern 1000 rheinische Gulden. Auch zwischen dem Grafen Gerhard und dem Bischofe

(y) Beninga p. 371. Emm. p. 414. Schot. p. 353.

schofe von Münster, wie auch der Gräfin Theda wurde der Friede oder wenigstens ein Waffenstillstand getroffen. (z) Die Gräfin setzte dieses Friedens ohnerachtet noch immer ein Mißtrauen auf den Grafen von Oldenburg. Sie glich sich mit Junker Edo Wimken von Jever wegen einiger geringer Streitigkeiten aus, und ließ sich von ihm die Neutralität versprechen, wenn der Graf wieder in Ostfriesland einfallen möchte. (a) Und in der That beunruhigte gleich hierauf Johann, des Grafen Gerhard Sohn, die ostfriesische Gränze. Mauritz von Dornum, der damals, wie wir oben erwähnet haben, Friedeburg noch besaß, rüstete sich wider den Graf, und zog ihm bis Neuenburg entgegen. Hier kam es zu einer Schlacht, worin Heino Mauritz eine Niederlage erlitt und selbst gefangen wurde. (b) In den folgenden Jahren ist nichts von Erheblichkeit aufgezeichnet worden. Die Gefangenschaft Heno Mauritz währte bis 1480 oder 1481. da er sich mit einer großen Summe Geldes lösen mußte. (c) Nach seiner Entlassung kam der vor-

(z) Dilichii Chron. Brem. p. 169. et seq. Schiph. Chr. Oldenb. p. 185. Hamelman p. 280. et seq. Emm. p. 415. Des Quakenbrügger Friedens wird auch in einem Documente von 1477 gedacht: „so de „Grave van Oldenburg der Soone nicht en wolde „bolden, offte folgen, alse tho Jare gedabinget „wort tho Quakenbrügge van Heeren und Forsten." Bey Breneisen p. 101.

(a) s. diesen Contract p. 101.

(b) Beninga p. 372. Emm. p. 416. Schlph. Chron. Old. p. 186. Hamelman p. 301.

(c) Beninga p. 380. Emmius p. 420. Diese setzen das Ranzionsquantum auf 5000 Gulden. Allein die Ranzion, der Schaden, den er während seiner

Vierter Abschnitt.

vorhin erwähnte Contract zwischen ihm und der Gräfin Theba wegen Friedeburg zu Stande. Graf Adolph von Oldenburg saß indessen noch immer zu Behrum gefangen. Wie sein Vater Graf Gerhard, der sich einige Jahre in Schottland aufgehalten, zurückkam, wünschte er sehnlichst die Entlassung seines Sohnes. Er ließ sich mit der Gräfin Theba in Traktaten ein. Der Vergleich soll auch würklich zu 1481 Stande gekommen seyn, (d) doch muß er sich wieder zerschlagen haben, weil die Loslassung des Grafen Adolphs erst 1486. erfolget ist. Ueberhaupt sind unsere Geschichtschreiber hier, in Absicht der Chronologie, nicht einig.

§. 14.

Dagegen hatte der Graf von Oldenburg das Glück, daß ihm die Herrschaft Varel in Händen fiel. Hayo, Häuptling von Varel, soll dem Trunke sehr ergeben gewesen seyn. Wie Graf Gerhard ihn besuchte, soll er, von starkem Getränke benebelt, demselben seine Herrschaft abgetreten, und sich den freyen Unterhalt an dem oldenburgischen Hofe ausbedungen haben. Der Graf hielt ihn des andern Morgens, wie er vielleicht von seinem Versprechen nichts mehr wußte, bey seinem Worte. So ist ihm die Herrschaft Varel, die noch itzo unter der oldenburgischen

seiner Gefangenschaft erlitten und die Verbesserung an Friedeburg, sind zusammen auf 5000 Gulden berechnet; die ihm von der Gräfin Theba bey der Uebertragung von Friedeburg wieder zurückgezahlet sind. s. d. Contract bey Breneisen p. 104.

(d) Beninga p. 380. Emm. p. 420. Schöt. p. 358. Hamelman p. 296.

Landeshoheit stehet, zugefallen. Ist diese in der Volkssage begründete Thatsache (e) Wahrheit, oder ein Märchen, laß ich dahin gestellet seyn. Nach Hamelman sollen die Bareler schon 1386 dem Grafen Konrad gehuldigt haben. (f)

§. 15.

Nach dem mit den Oldenburgern eingegangenen Frieden, war die Regierung der Gräfin Theba überaus ruhig. Ein Mißwachs und dürrer Sommer drückte das Land hart. Daburch erfolgte eine große Theurung. Die Last Rokken galt damals 75 Gulden, die Tonne rothe Butter 26 und weiße Butter 24 Arendsgulden, oder 9 Rthlr. 17 st. und 8 Rthlr. 24 st. itziger Währung. (g) Ein nach damaligem Zeitalter sehr hoher Preiß. Desto wohlfeiler war es 1495. mitten unter dem Geräusche der Waffen. Die Tonne Rokken galt 21 Krumstert, (14 stüber) die Tonne Haber 6 Krumstert, (4 stüber) die Tonne Bohnen 3 Schilling (18 str.) und eine Tonne Butter 4 rheinische Gulden. Der rheinische Gulden galt damals 16 stüber. (h) Wir bemerken dieses darum, weil die Kenntniß der Preise der Vorzeit, vielen nicht unangenehm seyn möchte. Zu dieser Zeit 1483. starb Ayold Beninga, Probst zu Hinte, der Großvater unsers Geschichtschreibers Egerick Beninga. (i)

§. 16.

(e) Emm. p. 421.
(f) Hamelman p. 153.
(g) Beninga p. 382. Emm. p. 422.
(h) Beninga p. 424. Emm. p. 533. E. F. v. Wicht. Annal. ad An. 1495.
(i) Beninga c. l.

Vierter Abschnitt.

§. 16.

Graf Gerhard von Oldenburg und seine Söhne fiengen wieder an, unsere Landesleute zu necken, wo sie nur Gelegenheit vorfinden konnten. Gräfin Theda 1484 verstärkte die Besatzungen an der Gränze und sandte einige Schiffe aus Emden nach der Weser und Hunte ab. Diese thaten den Oldenburgern vielen Abbruch, und kaperten 5 Schiffe, die von der Elbe und Weser für oldenburgische Rechnung herunter kamen. Diese wurden nach Emden aufgebracht, für gute Prisen erkläret, und mit den Waaren verkaufet. (k)

§. 17.

So beunruhigten sich wechselsweise lange hin die Oldenburger und Ostfriesen. 1486 fielen die 1486 beyden rüstigen Männer, Simke, Drost von Lengen und Lange Haye von Stickhausen, die bisher den Oldenburgern so fürchterlich gewesen, mit starker Mannschaft in die Grafschaft Oldenburg ein. Dieser Einfall war dem Grafen vorher verkundschaftet. Unvermuthet grif er sie bey dem Bokeler Holze an, und warf sie mit dem glücklichsten Erfolge übern Haufen. Simke blieb auf dem Platze, und Lange Haye wurde gefangen und nach Oldenburg geführet. (l) Man sagt, er sey dort mit eigner Hand von Graf Gerhard niedergehauen worden, weil er vorhin seinen Sohn Adolph gefangen genommen. (m) Graf Gerhard legte gleich hierauf die Regierung nieder. Sein Sohn, der regierende Graf Johann söhnte

(k) Beninga c. l. Emm. p. 423.
(l) Beninga p. 383. Emm. c. l.
(m) v. Wicht Annales ad An. 1468.

söhnte sich sofort mit der Gräfin Theda aus; und so wurde denn endlich nach den 14 jährigen Plackereyen der längst gewünschte Friede zwischen Oldenburg und Ostfriesland wieder hergestellt. (n) Der Einhalt des Friedensschlusses war, daß der Streit wegen der Friesischen Webbe durch Schiedsrichter entschieden werden sollte, daß der noch in Berum gefangene Graf Adolph gegen ein Lösegeld von 3500 Gulden in Freiheit gesetzet, daß er vorher die Urphede abstatten, und das gräfliche Oldenburgische Haus auf die Dörfer Marks, Etzel und Horsten Verzicht leisten sollte. Zur Sicherheit des Lösegeldes sind dem ostfriesischen Regierhause bis zur Zahlung von der friesischen Webbe die Dörfer Dryfel, Zetel und Schwebehövede in Besitz eingeräumet. (o)

(n) Beninga und Emm. c. l.

(o) Der Extract aus diesem Vergleiche ist abgedruckt bey Breneisen T. 1. im Anhange p. 496.

Fünfter

Fünfter Abschnitt.

§. 1. *Gräfin Theda überträgt ihrem Sohn Graf Enno I. die Regierung, hält aber noch immer die Hand mit am Staatsruder. §. 2. Seeräubereyen der Jeverischen, Harlingerländischen und Kniphausischen Häuptlinge. §. 3. Graf Enno und seine Brüder Edzard und Ulo lassen sich von den Prälaten und Häuptlingen huldigen. §. 4. Enno tritt eine Wallfahrt nach Paldstina an, und wird zum Ritter des heiligen Grabes geschlagen. In seiner Abwesenheit entführet der Friedeburger Drost Engelman seine Schwester Almuth. §. 5. Enno kommt zurück und bleibt vor der belagerten Festung Friedeburg. §. 6. Er wird allgemein bedauert. §. 7. Engelman rettet sich mit der Flucht, Friedeburg geht über, und §. 8. die junge Comtesse Almuth wird eingezogen.*

§. 1.

Graf Enno war nunmehr in sein sieben und zwanzigstes Jahr getreten. Schon seit geraumer Zeit hatte ihn seine Frau Mutter, die Gräfin Theda mit zu den Regierungsgeschäften gezogen. So schloß er schon zugleich mit seiner Mutter den Contract wegen Friedeburg 1481 ab. (a) Itzt übertrug sie ihm feyerlich die Regierung, doch so, daß sie als eine kluge, vorsichtige und erfahrne Regentin, die Aufsicht mit in den Staatsgeschäften behielt. In wichtigen Angelegenheiten bediente sie sich des Beyraths der

---

(a) „Und bei tho meerer Getuichenisse und Bestendigheyd, hebben Wy Theda, Juncker Enno, vor uns „unde unse Broeder und Erven unse Seegel laten „hangen ꝛc." Bey Brenneisen c. l. p. 105.

104 Fünftes Buch.

der Gebrüder Mauriz, und Hicko Kankena von Dornum und Haike Wiard und Hicko von Oldersum. (b)

§. 2.

Der junge Graf Enno und seine Mutter suchten durch eine gelinde und friedfertige Regierung, Wohlstand und Flor über das ganze Land auszubreiten. Desto unruhiger sah es in Harlingerland, in Jeverland und in Kniphausen aus. Icko von Kniphausen hatte einigen Gröninger Kaufleuten, die in Jeverland Handel trieben, aufgelauert, sie ihres Geldes und ihrer Waaren beraubet, und sie ins Gefängniß geworfen. Ob er nun gleich diese Kaufleute selbst in Jeverland aufgehoben hatte, so saß doch dabey der Häuptling von Jeverland, Edo Wimken, stille. Die Gröninger verlangten von Edo Wimken die Loßlassung ihrer Kaufleute, und deren Schadensersetzung. Sie schrieben auch an seinen Schwager, Hero Oncken zu Esens, und ersuchten ihn die Loßlassung der Gefangenen zu bewürken. Diese drey Häuptlinge warfen sich aber immer den Ball zu, und so konnten die Gröninger mit allen ihrem Schreiben und mündlichen Unterredungen nicht das mindeste ausrichten. 1487 Endlich erkühnte sich Edo Wimken sogar öffentlich Kapereyen zu treiben. Ein seinem Schwager Hero Oncken zugehöriges, von ihm ausgerüstetes Schif bemeisterte sich eines reich beladenen Holländischen Schiffes, hart an der Gröninger Küste. Die Gröninger verfolgten den Kaper und jagten ihm die Beute wieder ab. Die Freibeuter selbst wurden aufgebracht und ins Gefängniß geworfen. Umsonst bat
Hero

(b). Emm. p. 423. und 458. Schot. p. 369.

Fünfter Abschnitt.

Hero Omken von Esens für sie, umsonst provocirte er auf eine genaue gerichtliche Untersuchung. Die Gröninger machten einen kurzen Proceß mit ihnen, und legten ihnen, als Seeräubern die Köpfe vor die Füße. Itzt fiengen die drey Häuptlinge an, offenbare Seeräuberey zu treiben, und beschädigten die Gröninger, wo sie nur eine Gelegenheit vorfinden konnten; sie breiteten sich bald nachher weiter aus, und beunruhigten die Küsten der Bremer, Butiabinger, Wurster und Dithmarsen. Hierauf traten 1488 kurz vor Ostern des folgenden Jahres die Deputirte von Gröningen, Bremen, Lübeck, Hamburg, ferner aus Ditmarsen, Butiabingerland, aus dem Lande Wursten, und Stadtlande zu Bremen zusammen, und verbanden sich, die kühnen ostfriesischen Edelleute zu bändigen, und ihren Kapereyen Gränzen zu setzen. Edo Wimken vernahm diese große Anstalten, sandte seinen Schloßhauptmann Heinrich Schröder nach Bremen, und erbot sich zu einem Vergleiche. Lange wurden Traktaten gepflogen, die doch am Ende ohne Erfolg waren. Zuletzt söhnten sich Edo Wimken, Hero Omken und Ike Omken zuerst mit den Gröningern, und dann mit den übrigen Bundesgenossen aus, wodurch denn der Seehandel an dieser ganzen nördlichen Küste wieder gesichert wurde. (c) In dieser vorgedachten Fehde waren besonders die Hamburger auf die Friesen erbittert. Einst eroberten sie ein mit 74 Leuten bemanntes Friesisches Schif, und brachten es in Hamburg auf. Die Gefangenen wurden als Freybeuter eingekerkert. Nach öftern angestellten Verhören und gerichtlichen Verfahren, konnten

---

(c) Emmius. p. 452. et seq. Schot. p. 376. et seq. Diese erzählen diese Begebenheit hier ungemein weitläuffig.

konnten sie auch keiner einzigen räuberischen Thatsache überführet werden. Zuletzt trat ein Schiffer aus dem entferntesten Winkel der Stadt hervor, und beschuldigte sie, daß sie ihm ein Faß mit eisernen Nägeln gestohlen hätten. Dies war der einzigste Entscheidungsgrund, warum diese 74 Männer vor der Stadt mit dem Schwerte hingerichtet wurden. (d)

§. 3.

Graf Enno beschloß eine Wallfarth nach Palästina zu thun, um das heilige Grab zu besuchen. Kurz vor seiner Abreise scheinet er mit seinen Brüdern Edzard und Uko die Huldigung von den Prälaten und den Häuptlingen eingenommen zu haben. Der schriftliche Huldigungseid der Häuptlinge Eggert und Keno von Loquard ist noch vorhanden. Dieser Huldigungseid lautet: Wy Eggert und Keno tho Loquard unde in dem Hamme Hovetlinge bekennen — dat wy samentlick vor uns, unde alle unser Erven unde rechten Anerven hebben gelovet unde mit upgerichteten Vingern, staendes Eedes lyffinck in den Hilligen geschworen, deme Edelen und Wohlgebohrn unsen gnedigen leven Junckheeren Ennen, Edzarde unde Uken Gebroedere, Graven in Ostfreßlande, unde alle ören Erven und rechten Anerven, trouw unde Hold tho wesen tho allen Tyden, by Nacht unde by Dage, Ere Best tho doen, Ere Argste tho keeren, ene alle engenaemt mit unsen lyve und Guede tho beenen und bystandig tho wesen, gelyk jenich andere Ridder mate Schildbortige Mannen na Erve und

Recht

(d) Krantzii Saxonia L. XIII. c. 14. Tratzgers Hamburgische Chronik bey dem Jahre 1488.

Recht by eren natuirlicken rechten Landesheren schuldig unde plichtig sinnen tho doen. Gegeeven 1489.
des Vrydages na Pancratii Servatii. (e) Hieraus
folget, daß nicht dem Grafen Enno allein, sondern
ihm und seinen beyden Brüdern gemeinschaftlich, die
Landesregierung übertragen sey.

§. 4.

Nach eingenommener Huldigung trat Graf
Enno im Ausgang Mai in Gesellschaft der beyden
Edelleute Victor Freese (f) und Josef von Kniphausen, seine Reise nach dem gelobten Lande an. (g)
Glücklich vollendete er seine Hinreise, und wurde
zum Ritter des heiligen Grabes geschlagen. (h)
Während der Abwesenheit des jungen Grafens, wurde seine Schwester Almuth von Engelman, einem
westphälischen Edelmann, entführet. Dieser Engelman war bey dem gräflichen Hause sehr beliebt.
Wie Gräfin Theda Friedeburg erhielt, vertraute sie
ihm die Burg an, und bestellte ihn zum Drosten.
Durch sein einnehmendes Wesen wußte er das Herz
der jungen Comtesse Almuth zu gewinnen. Sie
spazierte mit ihrem Kammermädchen vor dem Auricher

(e) Breneisen c. l. p. 107.

(f) Die von Freesen stammen aus dem adlichen
Geschlechte der Freesen von Weyhe, aus dem Stift
Bremen her. Dieser Victor Freese kam zuerst in
Ostfriesland, und verheirathete sich in die Fami-
lien der eben Brocken und Beninga. Tiabens ge-
lehrte Ostfr. 3 Theil p 28.

(g) Beninga p 386. Emm. p. 458. Schot. p. 379.

(h) Beninga p. 359.

cher Thor, den Weg nach Egels heran. Diese Promenade war mit Engelman verabredet. Schnell kam er mit einem Bedienten daher geritten. Er hob die Comteſſe auf ſein Pferd, und der Bediente nahm die Zofe hinter ſich, und ſo ritten ſie nach Friedeburg. Die beſtürzte Gräfin Theda ließ ſogleich ihre Tochter zurückfodern. Bey zurückgebrachter abſchlägigen Antwort des Engelmans, ſoll ſie ſelbſt nach Friede- burg gefahren ſeyn. Engelman hielt ihr aber das Thor verſchloſſen, und weigerte ihr die Zurückgabe der Tochter, unter dem Vorwande, Graf Enno habe ſeine Schweſter ihm verſprochen. Die Gräfin ſahe ſich daher genöthiget, Gewalt zu gebrauchen. Unter Anführung von Heno Mauriz von Dornum zog eine ſtarke Mannſchaft nach Friedeburg. Engelman hatte unterdeſſen die ſtark befeſtigte Burg mit einer guten Beſatzung und vielem Proviante verſehen laſſen, daher zog ſich die angefangene Belagerung länger hin, wie man anfangs vermuthet hatte. (i)

§. 5.

Während dieſer Belagerung kam Graf Enno im Februar 1491. von ſeiner Wallfarth nach Emden 1491 zurück. Schon in Gröningerlande hatte er die ſchändliche Geſchichte des Engelmans erfahren und darum ſeine Reiſe beſchleuniget. Erboßt über die Entführung ſeiner Schweſter, noch mehr über das erdichtete Vorgeben Engelmans, daß er ſie ihm ſollte verſprochen haben, zog er ſofort nach Friedeburg hin. Er verlangte von Engelman, ſich mit ihm über dieſe Geſchichte in eine mündliche Unterredung einzulaſſen. Dieſer entſchloß ſich dazu, und kam aus der Burg,

auf

(i) Beninga p. 389. Emm. p. 485. Schot p. 379.

Fünfter Abschnitt.

auf den damals gefrornen Graben. Graf Enno blieb an dem Ufer stehen. Die Unterredung währte lange, und der Wortwechsel wurde immer hitziger. Engelman fand gerathen, sich wieder auf seine Burg zurückzuziehen, aber der eifrige Graf entbrannte von Zorn und lief in voller Rüstung ihm nach, entweder ihn nieder zu stoßen, oder mit ihm in das Thor zu kommen. Hier brach aber das Eis unter seinen Füßen, und er schoß mit seinem eisernen Harnisch tief in den Graben hinein. Alle angewandte Rettungsanstalten waren umsonst. Er fand hier seinen Tod, und mit ihm zwey Bediente, die ihm gefolget waren, der eine war aus Norden und hieß Ulffert Uldinga und der andere Jürgen, war ein Ausländer. (k)

§. 6.

Dies war das unglückliche Schicksal des allgemein beliebten Grafen Ennos, von dem das Vaterland so große Erwartung hatte. Das Wehklagen des ganzen Landes war ein Zeugniß seines besten Characters. Diese tragische Geschichte giebt gewiß den besten Stof zu einem vaterländischen Trauerspiele an die Hand. Er war der älteste Sohn Grafen Ulrichs, geboren 1460. (l) Er starb in der ersten Blüthe seines männlichen Alters, da er eben 30 Jahr erreichet hatte, dahin. In der Geschichte wird er Graf Enno I. genannt. Will man seine Abwesenheit in Palästina und die in der That fortgewährte mütterliche Mitregentschaft in Abgang bringen, so ist seine würkliche Regierungszeit so kurz gewesen, daß man ihn kaum mit in die Reihe der ostfriesischen regie-

(k) Beninga p. 390. Emm. p. 459. Schot. p. 380.
(l) Beninga p. 357.

regierenden Grafen aufstellen kann. Der erblaßte Körper ist erst nach Aurich gebracht, und demnächst in dem Erbbegräbniſſe zu Norden beygeſetzet worden. (m) Die Comteſſe Gela zog ſich dieſen bittern Todesfall ihres geliebten Bruders ſo zu Herzen, daß ſie darüber erkrankte und 1493. in der Schwindſucht verſtarb. Sie iſt an der Seite ihres Bruders zu Norden begraben. (n)

§. 7.

Die Aushebung der Leiche aus dem Graben, und andere damit verknüpfte Anſtalten machten einen Waffenſtillſtand nothwendig, den die Belägerer ſuchten, und die Belagerten gerne zuſtanden. Nach geendigtem Waffenſtillſtande wurde die Belagerung von Heno Mauritz eifrig fortgeſetzet. Engelman konnte ſein Schickſal, nach dem gerechten Unwillen der erzürnten Gräfin, leicht abwiegen. Wie er daher keine Auskunft ſahe, ſich länger zu halten, entfloh er aus der Burg. Eine ſtockfinſtere Nacht ſicherte ſeine Flucht, und ſo entkam er den Händen ſeiner Feinde. Nach Engelmans Flucht übergab die Beſatzung die Burg. (o)

§. 8.

(m) Wie das gräfliche Begräbniß nachher nach Emden verleget wurde; iſt dieſe Leiche auch dahin gebracht. Um ſein Wappen in dem Chor der großen Kirche ſtehet: Anno Dni 1491. 11 Kal. Martii obiit Nobil. D. Enno Miles et Comes Orient. Friſie Secundus. Harkenr. Oorſpr. p. 648.

(n) Beninga p. 391. und 394. Emm. p. 460. Schot. p. 380.

(o) Beninga und Emm. c. l.

Fünfter Abschnitt.

§. 8.

Bey der Uebergabe der Burg hatte sich die Comteſſe Almuth mit zwey Kammermädchen in einem Schlupfwinkel verſtecket, ſie wurde bald vorgefunden, hervorgezogen und nach Aurich gebracht. Nach ausgeſtandenen empfindlichen Vorwürfen von der Gräfin Mutter und den Geſchwiſtern wurde ſie nach Gretſyl abgeführet, und daſelbſt in ſicherer Verwahrung gehalten. Engelman fand Gelegenheit durch Hülfe eines alten Weibes, mit ihr zu correſpondiren; und rieth ihr die Flucht an. In Bettlerskleidern verhüllte ſie ſich, und entkam ihrer Wache. Ein altes Weib war ihre Gefährtin, und beyde kamen glücklich in Gröningen an. Victor Freeſe ſetzte ihr eiligſt nach, und traf ſie zu Gröningen in einem Wirthshauſe an. Mit Genehmigung des Magiſtrats arretirte er ſie, und brachte ſie wieder nach Gretſyl. Engelman war endlich kühn genug, ſich bey dem Pabſt Alexander VI. zu beſchweren, daß ihm ſeine Frau vorenthalten würde. Auch hier erhielt er nicht das Ziel ſeiner Wünſche. (p) Nachher ſuchte er ſich an dem oſtfrieſiſchen Regierhaus dadurch zu rächen, daß er unter dem Biſchofe von Münſter Dienſte nahm, und Reiderland mit ausplündern half; woraus er vieles Vieh wegſchleppte. (q) Almuth blieb immer zu Gretſyl in Verhaft, durchlebte ſo noch viele Jahre in ihrer Einſamkeit, und ſtarb erſt 1522., da ſie denn in dem Kloſter Marienthal begraben wurde. (r)

(p) Emm. c. l. Schot. l. c.
(q) Beninga p. 424.
(r) Loringa Geneal. Nob. Mſpt. Emm. p. 813.

Sechster Abschnitt.

§. 1. Graf Edzard reiset auch nach Palästina. §. 2. Findet bey seiner Zurückkunft die Grafschaft im Streite mit dem Bischofe von Münster verwickelt. §. 3. und rächet sich durch einen Einfall in Münsterland. Ende dieser Fehde. §. 4. Des Grafen Edzards Münzordnung. §. 5. Die Hamburger dringen auf die Zurückgabe der Stadt Emden und der Festung Leerort. §. 6. und treten, nach einem getroffenen Vergleiche beyde Oerter dem gräflichen Hause ab. §. 7. Der Kaiser bestätiget der Stadt Emden das Stapelrecht. §. 8. Gräfin Theda errichtet ihr Testament. §. 9. und stirbt. Ihr Charakter. §. 10. Gelehrte Friesen Adolph Occo. §. 11. Wessel Ganssevoort. §. 12 Rudolph und Johann Agricola. §. 13. Theodor Ulsenius und Nicolaus Bauman.

§. 1.

Gleich nach dem Tode Enno I. reisete Graf Edzard nach Palästina. Seine Reisegefährten waren Hicko von Dornum und Victor Freese. War diese Wallfarth blos auf Andächteley des damaligen Zeitalters gegründet, oder hatte die Gräfin Theda dabey politische Absichten, um die Regierung allein zu führen? dies sind Fragen, die wir aus Mangel der Nachrichten nicht beantworten können. Genug, Graf Edzard gieng nach Palästina. Er ließ sich, so wie vorhin sein Bruder, zu einem Ritter des heiligen Grabes schlagen, und kam nach überstandenen Fährlichkeiten einer so weiten Reise, in dem folgenden Jahre glück-

lich wieder zurück. (a) Als Ritter des heiligen 1492
Grabes führte er in seinem Wappen, über dem
Helm, an beyden Seiten der Lilie, ein Kreuz. (b)

§. 2.

Bey seiner Zurückkunft fand Graf Edzard diese
Provinz mit dem Bischofe von Münster in Streit
verwickelt vor. Graf Heinrich von Schwarzenberg,
Bischof von Münster, war vorhin immer ein Bun-
desgenosse der Gräfin Theda wider den Grafen Gerhard von Oldenburg gewesen. Indessen konnte er
das Stapelrecht, welches die Stadt Emden ausübte,
nicht verdauen. Er machte daher schon 1482. das
große Projekt, ohnweit dem Dorfe Hebe die Emse
abzudammen, und sie in einen neuen Kanal von
daher bis nach Ballingwolde zu leiten, um dadurch
grade aus Münsterland in den Dollart schiffen zu
können. Die Stadt Gröningen und der Bischof
fiengen mit gemeinschaftlicher Hand diese weitläuftige
Arbeit würklich an. Unübersteigliche Hindernisse
und der gewaltige Kostenaufwand vereitelten aber
das ganze Projekt, und so blieb diese Arbeit stehen. (c)
Kaum waren nachher die Händel mit Oldenburg beygeleget, so suchte dieser unruhige Bischof sich bereits
1486 an den Ostfriesen zu reiben, es sey, daß er sich
mit der Gräfin Theda wegen der in dem Oldenburgischen mit ihr gemeinschaftlich gemachten Beute nicht
habe setzen können (d) oder aber, weil er auf Ostfriesland

(a) Emm. c. 1. Schot. c. 1.
(b) Funks Regententafel bey Edzard.
(c) Emm. p. 442.
(d) Beninga p. 384.

H

land noch alte Prätensionen aus dem vorhin erwähnten, zu Meppen 1427. mit Focke Ufen und dessen Anhängern abgeschlossenen Vertrag hervorsuchte (e) und daraus verlangte, daß Graf Edzard ihn für seinen Lehnsherrn über einige Güter in Emsiger Lande erkennen sollte. (f) Von beyden Seiten wurden indessen noch keine offenbare Feindseligkeiten ausgeübet. Außer einigen unbedeutenden Neckereyen blieb es blos bey einem Federkriege. Aber 1492. im September fiel der Bischof unvermuthet über Westerwold in Reiderland ein. Er plünderte Wiemeer, Loene und Bunde aus. Von dort zog er nach Weener. Hier nahm er aus der Kirche die Kelche, Monstranzen und alles vorräthige Gold und Silber weg. Zum Abschiede steckte er den Flecken in Brand, und ließ den ganzen Flecken mit der schönen Kirche in Feuer aufgehen. Von hier zog er sich über Stapelmoor nach dem Stifte wieder zurück. (g)

3.

Wie Graf Edzard diese Feindseligkeiten vernahm, bot er seine Leute auf, und gieng nach Rheine. Er bemächtigte sich bald dieser Stadt, und ließ 50 Mann von der Besatzung über die Klinge springen. Hierauf plünderte er dieses Städtgen aus und brannte es ab. Dies war die Rache für das abgebrannte Weener. Im folgenden Jahre fiel der Bischof in Oberledinger Land ein. Wöllen, Steenfelde, Wolde und Irhofe wurden von ihm rein ausgeplündert; wobey, wie gewöhnlich, Feuer und Schwert, die

(e) Emm. p. 424.
(f) Cölnische Chronik p. 391.
(g) Beninga p. 392. Emm. p. 460. Schot. 380.

Sechster Abschnitt.

die unseligsten Spuren nach sich ließen; dagegen verheerten die Ostfriesen Sagelter-Land, und bald nachher Bockel, Needorf, Tunrtrup und Brual; so wie die Münsterschen wieder Völlen und Lattern abbrannten. (h) Nach solchen landverderblichen Verwüstungen und Verheerungen wurde ernstlich an einem Frieden, oder doch wenigstens an einem Waffenstillstande gearbeitet. (i) Es scheint auch derselbe zu Stande gekommen zu seyn, wenigstens hörten von dieser Zeit an, die Feindseligkeiten von beyden Seiten auf.

§. 4.

In dieser Zeit war das Münzwesen ganz in Unordnung gekommen. Graf Edzard fand daher für gut, mit Gutfinden seiner Räthe, oder wie Emmius saget, mit Zustimmung der Stände, einen festen Münzfuß zu bestimmen. Nach diesem Münzedikte sollte der Rheinische Goldgulden 24 Stüber, oder 36 Krumsterten, der Arensgulden 10 Stüber, oder 15 Krumsterten, in den Contracten, gelten. Der Krumstert wurde für ⅔ Stüber oder 4 Witten gerechnet. (k)

§. 5.

Wichtiger war der itzt zu Stande gekommene Vertrag mit den Hamburgern, wornach sie auf alle Ansprüche an die Stadt Emden und Lehrort feyerlich

(h) Beninga p. 392. und 461. Emm. p. 461.

(i) Emm. c. l.

(k) Beninga p. 392. Emm. p. 461. Erster setzet diese Münzordnung auf 1491. Itzo gehen 10 Witte auf einen Stüber.

Verzicht thaten. Graf Ulrich besaß die Stadt Emden nach dem oben angeführten Contract von 1453. nur iure crediti auf 16 Jahre. Seine Erben waren daher nach dem Einhalte dieses Vergleichs, verpflichtet 1469., wie der Termin abgelaufen war, gegen Zurückzahlung der vorgestreckten 1000 Mark Lübisch die Stadt Emden, den Hamburgern wieder einzuräumen. Sie drungen auch würklich von einer Zeit zur andern auf die Ueberlieferung der Stadt und der Festung Lehrort bey der Gräfin Theda und den jungen Grafen an. Die Zeiten hatten sich aber geändert. Die Hamburger waren einmal aus der Provinz, sie hatten keine Festungen mehr inne, und die Streitigkeiten der Häuptlinge, die sie vorhin zu ihrem Vortheil genutzet hatten, waren durch die kluge Regierung der Gräfin Theda gehoben. Daher fürchtete man sich nicht mehr vor ihnen. Den Ansprüchen, welche die Hamburger aus dem Vertrage von 1452 zu wiederholten malen von 1469 an, bis hiezu, in Anregung brachten, setzten die Gräfin Theda und ihre Söhne, die triftigen Einreden entgegen: Es fehlte den Hamburgern, sagten sie, ein rechtmäßiger Titel zum Besitze, sie hätten sich in Ostfriesland eingedrungen, und wären nur Usurpatoren der Stadt Emden und der Festung Leerort gewesen, dagegen wäre nicht nur Graf Ulrich mit beyden Oertern von dem Kaiser belehnet worden, sondern er hätte sogar 1460 von den Erben Imels, des letzten Häuptlinges der Stadt Emden, ihr Erbrecht titulo oneroso an sich gebracht; sodann besäßen sie die Stadt und Leerort mit Bewilligung und Zustimmung der ganzen Nation. (l)

§. 6.

(l) Dieses alles berühret Emmius ganz kurz: Iniquus eorum titulus in iure Emdano, Frisiorum liber-

§. 6.

Wie die Hamburger bey der Lage dieser Umstände wohl einsahen, daß sie nie zu dem Besitze der Stadt Emden und der Festung Lerort gelangen würden; boten sie sich zu einem gütlichen Vergleiche an. Nach vielem Hin- und Herschreiben wurde endlich die Stadt Gröningen von beyden Seiten zum Congreß auf den 14. Februar 1493. beliebet. Von Seiten der Hamburger war der Bürgermeister Johann Langenbeck, Chef ihrer Deputirten. Von den Ostfriesen fanden sich die Gebrüder Grafen Edzard und Uko, die vornehmsten Edelleute, einige Bürger aus Emden und einige Deputirte aus dem dritten Stande ein. Endlich kam durch Zuspruch der Stadt Gröningen dieser längst erwünschte Vergleich, gleich nach Pfingsten glücklich zu Stande. Der Einhalt desselben war: Hamburg cediret und überträgt alle ihre Ansprüche und Gerechtigkeiten an Emden und Lerort, den Grafen Edzard und Uko und ihren Erben, dagegen verpflichten sich die Grafen Edzard und Uko in 10 jährigen Terminen der Stadt Hamburg 10000 Lübische Mark zu entrichten; die Hamburger Schiffe und Kaufleute für See- und Straßenräuber zu schützen, das Hamburger Bier, jedoch mit Vorbehalt der Gerechtsame und Freyheit der Stadt Emden, mit keiner Accise zu belegen, und die Accise bey den Aufkäufern und Wirthsleuten nicht über 4 Stüber von jeder Tonne zu verhöhen, das Strandrecht gegen die Hamburgische Schiffe aufzuheben, wogegen die gestraubete Schiffe ein billiges Berggeld zu entrichten

---

libertas, Imperatoris beneficium et voluntas, haeredum Imelonis cessia, populi totius consensus ipsis adversabantur. p. 461.

ten haben, und endlich den Hamburgern die freye Fischerey an der oſtfrieſiſchen Küſte, gegen eine Abgabe von 200 Schullen von jedem Schiffe nach altem Herkommen, zu verſtatten. Für ſämmtliche Artikel leiſten Hicko von Dornum, Probſt zu Emden, Hero Mauriz von Dornum, Beene, Probſt und Häuptling zu Uttum, Ubbe, Häuptling zu Uplewert, und die Bürgermeiſter und Rathmänner zu Emden, die Gewähr. Dieſer Vertrag wurde von beyderſeitigen Contrahenten unterſchrieben und beſiegelt. (m) Die Hamburger waren anfänglich mit ihrem Bürgermeiſter Langenbeck übel zufrieden, und glaubten, daß er ſich habe beſtechen laſſen. Er widerlegte aber bald den Ungrund dieſer Beſchuldigung durch einen Atteſt des Magiſtrats zu Gröningen, und rechtfertigte damit ſeinen gekränkten ehrlichen Namen. So war denn dieſe wichtige Sache hiemit abgethan. Die 10000 Mark ſind 8 Jahr nach einander von dem Gräflichen Hauſe abgeführet. Der Reſt iſt erſt 1545 zugleich mit einem nachherigen Anlehn, ſo die
Stadt

(m) Emm. p. 461. et ſeq. Schot. p. 382. Tragalger Hamburgiſche Chronick bey Weſtph. in mon. inedit T. II. p. 1385. Der Vertrag ſelbſt iſt vollſtändig bey Breneiſen abgedruckt. Die Emder behaupten, daß die Hamburger keine Anſprüche auf die Stadt ſelbſt, ſondern nur blos auf die Burg in der Stadt gemachet haben, und daß die Hamburger in dieſem Vergleiche den Städtiſchen Gebrüdern auch nur die Burg und das ius Praeſidii übertragen haben. Wenn auch Graf Ulrich 1460 von der Abdenaiſchen Familie ihr Erbrecht an der Stadt Emden ſich cediren laſſen, ſo wollen ſie dieſes Erbrecht nur auf die Burg und auf die Domainengüter der Abdenaiſchen Familie in der Stadt eingeſchränket wiſſen. Emdens Recht en Onſchuld p. 28. et ſeq.

Sechster Abschnitt.

Stadt Hamburg dem Grafen vorgestrecket hat, abgeführet, da denn damals erst die völlige Quittung erfolget ist. (n)

§. 7.

Nachdem nun die Hamburger auf alles vermeintliche Recht an die Stadt Emden Verzicht gethan, sandten Burgermeister und Rath einige Abgesandte an den Kaiser Maximilian I. welcher sich damalen zu Antwerpen aufhielt. Sie wiesen dem Kaiser nach, daß sie von undenklichen Jahren her, das Stapelrecht, oder welches man auch das Ausladungs- oder Niederlagerecht und hier gewöhnlich das Recht der Vorbeyfahrt nennt, gehabt haben, und suchten deshalb die allerhöchste Kaiserliche Bestätigung nach. Der Kaiser confirmirte hierauf in einem besonderen Diplom, der Stadt Emden das Recht der Vorbeyfahrt, wornach alle Schiffe, die die Emse herauf oder herunter der Stadt Emden vorbey fahren, an der Stadt Anker werfen, in den Hafen einfahren, daselbst (3 Tage) verweilen, und ihre Waaren feil bieten sollten, große Schiffe aber, die wegen Sturm den Hafen aufsuchen müssen, mit Bezahlung des gewöhnlichen Hafengeldes, zur Unterhaltung der Deiche und Schleusen, frey stehen sollten. Dieses Privilegium, von dem Rechte der Vorbeyfahrt, ist zu Antwerpen den 4. Novemb. 1494. von dem Kaiser Maximilian der Stadt Emden ertheilet worden. (o)

§. 8.

(n) Diese Quittung findet sich ebenfalls bey Breneisen l. c. p. 201.

(o) Emm. p. 463. Schot. p. 382. Das Privilegium ist abgedruckt bey Breneisen c. l. p. 205. und in der rechtlichen Ausführung des der Stadt Emden aus dem Privil. Kaisers Maximil. I. zuständigen

Fünftes Buch.

§. 8.

Gräfin Theda erlebte noch die Abfindung der Hamburger von ihren Prätensionen auf die Stadt Emden. Ein neues Glück ihres ißo im Flor stehenden Hauses, wornach sie sich längstens gesehnet hatte! Ihre schwächliche Gesundheitsumstände ließen ihr keine lange Lebensfrist mehr hoffen. Im May dieses Jahres errichtete sie vor ihrem Beichtpriester und zween Zeugen ihr Testament. In diesem ihrem Testamente legatirte sie den Klöstern Marienthal zu Norden, zu Appingen, zu Sielmönken und Ihlo, jedem 100 rheinische goldene Gulden, Thedingen 50 und den Klöstern Meerhausen und Coldinne, jedem 25 rheinische Gulden für Seelmessen, ferner: der St. Jacobskapelle zu Emden, und der Kapelle zu Harsweg 100 Arensgulden; dann verordnete sie, daß ihre Söhne ihrer unglücklichen Tochter Almuth auf der Burg zu Gretsyl, eine freye Kammer, eine Jungfer, eine Kammermagd und einen Bedienten vergönnen, und ihr jährlich 40 rheinische Gulden auszahlen sollten, um davon ihr Gesinde zu lohnen, und sich in nöthigen Kleidungsstücken zu unterhalten. Endlich vermachte sie, auf den Fall, wenn ihre beyde Söhne ohne Leibeserben versterben möchten, dem Kloster Marienthal zu Norden, dem Kloster Appingen, dem Minoritenkloster zu Emden, denen Klöstern Ihlo, Meerhausen, Thedinga und Sylmönken, dem Altar in der St. Jacobskapelle zu Emden, und den dortigen Altären von St. Ewald und Nicolaus, wie auch der Kirche zu Gretsyhl ansehnliche Ländereyen.

digen Rechts der Vorbeyfahrt (Emben 1745.) p. 65. abgedruckt.

Sechster Abschnitt.

ugten. Dies ist der vornehmste Einhalt ihres Testamentes. (p)

§. 9.

Sie starb über 60 Jahr alt, am 16. Septbr. zu Gretsyhl, und wurde in dem Kloster Marienthal zu Norden, bey ihrem Gemal begraben. (q) Theda war eine große Dame, die durch ihre Staatsklugheit das Ruder der Regierung in ihrem Wittwenstande, bey der anfänglich anscheinenden mißlichen Lage, so zu lenken wußte, daß sie die Ruhe in dem Lande erhielt, auswärtige Feinde von den Gränzen des Vaterlandes entfernte, und dem erst aufgekommenen Gräflichen Hause, seine Festigkeit gab. Ihr männliches Herz, ihre Klugheit, ihre Gerechtigkeit, verschafte ihr Ehrfurcht, Liebe und Zuneigung der Nation. Ihr noch vorhandenes Portrait stellet uns ein wohlgebildetes Frauenzimmer von mittelmäßiger Größe, mit feuervollen Augen, blasser Gesichtsfarbe und schwarzen Rabenhaaren dar.

§. 10.

Wir können hier nicht unbemerkt lassen, daß in der Regierungsepoche der Gräfin Theda, drey berühmte Friesen gelebet haben, denen, selbst von auswärtigen Schriftstellern, der erste Platz unter den Gelehrten Germaniens angewiesen wird. Adolph oder eigentlich Ajold oder Ayelt Occo, Rudolph Agricola, und Wessel Gansfort, waren diese berühmte

---

(p) Dieses Testament ist abgedruckt bey Brenneisen c. l. p. 108.

(q) Beninga p. 405. Emm. p. 461.

rühmte Männer. Der erste Ayelt Occo ist, wie uns sein Biograph Brucker versichert, zu Osterhusen, in Ostfriesland 1447. geboren. Er stammte aus der adlichen Familie der Allena von Osterhusen her. Sein Vater hieß Hagnig. (r) Ich vermuthe, daß dieser Name, wie es durchgehends mit unsern ostfriesischen Namen in Deutschland gehet, verstümmelt sey, und sein Vater Haro geheißen habe. Dieser Haro war aus der osterhausischen Allengischen Familie, und starb 1464. (s) Criminalrath Tiaden glaubet, seine Großeltern seyn Ayelt Allena und Occa von Großfaldern gewesen. (t) Aber genug, hierüber stimmen alle mit einander überein. Ayelt Occa war ein Ostfriese, aus dem Osterhausischen Geschlechte. 1487 wurde er Leibarzt des Bischofs von Augsburg, Friedrich III., bald darauf des Erzherzogs Sigismund von Oestreich, und 1494. Physicus der Stadt Augsburg. Hier ist er 1503. verstorben. Sein Epitaphium ist noch zu Augsburg mit der Aufschrift:

Dic,

(r) Bruckeri vita Adolphor. Oeconum. p. 34.

(s) f. die Allen. Stammtafel II. und Beninga p. 363. Müller sagt zwar in Diss. de Dynast. p. 35. dieser Haro sey ohne Kinder verstorben, und beziehet sich auf Beninga, aber Beninga meldet dieses nicht, sondern schreibet schlechtweg, Haro sey 1464 verstorben.

(t) Gelehrtes Ostfriesl. 1. Theil p. 6. Ich stimme nicht diesem gelehrten Manne, der uns zu früh entrissen ist, in Absicht der Allenaischen Familie bey. confer. die geneal. Tabelle II. und seine Nachrichten p. 6. Darin irret er sich ober gewiß, daß er Ayelt Occos Mutter unter Beziehung auf Müsters Dissertation p. 35. Theda nennet, weil dort die Rede von der Gräfin Theda ist.

Sechster Abschnitt. 123

Dic, rogo, qui transis, requiescant busta sepulti,
  Frisius Adolphus nomine dictus Ocho.
Excolui ingenium Graecis simul atque Latinis,
  Orbe vagans tractus Pieridumque choris.
Me docuit Phoebus versus artemque medendi,
  Hinc mihi divitiae magnaque fama fuit.

Er war, ich bediene mich der Jabenschen Schilderung, ein großer Humanist, ein Kenner und fleißiger Sammler alter römischer Münzen, stark in der griechischen und lateinischen Sprache, der lateinischen Dichtkunst, wie auch aller übrigen Wissenschaften vollkommen mächtig. (u) Außer seinen Biographen Jaben und Brucker handeln auch Adami, (v) Freher (w) und Suffrid Petri (x) von ihm.

§. 11.

Johann Wessel, mit dem Zunamen Gansvort (y) ist in unserer Nachbarschaft zu Gröningen 1400 oder wie andere wollen, 1419 geboren. Seine große Gelehrsamkeit erwarb ihm den Ehrennamen Lux mundi, den ihm die Gelehrten beylegten. Wegen seiner tiefen Einsicht in der Gottesgelahrtheit, nennt ihn Bayle den Vorläufer Luthers. Franciscus della Rovera, General der Minoritenbrüder,

(u) Gel. Ostfr. p. 13.
(v) In Vita Medicorum.
(w) In theatro vir. crudit. clar.
(x) De Scriptorib. Frisiae. p. 88.
(y) Eigentlich Ganzevoet, Gänsefuß, wegen seines mißgestalten Fußes.

Bruder, war sein Freund, und blieb, wie er unter dem Namen Sirtus VI. den päbstlichen Stuhl bestieg, sein Gönner. Sein Mäcen, Pabst Sirt, vergönnte ihm einst, sich eine Gnade auszubitten. Sein Wunsch schränkte sich blos auf den Besitz eines gewissen Exemplars der griechischen und hebräischen Bibel ein. Warum bittet ihr nicht lieber um eine Bischofsmütze, war die Antwort des Pabstes, worauf Wessel erwiederte, weil ich sie nicht nöthig habe. Er starb 1489 zu Gröningen. Die Mönche haben seine Schriften, die sie in seiner Studierstube nach seinem Tode vorgefunden, mit heiligem Eifer verbrannt. Der dem Brande entwischte Rest ist 1614 zu Gröningen und 1617 zu Amsterdam gedruckt. Seine Epistéln hat Luther mit einer Vorrede ausgegeben. (z)

§. 12.

Rudolph Agricola wurde 1442 zu Basseln, in der Provinz Gröningen geboren. Sein unwiderstehlicher Trieb, in den Wissenschaften Fortschritte zu machen, bewog ihn zu langjährigen gelehrten Reisen durch Frankreich, Deutschland und Italien, und erlaubte ihm nicht, die ihm so oft angetragene wichtige Bedienungen und Ehrenstellen anzunehmen. Nur eine kurze Zeit übernahm er das Syndicat der Stadt Gröningen, bey welcher Gelegenheit er, als Deputirter der Stadt, sich ein halbes Jahr an dem Hofe

(z) Baylens historisch. crit. Wörterbuch p. 503. Effigies et Vitae Profess. Gron. et Oml p. 18. Schot Fr. Hist. p. 379. Einm p. 457. Gundlings Historie der Gelehrt. T. II. p. 2232. Suffridus Petri de Script. Frisiae p. 77. Alting Historia de eccl. Palat. p. 4.

Sechster Abschnitt.

Hofe des Kaisers Maximilian aufhielt. Auch war er nachher öffentlicher Lehrer zu Worms und dann zu Heidelberg. Hier starb er, 42 Jahr alt, im Jahr 1485. Der berühmte Reuchlin hielt ihm die Leichenrede. Seine ansehnliche Bibliothek vermachte er dem vorhin gedachten gelehrten Friesen Adolph Occo. Dieser sowohl, als Wessel Gansfort waren seine besten Freunde. Seine sämmtliche philosophische, rhetorische, historische und poetische Werke sind zu Köln 1539 gedruckt. (a) Sein Bildniß finden wir bey Brucker, (b) Reusner (c) und Schotan. (d) Wenn Bayle von ihm sagt: Italien, welches damals alles, was disseits der Alpen lag, für barbarisch hielt, hatte keinen Gelehrten, denen nicht Friesland seinen Agricola, ohne Furcht überwunden zu werden, hätte entgegen setzen können; (e) wenn Gundling ihn, an die Spitze der deutschen Gelehrten des 15ten Jahrhunderts stellet; (f) wenn Morhof ihn den größten Gelehrten Deutschlandes, und den Wiederhersteller der Wissenschaften nennet; (g) wenn Herman Conring ihn den ersten deutschen Lehrer der

---

(a) Bayle. hist. crit. Wörterbuch T. 1. p. 103. Gundlings Historie der Gelehrheit T. 2. p. 2157. Suffridus Petri de Scriptor. Fris. p. 80. Bruckers Ehrentempel berühmter Gelehrten p. 1. Emm. l. c. Schot. l. c.

(b) Brucker c. l.

(c) In Iconibus 5. Imag. viror. illust. p. 13.

(d) Schot. c. l.

(e) Bayle c. l.

(f) Gundling c. l.

(g) Morhof in Polyhist. T. 2. L. 1. p. 66.

der griechischen, lateinischen und hebräischen Sprache heißt; (h) wenn Melanchton uns verfichert, daß er der größte Redner gewesen; (i) wenn der Patriarch von Aquilea, Hermolaus Barbarus ihm die Grabschrift stellet:

Invida clauserunt hoc marmore fata Rodolphum
   Agricolum, Frisii spemque decusque soli:
Scilicet hoc uno meruit, Germania quicquid
   Laudis habet Latium, Graecia quicquid habet. (k)

wenn Erasmus, Latomus, Paul Jovius, Reusner, Emmius, Melchior Adam u. a. m. in demselben Tone enthusiastisch von ihm sprechen; so muß wohl unser Rudolph Agricola ein Stern der ersten Größe an dem gelehrten Horizonte gewesen seyn. Zuletzt merken wir noch an, daß des Rudolphs Agricola Bruder, Johann Agricola, bis an sein Ende, als Landrichter in Diensten der Gräfin Theda und nachher Grafen Edzards gestanden. Dieser war ein großer Rechtsgelehrter. Noch lange haben seine Responsa in den Gerichten Autorität gefunden. (l)

§. 13.

Den Friesen gereicht es gewiß zur Ehre, daß drey so große und berühmte friesische Gelehrte, zu ein und derselben Zeit geblühet haben. Noch seltsamer

(h) Conring. in Script. Saec. XV. c. 5.
(i) Melanch. declamat. T. 2. p. 146.
(k) Suffr. Petri de Script. p. 84.
(l) Emm. p. 458.

Sechster Abschnitt.

mer aber ist es, daß uns auch itzt drey Friesen, als die ersten Dichter ihres Zeitalters aufgestellet werden. Sollte dann nicht wohl der Vorwurf, der uns gewöhnlich gemacht wird: Frisia non cantat, ungegründet seyn? Diese drey Dichter waren selbst Rudolph Agricola und Adolph Occo und dann Theodor Ulsenius. Dieser war auch ein geborner Friese (m) jedoch ist mir sein eigentlicher Geburtsort unbekannt. Er war ein Mediciner, und hat einige Schriften nachgelassen. (n) Diese drey friesische Dichter besinget der gekrönte Poet Conrad Celtes:

Tribus Poëtis Frisia nobilis.
Claret Rodolphus primus Agricola,
    Qui graeca miscebat Latinis,
    Et cithara cecinit canora
Rheni per urbes, atque per Italas,
Notusque Gallis atque Britannicis,
    Et quo tumescit fluctuosus
    Danubius bibulis arenis.
Adolphus alter, qui Medicus fuit:
Clarus per oram nostram Alemannicam,
    Doctus Pelasgis disciplinis,
    Et Latiis pariter Camoenis.
Ulsenius sed carmine maximus,
In tertio tunc ordine fulgidus
    Morbos fugat blandusque tristes
    Carminibus relevare mentes. (o)

(m) Gundling Hist. der Geleh. T. 2, p. 2195. Jöchers gel. Lex. T. 11. p. 1739.

(n) De pharmacandi comprobata ratione, und Elegiae und Epigrammata. Jöcher c. l.

(o) Aus Suffr. Petri Script. Fris. p. 89.

Zu diesen drey Dichtern können wir noch den vierten und größten hinzusetzen, Nicolaus Bauman, den Verfasser des so berühmten Gedichtes, Reynecke Vos. Er lebte mit den vorbemeldeten Dichtern zu einer und derselben Zeit; soll, wie sein Biograph behauptet, ohngefehr 1450 zu Emden geboren und 1526 gestorben seyn. (p) Auch nach dieser glänzenden Epoche, hat es unserm Ostfriesland nie an gelehrten Männern gefehlet. Wer kennt nicht, ich nenne aus ihrem großen Heere nur die vorzüglichsten, aus dem 16ten Jahrhundert den Emmius; aus dem 17ten den Polyhistor, Herman Conring, und aus dem 18ten Mathias von Wicht?

(p) Tiadens gelehrtes Ostfriesl. T. I. p. 18.

Sechstes Buch.
von 1494. bis 1514.

Erster Abschnitt.

§. 1. Nach Absterben der Gräfin Theda läßt sich Graf Edzard I. oder der Große von neuen von den Ostfriesen und den Butjadingern huldigen. §. 2. Sein Bruder, Graf Uko tritt die Regierung mit an. Beyde Brüder werden von dem Kaiser mit Ostfriesland, Harlingerland, Jeverland und Butjadingerland belehnet. §. 3. Hero Omken, Häuptling von Harlingerland, und Edo Wimken von Jever, Häuptling von Wangerland, Ostringen und Rüstringen, verheirathen sich mit Comteßen aus dem Oldenburgischen Hause. Sie wollen keine Vasallen der beyden ostfriesischen Grafen seyn; §. 4. suchen umsonst die Edelleute in dortiger Gegend auf ihre Seite zu bringen, und schließen heimlich ein Bündnis mit dem Bischof von Münster und dem Grafen von Oldenburg ab. §. 5. Ihre Kapereyen veranlassen einen Commerzientractat und Bündniß zwischen den Grafen Edzard und Uko, und den Ditmarsern. §. 6. Edo Wimken und Hero Omken nehmen die Knipshausischen und Inhausischen Häuptlinge gefangen. §. 7. Graf Edzard nimmt sich der gefangenen Edelleute an. Folef von Inhausen entkömmt aus dem Arreste. Edzard nimmt fremde Truppen in Sold, schlägt die Jeveraner, belagert Jever, §. 8. und zwinget Hero Omken dem in Witmund gefangen sitzenden Iko von Knipshausen die Freyheit zu schenken. Knipshausen wird ein ostfriesisches Lehn. §. 9. Während der Belagerung Jevers fällt der Bischof von Münster in Kelderland, wird von den Bauern zurückgeschlagen. §. 10. Durchstreift, erbost über ein Gassenlied, von neuem Kelderland, und ziehet sich, bey der Ankunft des Grafen Edzards wieder zurück. §. 11. Während der noch immer fortgesetzten Belagerung Jevers, rücket der Bischof vor Friedeburg. Edzard schlägt ihn zurück, verfolgt ihn, und nimmt seinen Bruder gefangen. §. 12. Hero Omken machet dem Grafen eine Diversion in Norden und Berummerland. §. 13. Die Bremer söhnen den Bischof von Münster mit dem Grafen aus. Waffenstillstand zwischen dem Grafen und Edo Wimken. Die Be-

Lagerung Jevers wird aufgehoben. §. 14. Der Graf setzt die Fehde wider Hero Omken fort, belagert Esens §. 15. und söhnet sich mit Edo Wunken und Hero Omken aus. §. 16. Nach dem Tode Ifo von Kniphausen fällt die Herrlichkeit auf Jolef von Inhausen. Vergleich wegen des Ember Stapelrechts und Commerzientractat mit Münsterland. Der Bischof und das Domkapitel entsagen allen Ansprüchen auf Ostfriesland. §. 17. Graf Edzard vermählet sich mit Elisabeth Comtesse von Rittberg. §. 18. Stellet die Unordnung des Embder Franziskanerklosters ab, und läßt einen neuen Deich legen.

§. 1.

1494 Nach dem Tode der Gräfin Theba ließ Graf Edzard, der wegen seiner nachherigen Großthaten in der ostfriesischen Geschichte, unter dem Ehrennamen, Edzard der Große, so sehr bekannt ist, (a) sich von den Prälaten und Häuptlingen, mit Zustimmung des dritten Standes (mit belevent und willen der gemeene Meente) feyerlich huldigen. (b) Hierauf fuhr er von Emden aus zu Schiffe nach Butjadingerland, und nahm auch daselbst die Huldigung ein. Bey dieser Gelegenheit errichtete er mit den Butjadingern eine Convention, worin das jährliche, dem gräflichen Hause zu entrichtende Contributionsquantum festgesetzet wurde. Wie er ihnen aber die Nothwendigkeit vorstellte, eine Festung in Butjadingerland anzulegen, wiesen sie dieses von der Hand, unter dem Vorwande, daß sie auch ohne eine Festung, sich stark genug fühlten, jeden auswärtigen Feind von ihren

(a) Beninga nennt ihn auch p. 412. Edzard II. weil sein Oheim Edzard, schon als ein ostfriesischer Regent angesehen wird. Indessen ist er doch der erste ostfriesische Graf, der den Namen Edzard geführet hat. Wir nennen ihn also lieber Edzard I. oder der Große.

(b) Beninga p. 412. und aus ihm Emm. p. 463

Erster Abschnitt.

ihren Gränzen zu halten. Mit der Zusicherung einer beständigen Treue und Gehorsam, ließ es der Graf dabey bewenden, und kam nach eingenommener Huldigung wieder nach Emden zurück. (c)

§. 2.

Nach Graf Ulrich I. Tode wurde Ritter Sibet, als Lehnträger und Vormund der minderjährigen Grafen Enno, Edzard und Uko mit Ostfriesland und Butiadingerland belehnet. (d) 1483. wurden die Grafen Enno, Edzard und Uko gehuldiget. Nach Ennos Tode wurden die Urkunden, so wie unter andern der wichtige Vertrag mit den Hamburgern wegen der Stadt Emden, im Namen der beyden Grafen Edzard und Uko ausgefertiget, und von ihnen beyden unterschrieben. So fangen auch nachher bis an das Absterben Grafen Ukens fast alle Verträge an: Wy Edzard und Uke Gebroeder, Graven und Herren in Ostfriesland. (e) Daher wird auch gewiß Graf Edzard die Huldigung itzo für sich und seinen Bruder Uko eingenommen haben; so wie denn auch nachher (1495.) Jko von Knipshausen den beyden gräflichen Gebrüdern gehuldiget hat. (f) Wenn also zwar Graf Edzard, der erste Held des damaligen Zeitalters, als erstgeborner Graf immerhin die Hauptperson in dieser Epoche bleibet; so können wir doch dem Grafen Uko einen Antheil an der Regierung nicht

---

(c) Beninga und Emm. c. L.

(d) s. 5. B. 4. Abschn. §. 2.

(e) s. die Contracte bey Breneisen c. l. p. 117. et seq.

(f) Breneisen c. l. p. 123.

nicht absprechen. (g) Diese beyde Gebrüder, Grafen Edzard und Uko sind auch gemeinschaftlich mit der Grafschaft Ostfriesland und derselben Pertinenzen, von dem Kaiser Maximilian jbelehnet worden. Der Lehnbrief ist zu Worms d. 5. April 1495 ausgestellet. Hierin ist der erste Lehnbrief des Kaisers Ferdinand von 1454 zum Grunde geleget, derselbe förmlich bestätiget, und diesem Diplom wörtlich einverleibet worden. (h) Sie, die beyden Brüder Edzard und Uko und ihre Nachkommen, sind also mit ganz Ostfriesland, Harlingerland, Jeverland, Butjadinger- und Stadtland belehnet worden.

§. 3.

Mit scheelen und mißgünstigen Augen sahen die Häuptlinge, Edo Wimken von Jever und Hero Omken von Esens das gräfliche Haus an. Ihr ganzes Bestreben gieng dahin, demselben jeden Schritt zu seinem Wohlstande und Größe zu erschweren. Hero Omken dachte also nicht, wie sein biederer Vater, Ritter Sibeth Attena, der dem gräflichen Hause so sehr zugethan war; auch nicht wie sein Vormund Mauriz Kankena von Dornum, der mit dem Degen und mit gutem Rathe der Gräfin Theda so treu gedienet hatte. Starrsinn, Stolz und Eigennutz scheinen die Hauptzüge in dem Charakter Hero Om-

(g) Harkenroth sagt ganz richtig in der Note bey Beninga p. 402. Grav Uko was Grav Edzards Broeder, mit wien hy ook Oostfreesl. geregeert heft tot an zyn dood 1507.

(h) Ein Abdruck findet sich in den gedruckten Streitschriften, Waldeck contra Ostfriesland und zwar in der Replik p. 30.

Erster Abschnitt.

Omkens gewesen zu seyn. Sein ehrlicher Vormund Hero Mauriz überlieferte ihm, wie er ihn aus der vormundschöftlichen Gewalt entließ, Wirmund, worauf er selbst Ansprüche hatte. Aber nie ist er diesem gerecht geworden. Wie Hero Mauriz seine Sache 1484 durch den Weg Rechtens ausmachen wollte, wollte er sich nicht darauf einlassen, sondern entriß nachher sogar noch viele Güter der Kankenalschen Familie und brachte sie mit Gewalt an sich. Selbst seine Brüder hat er dem letzten väterlichen Willen zuwider, bey der elterlichen Nachlassenschaft beeinträchtiget. Ritter Sibeth, sein Vater, war bey seiner Verheirathung mit Onna, dies haben wir oben erzählet, mit Esens und Stetsdorf von dem Grafen Ulrich belehnet. Aber nie hat er Hero Omken sich für einen Vasallen des gräflichen Hauses halten wollen. (i) Wie er sich 1489 mit Armgard, der zwoten Tochter des Grafen Gerhards von Oldenburg vermählte, (k) wuchs sein Stolz noch höher heran; Unterstützt von seinem Schwager Edo Wimken, der erst seine Schwester, Fräulein Froma und nachher 1458 die dritte Tochter des Grafen Diderich, Comtesse Helwig, zur Gemalin hatte (l) und in dieser genauen Verbindung mit dem oldenburgischen Hause, fühlte er sich mächtig genug, den Grafen von Ostfriesland die Spitze bieten zu können.

§. 4.

Diese beyde Schwäger entwarfen den Plan, ganz Harlingerland, Wangerland, Ostringen und Rüstrin-

(i) Emm. p. 526.
(k) Hamelman p. 297. Beninga p. 390.
(l) Hamelman l. c.

134 Sechstes Buch.

Rüstringen der Grafschaft Ostfriesland, troz des Kaiserlichen Lehnbriefes zu entreißen, und sich in diesen Ländern unabhänglich zu machen. Die in dieser Gegend wohnende Edelleute suchten sie durch verschiedene Kunstgriffe von den Grafen von Ostfriesland abzulenken, zeichneten ihnen diese beyde junge Grafen mit häßlichen Farben vor, versprachen ihnen für sich goldene Berge, und drohten da, wo gute Worte keinen Eingang zu finden schienen, mit Feuer und Schwert. Allein die vornehmsten Edelleute, Ico von Kniphausen, Folef von Inhausen, (m) Edo von Gödens, Hicco von Weerdum und einer von Folkershusen, hielten es anständiger, den Grafen von Ostfriesland anhänglich zu bleiben, als sich den Häuptlingen, Edo Wimken und Hero Omken zu unterwerfen. Wie sie diese Edelleute nicht auf ihre Seite überholen konnten, schlossen sie heimlich ein Bündniß mit Heinrich von Schwarzenberg, Bischof von Münster und mit dem Grafen von Oldenburg ab. (n)

§. 5.

Bey diesem ihrem großen Plane, wovon die Grafen Edzard und Ufo unterrichtet waren, trieben beyde Häuptlinge Edo Wimken und Hero Omken die Seeräuberey immer fort, wobey sie treflich ihre Rechnung fanden. Besonders beunruhigten sie die Ditmarsische Küste. Daher traten die Ditmarser mit den Grafen Edzard und Ufo zusammen und vereinigten sich gemeinschaftlich, diese beyde Häuptlinge

so

(m) Ein Sohn des 1474 verstorbenen Häuptlings Alke von Inhausen. Beninga p 379.

(n) Beninga p. 413. Emm. p. 527. Schot. p. 418.

Erster Abschnitt.

so lange zu befehden, bis sie sich zum Ziel legen würden, und ohne des andern Zustimmung sich mit ihnen in keinen Separatfrieden einzulassen. Die Ditmarser machten sich dabey verbindlich, die beyden Grafen Edzard und Uco mit 5000 rheinischen Gulden zu unterstützen, und ihnen 1000 Mann zu Fuße zur Hülfe zu stellen. Zu gleicher Zeit errichteten die gräflichen Gebrüder und die Ditmarser unter sich einen Commerzientractat und hoben wechselsweise das Strandrecht auf. Beyde Verbindnisse und Verträge sind am 24. Aug. 1494. abgeschlossen. (o) Indessen scheint das erste Bündniß von keinem Erfolge gewesen zu seyn; wenigstens vernimmt man von den Subsidiengeldern und den Ditmarsischen Hülfstruppen nicht das mindeste. Vielleicht haben sich Edo Wimken und Hero Omken mit den Ditmarsern ausgesöhnet und ihre Kaperbriefe eingezogen.

§. 6.

Edo Wimken und Hero Omken arbeiteten indessen noch immer darauf, die dortigen Edelleute an sich zu ziehen. Sie konnten aber ihren Zweck nicht erreichen, daher nahmen sie zu List und Gewalt ihre Zuflucht. Edo Wimken überfiel Jolef von Inhausen in der Behausung des Predigers von Ackum, den er besuchet hatte. Er nahm ihn unter dem Vorwand (p) von beschuldigter Untreue gefangen, und führte

---

(o) Beyde bey Breneisen l. c. p. 120. et seq.

(p) So sagt Emmius l. c. Dagegen behauptet Eilert Sprenger in seiner levrischen Chronik ad An. 1494. Jolef habe auf seinem Hause Diebe gehalten, und dem Edo Wimken Schaafe und Kühe stehlen lassen; einer der erhaschten Diebe habe solches

führte ihn gebunden vor Inhausen. Hier versprach er dem gebundenen Edelmann die Freyheit, wenn seine Besatzung ihm das Thor öfnen, und er die Wälle schleifen lassen wollte. Nach einiger Weigerung überlieferte die Besatzung, mit Bewilligung ihres gefangenen Herrn, dem Häuptling Edo, die Schlüssel der Burg. Edo hielt seinen Einzug, und ließ sofort den Wall in den Graben werfen. Statt der bedungenen Freyheit, verlangte noch Edo von ihm, daß er sich ihm unterwerfen und ihm huldigen sollte. Mit gerechtem Unwillen schlug Folef dieses Gesuch ab. Hierauf wurde er gefangen nach Jever geschleppet. Biedeleff, seine Tante (q) vernahm diese Gewalttreiberey und gieng nach Jever, in der Hofnung, ihren Vetter zu befreyen. Trotzig und beißend war ihre Rede, und die Folge davon, daß Edo sie selbst gefangen einzog. (r) Ico von Knipshausen, der Frau Biedleff Sohn, ließ sich von Edo sicheres Geleite versprechen, und kam seine Mutter zu retten, auch nach Jever. Edo verlangte von Ico, daß er sich seinen Pflichten gegen die Grafen von Ostfriesland entziehen, und sich ihm unterwerfen sollte.

des selbsten im Verhör gestanden, und sey zu Jever gehenket worden, sodann, daß Folef mit dem Grafen Edzard wider Edo Wimken conspiriret, und dieser davon die Briefe nachher auf Inhausen würklich vorgefunden habe. Die levrische Chronik suchet überhaupt das Verfahren des levrischen Häuptlings zu rechtfertigen, so wie die ostfriesischen Schriftsteller die Partei des Grafen Edzards nehmen.

(q) s. Stammtafel XIV.

(r) Sprenger läßt l. c. Ico von Hero Omken und denn die Mutter Biedleff von Edo Wimken arretiren.

Erster Abschnitt.

sollte. Dazu wollte er sich nicht verstehen. Er zog also unverrichteter Sache ab, und mußte seine Mutter und seinen Vetter zu Jever zurücklassen. Sicher ließ ihn zwar Edo Wimken bis an die Gränze geleiten, heimlich aber hatte er Hero Omken davon unterrichtet, mit dem Ersuchen, ihn nicht entwischen zu lassen. Hero Omken nahm ihn auch sofort in Empfang und führte ihn nach Kniphausen. Ob nun schon Ico dem Commandanten befahl, die Burg Hero Omken zu öfnen, so gehorchte dieser doch seinem Herrn nicht; weil er wohl wußte, daß Hero Omken ihm, als einem Gefangenen, diese Ordre abgepreßt hatte. Hero Omken, hierüber erboßt, schleppte Ico mit sich nach Witmund, warf ihn in ein schmuziges Gefängniß, ließ ihm schwere Ketten anlegen, und die Schlösser mit Bley zugießen. (s)

§. 7.

Dieses gewaltsame Verfahren verdroß den Grafen Edzard ungemein. In aller Stille sandte er 1495 Haro von Uiterswehr, einen nahen Anverwandten Folefs, und Udo von Colbeborg mit einigen Leuten nach Jever. In der Stille der Nacht kamen sie vor die Stadt, überrumpelten sie, und holten Folef, der in der Stadt und nicht in der mehr befestigten Burg aufbewahret wurde, mit Gewalt heraus. So wurde Folef, durch diese kühne That seines Vetters Haro, des Gefängnisses entlediget. Folef gieng mit Haro und seinem Volke über Kniphausen nach

---

(s) Beninga p. 413. Emm. p. 527. Schot. p. 418. und Loringa in der Familie von Jever, wie auch in der Familie von In- und Kniphausen Mspt. Eilerd Sprengers ievrische Chronik ad An. 1495. Mspt.

Sechstes Buch.

Aurich, und wafnete sich mit dem Grafen Edzard, seinem Erretter zur Rache. Ein berühmter Obrister Niedhard Fox, war vorher in dem Dienste des Herzogs Alberts von Sachsen. Jtzt stand er mit seinen abgedankten Kriegern und den Hauptleuten Schlewitz, Jan van Eyhl, Coenert, Dothys von den Busche, und Johann von Alven, an der niederländischen Gränze und wartete auf neue Abentheuer. Dort sandte Graf Edzard Junker Folef hin, um ihn und seine Leute in Dienst zu nehmen. Graf Edzard ließ indessen Rispel, den Paß nach Jever besetzen. Gleich brachte Edo Wimken, so bald er dieses erfahren, ganz Ostringen, Rüstringen und Wangerland in Waffen. Er sandte einige Geistliche zu dem Grafen Edzard, und ließ ihn befragen, wie er gegen ihn gesinnet wäre? So wie er es verdiente: war die kurze Antwort des Grafen, der gleich hierauf mit seinen Truppen über einen engen Weg bey Upschlot, in das feindliche Gebiet rückte. Er hatte einige 1000 Mann zu Fuße und 1100 Reuter bey sich. Zuerst schlug er sein Lager zu Vorkel auf. Des andern Tages brach er wieder auf und marschirte dem Kloster Ostringfelde vorbey, grade nach Jever. Hier fand er den Feind in Schlachtordnung vor. Er rückte heran, aber Edo Wimken und Hero Omken zogen ihre Leute hinter einen Wall zurück. Der Graf machte eine Wendung und kam ihnen in die Flanke. Die Harlinger litten vorzüglich durch das auf sie gerichtete Geschütz. Sie rissen zuerst aus, und ihnen folgten, alles Fluchens und aller Ermunterungen der beyden Häuptlinge, und besonders des Huthträgers (t) Papke ohnerachtet,

die

(t) Ein Huth oder große Mütze auf einem langen Stabe, diente damals statt einer Fahne.

„Papke,

die Wangerländer, und dann das ganze Heer nach. 600 Mann warfen sich in die Jeversche Burg, die übrigen verstreuten sich allenthalben herum. Nach dieser Schlacht, die am Freytage vor Pfingsten vorfiel, schlug der Graf sein Lager vor Jever auf, und eröfnete die Belagerung der Stadt und der Burg. (v)

§. 8.

Folef von Inhausen kam mit Ritßard For und seinen Leuten in das Lager des Grafen. Der Graf sandte sofort einen Trompeter an Hero Omken, und verlangte von ihm, den gefangenen Jco von Kniphausen sofort auf freyen Fuß zu stellen, mit der Bedrohung, daß er ihn sonst dazu zwingen, und sein Land mit Feuer und Schwert verwüsten würde. Hero Omken mußte sich in die Zeit schicken, die für ihn böse war, und entließ, dem Ruin seines Landes vorzubeugen, Junker Jco von Kniphausen seines Gefängnisses. Wie dieser in das Lager des Grafen Edzards kam, schenkte er aus Dankbarkeit seinem Erretter und dessen Erben das Haus Kniphausen mit der Herrlichkeit, mit der Bedingung, daß der Graf ihn und seine Erben, wieder mit Kniphausen belehnen sollte. Der Graf nahm dieses an, und belehnte Jco wieder mit Kniphausen, worauf dieser am 2ten Juli in dem Lager den Huldigungseid leistete

„Papke, de den Hold gedragen heft, wente se wußten „do noch van nenen Fenelen tho seggen." So sagt Sprenger l. c. Von diesem Feldzeichen s. alt. fr. Wörterbuch p. 193.

(u) Beninga p. 414. Sprenger l. c. Emm. p. 528. Schot. p. 419.

stete. (v) So wurde denn Jco ein Vasall des Grafen, und die Herrlichkeit Kniphausen ein ostfriesisches Lehn.

§. 9.

Unterdeſſen wurde die Bélagerung eifrig fortgeſetzet. Jolef von Kniphauſen durchritt mit einer streifenden Parthei das ganze feindliche Land, trieb allenthalben Brandſchatzung bey, und schleppte die Widerspenstigen mit sich in das Lager. Graf Edzard befahl den Eingeſeſſenen der feindlichen Gegend, die Waffen niederzulegen, die sie ihm in das Lager bringen mußten. Hier nahm er auch von Dorf zu Dorf die unter Elde ausgestellte schriftliche Huldigungsbriefe.

(v) Beninga p. 415. Emm. p. 529. Schot. l. c.
Der Huldigungseid lautet:
Ick Jto tho Knipenſen Hövetling, bekenne und betuige mit diſſen minen beſeegelden Breefe, vor my, mine Erven und Nakomlinge, dat ick mit gudem freyen Willen und wollbedachtem Mode hebbe gelovet und geschworen, love ock und schwere tu kraft diſſes Breefes, den Edlen und Wohlgebornen Herrn Edzarden und Uken Gebroederen, Grafen tho Oſt-Friesland ꝛc. oehren Erven, aver-Erven und Nakomelingen tho ewigen Tyden trouw und hold tho sinde — — Würder, wannoer ick verstorven und afflyvich werde, alsdann sullen mine Erven, Aver-Erven und Nakomlinge mine Borg Kniepenſe mit der Heerlichkeit und alle mine Gudern, wo ick die nalate van den gemelten Grapen und oehren Erven tho Lehn empfangen, und sie ock sehre Erven und Nakomlingen var rechte Erff-Lehnbeern erkennen und daervor holden. Des tho Orkund der Waerheyd hebbe ick myn Insiegel witlick an diſſen Briff gehangen, am Avende Visitationis beatae virginis Marie An. 1495. ſ. Breneiſen l. c. p. 123.

briefe in Empfang. (w) Edo Wimken war indeffen gleich nach der unglücklichen Schlacht nach Münster geflüchtet, und foderte den Bischof auf, ihm Hülfstruppen zu senden, um Jever zu entsetzen. Dieser ließ seine Reuterey auffatteln und fiel, um dem Grafen eine Diverfion zu machen, unvermuthet über Diele in Reiderland ein. Es war damals grade zu Weener Jahrmarkt, daher witterte der Bischof dorten große Beute. Seine Hofnung aber wurde vereitelt. Man hörte seine feindliche Ankunft. Gleich wurden die Sturmglocken angezogen, die Brücken abgenommen, und der Deich durchgestochen, so daß die niedrige Gegend unter Waffer stand. Alle benachbarte Landleute griffen zu den Waffen. So durfte und konnte der Bischof nicht weiter vordringen, und begnügte sich blos damit, daß er einige Bauerhäuser und Scheunen in Brand steckte, und sich mit fehlgeschlagener Hofnung in sein Stift zurückzog. (x) Die Reiderländer fangen hierauf dieses Volkslied:

Bischup Hindrik is hier komen hyken int Land,
Heeft te Weener en Stapelmoer de Schuiten
                                    verbrand
Met syne arme Jacken.
Kommt he weder in Reiderland
So willen wy ehne scheren de Placken. (y)

§. 10.

Der Rath zu Bremen bemühte sich, Graf Edzard und Edo Wimken auszuföhnen. Es wurden

(w) Emm. l. c. Schot. l. c. Sprenger l. c.
(x) Beninga Emm. und Schot. l. c.
(y) Beninga l. c.

den auch schon Traktaten zu Friedeburg zwischen den Bremern und Hero Maariz, als Bevollmächtigten des Grafen Edzards gepflogen; aber ein neuer Einfall des Bischofes in Reiderland veranlaßte, daß dieser Vergleich zurückgieng. Der Bischof, erzürnt über das ihn beschimpfende Gassenlied, verstärkte seine Macht; und führte seine Truppen nach Reiderland; wo er mit Feuer und Schwerd große Verheerung anrichtete. Weener plünderte er aus; viele Häuser riß er nieder, andere brannte er ab. Vor Weeniger Syhl aber wurde er von einigen versammleten Reiderländern zurückgehalten. Sein Fußvolk ließ er bey Wöllen über den Deich ziehen und seine Reuterey mit Pünten gegen Kolbemüncken über die Emse setzen. Sein Lager schlug er bey Kloster Muden auf, grade gegen Leerort über. Graf Edzard brach sogleich, wie er den Einfall des Bischofs vernahm, vor Jever auf, und ließ nur einige Mannschaft zur Bedeckung des Lagers zurück. Er befahl dne Drosten Otto Papen von Stickhausen und Wilhelm Hatten von Lengen, über die Moräste von Hopels, Lengen, Moermer und Oberledingerland, nach Wöllen zu gehen, um dem Bischof den Rückzug abzuschneiden. Er selbst zog mit seinen Reutern und Fußknechten nach Leerort. Wie er sich aber gegen Esklum und Herenborg des Nachts übersetzen lassen wollte, feuerte aus unzeitiger Freude die Besatzung von Leerort eine Kanone ab. Hieburch wurde die Ankunft Edzards dem Bischofe verkundschaftet. Eilig brach er den 13ten Juli auf, und entkam, bevor die beyden Drosten ihm den Rückzug abschneiben konnten. Graf Edzard verfolgte ihn bis zu Aschendorf, und bezog wieder sein Lager vor Jever. Um aber auf künftige Fälle für den Bischof gesichert zu seyn, ließ er die Burg zu Wöllen befestigen und

mit

mit starker Besatzung versehen. Wie nachher Graf Edzard mit dem Nachfolger des Bischofs in gutem Vernehmen stand, sind, zu Ersparung der Kosten, die Festungswerke wieder geschleifet. (z)

§. 11.

Wie nun Graf Edzard die Belagerung wieder fortsetzte, rüstete sich der Bischof auf Anstiften Edo Wimken und Hero Omken, zu einem neuen Zuge. Mit einer viel stärkeren Macht, wie vorhin, zog er über Frisoite, Ape und Nieuburg grade vor Friedeburg, und beschoß diese Festung. Zugleich ließ er unter Anführung eines Obristen von Wittenhorst, einige Mannschaft nach Witmund ziehen, um sich mit Hero Omken zu vereinigen, und den Grafen bey Jever anzugreifen. Der Graf brach eiligst mit Nidhard Foy vor Jever auf, und zog mit Reuterey und Fußvolk in der Stille nach Friedeburg. Er machte seine Disposition so, daß Foy den Bischof in der frühen Morgenstunde, wenn man die Trompete in dem Bischöflichen Lager hören würde, von der rechten Seite angreifen sollte, da er denn selbst von der andern Seite ihn anfallen wollte. Aber auch diese Ankunft des Grafen, war dem Bischofe verkundschaftet. Noch vor Sonnen-Aufgang fand er für gut, sein Lager abzubrechen, und sich zurück zu ziehen. Sehr, rief Edzard, wie er den Bischof fliehen sahe, diesen großen Seelenhirten, diesen kühnen Feldherrn, der so wacker plündern kann, der uns zu den Waffen einladet, und die Flucht ergreift, wenn er uns kaum gewittert hat. Damit er sich auch nicht seiner Flucht rühmen möge, wohlan! so

setzen

(z) Beninga p. 417. Emm. p. 530. Schot. p. 420.

setzen wir ihm nach. Die Ostfriesen brannten vor Hitze, und verfolgten den Bischof bis über den halben Weg vor Neuenburg. Unter den, bey dem Rückzuge erschlagenen Münsterländern, war selbst der Bruder des Bischofes. (a)

§. 12.

Hero Omken durfte es bisher nicht wagen, da die Truppen des Grafen ihm in der Nähe standen, und vor Jever lagen, öffentlich Feindseligkeiten auszuüben. Wie aber ein Corps Bischöflicher Truppen, unter dem Obristen von Wittenhorst, zu ihm gestoßen war, ließ er seine Harlinger in die Waffen kommen, besetzte seine Gränzen gegen Jever, und fiel mit Wittenhorst in Norder- und Berummerland ein. Eelke Howerda von Uphausen und Brunger von Uplewert, standen mit einiger Mannschaft in dieser Gegend, um die Gränze gegen die Harlinger zu decken, denn Graf Edzard war lange vor einer Streiferey Hero Omkens besorget, weil dieser zeither die Gränzkirche zu Westerholt so stark befestigen lassen. Gleich tönten die Sturmglocken und die wehrbare Männer dieser Gegend fanden sich zu den Fahnen dieser beyden Edelleute ein. Unterdessen rückten Hero Omken und Wittenhorst von Westerholt über einen Morast nach Arle an. Hier kam es am 9. August zu einer Schlacht, worin nach langem Gefechte, Hero Omken, vorzüglich durch die Reuterey des Wittenhorst, den Sieg erkämpfte, und die Flüchtlinge bis an das Dorf Wichte verfolgte. Eelke Howerda wurde selbst gefangen und nach Esens

(a) Beninga p. 418. Emm. p. 531. Schot p. 420.

Erster Abschnitt.

Esens geschleppet. Wittenhorst hatte dagegen das Unglück, mit seinem Pferde zu stürzen. Drey Bauern rannten auf ihn zu, und erstachen ihn. (b)

§. 13.

Hero Omken vernahm unterdessen, daß der Bischof die Belagerung von Friedeburg aufgehoben, und sich wieder zurück gezogen hatte. Unmuthsvoll eilte er daher nach Esens zurück. Graf Edzard rückte hierauf, nach der Verfolgung des Bischofs, in Harlingerland ein, plünderte das ganze Land aus, und kam mit reicher Beute in sein Lager vor Jever zurück. Die Beute theilte er unter den Kriegsleuten in dem Lager, die ausgeschriebene und beygetriebene Contributionen aber behielt er vor sich. (c) Edo Wimken konnte sich nun nichts mehr von der immer gehoften Hülfe des Bischofs versprechen. Er nahm, dieser landverderblichen Unruhen müde, seine Zuflucht zu der Stadt Bremen. Durch deren Vermittelung ist denn auch am 20. August ein Vergleich zwischen dem Bischof und den Grafen, und am 22. August ein halbjähriger Wäffenstillstand zwischen Edo Wimken und dem Grafen abgeschlossen worden; da denn in dieser Zwischenzeit an einem förmlichen Frieden und Aussöhnung aller Streitigkeiten gearbeitet werden sollte. Die Belagerung wurde also aufgehoben, und Edo Wimken kehrte in Frieden zu den Seinigen wieder zurück. (d)

§. 14.

(b) Beninga p. 423. Emm. p. 532. Schot. p. 422.

(c) Emm. und Schot. l. c.

(d) Dilichii Chron. brem. p. 172. Emm. und Schot. l. c.

Sechstes Buch.

§. 14.

In diesen Waffenstillstand war Hero Omken nicht mit begriffen. Sein Bruder Ulrich, dem er den Antheil an der elterlichen Nachlassenschaft vorenthalten hatte, hatte sich inzwischen mit Essa, einer einzigen Tochter von Apke zu Olderfum vermählet, womit er die halbe Herrlichkeit Olderfum zum Brautschatz erhielt. Wie er nach dieser Heirath nach Esens reisete, vielleicht sich mit seinem Bruder Hero Omken, der ihn dahin geladen hatte, auszusöhnen, wurde er schriftlich von dem Grafen ersuchet, sich nicht mit seinem Bruder einzulassen, sondern in seine Herrlichkeit zurückzukehren; denn der Graf besorgte eine Conspiration wider ihn selbst. Alle Vermahnungen waren fruchtlos, Ulrich blieb bey seinem Bruder Hero. Dies verdroß den Grafen, daher nahm er ihm im Anfange 1496 Olderfum weg. (e) Mit leeren Worten und weitaussehenden Versprechungen wurde indessen Ulrich von seinem Bruder hingehalten. Er sahe sich daher genöthiget, wieder zu dem Grafen Edzard seine Zuflucht zu nehmen. Die Vorsprache Probstes Hicko von Dornum, und die Gutherzigkeit Edzards, setzten ihn bald wieder in den Besitz seiner Herrlichkeit. (f) Hierauf zog der Graf nach Harlingerland, die noch nicht abgethane Fehde wider Hero Omken von neuen zu eröfnen. Die auf einer Anhöhe liegende Kirche zu Westerholt war stark befestiget, und wie eine Citadelle mit einem breiten Graben und hohem Walle verschanzet. Aus dieser Kirche ließ Hero Omken die Besatzung nach den Gegenden von Dornum, Berum und Norden herumstreifen;

1496

(e) Emm. p. 534. Schot. p. 423.
(f) Beninga p. 420.

Erster Abschnitt.

streifen; und diese Kirche war das Magazin der geplünderten Sachen. Graf Edzard grif zuerst dieses Raubnest an. Hier würde er sein Leben eingebüßet haben, wenn ihn nicht sein treuer Trabant Hans gerettet hätte. Dieser sahe eine Kanone auf den Grafen richten, und stieß ihn von dieser gefährlichen Stelle. Hans wurde selbst an dem Beine verwundet, und mußte auf einer Krücke gehen, daher erhielt er den Namen Hansken up den Trippen, und wurde für seine Treue lebenslang von dem Grafen auf seinem Hause gefüttert. Zuletzt eroberte der Graf mit stürmender Hand die Kirche, und führte 130 Mann von der Besatzung gefangen mit sich nach Aurich. Hierauf zog er vor Esens, und eröfnete 8 Tage vor Ostern die Belagerung der Stadt. (g)

§. 15.

Während dieser Belagerung lief der Waffenstillstand mit Edo Wimken ab. Es wurde ernstlich an einer völligen Aussöhnung gearbeitet. Der Friede wurde auch würklich abgeschlossen. Darnach wurde Edo Wimken Jever und alle seine vorige Besitzungen gelassen, er mußte Edzard für einen Grafen erkennen, und sich verpflichten, nie Jko von Knipthausen, Folef von Jnhausen und Hicko von Gödens wieder zu beunruhigen. (h) Bey diesem Vergleiche soll Edo Wimken sein Recht auf Friedeburg vorbehalten seyn, um solches durch den Weg Rechtens mit dem Grafen Edzard auszumachen. (i) Wenn auch diese

That-

(g) Beninga p. 426. Emm. p. 534. Schot. 413.

(h) Emm. und Schot. l. c.

(i) Sprengers leurische Chronik bey dem Jahre 1496.

Thatsache richtig seyn mag, so hat er doch seine vermeinte Ansprüche auf Friedeburg schwinden lassen; wenigstens vernimmt man nirgends, daß er sie in Anregung gebracht habe. Edo Wimken hat beständig sein Wort gehalten. So lange er lebte, ist nie der Friede unterbrochen worden. Hero Omken, der dem Grafen nicht alleine widerstehen konnte, bot ebenfalls dem Grafen die friedfertige Hand. Auch sie schlossen mit einander einen Frieden ab. Die Bedingungen waren: Hero Omken übernahm alle Kriegeskosten; er machte sich verbindlich, dem Kankenaischen Geschlechte und den Unterthanen Edzards, alles geraubte wieder zu ersetzen; nachher Niemanden wieder Gewalt anzuthun; die Seeräuberey einzustellen, seinem Bruder Ulrich gerecht zu werden, und sich dem Grafen, als seinem Lehnsherrn zu unterwerfen. Hierauf brach Edzard mit seinem Lager um Pfingsten auf, und ließ seine Leute auseinander gehen. (k)

§. 16.

Die Früchte eines ruhigen Besitzes seiner Herrlichkeit genoß Iko von Kniphausen nicht lange. Er starb noch in diesem Jahre, und fast zu gleicher Zeit sein Halbbruder Edo in dem Band. Nach Ikens Tode fiel die Herrlichkeit Kniphausen auf seinen Vetter Folef von Inhausen, der also nunmehr Herr von In- und Kniphausen wurde. (l) Bald nachher starb auch der unruhige Bischof von Münster und Bremen, Graf Heinrich von Schwarzenberg; ein Herr,

(k) Beninga p. 427. Emm. und Schot. c. l.

(l) Emm. p. 525. Schot. p. 424. Sprengers levrische Chronik ad An. 1496.

Erster Abschnitt.

Herr, der stets das Schwert dem Krumstab vorgezogen hatte. Sein Nachfolger Konrad von Ritberg bestieg den Bischofsstuhl mit Gedanken des Friedens. Gleich wurde an Beylegung aller Zwistigkeiten zwischen Münster und Ostfriesland gearbeitet. Das münsterische Domkapitel spannte den Bogen wegen vermeintlicher Rechte auf Emsiger Land zu hoch, daher zog sich der Vergleich noch lange hin. Endlich traten Graf Edzard und Bischof Konrad selbst per 1497, sönlich zusammen. Dieser hatte den Grafen Everwin von Bentheim, den Ritter Godfried Kettler, und einige Domherrn; Graf Edzard aber Haro und Hicko von Dornum, Ubbo von Uplewart, Victor Freese, Hilmer von Borsum und einige Deputirte aus dem Magistrate und der Bürgerschaft der Stadt Emden bey sich. Am 15. Juni 1497 verglichen sich zuvörderst der Bischof von Münster auf der einen Seite, und die gräflichen Gebrüder Edzard und Uko und die Stadt Emden auf der andern Seite, wegen der Vorbeyfahrt oder des Stapelrechtes, und der Zölle. Darnach verpflichteten sich die Münsterländer, mit ihren Schiffen in den Ember Hafen einzulaufen, und 8 Tage lang auf den beyden Jahrmärkten, um Mitfasten und Michaeli, ausser den beyden Märkten aber 3 Tage in Emden liegen zu bleiben, und ihre Waaren feil zu bieten; nach dieser Zeit sollte es ihnen frey stehen, ihre Waaren, wenn sie keine Käufer finden würden, mittelst Erlegung des Zolles, zu verfahren, wohin es ihnen beliebte. Der Zoll sollte nie verhöhet werden, und die Waaren nur einmal durch ganz Friesland verzollet werden. Eben dieses Recht sollten die Emder und Ostfriesen in den münstrischen Städten genießen. Dieser Vergleich ist unter Entsagung aller Einreden abgeschlossen, selbst ist auf die Absolution des Pabstes, von beyden Seiten Verzicht gethan. Wegen der Zölle, derselben Qualität, und daß sie nie verhöhet werden sollten, ist gleich nachher besonders contrahiret. (m) Die Hauptstreitigkeit zwischen Münster und Ostfriesland betraf münsterische Ansprüche auf einige Güter in Emsigerland. Auch dieserhalb hat sich Graf Edzard mit dem Bischofe und dem Kapitel verglichen. Für den feyerlichen Verzicht auf alle Prätensionen und Ansprüche auf einige Güter und Gerechtigkeiten in Ostfriesland, hat er 10000 Gulden entrichtet, wobey in dem Vergleiche die besondere Bedingung gemacht ist, daß, falls der Bischof, oder seine Nachfolger, diese alten Prätensionen wieder hervorsuchen sollte, sie erst die 10000 Gulden dem ostfriesischen Regierhause wieder erstatten sollten. (n)

§. 17.

So waren denn auch nunmehr alle Streitigkeiten zwischen Münster und Ostfriesland geschlichtet. Zur Befestigung dieses guten Vernehmens zwischen 1498 dem Bischof und dem Grafen, vermählte sich Graf Edzard mit Elisabeth, einer Tochter des Grafen Konrad von Ritberg, und Schwester des Bischofs Konrad. Das Beylager ist im Julio 1498 zu Emden gehalten. Diesem wohnten die Herzogin von Braunschweig, die Grafen von Ritberg, von Teklen-

(m) Emm. p. 535. Schöt. p. 424. Die beyden Vergleiche selbst sind nach dem Originale abgedruckt bey Breneisen l. c, p. 124. et seq.

(n) Beninga p. 429. Den originalen Contract haben wir zwar nicht mehr; Beninga hat ihn indessen vor sich gehabt, wie aus seinem Ausdruck erhellet: als de Contract meldet.

Tecklenburg, von Steinfurt und andere vornehme Herren bey. Durch ein in Emden gehaltenes Turnierspiel wurde dieses Beylager besonders feyerlich gemacht. (o)

§. 18.

Das Franziskanerkloster in Emden war mit Gaudenten besetzt. Diese Mönche waren lüderliche und ungeschickte Leute, die in dem Kloster vielen Unfug anfiengen. In diesen Zeiten des stockfinsteren Aberglaubens war es immer gefährlich, ein solches geistliches Wespennest zu stören. Aber Graf Edzard, der durchaus keine Unordnung leiden konnte, jagte die Gaudenten heraus, und besetzte das Kloster wieder mit Observanten, die ebenfalls zu dem Franziscanerorden gehörten. Daher trägt dieses Kloster in unsern Annalen bald den Namen des Franciskaner - bald des Gaudenten - und dann wieder des Observanten-Klosters. (p) Auch ließ der Graf noch in diesem Jahre den Deich von Wirdum nach Osteel legen. Im Juni war diese Arbeit zu Stande gebracht, aber ein starker Sturm aus Nordwesten riß im Herbste diesen Deich wieder weg. (q)

(o) Beninga p. 435. Emm. p. 536. Schot. p. 424.

(p) Beninga p. 464

(q) Idem c. l.

Zweiter Abschnitt.

§. 1. Ursprung der sächsischen Fehde. Kaiser Maximilian belehnet als Graf von Holland, den Herzog Albert von Sachsen mit Friesland. §. 2. Die westerlauerischen Friesen weigern sich, dem Herzoge Schatzung zu bezahlen. Der Kaiser ermahnet die Friesen, nach alter Sitte einen Potestaten zu wählen, und schlägt ihnen die Grafen von Nassau, Ravenstein, Iselstein, den Grafen Uto von Ostfriesland und den Herzog Albert vor. Sie wählen einen friesischen Edelmann Detama. §. 3. Fortwährende Unruhen der beyden Factionen der Schieringer und Vetkoper. Die Schieringer übertragen dem Herzog, als Kaiserlichem Erbstatthalter die Regierung über Westergo. §. 4. Der Herzog ernennet Willebrand von Schomberg zu seinem Statthalter. Dieser unterwirft mit Gewalt der Waffen das ganze westerlauersche Friesland dem Herzog. Der Kaiser bestellet den Herzog zum Erbstatthalter, unter dem Namen eines Potestaten, über das westerlauersche Friesland, über die Provinz Gröningen, über Ditmarsen, das Land Wursten und Stellingwerf. §. 5. Westergo will den Herzog nicht für seinen Potestaten erkennen. Gröningen wird gezwungen von dem Bündnisse mit Ostergo abzutreten. §. 6. Prätension des Grafen Edzards auf das alte Amt in Gröningerland. Heimliches Bündniß zwischen dem Grafen Edzard und dem sächsischen Statthalter Schomberg wider die Vetkoper und Gröninger. §. 7. Edzard unterstützet die Edelleute in den gröningischen Umlanden, wider die Stadt Gröningen. §. 8. Waffenstillstand zwischen Gröningen, dem Herzog von Sachsen und Grafen Edzard. Die Entscheidung über die streitigen Gränzen der sächsischen Erbstatthalterschaft wird dem Kaiser anheim gestellet. §. 9. Die lange Garce nimmt in Ostfriesland die Winterquartiere. Auflauf in Emden. §. 10. Edo Wimken rüstet Kaperschiffe aus, und nimmt den Holländern Schiffe weg. Edzard stellet dieses Unwesen ab. §. 11. Edo Wimken und Hero Omken werden münsterische Vasallen. §. 12. Der Kaiser dehnet, die dem Herzoge von Sachsen verliehene friesische Vogesterie über die Stadt Gröningen, über die Umlande, und ganz Ostfriesland aus. Graf Edzard provociret auf den seinem Vater ertheilten kaiserlichen Lehnsbrief, und bleibt ein unmittelbarer Reichsgraf. §. 1. Die Stadt Gröningen will sich dem Herzoge nicht unterwerfen, giebt sich in den Schutz des Stifts Utrechts. §. 13. und bringt 2 Emder Schiffe auf. Graf Edzard

Zweiter Abschnitt.

Edzard fällt in die Umlande ein, erobert einige feste Oerter, und läßt sich in dem alten Amte huldigen. §. 14. Der ostfriesische Häuptling, Ulrich von Dornum, General der Gröninger, erobert wieder einige Plätze, und brandschatzet Reiderland. §. 15. Edzard entsetzet die Belagerung Appingadams, schlägt die Gröninger, und kehret mit Beute nach Ostfriesland zurück. §. 16. Herzog Albrecht reiset nach Meissen und überläßt seinem Sohn Heinrich die Regierung. Die westerlauerschen Friesen greifen zu den Waffen und belagern den Herzog Heinrich in Franeker. Bündniß der Freiheit zwischen ihnen und der Stadt Gröningen. §. 17. Friesisches Schibolet. §. 18. Der Herzog Albert, Herzog Erich von Braunschweig und Graf Edzard rücken in die Umlande, schlagen die Gröninger, erobern ihr Lager, und §. 19. entsetzen die noch immer belagerte Stadt Franeker. §. 20. Das westerlauersche Friesland, oder die itzige Provinz Friesland unterwirft sich dem Herzog.

§. 1.

Nunmehr war die sächsische Fehde ausgebrochen, die in der friesischen Geschichte Epoche gemachet hat. Dieser blutige und mörderische Krieg ist in der Provinz Friesland und Gröningerland geführet, nachher aber hat sich die Kriegesflamme auch nach Ostfriesland gezogen. Emmius Schotanus, Winshemius und andere mehr, haben diese Geschichte weitläuftig, auf einigen hundert Seiten beschrieben. Da ich keine Friesische, sondern blos Ostfriesische Geschichte schreibe, so wird hier nur der kurze Zusammenhang des Ganzen beybehalten, und ausführlicher von den in dieser Fehde vorgefallenen Thatsachen gehandelt, worin Ostfriesland, oder der ostfriesische Graf Edzard mit verwebet worden. Maria, die einzige Tochter des Herzogs Karl I. von Burgundien, trat nach Absterben ihres Vaters, 1477 als Herzogin von Burgundien und Gräfin von Holland, die Regierung an. Sie vermählte sich mit dem Erzherzoge Maximilian von Oestreich, und starb 1482. Mit ihr erlosch das Burgundische Haus und die Regierung über ihre Staaten gieng auf das Oesterreichsche Haus über.

über. Ihr Nachfolger war ihr vierjähriger Prinz, Philipp II. Während seiner Minderjährigkeit wurde sein Vater Maximilian zu seinem Vormunde und Statthalter in Holland und Seeland angenommen. Indessen wurde er von den Flanderern nicht für einen Vormund erkannt, vielmehr versicherten sie sich der Person des Prinzen. Dieses veranlaßte viele blutige Auftritte. Maximilian selbst wurde 1487 zu Brügge gefänglich angehalten, kam aber durch einen harten Vergleich, worin er sich unter andern der Vormundschaft über seinen Sohn in Flandern begab, wieder in Freiheit. Kaiser Friedrich III. benachrichtiget von der Gefangenschaft seines Sohnes Maximilian, der damals schon römischer König war, sandte, unter Anführung Herzogs Albrechts von Sachsen, eine starke Reichsarmee nach Flandern. Nach der Ankunft des Herzogs Albrechts, glaubte der römische König nicht mehr an den Vergleich gebunden zu seyn. Daher brachen die Unruhen von neuen aus. Diese übergehen wir, weil sie kein Vorwurf dieser Geschichte sind. Wie der König Maximilian 1489 nach Deutschland reisen mußte, bestellte er den Herzog Albrecht von Sachsen zum allgemeinen Statthalter über die Niederlande. Dieser stellte die Ruhe in den Niederlanden größtentheils wieder her. Maximilian wurde 1494, nach dem Tode seines Vaters, Kaiser. Seine Anwesenheit wurde in Deutschland erfordert. Daher fand er gerathen, sich der Regierung in den Niederlanden zu entschlagen, und sie seinem Sohn Philipp zu übertragen. Die Grafen von Holland haben immerhin Prätension auf Friesland, zwischen dem Fly und der Lauer, gemacht. Ihre öftere Versuche, die Friesen sich zu unterwerfen, waren, wie wir oben hin und wieder solches weiter ausgeführet haben, immer fruchtlos. Die

Her-

Zweiter Abschnitt.

Herzöge von Burgundien, Philipp der Gute und Karl der Kühne, waren die letzten, welche durch Drohungen und gute Worte nach der Herrschaft über Friesland trachteten. Aber die Friesen verwarfen alle Anträge der Herzöge, und behaupteten, daß sie dem deutschen Reiche alleine unterwürfig wären. Maximilian fand auch zu viele Schwierigkeiten, Friesland der Grafschaft Holland zu unterwerfen; daher belehnte er den Herzog Albrecht von Sachsen, in Betracht seiner großen Dienste, die er ihm in Flandern bewiesen hatte, mit der Erbstatthalterschaft von Friesland. Sein Sohn Philipp gab hiezu unter der Bedingung seine Zustimmung, daß der Herzog ihm die Schlösser Harlem, Medenblik und Voorden, die ihm für einen großen Vorschuß verpfändet waren, wieder räumen sollte. (a)

§. 2.

Damals wütheten wieder die Schiringer und Vetkoper durch Friesland. Letztere wurden durch die Gröninger, mit welchen sie 1491. ein besonderes Bündniß (b) abgeschlossen hatten, kräftig unterstützet. Die Schiringer beschwerten sich deshalb bey dem Kaiser. Dieser sandte zur Untersuchung und Schlichtung dieser Streitigkeiten 1492 den Canonicum von Maynz, Otto von Langen nach Friesland, welcher bey den besten Absichten, seinen Endzweck nicht erreichen konnte. Herzog Albrecht suchte indessen

(a) Wagenaars vaderl. Hist. XIV. en XV. Boek. Allgem. Welthist. 34. Theil 2tes Buch.

(b) Dieses Bündniß ist bey von Schwarzenberg T. 1. p. 748. bey Winshem. p. 310. Occo Schark. p. 253. und bey Idzinga T. 2. p. 435. abgedruckt.

dessen diese trüben Tage zu nutzen, und foderte von den westerlauerschen Friesen erst in seinem, nachher in des Kaisers Namen, Schatzung. Die Friesen stützten sich auf ihre Freiheit, und antworteten dem Herzoge, daß sie ihm keine Schatzung schuldig seyn, indessen wollten sie von seinen Bevollmächtigten zu Stavern oder zu Workum die rechtliche Nachweisung seiner vermeinten Prätensionen auf Friesland erwarten. (c) Wie der Herzog vermerkte, daß er seinen Endzweck nicht erreichen könnte, ließ er diese ihm wichtige Angelegenheit vorerst ruhen, und wartete auf günstigere Zeiten. Wie Maximilian 1494 den Kaiserlichen Thron bestiegen hatte, ersuchte er ihn, es dahin einzuleiten, daß die Friesen ihn zu ihrem Potestaten wählten. Der Kaiser ermahnte hierauf die Friesen, nach ihren vormaligen väterlichen Sitten, einen Potestaten zu wählen, um die Ruhe in dem Lande wieder herzustellen. Er schlug ihnen dazu den Herzog Albrecht von Sachsen, den Grafen Philipp von Ravenstein, einen Grafen von Nassau, den Grafen Friedrich von Iselstein und Graf Ufo von Ostfriesland vor, mit der Bedrohung, daß er ihnen sonsten einen Potestaten setzen würde. Die Friesen gehorchten in so ferne dem Kaiserlichen Befehle, daß sie zur Wahl schritten, aber mit dieser Würde einen friesischen Edelman, Juwe Dekama, beehrten, und diesem neuen Potestaten 24 Richter zur Seite setzten. (d) Nach getroffener Wahl, schwuren sie auf dem Landtage zu Sneek, in Gegenwart des Kaiserlichen Gesandten, Otto von Langen, dem

---

(c) Beninga p. 394. Schot. p. 388.

(d) Beninga p. 402. Emm. p. 498. Schot. p. 401. Winsh. p. 318. Occo Scharl. p. 276. et seq.

Zweiter Abschnitt.

dem Kaiſer Maximilian und dem römiſchen deutſchen Reiche, Huld, Treue und Gehorſam, dem Kaiſer den jährlichen Tribut zu entrichten, und alles dasjenige zu thun, was getreuen Unterthanen des römiſchen Reiches obliegt, und wozu ſie nach ihren Privilegien, alten Gewohnheiten und Statuten verbunden ſind. (e)

§. 3.

Die mehreſten der Schiringer wollten den Junwe Dekama nicht für einen Poteſtaten erkennen. Dieſes veranlaßte wieder viele blutige Auftritte. Herzog Albrecht, unzufrieden, daß er nicht zu einem Poteſtaten von Friesland erwählet worden, unterſtützten die Schiringer; ſo wie die Gröninger die Vetkoper, Kraft des mit ihnen 1491 abgeſchloſſenen Bündniſſes. Die Schiringer glaubten immer, daß die Kaiſerlichen Commiſſarien, das ihnen ſo gehäſſige Bündniß der Gröninger mit den Vetkopern trennen würden, aber die Gröninger machten ihnen 1494 mit 10000 rheiniſchen Gulden einen Querſtrich. Der Kaiſer nahm dieſe ihm zu Linz dargebotene Gelder an, und beſtätigte dies Bündniß; worauf ſich die Stadt Gröningen von Leuwarden und Doccum feyerlich huldigen ließ. (f) Hierüber brach der Bürgerkrieg in vollen Flammen aus. Dieſe blutige Plackereyen zogen ſich bis 1498 hin. Damals ſandten die Frieſen von Weſtergo, die mehrentheils aus Schiringern beſtanden, und die Herſtellung der Ruhe

---

(e) Der Eid iſt in alter frieſiſcher Sprache abgeſtattet und die ganze Formel bey Emmius p. 499. Schot. p. 402. befindlich.

(f) Sickel Beninga bey d. Jahr 1494.

158 Sechstes Buch.

Ruhe in dem Vaterlande, sehnlichst wünschten, einige Abgeordnete an den Herzog, um mit ihm, wegen Uebertragung der Regierung zu handeln. Dies war es eben, was der Herzog Albrecht längst gewünschet hatte. Ihm wuchs itzt der Muth. Er bewog den Erzherzog Philipp von Oestreich, als Grafen von Holland, sein Recht auf das westerlauersche Friesland, für die große Vorschüsse, die er ihm geleistet, und für die Kosten in dem Flandrischen Kriege, ihm feyerlich abzutreten. Dagegen hat sich der Erzherzog Philipp verbunden, dem Herzoge Albrecht Hülfe und Beystand zu leisten, und die Friesen unter seine Bothmäßigkeit zu bringen. (g) Hierauf ließ er sich mit den friesischen Gesandten zu Medenblick in Unterhandlung ein. Er war so glücklich, daß die friesischen Abgeordneten ihm und seinen Erben, als Kaiserlichen Erbstatthaltern am 30. April 1498 die Regierung über Westergo übertrugen. Darnach machten sich die Westergoer verbindlich, ihm zu allen Zeiten ihre Städte und Schlösser zu öfnen, sie verstatteten ihm neue Festungen anzulegen, versprachen ihm eine Hausschatzung, und die Einkünfte von der Accise. (h)

§. 4.

Hierauf stellte der Herzog, Wilbrand von Schomberg zu seinem Statthalter an. Dieser machte nach einigem Widerstand auch Ostergo und die sieben

Wol-

(g) Beyde Documente bey von Schwarzenberg p. 778-782.

(h) Dieser Vergleich bey v. Schwarzenb. p. 782. Winshem. p. 351. Schot. p. 440. Beninga p. 438. Otto Scharl. p. 332.

Zweiter Abschnitt.

Worden, durch die Gewalt der Waffen, dem Herzoge unterwürfig. Kaiser Maximilian ertheilte hiers auf unter dem 20. Juli dem Herzoge Albrecht ein Diplom, worin er ihn, mit Zustimmung des Reichs, auf dem Reichstage zu Frieburg, zum Erbstatthalter, unter dem Titel eines Potestaten, über Friesland bestellte. Ostergo, Westergo, Siebenwolden, das Gröninger Gebiet, Dithmarsen an der Seeküste, das Land Wursten und Stellingwerf, waren namentlich mit unter Friesland begriffen. (l) Es war also nur Westfriesland, oder die nördliche Spitze von Nordholland, welches den Grafen von Holland unterwürfig war, und Ostfriesland, womit das Greetsylische Haus belehnet war, davon ausgeschlossen. So belohnte der Kaiser den Herzog wegen seiner großen

(l) Maximilian. Dei gr. — Eapropter nos, deliberata cum Principibus nostris re, qui in his Comitiis frequenter nobis adfuere perspectoque eorundem consensu, Albertum Saxonem — Gubernatorem Frisiae cum nomine Potestatis damus. Frisiae ordines omnes ante expressos, nominatim partes has Ostergoam, Westergoam, Sevenwoldias, ditionem Groningam, Ditmarsos littorales, Worstenses, Stellingwervios comprehendimus, omneque hoc ius ad haeredes Alberti et posteros eius extendimus. Eidem literas mandati ad populum Frisium hac de re iam dedimus et dabimus deinceps; atque hoc facimus ex plenitudine potestatis nostrae, volumusque ut ille nomine nostro, et Reipublicae Germanicae Gubernator Frisiae audiat, provinciam occupet, Imperium usurpet, in fidem suam per iusiurandum solemne omnes adigat. — — Decreta haec probataque a Senatu universo Electorum. Signatum Friburgi Brisgoiae die 20. Iulii Anno post natum Christum 1498. — f. die ganze Bulle bey Hameon. in Frisia p. 126. und bey v. Schwarzenberg p. 786. Emmius p. 562.

großen Dienste, die er ihm in Flandern erwiesen
hatte, und befreite zugleich seinen Sohn, den Erzherzog Philipp von der Zurückzahlung der ansehnlichen Vorschüsse, die ihm der Herzog geleistet hatte.
Aber alles auf Kosten der Friesen und ihrer so viele
Jahrhunderte hindurch mit ihrem Blute erfochtenen
Freiheit. Zwar bestätigte er ihnen das durch ihre
Grosthaten, von dem Kaiser Karl dem Großen ertheilte Privilegium, (eine Chimäre, die aber noch
damals für eine in der Thatsache sich gründende
Wahrheit gehalten wurde) worin ihnen nachgelassen
worden, sich jährlich einen Potestaten zu wählen;
weil sie aber solches lange unterlassen, und dadurch
die innerlichen landverderblichen Unruhen entstanden;
so setzte der Kaiser, aus Kaiserlicher Macht, um
ihres Herzens Hartigkeit willen, und zum wahren
Besten ihrer ganzen Republik, den Herzog Albrecht
von Sachsen, zu seinem Erbstatthalter und zu einem
beständigen Potestaten über Friesland. So ohngefehr spricht der Kaiser in der Vorrede dieses Diploms.

§. 5.

Die Westergoer nahmen den Herzog für ihren
Potestaten an. Den Ostergoern aber mißfiel dieses
Kaiserliche Diplom. Gestärkt durch die Stadt
Gröningen, ihrer Bundesgenossin, weigerten sie
sich, den Herzog für ihren Potestaten zu erkennen.
Einige Unterhandlungen zwischen dem Statthalter
Schomberg und den Deputirten von Gröningen,
liefen fruchtlos ab. (k) Unterdessen herrschte in
der Provinz Gröningen Unruhe und Verwirrung.
Die

(k) Occo Scarl. p. 329. Emm. p. 556. Winshem. p. 351.

Zweiter Abschnitt. 161

Die Stadt Gröningen und die Umlande hatten sich seit einiger Zeit entzweiet. Unvermuthet erschien die sogenannte lange oder große Garde, (l) ein streifendes Corps, welches bald diesem, bald jenem Herrn diente, an der gröninger Gränze. Es war ein zusammengelaufenes Gesindel, welches aus Deutschen, Schweizern, Franzosen, Italienern, Engländern, Schotten und gar Aethiopiern bestand, (m) ein Gesindel, welches noch bis auf diese Stunde, Tod und Verwüstung unter uns verbreitet hat, da es zuerst die Blattern, eine Krankheit, die man hier noch nicht kannte, nach Friesland überbrachte. (n) Damals stand dieses Volk in Friesland, im Dienste des Herzogs Albrechts. Die schon vorhin gedachten Nitert For und Schleniß, die mit dem Grafen Edzard in dem Lager vor Jever gestanden, und der ostfriesische Häuptling Apit von Petkum, waren Obristen und Hauptleute unter dieser Bande. Sie rückten mit 4000 Mann in Gröningerland ein. Der Adel aus den Umlanden floh nach Delffyhl und von da nach Emden. Dieser in die Umlande eingerückte Haufe wilder Krieger, richtete gleich mit Morden, Brennen und Plündern, Gräuel der Verwüstung an. Die Stadt Gröningen sah es gerne, daß der Adel in den Umlanden durch sie gedemüthiget würde,

(l) Solche Truppen, die für einen bedungenen Sold, bald diesem, bald jenem Herrn dienten, gaben sich dergleichen Namen. So werden wir im Verfolg, in dieser sächsischen Fehde, die große Garde, die schwarze Garde oder der schwarze Haufe, die weiße Garde und die weiße Rose kennen lernen.

(m) Dilichii Chron. brem. p. 178.

(n) Beninga p. 431.

würde, und wie Beninga versichert, ist dieses Volk auf Verlangen der Stadt in die Umlande gerückt. Aber Nitert Fox und seine Hauptleute foderten ohne Umstände und unverzüglich, von der Stadt eine große Brandschatzung und den Sold ihrer Krieger. Der Vorwand war, weil die Stadt dem westerlauerschen Frieslande, womit der Herzog Albrecht von Sachsen belehnet war, Vorschub leistete. Endlich wurde eine Convention geschlossen, wornach für Besoldung und den Abzug die Stadt 11000 und die Umlande 22000 Gulden entrichten mußten. Hiezu hat Graf Edzard den Umländern 4500 rheinische Gulden vorgeschossen. Wie Nitert Fox und seinen Hauptleuten dieses ganze Abfindungsquantum in dem Kloster Adewert ausgezahlet worden, wollten sie doch nicht eher abziehen, bis die Stadt Gröningen sich erklären mußte, von ihrem Bündnisse mit den Ostergoern abzustehen. (o)

§. 6.

Graf Edzard dauchte es auch itzt die rechte Zeit zu seyn, die Unruhen in Gröningerlande zu benutzen. Er foderte nicht nur seinen Vorschuß zurück, sondern machte auch Anspruch auf das alte Amt und Bellingwolde, und setzte endlich die Drohung hinzu, falls Gröningen ihm dieses nicht abtreten würde, er sich mit den Waffen Recht verschaffen würde. Seine Prätension auf das alte Amt gründete sich in einem Vorschusse, den er dem Herzog Albert geleistet, der ihm dafür das alte Amt verpfändet hatte. Gröningen mußte sich in die Zeit schicken, und hielt den Grafen eine Zeitlang mit Complimenten auf. Schon
lange

(o) Beninga p. 432. Sickel Beninga p. 23.

lange stand der Graf mit Schomberg, dem Statthalter des Herzogs, in einem guten Vernehmen. Seine Absicht auf Gröningen zu erreichen, schloß er mit ihm am 13. August zu Schnenk ein Bündniß ab; darnach verpflichteten sie sich beyderseits, einander gegen die Gröninger und ihre Bundesgenossen, die Vetkoper, nach ihrem Vermögen Beystand zu leisten, sich durchaus nicht, als nur mit beyderseitiger Zustimmung in einen Vergleich einzulassen, und die Brandschatzungen und sonstige Einkünfte aus Gröttingerlande, nach Verhältniß der beyderseitigen Truppen und der zu verwendenden Kosten unter sich zu theilen. Schomberg verlangte hierauf sofort von Gröningen, daß sie von dem Bündnisse mit den Vetkopern abstehen sollten. Sie schlugen aber dieses Gesuch rund ab, vermehrten ihre Truppen und rüsteten sich, Gewalt mit Gewalt zu vertreiben. Sie hatten längstens Graf Edzard im Verdacht, daß er es mit den Sachsen hielt, und wurden darin durch einen ohnlängst von dem Grafen von Schomberg geschriebenen Brief bestärket. Sie verlangten daher von dem Grafen eine categorische Antwort darüber, was sie von ihm zu gewärtigen hätten, falls der Krieg zwischen ihnen und den Sachsen ausbrechen sollte? Der Graf stellte seine Antwort auf Schrauben, machte ihnen einige Vorwürfe, und rieth ihnen, sich nicht weiter mit den westerlauerschen Streitigkeiten zu bemengen. (p)

§. 7.

Die Gröninger, die nun ihre Truppen verstärket hatten, fiengen wieder an, wider die Edelleute

in

(p) Emm. p. 565. et seq. Schot. p. 461. et seq.

in den Umlanden zu wüthen. Sie zerstöhrten ihre Güter und rissen ihre Häuser nieder. Diese gedrückten Edelleute wandten sich zu dem Grafen Edzard. Dieser suchte sie mit Gröningen auszugleichen, aber umsonst. Endlich führte er sie mit gewafneter Hand über die Emse, befestigte Appingadam, und ließ den Edelleuten eine hinlängliche Mannschaft zurück, sich im Nothfalle den Gröningern zu widersetzen. Er rieth ihnen hierauf, um für die Plackereyen der Stadt Gröningen gesichert zu seyn, sich auch dem Herzoge von Sachsen zu unterwerfen, der auch mit Gröningerland von dem Kaiser belehnt war. Diesen Rathe befolgten viele der Edelleute. (q)

§. 8.

Leewarden mußte unterdessen eine starke Belagerung aushalten. Die Gröninger sandten 1500 Mann der Stadt zu Hülfe, und hoften sie zu entsetzen. Sie wurden aber am 6. Septbr. geschlagen. Bald darauf sahe sich Leewarden gezwungen, sich den Sachsen zu ergeben. So war denn nunmehr das ganze westerlauersche Friesland in den Händen des Herzoges. Nicht blos die Waffen, sondern vorzüglich die innerliche Zwistigkeiten, die unselige Factionen der Schiringer und Vetkoper, haben diese Unterjochung bewürket. (r) Die Nachricht von der Uebergabe Leewardens war ein Donnerschlag in den Ohren der Gröninger. Sie neigten sich zu einem Vergleiche. Zu Wollenhove wurde unter dem Vorsitz des

(q) Beninga p. 435.

(r) Ein auswärtiger Schriftsteller Kranz in Saxonia L. 13. c. 28. sagt bey Gelegenheit dieser sächsischen Fehde: Phrisii, genus hominum incivile, quod

Zweiter Abschnitt.

des Bischofs von Utrecht zwischen sämmtlichen streitenden Partheien den Gröningern, Umländern, dem Grafen Edzard und Schomburg, dem Statthalter des Herzogs, die Sühne versuchet. Die Hauptsache, die hier debattiret wurde, betraf die Frage, wie weit sich die Erbstatthalterschaft oder die Podestrie des Herzogs erstrecken sollte? Nach vielen Zänkereyen war der Ausgang dieses Congresses, daß ein Waffenstillstand vom Ausgange October bis Lichtmeß 1499 zu Stande kam, und man dem Kaiser die Entscheidung wegen der streitigen Gränzen der Statthalterschaft anheim stellte. (s)

§. 9.

Nitert For und Schlenitz, die mit ihrer sogenannten großen Garde noch in Friesland standen, wollten ihre Leute nicht gerne auseinander gehen lassen, weil sie in dem künftigen Frühjahre vieles in Gröningerlande zu verdienen hoften. Auch der Statthalter Schomberg wollte sie ungern missen. Wegen Mangel des Proviants in Friesland nahmen sie daher, mit Bewilligung des Grafen Edzards, wenigstens zum Theil ihre Winterquartiere in Ostfriesland. Junker Schlenitz lag mit seinen Leuten in Emden. Anfangs lebten die Soldaten mit den Bürgern in guter Zier. Zuletzt aber unterbrach eine Schlägerey zwischen einem Schuhflicker und einem Sol-

quod rarius aliis miscentur nationibus, suis moribus insordescunt; sed luunt poenas ferociae suae, quod divisi crebrius superantur, ubi indivisi fuerint invicti.

(s) Schot. p. 464. et seq. Sickel Beninga p. 30. Winsh. p. 364.

Soldaten dieses gute Vernehmen. Die Soldaten nahmen die Parthie ihres Kameraden, die Bürger, die des Schuhflickers. Der Tumult wurde immer ernsthafter. Endlich griffen die Bürger das Hauptquartier des Schleniz an, und drohten, ihn niederzumachen. Graf Edzard kam aber eilend von seiner Burg herunter, stillte sofort den Tumult, rettete den Schleniz, und bestrafte die Aufrührer. (t)

§. 10.

Bey aller dieser Verwirrung suchte auch Ebo Wimken von Jever im Trüben zu fischen. Er konnte es nicht verschmerzen, daß sein Urgroßvater, Edo Wimken der ältere, in dem Anfange dieses Jahrhunderts, so hinterlistig von den Holländern gefangen worden, und sich mit schwerem Gelde bey dem Herzoge Johann von Bayern habe ranzioniren müssen. Er rüstete deshalb wieder Kaperschiffe aus, kreuzte auf die Holländer, und fügte ihnen großen Schaden zu. Die Holländer wandten sich an den Grafen Edzard. Dieser ließ sich durch 12000 Gulden, die ihm die Holländer baar erlegten, bewegen, diesem Unwesen Wandel zu schaffen. (u) Dagegen gaben sich Edo Wimken von Jever und Hero Omken von Esens unter münsterischen Schutz und machten sich zu Vasallen des Stifts; (v) wahrscheinlich in der Absicht, sich an dem Grafen zu rächen. Es hat aber dieses keinen Erfolg gehabt.

§. 11.

(t) Beninga p. 465. Emm. p. 575.

(u) Beninga p. 430.

(v) Die Urkunde ist in Kinderlings münsterischen Beyträgen abgedruckt. 2. Theil p. 351.

Zweiter Abschnitt.

§. 11.

Während des Waffenstillstandes erschien die Kaiserliche Entscheidung der streitigen Frage über die Gränzen der in der Bulle von Freiburg dem Herzoge verliehenen Podestrie. Der Kaiser dehnte diese Statthalterschaft über ganz Friesland aus, und befahl, daß alle Friesen ohne Unterschied und auch namentlich Edo von Jever, Hero von Esens, der Graf von Ostfriesland, Gröningen und die Umlanden, den Herzog Albrecht für ihren Potestaten und Erbstatthalter erkennen, und ihm huldigen sollten. Es wurde hierauf wieder am 21. April ein Congreß zu Woerden gehalten. Herzog Albrecht und sein Sohn Heinrich, Graf Edzard, viele Häuptlinge aus Ostfriesland, die Deputirten der Stadt Gröningen und der Bischof waren zugegen. Es wurde nach so vielem Blutvergießen der Vergleich von allen Seiten gesuchet, aber nicht getroffen. Endlich erklärte sich Gröningen von den Westergoern abzulassen, ferner es geschehen zu lassen, daß der Herzog von den Umländern zum Statthalter angenommen würde; sie selbst die Stadt aber, wollte von dem Herzog independent bleiben. (w) Auch verlangte der Herzog von dem Grafen Edzard, daß er zufolge der Kaiserlichen Interpretation des Freiburger Diploms, ihn für seinen Lehnsherrn und Erbstatthalter von Ostfriesland erkennen sollte. Der Graf wegerte sich aber, und bezog sich auf den Lehnbrief, wornach sein Vater und dessen Nachkommen bereits mit ganz Ostfriesland belehnet worden. Es soll sich auch gleich hierauf der Graf an den Kaiser gewandt, und einen Befehl auf den Herzog ausgewürket haben, ihn als

einen

(w) Emm p. 576. Schot. p. 468.

einen Reichsgrafen fernerhin nicht zu beunruhigen. (x) Hiebey hat es auch der Herzog bewenden lassen, wenigstens sind sie immer gute Freunde geblieben.

§. 12.

Gröningen kam nunmehr zwischen ein gedoppeltes Feuer. Mit dem Grafen Edzard hatte sie sich wegen des Vorschusses und der von ihm gemachten Ansprüche auf das alte Amt noch nicht ausgeglichen, und von dem Herzoge erwartete sie stündlich den Ausbruch der Fehde. In dieser Noth begab sie sich unter den Schutz des Stifts Utrechts, und huldigte dem Bischof Friedrich von Baden. (y) Sie suchten um so viel mehr sicheren Trost bey ihm, weil er sich ohnlängst mit dem Herzoge von Sachsen überworfen hatte. (z) Hierauf vermehrten die Gröninger ihre Truppen, und vertrauten das Commando dem Ostfriesischen Häuptling, Ulrich von Dornum, dem Bruder Hero Omkens von Esens, an. Seine erste Sorge war, die Gränze gegen die ostfriesische Seite zu decken; daher ließ er den Dam, Farmsum, Otterbum, Reide und andere feste Plätze mit hinlänglicher Mannschaft besetzen. (a)

§. 13.

Die Gröninger wurden endlich so kühn, daß sie zwey reich beladene Ember Schiffe auf der Emse nah-

(x) Beninga p. 466. Schot. p. 472.

(y) Beninga c. l. Sybe Iurichs Chronyck in v. Niedeck Annal. p. 451. Idzinga Staatsrecht T. 2. p. 465.

(z) Wagenaar vad. H. XV. B. p. 316.

(a) Emm. p. 579. Schot. p. 469.

nahmen, und als gute Prisen aufbrachten. Dies war das Signal zur Fehde. Edzard rückte gleich mit 800 Soldaten und 2000 Bauern in das alte Amt ein. Zu ihm schlugen sich gleich viele Edelleute aus den Umlanden, die bisher von der Stadt Gröningen verfolget waren. Er nahm Winschoten, die Pekelburg, nachher Otterdum und Appingadam weg. Beyde letztere Oerter ließ er vorzüglich befestigen. Er brandschatzte die Eingesessenen, und ließ sich von dem alten Amte huldigen. (b) Der Herzog sandte hierauf dem Grafen Edzard 350 Soldaten, unter Anführung Nittert Foxen, zu Hülfe. Unvermuthet wurden diese von den Gröningern ohnweit Schlochtern angegriffen und geschlagen; Fox wurde verwundet. Er wollte durchaus kein Quartier nehmen, und sank endlich auf die Knie nieder. Auch da noch wehrte er mit dem Säbel in der Faust, seine Feinde ab, und starb endlich, bedeckt mit seinem Blute, auf dem Bette der Ehren. Die Gröninger ließen diesen Kriegeshelden in dem Observantenkloster mit allen Ehrenzeichen begraben, und ihm ein Epitaphium setzen. (c)

§. 14.

Der Bischof von Utrecht arbeitete wiederum an einer Aussöhnung zwischen der Stadt Gröningen an der einen, und dem Herzoge Albrecht und Grafen Edzard an der andern Seite. Zu Leewarden wurde

am

(b) Emm. p. 579. Schot. p. 469. Sickel Beninga p. 31.

(c) Beninga p. 468. Sickel Beninga p. 32. Schot. l. c. Emm. p. 581. Occo Scharl. p. 350. Chytraei Chr. Sax. p. 113.

am 22. Septbr. die Verfammlung gehalten. Graf
Edzard kam mit fürftlichem Staate in Begleitung
von 300 Perfonen dahin. Aber auch diefer Verfuch
fchlug, wie gewöhnlich, fehl. Niemand wollte etwas
nachgeben. Itzt dachten die Gröninger ernftlich, fich
aller Gewalt zu widerfetzen. Sie fchloffen mit Ulrich
von Dornum einen Vergleich ab, worin fie ihm
7000 Davidsgulden ausfetzten, wenn er Otterdum,
Appingadam und das alte Amt wieder von den Truppen Edzards fäubern würde, und verfprachen ihm
alle Beute, die er in Oftfriesland machen würde,
falls es ihm, nach Vertreibung Edzards, glücken
möchte, über die Emfe in Oftfriesland Eroberungen
zu machen. Schlenitz ftand itzt mit dem Reft der
fchwarzen Garde in Gelderland. Diefe nahm Ulrich
auf 2 Monate in feinen Dienft. Seine Armee
machte ohngefähr 4000 Mann aus. Mit diefen
rückte er in 3 Colonnen nach Appingadam hin, und
hofte in kurzer Zeit Tiamsweer, Dikhaufen, Appingadam und Delffyhl, in welchen Dertern Graf Edzard Befatzung geleget hatte, zu erobern. Tiamsweer wurde zwar mit Sturm genommen; wie er
aber Dikhaufen angreifen wollte, ließ die Befatzung
die Schleufen eröfnen und das platte Land unter
Waffer fetzen. Hiedurch wurde er genöthiget, fich
zurückzuziehen. Er war willens, in Oftfriesland
einzufallen, hatte aber das Mißgefchick, daß ihm
faft all fein Volk entlief, und zu dem Herzog Magnus von Lauenburg, der ihnen größeren Sold und
reichere Beute, zu einem Zuge wider die Wurftfrie-
fen verfprach, übergieng. (d) Sickel Beninga verfichert, es fey diefes auf Anftiften des Grafen Edzard
ge-

(d) Dilichii Chron. brem p. 176.

geschehen, der den Junker Ulrich bestochen hatte. (e) Nur ohngefähr 400 Mann blieben bey ihm. Mit diesem kleinen Reste seines Heeres stach er auf 6 Gröninger Schiffen nach Borkum über. Er bemächtigte sich bald dieser Insel, und kam mit einiger Beute nach Gröningen zurück. Hierauf nahm er wieder einiges Volk, welches bisher in dem Dienste des Erzherzogs Philipp in Gelderland gestanden, in Sold; durchstreifte Reiberlond, und brandschatzte Bunde, Wiemeer, Bone, Weener und Jemgum (f) und gieng nachher nach Butiadingerland und Ditmarsen, wo wir ihn wieder antreffen werden.

§. 15.

Der Winter brach heran und jeder rüstete sich wieder gegen das Frühjahr zu neuen Kriegen. Gleich zu Anfange des folgenden Jahres eröfneten 1500 die Gröninger den Feldzug mit der Belagerung von Appingadam. Graf Edzard eilte gleich zum Entsatz herbey. Wie die Gröninger seine Ankunft vernahmen, brachen sie eiligst die Belagerung auf. Der Graf verfolgte sie, machte viele Flüchtige nieder, trieb allenthalben Brandschatzung bey, und kam mit großer Beute über die Emse in Ostfriesland zurück. (g)

So

(e) Sickel Beninga p. 44. Graf Edzard hatte seine Güter zu Olderfum und Dornum eingezogen, hat sich aber 1503 mit ihm ausgeglichen, ihm seine Güter wiedergegeben und ihn zu seinem Rath angenommen.

(f) Emm. p. 580. et seq. Schot. p. 472. Sickel Beninga p. 40. et seq.

(g) Emm. p. 591. Schot. p. 473. Sickel Beninga p. 45.

172 **Sechstes Buch.**

So niedergeschlagen die Gröninger durch diesen Zug des Grafen wurden; so sehr wuchs ihnen wieder der Muth, wie sie die große Rebellion in dem westerlauerschen Frieslande vernahmen.

§. 16.

Herzog Albrecht war im Ausgange Septbr. des vorigen Jahres mit dem Grafen Edzard zu Schiffe nach Emden gefahren, und hatte sich von dort weiter nach Meißen begeben. In seiner Abwesenheit hatte er die Regierung in Friesland seinem Sohne Heinrich anvertrauet. Der junge Herzog Heinrich, ein feuriger Herr, regierte zu sehr despotisch, er drückte den Adel, und trieb neue Schatzung mit vieler Strenge bey. Das Volk wurde erst stutzig, klagte über Ungerechtigkeit, schrie bald laut über Tyranney, rottete sich hie und da zusammen, und grif endlich öffentlich zu den Waffen. Täglich vermehrte sich die Zahl der Aufrührer. Der Haß gegen die sächsische Regierung und die Liebe zur Freiheit gaben beynahe 16000 Menschen die Waffen in die Hand. Sjaerd Aylva war ihr Anführer. Franeker, worin der Herzog Heinrich lag, wurde im May 1500 von allen Seiten eingeschlossen und belagert. Das schwere Geschütz erhielten sie aus Gröningen, wofür sie der Stadt alle goldene und silberne Kelche aus den Kirchen von Ostergo und Westergo verpfändeten. Am 21. Juni wurde zu Doccum zwischen den Gröningern und den westerlauerschen Friesen ein enges Bündniß zur Aufrechthaltung der friesischen Freiheit abgeschlossen. (h)

§. 17.

(h) Sickel Beninga p. 45. Schot. p. 474. Emm. p. 591. et seq. Winsh. p. 367. et seq.

Zweiter Abschnitt.

§. 17.

In dem Lager vor der Stadt herrschte lauter Unordnung. Eingewiegt von dem Taumel der Freiheit, horchte der gemeine Soldat nicht nach dem Befehle des Officiers, jeder dünkte sich gleich groß und frey zu seyn, und that was ihm beliebte. Dagegen waren in der Stadt erfahrne Krieger, die durch öftere Ausfälle den Belagerern ungemein vielen Schaden zufügten. (i) Doch sorgten die Belagerer, welche die Stadt von allen Seiten eingeschlossen, und einen Cordon an ihren Gränzen gezogen hatten, daß kein Deutscher in ihr Land kommen konnte. Sie erfanden einige Schibolets: op ouws finne herne lizze fiouwer klaer lotter Liep-ayen yn ien nift (auf der Ecke unserer Weide liegen vier klare frische Kibits-Eyer in einem Neste;) oder auch: dyr is nyn Klyrck so Krol, als Klyrckampster Krolherede Klyrck: aller Klyrcken is hi te Krol (es ist kein Geistlicher so muthwillig, als der Clarkamster kraushaarigte, Clericus, er ist muthwilliger, als alle andere Geistlichen.) Konnte der Fremde diese Schibolets nicht aussprechen, so wurde er für einen Ausländer und Spion gehalten, und mußte die Wassertauche (Wapeldepne, Wapeldronk, quabeltrank) untergehen; worin sie ihn erstickten. (k)

§. 18.

(i) Emm. p. 594. Schot. p. 475.

(k) Gysbert Iapix friesche Rymlerye in der Vorrede von Gabbema p. 2. Martena Land-Boek van Vriesland bey v. Schwarzenb. T. II. p. 9. Gabbema Verhael van Leuwarden p. 20. Idzinga Staatsrecht p. 251. Winshemij Chronyk v. Vriesl. p. 371. Schot. l. c. Kempius de Frisia L. I. c. 18. p. 70. Occo Scarl. p. 355. Geschichte der alten fries. oder sächs. Sprache p. 17. Von dem Quabeltrank

§. 18.

Herzog Albert erfuhr auf dem Reichstage zu Augsburg die unangenehme Nachricht von der friesischen Rebellion. Er brachte in der größten Eil einige Truppen auf die Beine, nahm wieder den Rest der schwarzen Garde, die itzt in Dännemark stand, in Sold, und rückte nach den Niederlanden an. Unterdessen hatte schon Friedrich von Egmont, Herr von Isselstein, auf Befehl des Erzherzogs Philipps, der sich des eingeschlossenen jungen Herzogs Heinrichs annehmen wollte, eine Landung bey Workum versuchet. Diese Landung mißlang, daher segelte er nach Emden. Hier traf auch der Herzog Erich von Braunschweig mit der Avantgarde des Herzogs Alberts ein. Sie vereinigten sich mit dem Grafen Edzard und dem Kern seines Volkes, und giengen ohnweit Leer über die Emse. Von dort zogen sie durch Reiderland, und ferner durch das alte Amt nach Appingadam. Sie schlugen ihr Lager zu Winsum auf. Nach einigen kleinen Scharmützeln, worin die Gröninger immer die Niederlage litten, kam endlich Herzog Albrecht und sein Sohn Georg, mit seiner ganzen Heereskraft zu Winsum an. Appingadam, Winsum und das Kloster Adewert wurden zuvörderst mit starker Mannschaft besetzet, um die Gröninger im Zaum zu halten. Hierauf rückte das verbundene Heer weiter vor, und schlug die Westerlauer und die Gröninger bey Workummer-Syhl.

trank haben besonders Reg. R. Rath. v. Wicht und Staatsrath Reinboth gehandelt. Beyde Abhandlungen sind abgedruckt in Dreyers vermischten Abhandlungen 1. Theil. p. 205. et seq. s. auch Siccama ad L. L. Fr. ad Lit. 22. §. 83. Ostfr. Landrecht p. 199. n. 1. und alt fr. Wörterbuch p. 413.

Syhl. Es sollen 2000 Mann auf dem Platz geblieben seyn. Das dortige ganze Lager fiel dem vereinigten Heere in die Hände. Es wurde so viele Beute gemacht, daß die Soldaten eine Kuh für einen Schrikenburger (4 str.) und ein Schaaf für eine Scheidemünze (2 str.) die Graf Edzard schlagen lassen, verkauften. Daher sollen, wie Beninga anmerkt, diese 2 str. Stücke Schaafe genennt seyn. Eine Benennung, die sich bis auf diesen Tag erhalten hat, indem wir bekanntermaßen gewöhnlich nach Gulden, Schaafen und Witten rechnen. (l)

§. 19.

Die Gröninger waren nun von den westerlauerschen Friesen abgeschnitten. Das combinirte Heer rückte immer weiter vor und schlug die westerlauerschen Friesen wieder zu zweienmalen, erst bey Bomster-Syhl und dann bey Schloter-Syhl. Die Friesen brachen hierauf den 16. Juli in solcher Eil die Be-

(l) Beninga p. 471. Sickel Ben. p. 47. et seq. Schot. p. 476. Emm. p. 595. Winsh. p. 373. Kranz in Saxonia L. 13. c. 27. Ueber diese Rechnungsart findet man in den ostfries. Mannigfaltigkeiten T. 1. p. 216. folgende Bemerkung. Keine Nation hat eine so vernünftige Rechnungsführungsart, als der Ostfriese, der nach Gulden, (20 Stüber oder 10 Schaf) Schaffen (20 witt) und Witten rechnet. Wäre der Schaaf nicht in 20 sondern in 10 Theile vertheilet, so wäre die Decimalrechnung vollständig eingeführt gewesen, und man hätte nur im Rechnungswesen, die beyden letzten Zahlen für die Witte und Schaafe abstreichen dürfen. In Deutschland, Holland, England und Frankreich findet man nicht eine so wohl eingerichtete leichte Rechnungsart.

Belagerung von Franeker auf, daß sie nicht einmal die von Gröningen ihnen geliehenen Kanonen mitschleppten. Herzog Heinrich brach aus der Stadt auf, verfolgte die Flüchtlinge, und maſſacrirte, was er vor ſich fand. Herzog Albrecht vergoß Freudenthränen, wie er ſeinen Sohn Heinrich umarmte, und dankte den ſämmtlichen Fürſten und Herren, die zu dem Entſatze der Stadt Franecker herbeygeeilet waren. Beſonders rühmte er die Tapferkeit des Grafen Edzards, und ſchenkte ihm einen koſtbaren Zobelpelz. (m)

§. 20.

Itzt ſtand kein Frieſe mehr unter den Waffen. Der Herzog war nunmehr im Stande, ihnen willkührliche Geſetze vorzuſchreiben, und die Aufrührer zu ſtrafen, wie es ihm gut dünkte. Herzog Albert war ein gutmüthiger Herr, ließ ſich durch Graf Edzard, der ſich der Frieſen annahm, beſänftigen, und ſöhnte ſich mit ihnen Dorfweiſe aus. Die Hausleute mußten fußfällig um Gnade bitten, ihre Waffen abgeben, und jedwede Stadt, Flecken und Dorf mußte eine gewiſſe accordirte Summe, für den Ungehorſam abtragen. Einige der Hauptrebelsführer ſollen indeſſen geſpießet worden ſeyn. (n)

(m) Beninga p. 472. Emm. p. 597. et ſeq. Schot. l. c. Sickel Beninga p. 49.

(n) Beninga p. 472. Martena Landboek l. c. p. 11. Sickel Beninga l. c. Emm. p. 599. Occo Scharl. p. 365. Winſh. p. 374.

Drit-

Dritter Abschnitt.

§. 1. Die alliirte Armee belagert die Stadt Gröningen. Abuars der Vergleich. Die Belagerung wird aufgehoben. Der Kaiserliche Gesandte Jürgen von Thoren sequestriret die Umlande bis zur Kaiserlichen Entscheidung. §. 2. Herzog Albert stirbt in Emden. §. 3. Thorn reiset nach Deutschland ab, und bestellt den Grafen Edzard bis zu seiner Wiederkunft zum interimistischen Statthalter der Umlanden. §. 4. Gröningen nimmt fremde Truppen in Sold, erobert Dickhausen und Delfsyl und belagert Appingadam. Edzard kommt unvermuthet über die Emse, schlägt die Gröninger und verfolgt sie bis an die Thore der Stadt. §. 5. Muide wird durch ein Butterfaß erobert. §. 6. Graf Edzard vereiniget sich mit den sächsischen Truppen aus Friesland und belagert Gröningen. §. 7. Graf Johann von Oldenburg unterwirft sich die Butjabinger und Stadtländer. §. 8. Die Butjadinger und Stadtländer vertreiben die Oldenburger und huldigen von neuem Graf Edzard. Bündniß des Grafen von Oldenburg mit seinen Schwägern Edo Wimken und Hero Omken, mit dem Herzog Heinrich von Braunschweig und dem Bischof Conrad von Münster. Graf Edzard bricht vor Gröningen auf und vereitelt das Project der Conföderirten auf Butjadingerland. §. 9. Die Gröninger fallen indessen in Reiderland ein, und kehren mit Beute zurück. Waffenstillstand zwischen der Stadt Gröningen, den Sachsen und Ostfriesen. §. 10. Der Waffenstillstand wird auf 3 Jahre verlängert. §. 11. Ein strenger Winter. §. 12. Herzog Heinrich cediret seinem Bruder Herzog Georg von Sachsen die friesische Podesterie oder Erbstatthalterschaft, und nimmt in dem westerlauerschen Friesland und in den gröningschen Umlanden die Huldigung ein. §. 13. Die Gröninger beschließen, bis auf den letzten Blutstropfen ihre Freyheit zu behaupten. §. 14. Graf Edzard wird Oberbefehlshaber der sächsischen Armee, schließt die Stadt Gröningen ein, und legt in dem Drentischen ein Blockhaus an. §. 15. Die Stadt Gröningen fällt in die Reichsacht. §. 16. Graf Edzard entzweiet sich mit dem sächsischen General Vitus Draksdorf, verläßt die Armee und geht nach Ostfriesland zurück. Draksdorf setzet die Belagerung der Stadt fort.

§. 1.

Sechſtes Buch.

§. 1.

Nachdem nun die Ruhe in dem weſterlauerſchen Frieslande wieder hergeſtellet war, zog die alliirte Armee nach Gröningen. Am 1. Auguſt wurde die Belagerung der Stadt angefangen. Der Biſchof von Utrecht und der Freyherr Jürgen von Thoren, welcher von dem Kaiſer nach Friesland geſandt war, um die dortigen Zwiſtigkeiten zu unterſuchen, legten ſich ins Mittel, und bewürkten in dem Kloſter Aduard am 21. Auguſt einen Vergleich, wornach ſie die Entſcheidung aller Streitigkeiten der Stadt mit dem Herzoge, mit Graf Edzard und den Umlanden, dem Kaiſer und dem Kammergerichte anheim ſtellten. Bis dahin wurde Thoren zum interimiſtiſchen Statthalter und Oberrichter in den Umlanden angenommen. Die Umlande waren dadurch ſequeſtrirt, und die Stadt Gröningen mußte ſich verpflichten, bis zu der Kaiſerlichen Entſcheidung, ſich aller Anmaßung einer Regierung zu enthalten. Das Lager vor der Stadt wurde ſofort aufgebrochen. Der Herzog ließ ſeine Leute nach Friesland zur Beſatzung rücken, und die übrigen Truppen giengen auseinander. (a)

§. 2.

Herzog Albrecht erkrankte zu Selwert. Auf Zureden Grafen Edzards, ließ er ſich nach Emden brin-

---

(a) Sickel Beninga p. 50. et ſeq. Emm. p. 600. et ſeq. Schot. p. 478. Occo Scharl. p. 361. Winsh. p. 375. Unſer Egger Beninga, dem Wagenaar in ſeiner vaderl. Hiſt. Boek XV. p. 319. folget, irrt ſich, wenn er p. 478. den Vergleich nach dem Tode des Herzogs ſetzet. Wir folgen dem Zeitgenoſſen Sickel Beninga, der damals in Gröningen wohnte.

Dritter Abschnitt.

bringen, wo besser für seine Wiederherstellung gesorget werden konnte. Die Krankheit aber nahm so sehr Ueberhand, daß er am 8. Octbr. in seinem Quartiere, der alten Münze, seinen Geist aufgab. Sterbend soll er seinen Söhnen empfohlen haben, den Grafen Edzard stets zu schätzen, und in wichtigen Angelegenheiten, sich seines Rathes zu bedienen. Sein balsamirter Körper ist nach Meissen abgeführet, und dorten beygesetzet worden. Seine Eingeweide sind in der Ember großen Kirche begraben. (b) Noch ließt man daselbst auf einer messingenen Platte mit schönen großen Mönchsbuchstaben:

Sistе precor gradum, qui tranſis Viator,
Alberti Ducis Saxoniae, Primi Gubernatoris
Friſiae,
Hic exta quiescunt; cuius poſt Cicambrios
Friſiosque triumphos. Principibus timori
Gentibusque tremori fuit; abi nunc feliciter,
Et quam miserum sit genus humanum, tecum
revolve.

Dies war der in der sächsischen Geschichte so bekannte Herzog Albert, der Stifter der Albertinischen Linie.

§. 3.

(b) Beninga l. c. v. Wicht Annal. ad An. 1500. Sickel Beninga p. 55. Emm. p. 602. Schot. l. c. Nach Occo Scharl. p. 361. Winsheim. p. 375. In der Chronyk van Gron., ende Ommelanden p. 120. soll Herzog Albert vor Grönlngen verwundet worden, und an dieser Wunde zu Emden gestorben seyn.

Sechstes Buch.

§. 3.

Der Kaiserliche Gesandte Thorn reißte nach Deutschland ab, und substituirte während seiner Abwesenheit den Grafen Edzard zum Statthalter über die Umlande. Dies mißfiel der Stadt Gröningen, noch mehr, daß der Graf verschiedene Oerter, als: Appingadam, Otterdum und Delfsyhl in den Umlanden besetzet hielt. Dazu hielt er sich um so viel mehr befugt, weil er sie als sein Unterpfand für seine Vorschüsse ansah. Der Adel in den Umlanden hielt es mit dem Grafen Edzard. Daher entstanden zwischen den Edelleuten und der Stadt immerhin Streitigkeiten. Beyde, die Stadt und die Edelleute beschwerten sich dieserhalb bey dem Bischofe von Utrecht, und klagten wechselsweise wider einander, auch klagten die Gröninger wider Thorn, den sie nicht zur Substitution befugt achteten. Gröningen fand keine Hülfe bey dem Bischofe. Sie versuchte es daher, sich selbst Recht zu verschaffen. (c)

§. 4.

In dieser Gegend waren wieder ein Haufen Herrenloses Kriegsvolk angekommen. Eilf Compagnien, die sich die weisse Rose nannten, waren in Nederland eingerückt, die 13 Tage in Bunde lagen, und die dortigen Eingesessenen quälten. (d) In dem Drentischen standen auch beynahe 2000 Mann. 1501 Diese nahmen die Gröninger in ihren Sold gegen freie

(c) Sickel Beninga p. 55. Emm. p. 603. et seq. Schot. p. 480. et seq.

(d) Beninga p. 478.

Dritter Abschnitt.

freie Zehrung und eine Prämie von 7000 Gulden, falls sie ihnen Appingadam erobern würden. Den 18. May rückten sie mit den Gröningern vor den Dam. Lange langen sie vor dieser Stadt. Siebenmal wurde sie bestürmet, aber allemal wurden die Belagerer durch die tapfere Gegenwehr der Belagerten zurückgeschlagen. Mit Dickhausen und Delfsyhl glückte es ihnen besser. Beyde Plätze wurden während der Belagerung der Stadt Appingadam angegriffen und erobert. Endlich kam Graf Edzard zum Entsatze herben. Er landete mit seinen Schiffen den 15. Juni zu Reide, Otterdum und Termünten. Zu Otterdum zog er sein Volk zusammen und rückte nach Farmsum, und weiter nach Appingadam hin. Sein Corps bestand aus 1400 Soldaten und 2500 Bauern, worunter viele Butjadinger gewesen seyn sollen, die ihm als ihrem Landesherrn Heerfolge leisteten. Er grif sofort das vereinigte gröninger Heer an. Seine Reuterey führte er selbst an, und war so glücklich, einen Theil der feindlichen Infanterie über den Haufen zu werfen. Sein Fußvolk folgte ihm nach und drang weiter ein. Zuletzt schlug er die ganze Armee. Er verfolgte den flüchtigen Feind bis an die Thore von Gröningen. Der Burgermeister Coenders führte die Stadtfahne in eigner Person, warf sie von sich, und kam mit genauer Noth noch in die Stadt. Ein Rathsherr Otto Grell, vier Burgermeistersöhne, einige hundert Bürger und 400 Soldaten blieben auf dem Platze. Das beste Geschütz fiel dem Grafen in die Hände und eilf Fahnen der Gröninger wurden erbeutet, die der Graf zum ewigen Andenken des Sieges, in der großen Kirche zu Emden aufstellen ließ. Ein damaliger Dichter verewigte nach diesem Siege den Grafen mit einem Knüttelverse:

Edzar-

Edzardus invictus, Groningenſibus intulit
ictus
Altera poſt Viti, nam nihil potuerunt re-
niti. (e)

§. 5.

Graf Ebzard ſuchte dieſen Sieg zu nutzen. Er ließ unter Anführung der beyden Droſten, Syba Haykens von Leerort und Otto Papen Loringa von Stickhauſen einiges Volk nach dem Blockhauſe zu Muiden rücken. Der Commandant dieſer feſten Burg war ein angeſehener Bürger aus Gröningen. Er war ein Hutmacher und hieß Jann. Die Droſten foderten die Burg auf. Jann, ein ächter Patriot, dem das Herz auf dem rechten Flecke ſaß, antwortete: er ſey entſchloſſen, ſich auf den letzten Blutstropfen zu vertheidigen. Die Droſten ließen hierauf aus dem Kloſter Witwerum das größte Butterfaß holen, ſetzten es auf Räder, ſpannten 6 Pferde davor, und ließen die Maſchiene ſo nach der Burg heranführen. Jann hatte nie eine Kanone von ſolchem Calibre geſehen, die weite Oefnung ſchien ihm ſofort Tod und Verwüſtung zu drohen. Er hielt in dieſer ſeiner mißlichen Lage Kriegesrath, und ergab nach reiflicher Erwägung aller vorwaltenden Umſtände, ſich mit ſeinen biedern Leuten auf Gnade und Ungnade. (f)

§. 6.

(e) Beninga p. 484. et ſeq. Sickel Beninga p. 56. et ſeq. Emm. p. 609. et ſeq. Schot. p. 485. Kranzii Saxonia L. 13. c. 27. Occo Scharl p. 367. Winsh. p. 380. v. Wicht. Annal. ad An. 1501.

(f) Beninga p. 487. Emm. p. 612. Schot. p. 486.

Dritter Abschnitt.

§. 6.

Unterdessen rückten auch die sächsischen Truppen unter Hugo von Leysenach in die Umlande an. Er vereinigte sich zu Winsum mit den Truppen des Grafen Edzards, zog dann grade vor die Stadt, und verlangte, daß sie ihm das Thor öfnen, eine sächsische Besatzung einnehmen, ihm alle Kanonen und Munition überliefern, und seinem Herrn, dem Herzoge Heinrich von Sachsen huldigen sollte. Die Gröninger schlugen alle diese ihnen vorgeschriebene Artikel ab und gaben dabey vor, daß sie sich in den Schutz des Erzherzogs Philipp von Burgundien begeben hätten. In der That haben sowohl die Gröninger als viele der westerlauerschen Friesen aus Haß gegen die sächsische Regierung, darüber nach Herzog Alberts Tode, bey dem Burgundischen Hofe Traktaten gepflogen. Sie sind aber nicht zu Stande gekommen. Die verbundenen Sachsen und Ostfriesen hielten indessen die Stadt immer eng eingeschlossen, verwüsteten die umliegende Gegend mit Feuer und Schwerd, trieben in den Umlanden Brandschatzungen bey, und legten ein Blockhaus an dem Gröninger- oder Reid-Tiefe an. (g)

§. 7.

Mitten unter diesen Unruhen erhielt die so hart bedrängte Stadt Gröningen Luft. Ein feindlicher Einfall in Butiadinger- und Stadtland zwang den Grafen Edzard seine Truppen aus Gröningerlande zurückzuziehen. Schon 1498 befehdete der kürzlich auf den Bremischen Stuhl gesetzte Erzbischof Johann

von

(g) Sickel Beninga p. 58. Emm. p. 613. Schot. p. 487.

von Rabe die Stadtländer und Butiadinger. Er wollte sie dem Bremischen Stuhl unterwerfen. Aber fruchtlos waren seine Bemühungen. Besser glückte es dem Grafen Johann von Oldenburg. Dieser suchte im Trüben zu fischen. Er nahm 1499 einen Theil der schwarzen Garde, die aus Gröningerland herüber gekommen war, in seinen Dienst, und zog mit ihr nach der Gränze von Butiadinger und Stadtland heran. Die Butiadinger und Stadtländer rückten ihm entgegen. Der Graf und Ulrich von Dornum, den die schwarze Garde zu ihrem Heerführer angenommen hatte, griffen sie an, und schlugen sie zu zwey wiederholten malen in die Flucht. Die Folge dieses gedoppelten Sieges war, daß ihm die Butiadinger huldigen mußten. Von hier trat der schwarze Haufe unter Anführung Ulrichs von Dornum in Dienst des Herzogs Magnus von Lauenburg. Dieser wollte sein Heil an den Wurstfriesen versuchen, wurde aber von ihnen geschlagen. Unser Junker Ulrich hatte dabey das Unglück, daß ihm eine Kugel das Bein zerquetschte. Hierauf nahm der König Johann von Dännemark die schwarzen Haufen in Sold und bekriegte mit denselben die Dithmarser. Aber auch diese stritten männlich für ihre Freiheit, und siegten. Die Grafen Otto und Adolph von Oldenburg, Bruder des regierenden Grafen Johann, fanden bey dieser Fehde wider die Dithmarsen, ihren Tod. (h)

§. 8.

(h) Krantzii Saxonia L. 12. c. 23. und L. 13. c. 26. Dilichii Chron. brem. p. 173. et seq. Schiphouer Chronic. Oldenb. bey Meibom T. 2. p. 189. Hamelm. Old. Chron. p. 302. Beninga p. 478. Emm. p. 586. Schot. p. 472.

Dritter Abschnitt.

§. 8.

Diese Niederlage erweckte bey den Butiabingern den Geist der Freiheit. Heimlich machten sie (1500,) mit den Wurstfriesen ein Bündniß, griffen unvermuthet die Oldenburger an und jagten sie zum Lande hinaus. Sie huldigten hierauf von neuem dem Grafen Edzard von Ostfriesland, und wählten ihn wieder aus freien Stücken zum Beschützer und Patronen ihrer Freiheit. (i) Es ist daher zu vermuthen, daß der Graf sie mit Geld oder Volk unterstützet habe. Selbst aber ist er nicht herüber gekommen, weil seine Anwesenheit in Gröningerland so nothwendig war. Graf Johann von Oldenburg konnte es indessen nicht verschmerzen, daß die Butiabinger sich seiner Regierung entzogen, und sich ihrem vormaligen Herrn, dem Grafen Edzard unterworfen hatten. Daher trat er mit seinen beyden Schwägern, Edo Wimken von Jever und Hero Omken von Witmund, mit dem Herzog Heinrich von Braunschweig und dem Bischofe Conrad von Münster in ein Bündniß, um mit gemeinschaftlicher Hand die Butiabinger zu unterjochen. Sie vereinigten sich schon vorläufig über die Beute, wie uns Dilichius versichert, (k) so, daß jeder gleichen Antheil

---

(i) Edzardum Frisiae Comitem, libertatis suae tutorem et patronum eligunt. Chytr. Chron. Sax. p. 115. Dilichius, Emm. und Schot. l. c.

(k) Dilichius p. 179. Anfänglich ist indessen von einer Theilung die Rede nicht gewesen, indem die Verbündeten sich nur damalen verpflichtet haben, Butjadinger- und Stadtland dem Bischof von Bremen wieder zu unterwerfen. Das Original ist auf dem Regierungsarchive.

theil an dem zu erobernden Lande haben sollte. Herzog Heinrich von Braunschweig wurde zum Oberbefehlshaber dieses vereinigten Heeres ernannt. Graf Edzard lag damals mit den Sachsen (1501.) vor Gröningen. Unterrichtet von diesen großen Zurüstungen, zog er mit 600 seiner besten Kriegesleuten über die Emse, und rückte nach Butiadingerland hin. In Stadtland war das vereinigte Heer schon im Anfange Septbr. eingerücket, und hatte sich dieses Landes fast ohne Schwerdschlag bemeistert. Die Butiadinger aber waren auf ihrer Hut und erwarteten gut bewafnet, den nach ihrer Gränze andringenden Feind. Ihre Gränzörter hielten sie stark besetzet, und wehrten muthig und tapfer das vereinigte Heer ab. Wie nun der Herzog die Ankunft des Grafen Edzard vernahm, zog er auch seine Truppen aus Stadtland zurück, und hinterließ blos eine gute Besatzung in der stark befestigten Golzwardischen Kirche. Aber auch diese Besatzung mußte sich bald nachher ergeben. So gieng das ganze Projekt zu Wasser. (l) Selbst der oldenburgische Chronograph wundert sich, daß eine so große Macht so wenig ausgerichtet habe. (m) Nach unserm Beninga (n) ist Herzog Heinrich in dem folgenden Jahre wieder in Butiadingerland gefallen, wo er eben so wenig Fortschritte wie vorhin, gemachet hat. Um in der Folge Butiadingerland für dergleichen Plackereyen zu sichern,

(l) Hamelman p. 304. Beninga p. 486. Schiph. Chron. Old. p. 189. Dilichius p. 179. Emm. p. 614. Schot. p. 487. Krantzius in Saxon. L. 13. c. 29.

(m) Schiph. l. c.

(n) Beninga p. 485.

Dritter Abschnitt.

sichern, ist auf Intercession der Städte Bremen und Lüneburg, wie auch der Wurstfriesen 1502. zu Bremen ein Friedenskongreß gehalten. (o) Der Ausgang desselben wird uns nicht gemeldet.

§. 9.

Wie Graf Edzard vor Gröningen aufbrach, und den Butiadingern zu Hülfe eilte; fielen die Gröninger im Ausgang Septbr. in Reiderland ein, und brannten Bunde mit der schönen Kirche ab. Aus Furcht, daß der Graf bald zurückkommen würde, zogen sie mit geraubten 300 Ochsen und anderer Beute, wieder nach Gröningen zurück. (p) Noch in dem Ausgange dieses Jahres wurde durch Vermittelung des Bischofs und des Domkapitels zu Utrecht, ein Waffenstillstand zwischen den Gröningern, Sachsen und Ostfriesen zu Stande gebracht, der Bischof wurde zum Schiedsrichter dieser Streitigkeiten angenommen, und die befestigten Oerter blieben vorerst in den Händen der Sachsen und Ostfriesen. Hierauf dankten die Gröninger einen großen Theil ihrer Truppen ab, und die Sachsen zogen ihr Volk wieder über die Lauer zurück. (q)

§. 10.

Der Waffenstillstand war anfänglich nur auf 1502 73 Tage abgeschlossen, wurde aber von Zeit zu Zeit bis bis zu dem Ausgange Aprils 1504. verlängert. 1504
Von

(o) Dilichius p. 180.

(p) Sickel Beninga p. 61. Emm. p. 614. Schot. p. 487.

(q) Sickel Beninga l. c. Emm. p. 615. Schot. l. c.

Von 1502 bis 1504 wurde an verschiedenen Oertern und endlich zu Gent in Brüssel an einem Vergleich gearbeitet. Zu Gent und Brüssel erschienen 1504 selbst der Herzog Georg von Sachsen, und die Abgesandten von Gröningen, von den Umlanden und dem Grafen Edzard. Dieser Friedenscongreß wurde unter dem Vorsitze des Erzherzoges Philipps gehalten. Der sächsische Kanzler Pflug sprach immer in dem Tone eines Ueberwinders, der der Stadt nach Willkühr Gesetze vorschreiben könnte. Die Huldigung des Herzogs Georg von Sachsen, als Erbstatthalters von ganz Friesland, eine sächsische Besatzung in der Stadt, Entsagung alles Rechtes der Stadt auf die Umlande, Ersetzung der Kriegeskosten und ein jährlicher Tribut; dies waren die ersten und Hauptbedingungen, wovon der Kanzler keinen Fuß breit abweichen wollte. So hoch spannten immerhin die Sachsen den Bogen, daß nie ein Vergleich zu Stande kommen konnte. (r) Sickel Beninga, der allen diesen Unruhen mit beygewohnt hat, giebt dem Grafen Edzard die Schuld, daß die so oft versuchte Sühne fruchtlos gewesen, indem er schon damals mit dem Projecte schwanger gegangen, sich selbst zu einem Regenten von Gröningen aufzuwerfen. (s)

§. 11.

(r) Emm. p. 615. et seq. Schot. p. 488. et seq. Sickel Beninga p. 66. et seq.

(s) Want de Grave van Oostvriesland daer in seer arbeidende was, om de Landen van den Hartogen van Saſſen, onder hem to krygen, ſoo dat de van Groningen daer toe geener goeder uytdracht der Saeke koomen konden. p. 66.

Dritter Abschnitt.

§. 11.

In dieser dreyjährigen Zwischenzeit ruhten durch ganz Friesland die Waffen. Von der Südersee bis zur Weser vernahm man nichts von Krieg und Kriegesgeschrey. Indessen drückte ein harter Winter unser Vaterland. Am 4. Januar 1503 stellte 1503 sich erst der Frost ein. Im Ausgange Februar war die Emse noch so feste gefroren, daß man von Embden aus, nach der Insel Nesserland gehen konnte. Ein heitrer schöner Tag, der grade auf einem Sonntage einfiel, veranlaßte eine große Menge der Eingesessenen, Vornehme und Geringe, Kinder, Männer und Frauen, die Winterlust zu genießen, um sich auf der Emse zu vergnügen. Unvermuthet bekam das Eis bey der Stadt einen Riß, und fieng sich an zu heben. Ein alter Bürger bemerkte die Gefahr, die so vielen Menschen drohte, faßte den schnellen Entschluß, ein geringes Haus an der Emse in Brand zu stecken, und die Sturmglocke läuten zu lassen. Hiedurch veranlaßte er die schnelle Rückkehr seiner Mitbürger und wurde der Erretter vieler Menschen, denn kaum waren die letzten an die Brücke gekommen; so fieng das Eis an zu treiben. (t) Unartig ist es, daß unsere Geschichtschreiber uns den Namen dieses wakkeren Mannes vorenthalten und ihn nicht verewiget haben. Ein Bürger, der 100 Seelen errettet, hat sich gewiß um das Vaterland so verdient gemacht, als der rüstige Held, der 50 Feinde erleget.

§. 12.

Herzog Heinrich konnte die friesische Nation, die ihn in Franecker belagert hatte, durchaus nicht leiben,

---

(t) Benings p. 490. Emm. p. 681.

leiden, und er war auch bey ihnen nicht gelitten. Daher ist er nach dem Entsatze von Franecker, nie wieder in Friesland gekommen, und hat seinem Bruder Herzog Georg, die, nach dem väterlichen Testamente, auf ihn vererbte friesischen Staaten cediret. (u)
1504 Herzog Georg schrieb im May 1504 einen Landtag nach Franecker aus. Er durchreisete hierauf das ganze westerlauersche Friesland und nahm in den Monaten Juni und Juli allenthalben die Huldigung ein. (v) Hierauf zog er mit großem Staate nach Gröningerland, und ließ sich von den umländischen Edelleuten in Appingadam huldigen. Graf Edzard bewirthete den Herzog, der sich 5 Tage zu Appingadam aufhielt, mit vielem Aufwande auf seine eigne Kosten. Hierauf gieng Herzog Georg nach Meißen und Graf Edzard nach Ostfriesland zurück. (w).

§. 13.

Der Winter gieng ruhig hin. Nichts vom
1505 Belange fiel vor. Im Anfange des vorigen Jahres wurde zu Velbe in dem Drentischen wieder an einem Vergleiche gearbeitet. Es kam hier wie gewöhnlich, nichts weiter zu Stande, als die Verlängerung des Waffenstillstandes bis den 1. April dieses Jahres.
Wie

(u) Häberleins neueste Reichsgeschichte IX. Band. p. 322.

(v) Beninga p. 490. Sickel Beninga p. 71. Emm. p. 622. Occo Scarl. p. 373. Schot. p. 493. Die Eidesformeln und die Herzogliche Reversalen sind bey Schot. p. 495. et seq. und in Martena Landboek v. Vriesland p. 31. et seq. Winsh. p. 387. abgedruckt.

(w) Sickel Beninga p. 72. Emm. p. 625. Schot. p. 501.

Dritter Abschnitt.

Wie nachher die Gröninger auf eine neue Verlängerung bis Februar 1506. antrugen, so wollten Graf Edzard und die Sachsen darein nicht einwilligen, verstatteten indessen noch eine Zusammenkunft kurz nach Ostern, in dem Kloster Jerusalem. Hier traten denn wieder die Abgeordneten von beyden Seiten zusammen. Den Gröningern wurden die alten harten Bedingungen vorgeleget, die sie nicht eingehen konnten. Die von ihnen gesuchte Verlängerung des Waffenstillstandes wurde abgeschlagen. Es sahen also die Sachsen und Graf Edzard von dieser Zeit den Waffenstillstand für beendigt an. Als die gröningischen Deputirte in ihre Stadt zurückkamen, gerieth die aufs äußerste gebrachte Bürgerey in wilde Wuth. Einige riethen, man sollte in der Eil 2000 Mann annehmen, mit diesen über die Lauer ziehen, und laut rufen: frey, Friesisch! Man hofte, daß durch dieses Losungewort, das ganze westerlauersche Friesland zu den Waffen greifen, das sächsische Joch abwerfen, und sich zu ihnen gesellen würde; Rasend schrien andere, man sollte die Deiche durchstechen und die Syhlen zerstöhren; wieder andere, man solle die Stadt, alle Flecken und Dörfer abbrennen, und so dem Herzoge und dem Grafen Edzard das verwüstete Land überlassen. Einige wenige, worunter selbst unser Chronograph Sickel Beninga, ein Bürger in Gröningen, gehörte, dachten edler, und riethen der Bürgerschaft, sich in die Zeit zu schicken, und sich so gut zu vergleichen, wie es ihr möglich wäre. Das Resultat dieser Deliberationen war, die Freyheit der Stadt bis auf den letzten Blutstropfen zu vertheidigen. (x)

§. 14.

(x) Sickel Beninga p. 79. Emm. p. 631. Schot. p. 503.

Sechstes Buch.

§. 14.

Schon am 9. April rückten 400 Sachsen in die Umlande ein, und besetzten das Kloster Aduard. Graf Edzard und sein Bruder Uko kamen von der andern Seite mit 800 Bauern und 200 Soldaten, und quartierten sich in Appingadam ein. Graf Edzard gieng hierauf nach Aduard, und wurde zum commandirenden General der sächsischen Armee ernannt. Die Feindseligkeiten nahmen sofort ihren Anfang. Die Gröninger fielen öfters aus der Stadt, brachten Vieh aus den Umlanden auf, und suchten wo sie konnten, Graf Edzard zu beschädigen. Ein Anschlag auf Aduard, welches sie mit 1200 Mann anfielen, mißlang ihnen. Der Graf schloß hierauf die Stadt von allen Seiten ein, und war Vorhabens, sie durch Hungersnoth zur Uebergabe zu zwingen. In dieser Noth wandte sich die Stadt an den Bischof von Utrecht. Das hierauf erfolgte Vorschreiben des Bischofs, worin er zuletzt drohte, der Stadt, welche von Alters her zu dem Stifte gehöret habe, mit seiner Macht zu Hülfe zu kommen, fand nicht die geringste Würkung bey dem Grafen Edzard. Er stand dem Bischofe nur blos die geistliche Jurisdiction zu. Er rückte mit 1500 Mann in das Drentische ein, und legte ein Blockhaus an, diesem Blockhause gab er den spöttischen Namen Wehr den Braß. Wie der Graf hier noch unbeschanzt lag, rieth unser Sickel Beninga seinen Mitbürgern zu einem Ausfall, und diese Gelegenheit nicht zu versäumen. Aber die Gröninger waren nicht muthig genug, ihn anzugreifen. Den Bischof verdroß es, daß Graf Edzard in dem Drentischen ein Blockhaus anlegte, drohte daher, ihn mit Heereskraft zu überfallen. Trotzig antwortete der Graf:

der

Dritter Abschnitt.

der Pfaffe von Utrecht und sein Kapitel sollten nur ihre Kirche regieren, und sich in die Händel der weltlichen Fürsten nicht mischen, was er thäte, geschähe im Namen und auf Befehl des Herzogs von Sachsen, an den könnte er, der Bischof sich wenden. Unterdessen ließ der Graf von der andern Seite unter seinem Drosten von Stickhausen Otto Papen Loringa mit 2000 Mann Schlochtern befestigen. (y)

§. 15.

Während der Zeit, daß Graf Edzard die Stadt so eingeschlossen hielt, hatte Herzog Georg von Sachsen auf dem Reichstage zu Köln, die Reichsacht wider die Stadt Gröningen und ein Mandat auf den Bischof zu Utrecht bewürket, wornach er sich mit seiner geistlichen Jurisdiction begnügen und sich nicht in die jetzige Civilstreitigkeiten mischen sollte. Der Kaiserliche Herold kam in die Stadt und publicirte den Reichsbann. Die Gröninger belachten den Herold, und erkühnten sich öffentlich zu sagen: daß Männer, die keine Waffen schreckten, sich auch nicht für todten Buchstaben fürchteten. Durch Vermittelung des Bischofs von Utrecht wurde indessen noch am 29. Juli ein Friedenscongreß zu Deventer gehalten, dessen Ausgang wie vorhin den Wünschen der Gröninger nicht entsprach. Die Gröninger ersuchten aber den Erzherzog Philipp um eine Vorsprache bey dem Kaiser Maximilian und dem Herzoge Georg. Hierauf wurden wiederum auf den 1sten Septem-

---

(y) Sickel Beninga p. 81. et seq. Beninga p. 472. Emm. p. 636. et seq. Schot. p. 505. et seq.

September zu Duisburg, und auf den 1. October zu Hattum Friedenscongreſſe gehalten. Aber auch beyde waren fruchtlos. (z)

§. 16.

In die Umlande war im Auguſt ein ſächſiſcher General Vitus von Draaksdorf mit 1000 Mann eingerückt. Zwiſchen dieſem und dem Grafen brach bald ein Mißverſtändniß über den Sold der Truppen aus, den der Graf bisher aus den ſeinigen bezahlet hatte. Hierüber gerieth der Graf mit den ſächſiſchen Officieren in Wortwechſel, und verließ in voller 1506 Hitze die Armee. (a) Er zog ſeine eigne Truppen nach Appingadam zurück und gieng ſelbſt nach Oſtfriesland, um ſeine häusliche Sachen in Ordnung zu bringen. Vitus von Draksdorf übernahm hierauf das Oberkommando der ſächſiſchen Armee. Gröningen blieb noch immer eingeſchloſſen, ſpürte nunmehr Hungersnoth und verzweifelte an dem gehoften Beyſtande des Biſchofes. Der General Vitus ſuchte dieſe ihre mißliche Lage zu nutzen, und glaubte ſich in der Gunſt ſeines Herrn, des Herzogs feſtzuſetzen, wenn er ihm Gröningen ohne Schwerdſchlag, in der Abweſenheit des Grafen Edzards überlieferte. Er wandte daher alle Mühe an, die Stadt mit dem Herzoge auszugleichen. Die hart gedrängten Gröninger waren gleich zu einer freundſchaftlichen Zuſammenkunft willfährig. Es wurde von beyden Seiten eifrig an einem Vergleiche gearbeitet, es kam aber derſelbe nicht zu Stande. Hierauf ſuchte Draksdorf
durch

(z) Sickel Beninga p. 113. Emm. p. 635. et seq. Schot. p. 506. et seq.

(a) Martena Landboek van Vriesland p. 61.

Dritter Abschnitt.

durch einen Mönch zwischen dem Magistrate und der Bürgerey Uneinigkeit zu stiften, die zu einem Aufruhre ausbrechen sollte, um dadurch sich der Stadt Gröningen zu bemeistern. Wie dieses entdecket wurde, und die Gröninger, die er durch Verstellung eingewieget hatte, nun ein Mißtrauen auf ihn setzten, wurde er erbittert. Er schloß die Stadt noch enger ein, schnitt den Gefangenen die Ohren ab und ließ den Weibern die Röcke abreißen. Ueber diese Barbarey und Ungezogenheit wurden die Gröninger so erbittert, daß sie sich fernerhin auf keinen Accord einlassen wollten. Endlich wurde noch durch Vermittelung des Bischofs zu Utrecht von den Kaiserlichen Kommissarien die Sühne zwischen dem Herzoge und der Stadt im Februar versuchet, sie kam aber eben so wenig zu Stande. (b)

(b) Sickel Beninga p. 127. et seq. Emm. p. 648. et seq. Schot. p. 513. et seq. Winsh. p. 404. et seq.

Sechstes Buch.

Vierter Abschnitt.

§. 1. Die Stadt Gröningen wendet sich an die Gebrüder Grafen Edzard und Uko. §. 2. Macht sich verbindlich mit Vorbehalt ihrer Freyheiten und Privilegien, beyden Grafen im Namen des deutschen Reiches bis zur Beendigung der Streitigkeiten, den Besitz der Stadt einzuräumen, eine gräfliche Besatzung einzunehmen, dem Grafen Edzard zu huldigen, und ihm die Regierung der Umlanden zu überlassen §. 3. Graf Edzard gehet mit 5000 Ostfriesen über die Emse, läßt sich vor dem Thore der Stadt Gröningen huldigen, hält einen staatlichen Einzug. §. 4. Erbauet ein Kasteel in der Stadt. §. 5. Vergleichet sich mit dem Herzoge von Sachsen, und wird Herzoglicher Statthalter der Umlande. §. 6. Die Umländer weigern zum Theil den Huldigungseid, und wollen unmittelbar unter den Grafen stehen. §. 7. Edzard bleibt im Besitz der Stadt Gröningen und der Umlande. §. 8. Graf Uko stirbt. Edzard wird allein regierender Graf. §. 9. Fruchtlose Versuche der Sühne zwischen dem Herzoge von Sachsen, dem Bischofe von Utrecht, Grafen Edzard, der Stadt Gröningen und den Umlanden. §. 10. Ostfriesland blühet unter der vortrefflichen Regierung des Grafen Edzards. §. 11. Edzard zwingt Hero Omken sich ruhig zu halten, errichtet mit des nun verstorbenen Edo Wimken Sohn, Junker Christoffer von Jever, ein Schutz- und Trutz-Bündniß, und sichert die ostfriesische Gränze für Feindseligkeiten des Herzogs von Braunschweig und des Grafen von Oldenburg. § 12. Graf Edzards Gemalin stirbt. Er führet in seinem Hause die Primogenitur ein. §. 13. Bündniß des Grafen mit verschiedenen Grafen und Edelleuten aus Westphalen und am Harze, wider den Herzog von Sachsen. §. 14. Nach Absterben des Grafen Heinrich von Stolberg, wird Graf Everwin von Bentheim, Herzoglicher Statthalter des westerlauerschen Frieslandes. Er ist ein Feind des Grafen Edzards. §. 15. Es wird an einem Vergleiche zwischen dem Grafen und dem Herzoge gearbeitet. Edzard wird gegen Abtretung der Stadt Gröningen, die Erb-

Vierter Abschnitt.

ſtatthalterſchaft über Gröningerland, oder den Umlanden und Friesland jenſeits der Lauer angeboten. Gröningen vereitelt durch ihre Proteſtation dieſes Projekt. §. 16. Kaiſerliches Mandat, wornach der Graf den Herzog von Sachſen, als Erbſtatthalter des ganzen Frieslandes, auch in Abſicht der Graffchaft Oſtfriesland für ſeinen Lehnsherrn erkennen, und von ihm als Statthalter über die Umlande beſtellet werden ſoll. §. 17. Der Graf appelliret von dieſem Mandate an das Reichskammergericht. Der Kaiſer belegt ihn mit der Reichsacht. Die Herzoge von Braunſchweig, der Graf von Oldenburg und der ſächſiſche Statthalter, Graf von Wentheim rüſten ſich, Edzard, als einen Reichsrebellen zu bekriegen. Edzard ſetzet ſich in Vertheidigungsſtand.

§. 1.

Die Gröninger, die ſelbſt dem Biſchofe nicht mehr trauten, und gar glaubten, daß er mit den Sachſen unter einer Decke läge, wenigſtens von ihm keine thätige Hülfe mehr erhielten, wandten ſich nun, durch Mehrheit der Stimmen, denn es waren noch einige biſchöflich, andere ſächſiſch geſinnt, an den Grafen Edzard. Nach einem vorläufigen Geſpräche zu Tiamsweer kam bald darauf am 17. April zwiſchen den Deputirten der Stadt und dem Grafen Edzard, ein Vergleich in dem Kloſter ter Münte zu Stande. Die Artikel wurden auf dem Rathhauſe vorgeleſen, und von dem Magiſtrate und der Bürgerſchaft genehmiget. Graf Edzard wurde hievon benachrichtiget, und ſandte einige Abgeordnete nach Gröningen, den bereits angefertigten förmlichen Vergleich, in ſeinem und ſeines Bruders Namen zu unterſchreiben und zu beſiegeln. Dieſer Actus der Unterſchrift, und der Beſiegelung von Seiten der Stadt und der beyden Grafen, geſchah am 24. April. (a)

§. 2.

(a) Sickel Beninga p. 164. Emm. p. 660. Martena Landboek van Vriesl. p. 62.

§. 2.

Der Einhalt dieses so sehr wichtigen Vergleichs war: Die Grafen Edzard und Uko sollten im Namen und von wegen des römisch deutschen Reichs, Besitz von der Stadt nehmen; die Stadt sollte eine gräfliche Besatzung von 800 bis 1000 Mann einnehmen, dem Grafen Edzard vor dem Thore, ehe er in die Stadt kommen würde, huldigen, und ihm die Regierung der Umlande einräumen; dann sollten die Streitigkeiten mit dem Herzoge von Sachsen, der Entscheidung einiger Reichsfürsten überlassen werden, wobey Graf Edzard sich der Stadt bestens annehmen sollte; ohne Wissen und Willen des Grafen sollte sich die Stadt mit Niemanden in Traktaten einlassen; der Graf solle die Privilegien, Freiheiten, Rechte, Herkommen und Observanzen der Stadt ungekränket lassen, und wegen Unterhaltung der Besatzung sollten demnächst von beyden Seiten Vorschläge gemacht werden. Dem Grafen wurde die Ansetzung der richterlichen Personen anvertrauet, das Stapelrecht wurde der Stadt Gröningen und Appingadam gelassen, und die Zollfreiheit ihrer Waaren durch die Umlande der Stadt Gröningen zugesichert. (b)

§. 3.

Wie der untergeschriebene und besiegelte Vergleich dem Grafen Edzard überliefert wurde, schiffte er sofort mit 5000 seiner Unterthanen und einigen in Sold

---

(b) Dieser Vergleich ist vollständig abgedruckt bey Sickel Beninga p. 167. Eggerik Beninga p. 501. Brenelsen T. I, L. IV. p. 127.

Vierter Abschnitt.

Solb genommenen fremden Kriegesknechten über die Emse, und rückte am 30. April in Appingabam ein. Des andern Tages zog er mit fliegenden Fahnen und unter Kriegsmusik nach Gröningen. Er selbst, und der ihn begleitende Abel, alle gepanzert, ritten vor der Reuterey an. Vor dem Thore standen der Magistrat, die Geschwornen, und die Deputirten der Stadt. Der Graf ließ Halte machen, stellte sein Volk in Reihe und Glieder, und ritt in Begleitung von sieben Edelleuten vorwärts nach dem Thore hin. Hier nahm Ulrich von Dornum dem Magistrate und den Deputirten den Huldigungseid ab. Nach geleistetem Eide, dankte er dem Magistrate und den Deputirten für das Zutrauen, so sie auf ihn gesetzet hatten, und empfieng hierauf aus den Händen des Magistrats die Schlüssel der Stadt. Er hatte so viel Volk mitgenommen, weil er befürchtete, daß ihm der sächsische General Vitus den Weg versperren würde. Daher behielt er nur 1000 Mann bey sich, und ließ die übrigen nach Appingabam zurückmarschieren. Dann ließ er durch den Drosten Papinga das Paulthor mit 100 Mann besetzen. Hierauf rückten seine übrige Leuten mit fliegenden Fahnen, gerührten Trommeln und blasenden Instrumenten in die Stadt ein. Er selbst, umgeben von seinen Trabanten und Hellebardiers folgte zu Pferde mit der Ritterschaft, und hielt unter dem Donner der Kanonen und dem Geläute aller Glocken, seinen staatlichen Einzug. Diese Feyerlichkeiten waren recht nach dem Geschmack der Bürger, noch mehr aber der Anblick vieler Proviantwagen, die der Graf aus Ostfriesland kommen lassen, um dem Mangel in der Stadt abzuhelfen. Mit Freudengeschrey wurde er empfangen, und auf allen Gassen ertönte eine Parodie auf ein bekanntes Osterlied:

Christus

Christus is upgestanden,
Herr Veit moet nu uth duſſen Landen,
Des willen wy alle froh ſyn,
Grave Edſard wil unſe trooſt ſyn,
Kyrie eleiſon. (c)

§. 4.

Des folgenden Tages den 2. Mai hörte er in der großen Martinskirche einer feyerlichen Meſſe zu. Er ſaß auf einem erhabenen Stuhl, der ihm zu Ehren errichtet, und ganz mit Seidenzeug behangen war. Von hier gieng er nach der St. Walburgskirche, und ließ ſich von der ganzen, dort verſammelten Bürgerſchaft, den Eid der Treue ſchwören. Hierauf machte er ſofort Anſtalt an der Südoſtſeite der Stadt, zwiſchen dem Oſter- und Steintillthor ein Kaſteel anzulegen. Dieſes Werk, woran vorzüglich die Umländer eifrig arbeiten mußten, wurde mit ſeinem dicken Thurm, Bollwerken, Graben und Brücken bald zu Stande gebracht. In dieſes Kaſteel legte er nachher eine Beſatzung von 100 auserleſenen Männern. Zum Droſten und Commandanten machte er Lütet von Dornum, und zum Amtmann einen Meiſter Bawe. (d)

§. 5.

Unterdeſſen ließen Vitus Draksborf und die ſächſiſchen Räthe in dem weſterlauerſchen Frieslande, betäubt

(c) Sickel Beninga p. 171. Egg. Beninga p. 499. Emm. p. 664. Schot. p. 521. Martena Landhoek p. 63.

(d) Sickel Beninga p. 173. Beninga p. 501. und 505. Emm. p. 665. Occo Scarl. p. 377.

Vierter Abschnitt.

betäubt über diese so schnell veränderte Scene, den Grafen fragen, aus welcher Macht er die Stadt Gröningen in Besitz genommen habe? Edzard antwortete: Er habe die Stadt bis zum Austrage der Streitigkeiten zwischen dem Stuhl von Utrecht und dem Herzoge Georg, im Namen des römisch-deutschen Reichs, als ein Sequestor in Besitz genommen, und sey bereit, dem Kaiser, dem Reiche, und selbst dem Herzoge, davon die Gründe vorzulegen. Die Einwohner der Stadt Gröningen, und auch die Umländer, hatten stärkere Zuneigung zu dem Grafen Edzard, als zu dem Herzog Georg. Bey einem Kriege mit den Sachsen, konnte der Graf sicher darauf bauen, daß die dortigen Eingesessenen seine Parthie nehmen würden. Selbst in dem, durchs Schwerd gebändigten westerlauerschen Friesland, wurde die sächsische Regierung gehasset. Auch dort war eine Rebellion zu vermuthen, weil jede fremde Regierung, dem Geiste der Nation zuwider war. Dem Herzoge und vorzüglich seinem Vater, hatte Friesland bisher ungeheure Summen gekostet, wodurch die Casse sehr erschöpfet war. Bey diesen Umständen fand der Herzog es rathsam, das Schwerd in die Scheide zu stecken, und sich vorerst mit dem Grafen in der Güte zu vergleichen. Es kam auch in dem Kloster Aduard zwischen dem sächsischen Obermarschall, Grafen Heinrich von Stolberg und Grafen Edzard, im Anfange Juli eine Convention zu Stande, wornach der Graf bis zur Entscheidung der Streitigkeiten, zwischen dem Bischof von Utrecht und dem Herzoge, in dem ruhigen Besitz der Stadt verbleiben, und als Statthalter des Herzogs, die Regierung über die Länder, zwischen der Emse und Lauer, so lange behalten sollte, bis sie sich darüber besonders verglichen, und der Herzog dem Grafen die ihm vorgeschossene 30000 Kaiser-Gulden würde wiederbezahlet haben. Hierauf dankte der Herzog die fremden, in seinem Solde stehende Truppen ab. Nur allein zu Werdenbraß, Aebwersohl und dem Blockhause bey Winsum blieb eine sächsische Besatzung. (e)

§. 6.

Graf Heinrich von Stolberg, ein wohldenkender, gerechter und leutseliger Herr, wurde zum Herzoglichen Statthalter jenseits der Lauer angesetzet; so wie nun Graf Edzard, Statthalter disseits der Lauer bis zur Emse oder den Umlanden war. Schon vorlängst hatten die Umlande dem Grafen Edzard selbst gehuldiget. Wie ihnen nun eröfnet wurde, daß der Graf zum Statthalter über die Umlande, von dem Herzog Georg gesetzet worden, und der Graf sie hierauf durch seinen geheimen Rath Hicko von Dornum des Eides entließ, womit sie ihm bisher verpflichtet waren, so sollten sie nunmehr dem Herzog Georg huldigen. Die vornehmsten sächsischen Officianten, der Statthalter, Graf von Stolberg, Schleniz, Vitus Draksdorf und der Kanzler Tauber waren zugegen. Einige schworen den Huldigungseid, die mehresten wegerten sich. Alle Ueberredungen waren fruchtlos. Bestürzt über diesen Auftritt, zogen die sächsischen Herrn unverrichteter Sache wieder über die Lauer. Nicht lange nachher, den 10ten August, wurden die Artikel, worunter der Graf zum Statthalter über die Umlande bestellet worden, zu

---

(e) Sickel Beninga p. 174. Occo Scarl. p. 378. Winsh. p. 405. Emm p. 666. Schot. p. 522. Martena Landb. p. 63.

Vierter Abschnitt.

zu Harlingen aufgesetzet, und von dem Grafen und Schleniz unterschrieben und besiegelt. Darin wurde unter andern versehen, daß der Graf die Umlande, die dem Herzoge noch nicht geschworen hatten, gegen Ausgang Septembers zu der Huldigung anhalten sollte. Wie der Graf bey seiner Rückkehr diese Artikel den Eingesessenen der Umlande vorhielt, entstand ein allgemeines Murren. Sie sagten ihm grade heraus, daß es ihnen mißfiele, daß er eines andern Herrn Diener wäre, und daß sie ihm nicht gehorchen würden, wenn er des Herzogs Statthalter wäre, sie könnten auch um so viel weniger dem Herzoge huldigen, weil das Band zwischen den Umlanden und der Stadt Gröningen noch nicht aufgelöset sey, der Herzog aber ein offenbarer Feind der Stadt wäre. Hiedurch gerieth die ganze Convention zwischen dem Herzoge und dem Grafen ins Stecken. Auch hat der Herzog nie den von Schleniz, unter seiner einzuholenden Approbation, getroffenen Vergleich zu Harlingen ratificiret. (f)

§. 7.

Graf Edzard blieb bis 1514. in dem ruhigen Besitze der Stadt Gröningen und der Umlande. Er war unter allen seinen Vorfahren und Nachkommen der mächtigste Herr aus dem cirksenaischen Hause, Beherrscher von Gröningen und den Umlanden, von Ostfriesland und Butiadingerland. Er beherrschte also das ganze stark bevölkerte Land zwischen der Weser und der Lauer. Den Winter brachte Graf Edzard mit nützlichen Anstalten und neuen Einrichtun-

---

(f) Sickel Beninga p. 176. Emm. p. 688. Schot. p. 522.

richtungen hin. Zu Appingadam und Winsum setzte er für die Umlande Ober-Apellationsgerichte nieder, (g) ließ sich von Gröningen 8000 Gulden jährlich, zur Unterhaltung der Besatzung auf dem neuen Kasteele aussetzen, und gab eine neue Münzverordnung aus, die in Gröningerlande und Ostfriesland gelten sollte. (h) Er ließ auch eine Münze in Gröningen schlagen. Sein Brustbild führte die Umschrift: Edzardus Comes, Conservator Groningae. Dies verdroß die Sachsen, die gleich in dem westerlauerschen Friesland diese Münze verbieten ließen. Uebrigens nahmen sie sich in Acht, dem Grafen Edzard keine Gelegenheit zu Feindseligkeiten zu geben und ihn in dem Besitz von Gröningen zu stöhren, weil sie sich noch selbst jenseit der Lauer nicht sicher hielten. (i)

§. 8.

Graf Uko war verlobt mit einer Comtesse von Egmont. Er machte Anstalten zu seiner Abreise, um seine Braut zu holen und sich mit ihr zu vermählen. Ihn überfiel aber eine schleunige Krankheit zu Emden, die ihn im 43sten Jahre seines Alters, 1507 am 28. Juni dahin riß. Zu Norden, in dem Erbbegräbnisse ist er beygesetzet. Er war ein gutmüthiger stiller Herr, ein Beschützer der Unterdrückten,

(g) Es sind noch verschiedene Sentenzen vorhanden, die im Namen des Grafen, als Statthalter der Umlande, ausgesprochen sind. s. v. Schwarzenb. Chart. Boek. T. 2. p. 267. et seq.

(h) Egg. Beninga p. 506. und 507.

(i) Emm. p. 669. Schot. p. 523.

Vierter Abschnitt.

ten, ein Vater der Armen und Nothleidenden. (k) Graf Edzard führte also nunmehr, nach Absterben dieses seines Bruders allein die Regierung. Graf Ufo hat einen natürlichen Sohn nachgelassen. Er hieß Rudolph Cirksena, und war Burgermeister, nachher Drost zu Emden. 1533 ist er bey der Knocke, durch einen Unglücksfall ertrunken. (l) Von seiner einzigen Tochter Moetke von Diepholt, Freifrau von Halsfelde, blühet noch eine zahlreiche Nachkommenschaft adlichen und bürgerlichen Geschlechts in dieser Provinz. Ihr Wappen war ein getheilter Schild. Zur rechten Seite war eine halbe Harpie, mit 2 Sternen, zur linken ein Balken. (m) Die cirksenaische Abkunft ist auch in diesem Siegel unverkennbar. Und warscheinlich hat Drost Rudolph Cirksena auch einen Sohn nachgelassen, welcher 1545 zu Paris verstorben ist. Aus einer Inschrift auf einer Tombe, in einer Kirche zu Paris, erhellet, daß ein gewisser Enno von Emden, entsprossen aus dem Geblüte der Grafen von Ostfriesland, der zum Drosten und Gouverneur der Stadt Emden bestimmt war, als Student in seinem 24sten Jahre 1545 verstorben, und ihm dieses Grabmal von seiner Mutter und Grosmutter gesetzt sey. Dieser Enno von

---

(k) Beninga p. 508. Emm. p. 673.

(l) In dem Serie der Burgermeister in Emden stehet: Iuncker Rudolph Circiena Filius naturalis Uconis Comit. f. Ravinga Ostfr. Chronik in dem Verzeichn. der Burgerm.

(m) Dieses Siegel ist unter ihrem in dem Grimersummer Archive vorhandenen originalen Testamente von 1593 befindlich.

von Emden kann kein andrer seyn, als ein Sohn des Drosten Rudolph Cirksena. (n)

§. 9.

Herzog Georg von Sachsen brachte seine Beschwerde wider die Stadt Gröningen vor den Kaiser. Er klagte, daß die Stadt wider ihn die Waffen ergriffen, ihn nicht für ihren Erbstatthalter, Einhalts des Kaiserlichen Diploms von Freiburg erkennen wollte, und selbst mit der wider sie erlassenen Reichsacht, ihren Spott getrieben habe. Der Kaiser ließ die Stadt auf den Reichstag zu Constanz vorladen. Die Abgeordneten der Stadt, und zwey Deputirte des Grafen Edzards, Hicko von Dornum und ein Rechtsgelehrter Harko von Suiderhusen fanden sich zu Constanz ein. Sie zankten sich mit dem Herzoge wacker herum, und weiter kam hiebey nichts heraus. (o) So wie der Herzog Georg sich an den Kaiser wandte, suchte der Bischof von Utrecht seine Gerechtsame auf Gröningen bey dem geistlichen Gerichte geltend zu machen. Graf Edzard und die Stadt Gröningen, wurden von dem Pabste Julius II. nach Löwen vorgeladen. Diese Streitsache wurde in Löwen so wenig entschieden, wie zu Constanz. (p) 1508 Indessen sind die Akten nach Rom an den Pabst versandt.

(n) Germain Brice Beschreib. der Stadt Paris. T. III. p. 22. Bertrams geograph. Beschreibung Ostfr. Zugabe p. 134. Ostfr. Mannigf. T. III. p. 90.

(o) Sickel Beninga p. 180. Emm. p. 669. Schot. p. 530.

(p) Sickel Beninga p. 183. Emm. p. 673. Schot. p. 531.

Vierter Abschnitt.

fandt. (q) Nachher wurde die Sühne zwischen Graf Edzard und Herzog Georg erst zu Schütdorf und dann zu Münster versuchet; aber immer fruchtlos. Der schlimmste Artikel, woran immer der Vergleich scheiterte, waren die 100000 Gulden, die der Graf dem Herzoge vorgestrecket hatte, und der schlechte Cassenzustand des Herzogs. Von Seiten der Stadt Gröningen vereitelte die Zuneigung gegen den Grafen und die Abneigung gegen den Herzog, alle Vergleichsvorschläge. (r) Herzog Georg konnte also weder in der Güte noch durch den Weg Rechtens etwas ausrichten. Mit Gewalt der Waffen traute er sich nicht, seine Ansprüche auf Gröningen und die Umlande durchzusetzen, daher mußte diese Streitsache vorerst ruhen. Indessen fuhr Graf Edzard fort, in Gröningen neue Einrichtungen zu treffen. So brachte er das Justizwesen auf einen neuen Fuß, führte eine Kopfschatzung ein, und setzte die Zölle fest. (s)

§. 10.

Graf Edzards mächtiger Arm hielt die Häuptlinge in Ostfriesland im Zaum. Sie rauften sich nicht mehr unter sich, wie vormals, noch weniger durften sie es wagen, sich wider ihn zu verbinden. Kein Bremer, kein Hamburger, kein Oldenburger, kein Münstermann befehdete Ostfriesland von aussen. Durch seine trefliche Ordnung und prompte Rechtspflege, war das Eigenthum eines jeden Eingesessenen

ge-

(q) Sickel Beninga p. 186.
(r) Beninga p. 509. Emm. p. 674. Schot. p. 531.
(s) Emm. p. 675.

gesichert. In dieser Ruhe erholte sich das Land, und Wohlstand war überall sichtbar. Nur einige unbedeutende Auftritte, die keinen Erfolg hatten, ereigneten sich in diesem Jahre. Die Bremer ließen einige Eingesessene von Knipfhausen, — die Veranlassung wird uns nicht gemeldet, — enthaupten. Um sich zu rächen, gab Folef von In- und Knipfhausen Kaperbriefe auf die Bremer. Die Bremer, und mit ihnen die Hamburger, landeten, und verheerten die Herrlichkeit; doch mußten sie vor Knipfhausen unverrichteter Sachen abziehen. Die Sache ist nachher ausgesöhnt. (t) Ulrich von Dornum hatte sich mit seinem Bruder Hero Omken von Esens und Witmund, wegen seiner elterlichen Erbschaft noch nicht verglichen. In aller Stille rückte er vor Witmund, in der Hofnung, die Burg zu überrumpeln. Die Besatzung war aber auf ihrer Hut und sein Anschlag mißlang ihm. Nach seinem eilfertigen Abzuge wurde die Güte zwischen den Brüdern versuchet, selbst der König von Dännemark ließ sich den Vergleich angelegen seyn. Die Sühne kam zwar nicht zu Stande; indessen mußten doch beyde, auf Befehl Edzards, die Befehdung einstellen. (u) In diesem Jahre entstand zu Norden eine große Feuersbrunst, wodurch die nordliche Seite des Markts, die Klosterstraße, die Mühlenstraße und der neue Weg ein Raub der Flammen wurden. (v) Eben dieses Schicksal litt drey Jahre nach-

(t) Beninga p. 508. Emm. p. 674.

(u) Beninga p. 509. Emm. p. 674.

(v) Beninga p. 511. Emm. c. l. v. Wicht Annal. ad An. 1509.

Vierter Abschnitt.

nachher, das Städtgen Esens. (w) Auſſer einem Durchzuge fremder Kriegsknechte, die unter Anführung eines Obriſten, Hans Francke von Kißinge, aus Dännemark kamen, und ſich eine Zeitlang in dem Drentiſchen, zum groſſen Nachtheile der Eingeſeſſenen, aufhielten; (x) einer Reiſe des Grafen 1509 Edzards nach Münſter, um die Zwiſtigkeiten der gräflichen Gebrüder Otto und Nicolaus von Teklenburg beyzulegen; (y) einer groſſen Waſſerfluth, worin viele Menſchen und Vieh umgekommen; (z) 1510 einer reichen Erndte, und darauf erfolgten wohlfeilen Zeit, worin die Tonne Butter nur 28 Stüber oder 1 Rthlr. 1 ſtbr. galt; (a) einer neuen Waſſerfluth, 1511 wodurch beſonders Rüſtringen hart mitgenommen wurde, und die Jade vergröſſert worden, (b) iſt in dieſen ruhigen Zeitläuften nichts vom Belange vorgefallen.

§. 11.

In Oſtfriesland entſtanden neue Unruhen, die indeſſen von keiner beſonderen Bedeutung waren. Hero Omken von Eſens fand ſeine gute Rechnung dabey,

(w) Beninga p. 515. Emm. p. 675.
(x) Beninga p. 511. Emm.-p. 674.
(y) Idem p. 512. Emm. p. 674.
(z) Idem p. 512. Emm. p. 676. Sprengers leurische Chronik ad An. 1509. Outhof van de Waterv. p. 448.
(a) Idem p. 514. Emm. p. 616.
(b) Emm. p. 677. eiusd. descr. chor. Fr. Or. p. 55. Beninga p. 515. Sprenger ad An. 1410. Outhof. p. 454. Ravinqu. Chron. bey dem Jahre 1511. Winkelmans Oldenb. Chron. p. 16.

dabey, wenn er das Land seiner Nachbaren ausplünderte, oder doch wenigstens Räuberey begünstigte. Diesem Unwesen abzuhelfen, zog Graf Edzard, und wie man sagt, auf ausdrücklichen Befehl des Kaisers, vor Esens, belagerte die Stadt, und zwang Hero Omken zum Gehorsam. (c) Hero Omken mußte nunmehr vor dem Altare dem Grafen schwören, sich in der Folge ruhig zu halten. Sein Bruder, Ulrich von Dornum war gegenwärtig, und sagte spöttisch: und ich schwöre, daß mein Bruder den Eid nicht halten wird. (d) Er kannte seinen Bruder viel zu gut, und prophezeihte ganz richtig. Unterdessen war Edo Wimken der jüngere Herr von Jever, Ostringen, Rüstringen und Wangerland verstorben. Er ließ von seiner Gemalin, Hedwig von Oldenburg, einen 14 jährigen Sohn, Christoph und 3 Töchter, die Fräulein Anna, Maria und Dorothea nach. Zum Vormunde über seine Kinder bestellte er seinen Schwager, den Grafen Johann von Oldenburg. (e) Die Jevrischen Räthe und die Ersten des Landes befürchteten, wegen der Jugend ihres neuen Herrn, der dem Staatsruder noch nicht gewachsen zu seyn schien, von den Nachbaren Neckereyen und Fehden. Vielleicht trauten sie selbst dem Grafen von Oldenburg nicht. Daher leiteten sie es dahin, daß zwischen Graf Edzard und Junker Christoph in dem Kloster Buirmünken, ein Schutz- und Trutz-

(c) Beninga p. 515. Emm. p. 678. v. Wicht ad An. 1511.

(d) Emmius p. 885.

(e) Sprengers jevrische Chronik ad An. 1498. Beninga p. 515. Chytraei Chr. Saxon. p. 196. f. Stammtafel. I.

Vierter Abschnitt. 211

Trutzbündniß wider alle auswärtige und einheimische Feinde errichtet wurde. (f) Dem Grafen Edzard 1521 konnte die Freundschaft des Junker Christophs nicht gleichgültig seyn, weil dieser ein mächtiger Herr war, und ihm als Freund sehr nützlich und als Feind hinderlich seyn würde. Daher kam dieses gewünschte Bündniß leicht zu Stande. Nach diesem geschlossenen Bündnisse ist Christoph nach dem Lüneburgischen Hofe gezogen, um sich dorten auszubilden. (g) Zu dieser Zeit befehdete der Herzog von Braunschweig die jungen Grafen von Hoja. Graf Edzard befürchtete, daß der Herzog, wenn er mit Hoja fertig seyn mögte, mit den Waffen in der Hand und in Verbindung mit dem Grafen von Oldenburg auch ihn besuchen würde. Es war dieses auch ganz wahrscheinlich, da beyde es wohl nicht so leicht verschmerzen konnten, daß der Graf sie aus Butjadingerland vertrieben hatte. Daher war Graf Edzard auf seiner Hut, zog einen Cordon an den oldenburgischen Gränzen, und legte ohnweit Friedeburg ein Blockhaus an. Seine Vorsicht hatte auch den besten Erfolg, indem der Herzog, wie er Hoja erobert hatte, seine Truppen zurückzog, und sich nicht nach Ostfriesland wagte. (h)

§. 12.

Am 17. Juli verlohr Graf Edzard seine zärtlich geliebte Gemalin Elisabeth von Ritbergen. (i)

(f) Beninga p. 518. Emmi. p. 679.
(g) Emm. p. 679.
(h) Beninga p. 517. Emm. p. 679. v. Wicht. ad An. 1512.
(i) Beninga p. 518. Emm. p. 680. Schot. p. 534. v. Wicht. c. l.

In der 14jährigen Ehe hatte er mit ihr, ausser den Töchtern, 3 Söhne, die Grafen Ulrich, Enno und Johann erzeuget. Er glaubte, daß, falls seine Länder unter seinen Söhnen, nach seinem Tode vertheilet werden möchten, diese Vertheilung den Ruin seiner Staaten nach sich ziehen würde. Seine Furcht war auch gewiß in der critischen Lage, worin er mit dem Herzoge von Sachsen stand, gegründet. Daher führte er, gleich nach Absterben seiner Gemalin, unter seinen Söhnen, mit Bewilligung der Stände, die er besonders dazu in Aurich versammeln ließ, die Primogenitur ein, so daß nur immerhin ein regierender Graf seyn sollte. (k) Diese seine Verordnung bestätigte er nachher 1527 von neuen. Wir werden unten weiter davon handeln.

§. 13.

Bereits 1511 klagte Herzog Georg von Sachsen wider den Grafen Edzard und die Stadt Gröningen von neuem bey dem Kaiser. Der Kaiser setzte eine Commission zur Untersuchung dieser Streitigkeiten zu Nuis nieder. Die Commissarien waren Philipp von Hohenstein, Erzbischof von Köln, Wilhelm Herzog von Jülich, und Wilhelm von Soesheim, deutscher Ordensmeister. Nach langen fruchtlosen Disputen, wobey sich der Graf immer zu einem Vergleiche soll angeboten haben, wurden

endlich

(k) Beninga. Emm. p. 680. Schot. l. c. Die Verordnung selbst ist abgedruckt bey Brenelsen T. I. L. 4. n. 36. p. 145. in Lünings Reichsarchiv 2ten Contin. 3ten Fortsetz. p. 499. und in der facti specie in puncto Apanagii des Grafen Fr. Ulrich Tochter p. 5.

Vierter Abschnitt.

endlich die Akten an den Kaiser verschicket. Auch meldete sich der Bischof von Utrecht intervenirend; er wurde aber an den Pabst hinverwiesen, bey dem er diese Sache vor einigen Jahren anhängig gemacht hatte. (l) Graf Edzard befürchtete, daß der Herzog mit den Waffen in der Hand, gestärkt durch viele Bundesgenossen, ihm Gröningen entreißen würde; daher schloß er zu Herforden mit verschiedenen Grafen aus Westphalen und am Harze ein enges Bündniß ab. (m) Willkommen war ihm auch daher die friedfertige Hand, die ihm, wie wir kurz vorher angeführet haben, Junker Christoph von Jever darbot.

§. 14.

Graf Heinrich von Stolberg, Statthalter jenseits der Lauer, war wegen seiner gelinden Regierung, und seines friedfertigen Characters, allgemein beliebt. Seiner Urne zollte jeder edeldenkende Friese, eine gerechte Zähre. 1509 war er zu Köln verstorben. (n) Ihm war in die Statthalterschaft der Graf Everwien von Bentheim gefolget. (o) Er regierte weit strenger und war ein Feind des Grafen Edzards. 1512 g'aubte er eine Conspiration e niger angesehenen Männer mit dem Grafen Edzard entdeckt zu haben. Der Plan sollte seyn, daß der

Graf

(l) Sickel Beninga p. 185. Emm. p. 678.

(m) Beninga p. 514. Emm. p. 678.

(n) Emm. p. 674. Schot. p. 531. Occo Scarl. p. 379. Winsh. p. 407.

(o) Emm. p. 676. Schot. p. 532. Occo Scarl. p. 380. Winsh. p. 409.

Graf an drey verschiedenen Stellen, aus Gelderland, Gröningerland und von der Seeseite in Friesland einfallen, Franeker und Leuwarden erobern, und die Sachsen aus dem Lande jagen sollte. Unter diesem Vorwande verstärkte der Statthalter die Besatzungen in den festen Oertern, und trieb zur Unterhaltung derselben eine schwere Schatzung bey. Die angeschuldigten Conföderirten wurden sofort eingezogen, und durch die Folter zum Geständniß gebracht. Dieses erpreßte Geständniß führte ihre öffentliche Enthauptung nach sich; obgleich Graf Edzard sich und die Gefangenen entschuldiget und die ganze Thatsache durchaus entkannt hatte. (p) Dies war ein neuer Zunder zur Erbitterung zwischen dem Grafen und den Sachsen.

§. 15.

Graf Edzard wurde im Ausgange August von dem Kaiser nach Köln verabladet. Das Absterben seiner Gemalin, und eine ihm selbst zugestoßene Krankheit verhinderte ihn, selbst zu erscheinen. Er bevollmächtigte seinen Geheimen Rath Hicko von Dornum, seinen Kanzler Wilhelm Ubben, und die Rechtsgelehrten, Harke von Suiderhusen und Dirk Falke. Diese erschienen auf dem Reichstag, wo der Kaiser selbst den Vorsitz hatte. Der Herzog brachte seine Klage durch den Kanzler Pflug, wider den Grafen an. Er beschuldigte ihn, daß er, als sein General, dem er das Obercommando anvertrauet, und als sein Lehnsmann, da er von ihm zum Statthalter

---

(p) Sickel Beninga p. 188. Schot. p. 534. et seq. Emm. p. 681. und 684. Occo Scarl. p. 380. et seq. Winsh. p. 409. et seq.

Vierter Abschnitt.

hätte über die Umlanden bestellet worden, treulos gehandelt, und ihm die Stadt Gröningen entrissen habe. Die gräflichen Abgeordneten beantworteten männlich diese Beschuldigungen, und erwiederten: der Graf sey damalen nicht mehr in dem Dienste des Herzogs gewesen, er sey auch nie Herzoglicher Lehnsmann geworden, indem der Herzog den Harlinger Vertrag nicht ratificiret habe, auch die Umlanden sich geweigert haben, dem Herzog zu huldigen; die Stadt Gröningen habe ihn selbst mit ihrer Bewilligung eingelassen, er, der Graf habe die Stadt Namens des deutschen Reichs in seinen Schutz genommen, und besäße sie, theils als ein Sequester, so lange die noch fortwährende Streitigkeiten zwischen dem Bischofe und dem Herzoge nicht würden ausgemachet seyn, theils als ein Pfand für den Vorschuß und die Kriegeskosten, die er für den Herzog ausgeleget hätte, und von ihm auf 300000 fl. berechnet worden. (q) So sprachen die gräflichen Deputirten hier zu Köln und bey den folgenden Versammlungen. (r) Auf diesem Reichstage kamen so viele wichtige Sachen vor, daß diese Streitigkeiten zwischen dem Herzoge und dem Grafen wieder unentschieden blieben. Beyde Partheyen wurden hierauf von dem Kaiser nach Augsburg, gegen Ausgang Merz des folgenden Jahres beschieden. Auch hier 1513 kam weder ein Endurtheil noch eine Sühne zu Stande. Indessen wurde der Graf bey Strafe der Kaiserlichen Ungnade bedrohet, diese Sache zur

---

(q) Sickel Benings p. 187. Emm. p. 682. Schot. p. 536.

(r) Emm. p. 686.

Zufriedenheit des Herzogs zu beendigen. (s) Endlich wurde auf Veranlassen des Bischofs von Münster und der Grafen von Schauenburg, Ritberg, Lippe, Hoya und Teklenburg erst zu Münster (t) und dann zu Stadthagen, die Güte zwischen dem Herzoge und dem Grafen versuchet. Zu Münster erschien Graf Edzard selbst mit dem vornehmsten Adel und 80 Reutern. Auch stellten sich Deputirte der Stadt Gröningen ein. Hier kamen beyde Partheien einander näher. Die Herzogliche Gesandten verlangten, daß der Graf die Stadt Gröningen dem Herzoge räumen sollte, dagegen boten sie ihm die Erbstatthalterschaft über Gröningerland und Friesland, jenseits der Lauer an; womit denn alle Fehde sollte beendiget seyn. Graf Edzard war nicht abgeneigt, diese ihm, allerdings vortheilhafte Vergleichsvorschläge anzunehmen. Durch die Protestation der Deputirten der Stadt, wurden aber diese gute Aussichten völlig vereitelt. Zu Stadthagen wurde eben so wenig etwas aus einem Vergleiche; indessen ließ sich doch Graf Edzard bewegen, von den aus dem Umlanden gehobenen Schatzungen und Prästationen dem Herzoge Rechnung abzulegen. Man lebte dabey in der Hofnung, daß der Graf und der Herzog nach abgenommener Rechnung, dem Ziele näher kommen würden. (u)

§. 16.

(s) Emm. c. l. Schot. c. l. Occo Scarl. p. 358.

(t) oder Paderborn wie Beninga p. 519. und v. Wicht. ad An. 1513. angeben.

(u) Beninga l. c. Emm. p. 687. Schot. p. 537. Occo Scarl. p. 384. v. Wicht. c. l.

Vierter Abschnitt.

§. 16.

Die Rechnung wurde in dem Kloster Aduard, in Gegenwart der Herzoglichen und Gräflichen Deputirten aufgemachet. Während dieses Geschäftes, wurde dem Grafen Edzard ein Kaiserliches Mandat insinuiret; welches sofort die Trennung der Versammlung veranlaßte. Der Kaiser hatte solches bereits am 21. Septbr. 1512. unterschrieben, es aber bis hiezu in der Hofnung, daß endlich diese Zwistigkeiten ausgesöhnt werden würden, bis hieher unter sich behalten. (v) Der Einhalt dieses Mandats war: daß der Graf den Herzog als Erbstatthalter aller friesischen Länder, auch in Absicht Ostfrieslandes für seinen Lehnsherrn erkennen, von ihm die Statthalterschaft über die Umlanden annehmen, die Renitenten in den Umlanden zur Huldigung des Herzoges anhalten, ihm jährlich von den Schatzungen und sonstigen Einkünften, Rechnung ablegen, und ihm die Umlanden, wenn er wegen seines Vorschusses befriediget worden, sofort abtreten sollte. Alles bey Strafe der über ihn zu verhängenden Reichsacht. (w) Sonderbar ist es, daß in diesem Mandate der Stadt Gröningen gar nicht gedacht wird.

§. 17.

Edzard konnte sich bey diesem harten Mandate unmöglich beruhigen. Er appellirte von dem von der Lage der Sache übel informirten Kaiser, an das Kammergericht. Die Appellation wurde aber verworfen,

(v) Emm. p. 688. Schot. p. 538.

(w) Das Mandat ist bey Sickel Beninga p. 198. abgedruckt.

worfen, und der Graf bald nachher wegen seines Ungehorsams förmlich in die Reichsacht geschlagen. Diese Reichsacht, wodurch der Graf nunmehr öffentlich für einen Rebellen des Kaisers und des Reichs angesehen wurde, gab den Kriegern die beste Aussichten, sich in neuen Abentheuern zu üben, Lorbeeren zu sammeln, und sich durch Plünderungen und Eroberungen zu bereichern und zu vergrößern. Aber die Standhaftigkeit, die Klugheit und der Heldenmuth Edzards, setzte der Rache seiner Feinde solche Schranken, daß sie nicht vermögend waren, ihn nach ihren angelegten Planen, völlig zu unterdrücken. Graf Johann von Oldenburg, der noch immer nach Butjadingerland und Stadtland hinschielte, wiegelte verschiedene deutsche Fürsten zu einem Zuge wider den Grafen Edzard auf. Die Herzöge von Braunschweig, Heinrich der ältere von Wolfenbüttel, Erich von Calenberg, und Heinrich der mittlere von Zelle, die geschwornen Feinde des Grafen, waren gleich mit Roß und Mann bey der Hand. Sie brachten eine Armee von 4000 Mann zu Fuße und 800 Reutern zusammen. Auch hatte der Graf von Oldenburg 2000 Infanteristen und 200 Reuter angeworben. Oldenburg war der Sammelplatz der Truppen. Hier mußten sie sich wegen des strengen Winters eine Zeitlang aufhalten. Dann rüstete sich der sächsische Statthalter, Graf von Bentheim, den Grafen Edzard von der andern Seite anzugreifen. Der zwischen den Königen von Frankreich und Aragonien, und zwischen Maria von Oestreich und dem Herzoge Karl von Geldern getroffene Friede, gab zur Recrutirung der Armee, die beste Gelegenheit. In Brabant, Gelderland, Cleve und in Westphalen, streiften große Schaaren itzt entlassener Krieger herum, die nun Dienste suchten.

Vierter Abschnitt. 219

ten. Hievon nahm der Graf von Bentheim 5400 Mann in seinen Sold. Graf Edzard saß auch nicht stille. Er recrutirte seine Armee ebenfalls mit den, bey geendigtem französischen und geldrischen Kriege, abgedankten Soldaten; doch war der Graf von Bentheim seinem Werbofficiere, dem Grafen von Hoja zuvorgekommen, und hatte die besten weggefischet. Dann nahm er Rudolph von Münster, der vormals als Drost zu Coevorden, seines Amtes entsetzet war, und in der Landschaft Drente und in Overyssel zur Rache viele Verheerungen anrichtete, mit dessen Leuten in seinen Sold. (x) So rüsteten sich von beyden Seiten Edzard und seine Feinde. Die Stadt Gröningen war vorzüglich besorgt, daß der Graf nicht mächtig genug seyn würde, einem so zahlreichen Feinde zu widerstehen. Der Graf ermunterte sie schriftlich zur Standhaftigkeit auf, flößte ihr Muth ein, und betheuerte ihr, sein Gut und Blut für sie, aufzuopfern. Dabey rieth er dem Magistrate, einen Aufruhr jenseit der Lauer zu bewürken, da denn ohnfehlbar das Panier der Freiheit, wieder durch ganz Friesland wehen sollte. Er verstärkte hierauf die Besatzung zu Gröningen mit 100 Mann, und zu Appingadam mit 500 Mann. (y) Aber noch wurden keine Feindseligkeiten ausgeübet, weil durch Betrieb der Grafen von Lippe und Schauenburg ein Waffenstillstand von 46 Tagen bewürket war. (z)

(x) Beninga p. 519. et seq. Emm. p. 689. et seq. Schot. p. 538. et seq. v. Wicht Annal. ad An. 1513.
(y) Emm. p. 690. Schot. p. 539.
(z) Emm. p. 689.

Sieben-

Siebentes Buch.

von 1514 bis 1528.

Erster Abschnitt.

§. 1. Anfang des neuen Krieges. Die Herzöge von Braunschweig, und der Graf von Oldenburg und viele deutsche Grafen fallen in Butjadingerland ein. Sie unterwerfen sich Butjadingerland und Stadtland. §. 2. und theilen sich darin. Butjadinger- und Stadtland kömmt nachher an Oldenburg. §. 3. Die Sachsen fallen von der andern Seite durch die Umlanden in Reiderland ein. Sie gehen nach Oldenburg, um zu der combinirten Armee zu stoßen. §. 4. Der Graf erhält von dem Herzoge von Sachsen einen förmlichen Fehdebrief. §. 5. Durch ein Kaiserliches Patent wird der Stadt Gröningen bey Strafe der Acht anbefohlen, sich dem Herzoge von Sachsen zu unterwerfen. Die Stadt bleibt dem Grafen getreu, und kehret Vertheidigungsanstalten vor. §. 6. 7. Die Sachsen rücken ins Friedeburger Amt, und quartieren sich in Jeverland, Wangerland und Harlingerland ein. Junker Christopher von Jever schlägt sich zu den Feinden des Grafen. §. 8. Mißlungener Versuch des Grafen auf Wittmund. §. 9. Die combinirte Armee schlägt ihr Lager vor Friedeburg auf. Graf Edzard lagert sich bey Bulrmünten, und brennt Jever ab. §. 10. Friedeburg gehet durch Verrätherey über. §. 11. Der Graf verheeret Jeverland. §. 12. und schlägt die Sachsen in den Umlanden. §. 13. Neuer Versuch zur Sühne zwischen dem Herzog von Sachsen und Graf Edzard. §. 14. Der Graf bestürmt das sächsische Lager, muß die Belagerung aufheben, und schlägt die sächsische Flotte auf der Emse. §. 15. Das combinirte Heer rücket wieder in Ostfriesland ein, erobert Gödens und Knipbausen. §. 16. Schlacht bey Merhausen, der Graf muß sich nach Aurich zurückziehen. §. 17. und gehet mit seinen Truppen nach Emden. Aurich wird abgebrannt. §. 18. Die Alliirten erobern die Festungen Stickhausen und Uplengen, und §. 19. die drey adlichen Burgen zu Dornum. §. 20. Verheeren

heeren Norden und Berummeramt, werden vor Olderfum zurückgeschlagen, und wenden sich nach Leerort. §. 21. Sie belagern die Festung Leerort. §. 22 Der Herzog Heinrich der ältere von Braunschweig, Oberbefehlshaber der combinirten Armee, fodert die Festung auf. §. 23. und wird erschossen. §. 24. Die combinirte Armee ziehet sich aus Ostfriesland zurück, und hinterläßt blos einige Compagnien in dem Lande, und Besatzungen auf Friedeburg, Stickhausen und Dornum. Dagegen §. 25. erobern die Sachsen in den Umlanden Delfsyl und Hohenkirchen.

§. 1.

Kaum war der Waffenstillstand mit dem 16. Jenner 1514. abgelaufen, so brach die große Fehde von allen Seiten los. Herzog Heinrich der ältere von Braunschweig setzte die combinirte Armee, welche in der Gegend bey Oldenburg stand, in Bewegung. Hiebey waren zugegen, des Herzogs beyde Söhne, Franz und Heinrich der jüngere, seine Brüder Erich von Calenberg, die Herzöge Heinrich der mittlere von Celle, und Philipp von Grubenhagen, die Grafen Johann von Oldenburg, Ernst von Hohenstein, Botto von Stollberg, Basso von Regenstein und Nicolaus von Teklenburg, und eine Menge Edelleute. In drey Colonnen brach dieses, über 6000 Mann starke Heer auf, und fiel an drey verschiedenen Gegenden in Butjadingerland und Stadtland ein. Die Eingesessenen hatten sich zu einer tapferen Gegenwehr vorbereitet, und ihre Weiber, Kinder und alle wehrlose Leute auf unwegsamen Morästen zuvörderst in Sicherheit gebracht. Mit heroischem Muthe empfingen sie den von allen Seiten auf sie anrückenden Feind. Da das Land keine Festung hatte, und der Feind von allen Seiten über die damals hart gefrorne Ströme und Moräste anrücken konnte, kam es bald zu einer Schlacht. Hier stritten die Butjadinger für ihre Weiber, Kinder, Väter, für ihre Freiheit,

für

für ihre Habseligkeit, und für den Grafen Edzard, dem sie geschworen hatten. Hitzig, blutig und lange anhaltend war der Streit, zuletzt aber mußten die Butjadinger und Stadtländer der Uebermacht ihrer Feinde weichen. Ueber 600 blieben auf dem Platze, und auch diese starben nicht ungerochen. Selbst die Sieger haben sich geäußert, daß das Land kaum der Männer werth wäre, die sie eingebüßet haben. Diese Schlacht fiel schon am 19. Januar vor. (a)

§. 2.

Die vereinigten Fürsten beobachteten zwar die damalige Kriegesetiquette und übersandten dem Grafen Edzard einen Fehdebrief, er erhielt aber erst den Brief, wie sie bereits in Butjadinger- und Stadtland eingerücket waren. (b) Des Grafen vorzüglichstes Augenmerk war, Gröningen wider die Sachsen zu decken, und seine Graffschaft zu beschützen. Er durfte also sein ohnehin kleines Heer nicht schwächen, konnte bey dieser seiner Lage den Butjadingern und Stadtländern nicht zu Hülfe kommen, und mußte daher dieses schöne Land seinen Feinden Preiß geben. Das eroberte Land wurde in vier Viertheil vertheilet. Graf Johann von Oldenburg erhielt einen Theil, Herzog Heinrich von Braunschweig das andere Viertel, womit er den Grafen von Oldenburg wieder belehnte. Um die beyde andere Viertel loseten die Herzoge Erich von Braunschweig und Heinrich von Lüneburg. Die Würfel entschieden zum Vor-

(a) Chytraei Chr. Sax. p. 206. Hamelmann Oldenburg. Chron. p. 309. Beninga p. 524. Emm. p. 691. . Schot. p. 539.

(b) Beninga p. 525.

Erster Abschnitt.

Vortheil des Herzog Heinrichs von Lüneburg. Er ließ diesen seinen Antheil durch einen Statthalter 9 Jahre lang regieren; weil ihm aber das Land zu weit abgelegen war, trat er es 1523 dem Grafen von Oldenburg für eine gewisse Summe Geldes ab. (c) So kam dieses fruchtbare, itzt aus 7 Vogteyen, 12 Kirchspielen und 70 Dörfern bestehende Land an Oldenburg, und wurde auf immer Ostfriesland entrissen. Noch itzo trägt das Oldenburgische Haus, Stadt- und Butjadingerland von den Herzögen von Braunschweig-Lüneburg zu Lehn. (d) Auf der Stelle, wo die Schlacht vorgefallen, baute nachher der Graf von Oldenburg eine Festung, die er Oerelgunne nannte, weil Graf Edzard ihm das Land mißgönnte. (e)

§. 3.

(c) Chytraei Chr. Sax. p. 267. Hamelman p. 310. Emm. l. c. Schot. l. c. Meiers rüstringische Merkwürdigkeiten p. 129. Dagegen sagt Hofmann in seinem Traktate über das oldenburgische Lehn des Stadt- und Butjadingerlandes p. 8-10. Der Graf von Oldenburg bekam seinen Antheil in dem Stadtland, aber nur bald, als ein Lehn von den Herzogen zu Braunschweig Lüneburg, womit ihn Heinrich der jüngere 1517 belehnte. Bald aber erhielt er auch die drey andern Theile in den Jahren 1521 und 1523 und erkaufte sie als Lehne. Es haben also die Herzöge von Braunschweig den Grafen von Oldenburg von den Jahren 1517. 1521. und 1523. an bis hiezu mit Stadt- und Butjadingerland, wie Lehnsherrn ihre Vasallen belehnet. Selbst die Könige von Dännemark, wie sie als Grafen von Oldenburg Butjadinger- und Stadtland besaßen, waren Vasallen von Braunschweig.

(d) Hofman über das oldenburgische Lehn p. 1. et seq.

(e) Hamelman p. 13. Emm. p. 692.

§. 3.

Faſt zu eben der Zeit, wie der Herzog von Braunſchweig mit dem verbundenen Heer in Butjabingerland einrückte, ſetzten auch die Sachſen von der andern Seite ihre Armee in Bewegung. Unter Anführung des Grafen Hugo von Leisniſch rückten 4000 Mann in Gröningerland ein, ließen die Städte Gröningen und Appingadam zur Seite liegen, zogen durch das alte Amt, plünderten es im Vorbeygehen aus, und fielen am 18. Januar über die gefrorne Emſe in Reiderland ein. Wiemeer, Bonn, Bunda, Stapelmoer und Weener wurden ausgeplündert. Graf Edzard rückte ihnen in größter Eil bis Leer entgegen, und wünſchte ihnen eine Schlacht zu liefern; Graf Hugo gieng aber über die Emſe, und zog durch Irhove, Bakemoer, Halte, Rände und Potshauſen nach Detern. Hier machte er Halte, und ließ inzwiſchen alles abbrennen, was er erreichen konnte. Von hier zog er in Lengerland, und erwartete die Ankunft der Braunſchweigiſchen Truppen. Er wollte ſich mit ihnen vereinigen, und ſo mit gemeinſchaftlicher Hand der ganzen Grafſchaft Oſtfriesland ſich bemächtigen. Wie aber die Braunſchweiger und Oldenburger ausblieben, der Froſt nachließ, und weiches Wetter einfiel, fand er für rathſam, am 27. Januar eilig aufzubrechen und nach Oldenburg zu ziehen. Graf Edzard ließ hierauf ſeine Unterthanen, die ihm ſo willig Heeresfolge geleiſtet hatten, vorerſt wieder auseinander gehen. (f)

§. 4.

(f) Beninga p. 525. Emm. p. 692. Sehot. p. 540. Sickel Beninga p. 203.

Erster Abschnitt.

§. 4.

Am 5. Februar kam Herzog Georg von Sachsen selbst in Oldenburg. Hier wurde der Plan zu den Kriegesoperationen für den bevorstehenden Frühling verabredet. Hero von Esens und Christopher von Jever traten mit in das Bündniß. Sie hielten aber noch zur Zeit ihr Einverständniß mit den conföderirten Fürsten geheim. (g) Graf Edzard durchreißte indessen seine Grafschaft und kehrte alle Anstalten zur Gegenwehr vor. Wie er auf der Festung Leerort war, überbrachte ihm ein Herold des Herzoges von Sachsen den Fehdebrief. Graf Edzard antwortete: Er habe diese Feindseligkeiten nicht an dem Herzoge, nicht an seinem Bruder und seinem Vater verschuldet, er verließe sich auf Gott und seine eigene gerechte Sache. (h) Der Graf traute Hero Omken und Christoph von Jever nicht. Erster nährte noch immer den heimlichen Groll wider den Grafen; letzter war ein Tochtersohn des Grafen von Oldenburg, und hatte wahrscheinlich bey dem lüneburgischen Hofe, wo er sich seither aufgehalten hatte, Gift wider den Grafen Edzard eingesogen. Der Graf ließ sie befragen, ob sie, eingedenk des Bündnisses, welches sie vorhin mit ihm eingegangen, ihm den nöthigen Beystand wider den gemeinschaftlichen Feind des Vaterlandes leisten würden, und was er sich zu ihnen bey diesen Kriegesläuften zu versehen habe? Beyde antworteten grade heraus, daß sie ihre Zusage halten und sich von ihm nicht trennen würden. (i)

§. 5.

(g) Emm. p. 692. Schot. l. c.

(h) Beninga p. 526. Emm. p. 693. Schot. p. 540.

(i) Beninga p. 527. dagegen sagt Emm. p. 693. sie hätten zweydeutig geantwortet.

§. 5.

Unterdeſſen kam ein Kaiſerlicher Notarius nach Gröningen, und ſchlug an der Martinskirche, während der Meſſe, ein mit dem Kaiſerlichen Siegel beſtätigtes Patent an. Den Gröningern wurde darin bey Strafe der Kaiſerlichen Ungnade und der wider ſie zu verhängenden Acht, zur Pflicht gemacht, daß ſie ſofort von dem Grafen Edzard ablaſſen, und den Herzog Georg zum Statthalter über ſie erkennen ſollten; falls ſie aber ſich dazu nicht entſchließen mögten, ſie wenigſtens den Grafen von Königsſtein mit einer Beſatzung einnehmen, ihm das von dem Grafen Edzard erbaute Kaſtcel einräumen, und ihm als Statthalter des Kaiſers und des Reichs, Huld und Pflicht ſchwören ſollten. Es ſollte demnach der Graf von Königsſtein für den Kaiſer und das Reich bis zum Austrag der Streitigkeiten die Stadt in Sequeſter nehmen. Zugleich wurde auch die Reichsacht wider den Grafen publiciret. (k) Die darinn vorkommende Gründe waren: weil er den Herzog von Sachſen nicht für ſeinen Lehnsherrn erkennen wollte, als Statthalter über die Umlanden, treuloß wider den Herzog gehandelt habe, und den Kaiſerlichen Befehlen, in Ueberlieferung ſeines vermeinten Pfandes, ſich widerſpenſtig bezeuget habe. Hierüber entſtand in der Stadt große Verwirrung. Die Eingeſeſſenen wankten zwiſchen Furcht vor dem Kaiſer und dem Reiche, zwiſchen Haß gegen die ſächſiſche Regierung, und der Treue, die ſie dem Grafen Edzard geſchworen hatten. Endlich antworteten
ſie

(k) Dieſes Kaiſerl. Bannedict vom 15. April 1514. iſt in Martena Landb. p. 81. abgedruckt.

Erster Abschnitt.

sie, daß sie ohne Rücksprache mit dem Grafen, in dessen Schutz sie ständen, und dem sie geschworen hätten, in dieser Sache nichts vornehmen könnten. Sie berichteten sofort von diesem Vorfall an den Grafen. Der Graf hieß die Gröninger gutes Muthes seyn, ermahnte sie, sich nicht durch das Kaiserliche Mandat irre führen zu lassen, indem die Publikation nicht durch einen Notarium des Kaisers, sondern durch einen Boten des Herzogs von Sachsen geschehen, er auch diesen Boten, der ihm ebenfalls die Reichsacht insinuiret, keiner Antwort gewürdiget habe. Dabey versprach er der Stadt, für sie zu fechten, und sie wider alle Anfälle zu beschirmen, so lange noch Blut in seinen Adern wallen würde. Die bisher niedergeschlagenen Gröninger faßten auf dieses Schreiben des Grafen wieder Muth, schlugen eine Apellation wider das Kaiserliche Patent an die Kirchthüre an, und schickten die Abschrift davon an Caspar Betersdorf, sächsischen Commandanten zu Werdenbras. (l) Nun waren alle Bemühungen des Herzogs, die Stadt ohne Schwerdschlag und in der Güte zu bezwingen, fruchtlos. Die Stadt achtete nicht auf die schriftliche Drohungen des Herzogs, blieb standhaft, wie er die Bürgerschaft wider den Magistrat aufzuhetzen suchte, machte sich zur Vertheidigung gefaßt, und kehrte dazu die erforderliche Anstalten mit dem Grafen vor. (m)

§. 6.

(l) Sickel Beninga p. 250. et seq. Emm. p. 639. et seq. Schot p. 541.

(m) Sickel Beninga p. 208. et seq.

§. 6.

Endlich wurde noch ein Friedenscongreß durch Vermittelung des Bischofs von Münster am 3ten Merz zu Meppen, zwischen dem Herzog Georg und Graf Edzard, wie auch der Stadt Gröningen veranlasset. Der Herzog von Sachsen verlangte, Graf Edzard sollte sich für seinen Vasallen erklären, und selbst die Grafschaft Ostfriesland von ihm zum Lehn nehmen, Gröningen ihm überliefern, die Umlande räumen, ihn über seine Schuldfoderung quittiren, noch überdem 100000 Gulden zahlen, und als ein Unterpfand bis zur Zahlung, ihm die Festungen Leerort, Stickhausen und Friedeburg einräumen. Alle diese Posten schlugen die gräflichen Commissarien aus, und forderten noch überdem für ihren Committenten 300000 Gulden. So weit waren beyde Partheyen von einander entfernt, daß alle Aussichten zum Frieden gänzlich verschwanden. (n)

§. 7.

Unterdessen rückte der sächsische General, Graf Hugo von Leisenich am 14. Februar aus dem Oldenburgischen heran. Sein Corps, welches er kommandirte, nannte man wieder die schwarze Garde; so wie die fremde, in sächsischem Solde in Gröningerland stehende Truppen, die weiße Garde hießen. (o) Junker Christoph von Jever und Hero Omken von Esens ließen ihn mit seinen Schiffen über die Jade setzen.

(n) Sickel Beninga p. 201. Emm. p. 697. Schot. p. 542.

(o) Conf. Winsh. p. 414. Beninga p. 540. und 541.

Erster Abschnitt.

setzen. Graf Hugo eröfnete diesen Feldzug mit Plündern und Brennen. Gödens und einige Dörfer in der Herrschaft Kniphausen, ferner: Burismönken, Leerhafe und Rispel wurden bis auf den Boden abgebrannt. Hierauf verlegte Graf Hugo seine Truppen in Jeverland, Wangerland und Harlingerland, und erwartete die Ankunft des Herzogs von Braunschweig. Junker Christoph von Jever war nun kühn genug, dem Grafen Edzard einen Fehbbrief zu senden. Der Graf ließ den Boten vor sich kommen, und antwortete: sag nur deinem Junker wieder, daß ich diese Schwachheit nicht seinem bösen Herzen, sondern seiner Jugend zutraue, und ich vermuthe, daß er zu dieser seiner Wankelmuth von andern verführet worden; ich werde aber schon heute oder morgen mit einer tüchtigen Ruthe kommen, und ihn abstrafen. (p)

§. 8.

Hero Omken legte noch seine Maske nicht ab, er stellte sich mißvergnügt darüber, daß der schwarze Haufe sich auch in seinem Harlingerlande einquartieret habe, und gab dem Grafen Edzard einen Wink, dieses Volk aus seinem Lande zu vertreiben. Graf Edzard brach des Abends von Aurich auf, und hofte seine Feinde, vor Anbruch des Morgens in Wittmund zu überfallen. Durch das Zaudern einer Colonne, die nicht zu rechter Zeit vor den Flecken kam, wurde dieser Anschlag verrathen. Der Feind hatte sich nach der Burg hingezogen, und stand in Reihe und Glieder auf den Anfall gefaßt. Wie der Graf mit

---

(p) Beninga p. 528. und 529. Emm. p. 698. Schot. p. 543.

mit seinen Reutern und Fußvolk einbringen wollte, ließ die Besatzung auf der Burg ihre Kanonen auf das gräfliche Volk abbrennen. Dies war das Signal zur Fehde, zwischen dem Grafen und Hero Omken. Graf Edzard hatte kein schweres Geschütz bey sich, er war daher nicht im Stande, den von den Kanonen der Burg gedeckten Feind anzugreifen, und mußte sich nach Aurich zurückziehen. (q)

§. 9.

Nach diesem mislungenen Versuche, gieng der Graf nach Gröningen, um die Eingesessenen zur Standhaftigkeit aufzumuntern, und die nöthige Vorkehrungen zur Vertheidigung der Stadt zu veranstalten. Der Magistrat bewilligte ihm 5000 rheinische Gulden, wovon er 200 Kriegsknechte anwerben und damit die Garnison der Stadt verstärken sollte. Da seine Gegenwart in Ostfriesland nothwendig war, so eilte er bald nach Aurich zurück. (r) Hier erfuhr er, daß der Herzog von Braunschweig mit der ganzen combinirten Armee nach Friedeburg aufgebrochen, der Graf Hugo mit dem schwarzen Haufen und Hülfstruppen von Hero Omken und Christopher von Jever zu ihm gestoßen sey, und die Festung Friedeburg belagert werde. Der Graf brach mit einer ansehnlichen Mannschaft von Aurich auf, und lagerte sich erst zu Brokzetel, dann zu Buirmünken. Aus dem feindlichen Lager vor Friedeburg geschahen viele Streifereyen in die umliegende Gegend. Er paßte einem solchen streifenden Corps auf, schlug es zurück und verfolgte es bis Repsholt. Er versuchte es hierauf, den vereinigten Fürsten eine Schlacht

---

(q) Beninga p. 530. Emm. l. c.

(r) Sickel Beninga p. 213.

Schlacht zu liefern, konnte sie aber nicht dazu bringen. Das feindliche Lager durfte er aber nicht angreifen, weil es zu sehr verschanzet war. Er zog sich daher nach seinem Lager bey Buirmünken zurück. Hier vernahm er durch Kundschafter, daß ein großer Proviant für das feindliche Heer, mit Schiffen zu Jever angekommen sey. Er detaschirte hierauf seine Drosten und Amtleute mit ihren Bauern und einigen Reutern gerades Weges nach Jever. Diese kamen unvermuthet bey hellem Tage in Jever, plünderten diesen Flecken aus, brannten ihn ab, und kamen mit reicher Beute in das Lager zurück. (s)

§. 10.

Die Belagerung von Friedeburg wurde inzwischen fortgesetzt. Die Festung war mit Proviant für viele Monate, gut versehn; die Festungswerke waren stark genug, und die Besatzung, die kurz vorher mit 4 Compagnien Soldaten verstärket war, hinlänglich, eine lange Belagerung auszuhalten. Indessen traute Graf Ebzard dem Drosten und Commandanten Ripperbusch nicht; da dieser aber ihm seine Aufrichtigkeit und Treue kurz vor der Belagerung zugesichert hatte: so beruhigte sich der Graf um so viel mehr dabey, da er ihm 3 wackere Männer, Arend von Strakholt, Johann Fuest und Albert von Leerort zur Seite gestellet hatte. Der Erfolg wieß es aber aus, daß Ripperbusch ein Verräther war. Denn, wie die Festung an drey verschiedenen Stellen beschossen wurde, sandte er den Scharfschützen Densler und den Rottmeister Hansten von der Lippe in das feindliche Lager, und ließ

den

(s) Benings p. 532. Emm. p. 699.

den vereinigten Fürsten die Uebergabe der Festung, gegen freien Abzug der Garnison mit der Bagage und dem Geschütz, versprechen. Die Feinde wurden hierauf in die Festung eingelassen, ehe die Garnison und ihre Befehlshaber die Gefahr merkten. Die Eroberer ließen zwar die Garnison mit der Bagage abziehn, hielten aber das Geschütz und die Munition zurück. Bey dem Abzuge unterwegens, wurden die Verräther, Hansken von der Lippe und Densler, von der erbitterten Besatzung in Stücken gehauen. Ripperbusch war voraus geritten, und kam voll guten Muthes zu Aurich an. Der Graf ließ Kriegesrecht über ihn halten. Er gestand nach der Folter sein Vergehen, und starb bald nachher im Gefängnisse. (t)

§. 11.

Die Uebergabe dieser wichtigen Grenzfestung (u) war zwar dem Grafen Edzard äußerst nachtheilig; doch durfte es das combinirte Heer nicht wagen, weiter vorwärts zu bringen. Hugo von Leisenich bezog wieder mit seiner schwarzen Garde seine alte Quartiere in Harlingerland und Jeverland. Die vereinigten Fürsten zogen wieder nach Oldenburg zurück, hielten Friedeburg stark besetzt, und ließen einige Bataillone durch das Stift Münster und Drente, zu dem Herzog von Sachsen in Friesland stoßen,

(t) Beninga p. 530. und 533-535. Emm. p. 698. et seq. Sickel Beninga p. 216.

(u) Sickel Beninga nennt sie eine, für damalige Zeit, unüberwindliche Burg. Vreborg, dat toe maele een onwinnelyke Borg was, p. 216.

Erster Abschnitt. 233

stoßen. (v) Unvermuthet kam nach dieser Trennung Graf Edzard dem schwarzen Haufen in Jeverland und Harlingerland über den Hals. Der schüchterne Feind entfloh auf die festen Häuser in Jever und Wittmund, und sahe von ihren Spitzen ruhig zu, wie der Graf Jeverland ausplünderte. (w) Dies alles ist noch in dem Frühjahre, kurz vor Ostern vorgefallen.

§. 12.

An der andern Seite bemächtigten sich die Sachsen des Klosters Witwerum, ferner: Delffyhl, Farmsum, Otterdum und Reyde. Graf Edzard ließ bey seiner Zurückkunft aus Jeverland 800 Soldaten, 2000 Bauern und viele wehrhafte Bürger der Stadt Embden in 40 Schiffen einschiffen, und bey Reyde ans Land setzen. Dem Grafen Otto von Diepholz hatte er das Commando dieses Geschwaders anvertrauet. Da der Graf alle Passagen zwischen Ostfriesland und Gröningerland sperren lassen; so konnte er diese Expedition geheim halten. Der sich sicher dünkende Feind, lag in Gröningerland in 10 Haufen vertheilt. Wie Graf Otto am 4. April an das Land stieg, überfiel den Feind ein panisches Schrecken. Er verließ einen festen Platz nach dem andern, flüchtete aus Reide, Otterdum, Farmsum und Delffyhl, und ließ alles Geschütz und Kriegesvorrath zurück. Graf Otto und Graf Edzard selbst, der ihm gleich nach dem Embarquement nachgefolget war, beschäftigten sich blos mit Verfolgen, Niederhauen

P 5

(v) Emm. p. 700. Sickel Beninga l. c. Beninga p. 536.

(w) Sickel Beninga p. 217.

hauen und Gefangennehmen. Auch thaten die Gröninger einen Ausfall, verfolgten den flüchtigen Feind bis Wirsum, und eroberten die feste Kirche zu Sudmolde. Der Besatzung von Appingadam glückte es, zwey berühmte Obristen, Hieronymus Maas und Claas von Ulms, mit 600 Mann gefangen zu nehmen. Die dem Schwerdte und dem Gefängnisse entrunnene Sachsen zogen sich zu Abuard zusammen. Wie der Feind soweit zurückgetrieben war, ließ Graf Edzard Delfsyhl mehr befestigen, verstärkte die Besatzung zu Farmsum, und rückte mit seinen Soldaten in Gröningen ein. (x)

§. 13.

Mitten unter diesen Unruhen wurde wieder eine Unterhandlung zwischen dem kaiserlichen Gesandten, Grafen von Königsstein, und des Grafen Edzards Deputirten in dem Kloster zu Horn gehalten. Zu Dockwerth kam ein Waffenstillstand von 16 Tagen zu Stande, welcher mit dem ersten May sich endigen sollte. Der Herzog von Sachsen ertheilte hievon dem Herzoge von Braunschweig sofort Nachricht, um bis dahin alle Feindseligkeiten einzustellen. Während dieses Waffenstillstandes wurden zu Sehwerd die freundschaftlichen Unterredungen fortgesetzet. Hier war Graf Edzard in Person zugegen. Der Herzog von Sachsen verdarb durch überspannte Forderung die ganze Sache. Außer der Vasallschaft von Ostfriesland, dem Uebertrag der Stadt Gröningen, der Räumung der Umlanden, der Quittirung seiner Schuld, und Erstattung seiner Kriegs-

(x) Sickel Beninga p. 219. Beninga p. 536. Enim. p. 700. Schot. p. 545.

Erster Abschnitt.

Kriegskosten, foderte er noch die Einräumung der festen Schlösser, Berum, Stickhausen und Leerort, als eine Sicherheit für die zu bezahlende Kriegskosten; ferner: ewigen Abstand der eroberten Festung Friedeburg, die Abtretung des ganzen Reiderlandes, die Succession in Ostfriesland, wenn das gräfliche Haus aussterben sollte, und endlich eine fußfällige Abbitte des Grafen in schwarzen Trauerkleidern. (y)

§. 14.

Dies waren Bedingungen, die der Graf schlechterdings nicht eingehen konnte, noch wollte. Gleich nach geendigtem Waffenstillstande zog er in den Umlanden seine Truppen zusammen, und verstärkte sich mit 4000 ostfriesischen Bauern, die er unter Anführung ihrer Amtmänner und Drosten, über die Ems kommen ließ, und mit einem Theile der Gröninger Besatzung. Er gieng grade auf das sächsische Lager bey dem Kloster Aquard los. Er beschoß und bestürmte es einige Tage lang. Wie er aber vernahm, daß sich eine sächsische Flotte auf der Emse sehen ließ, und der Herzog von Braunschweig wieder von der andern Seite nach Ostfriesland anrückte, mußte er die Belagerung aufheben. Er kehrte, um der Gefahr für den sächsischen Schiffen zu entgehen, über Mitwolde nach Emden zurück. Aus Emden ließ er eine Flotte auslaufen. Diese lieferte der sächsischen Flotte eine Schlacht, eroberte einige Schiffe, und säuberte wieder die Emse. (z)

§. 15.

(y) Sickel Beninga p. 223. et seq. Emm. p. 702. et seq. Schot. p. 545.

(z) Sickel Beninga p. 226. et seq. Emm. p. 704. Schot. p. 547.

§. 15.

Unterdessen war der Herzog von Braunschweig mit 1500 Reutern und einigen tausend Fußvölkern aus Deutschland an die ostfriesische Grenze gerückt. Er hatte Hülfstruppen erhalten aus Lüneburg, Meklenburg, Pommern, Lauenburg, Holstein, Bremen, Verden, Minden, Osnabrück, Stolberg, Hohenstein, Tecklenburg und Bentheim. In Oldenburg stießen zu ihm die Truppen des Grafen Johann von Oldenburg. Der Graf Hugo von Leisnich, der sich bisher mit der schwarzen Garde in Jeverland und Harlingerland aufgehalten hatte, Hero Omken und Christoph von Jever kamen ihm mit ihrem Volk bey Friedeburg entgegen. Der Zeitgenosse Sickel Beninga berechnet dieses große Heer auf 20000 Mann, und führet dabey an, daß mehr als 10 regierende Landesherrn, Bischöfe, Herzöge und Grafen persönlich zugegen gewesen. Außer den kleineren Feldstücken soll dieses combinirte Heer über 50 Schlangen, Kartaunen und halbe Schlangen bey sich geführet haben. Zuerst giengen sie auf Gödens und Kniphausen los. Gödens ergab sich ohne Schwerdschlag, Kniphausen nach einigem Wiederstande. Jolef Herr von Kniphausen war schon zur Zeit der Belagerung von Friedeburg, zum Graf Edzard geflüchtet, seine Gemalin war aber auf dem Hause geblieben, und erhielt mit der Besatzung freyen Abzug. (a)

§. 16.

(a) Sickel Beninga p. 229. E. Beninga p. 540. Emm. p. 705. Schot. c. l.

Erster Abschnitt.

§. 16.

Um das fernere Eindringen des Feindes zu verhüten, ließ Graf Edzard zwey Schanzen, eine ohnweit Brokzetel, die andere ohnweit des Klosters Meerhausen aufwerfen. Er selbst zog dem Feinde nach Brokzetel am 16. May entgegen. Seine Absicht war, das äußerste zu versuchen und eine Schlacht zu wagen. Der Herzog war aber zur Seite abmarschiret und zog über Ardorf nach Middels. Hierauf verließ der Graf seine Station bey Brokzetel und gieng über Wallinghausen und Sandhorst nach dem neuen Blockhause bey Meerhusen hin. Hier bezog er ein Lager. Den engen Weg vor dem Blockhause ließ er aufgraben und Eggen, und andere scharfe Instrumente unterlegen, um das Vordringen der Kavallerie zu verhüten. Der Herzog rückte von Middels grade auf das Blockhaus los. Er richtete sein Geschütz auf das Lager des Grafen und auf das Blockhaus. Aus dem Lager und der Schanze wurden die Schüsse erwiedert. In dieser Stellung blieben beyde Armeen 4 bis 5 Tage. Keiner wollte weichen, weder der Herzog noch der Graf. Zuletzt ließ der Herzog durch den Grafen Hugo mit der schwarzen Garde das Blockhaus stürmen. Aber die Amtleute rückten von der andern Seite mit ihren Bauern heran, und entsetzten die hart gedrängte Besatzung in der Schanze. Der Feind soll 800 Mann bey diesem Sturm eingebüßet haben. Des andern Tages wurde die Schanze wieder gestürmt, und zuletzt, nach starker Gegenwehr, mit dem Säbel in der Faust erstiegen. Die Eroberer ließen die ganze Besatzung, welche noch aus 80 Mann bestand, über die Klinge springen. Der Graf litt Mangel an Pulver. Er konnte nicht länger, nach eroberter

Schanze

Schanze, dem ihm weit überlegenen zahlreichen Feinde Wiederstand bieten; steckte das Kloster Meerhausen in Brand, und zog sich nach Aurich zurück. Ruhig und in der besten Ordnung geschah dieser Rückzug; so daß der Feind sich nicht erkühnte, den Grafen zu verfolgen. (b)

§. 17.

Graf Edzard ließ hierauf die Auricher Burg mit 350 Mann besetzen. Das Commando vertraute er Wilko Freese, einem Edelmann aus Hoya, an. In der Stadt selbsten ließ er einige Compagnien Soldaten und 80 Reuter zurück. Diese sollten die Stadt, welche mit Provision auf 4 Monate versehen war, mit der Bürgerschaft vertheidigen. Er selbst der Graf, zog mit seiner ganzen Armee nach Emden. Kaum war er bis zur Riepe gekommen, so fingen die Soldaten in der Stadt an, die Häuser der Bürger auszuplündern, und zogen dem Grafen unter dem Vorwande nach, daß sie sich gegen den anrückenden mächtigen Feind nicht halten könnten. Die nun so schändlich von der Garnison verlassene Bürgerschaft, brachte die ihr noch übrig gebliebene Habseligkeit auf die Burg in Sicherheit, und nahm selbst die Flucht. Damit der Feind sich in der Stadt nicht fest setzen sollte, kam die Besatzung von der Burg herunter, steckte die Stadt an verschiedenen Stellen an, und brannte sie ganz ab. (c)

Dies

(b) E. Beninga p. 541. et seq. Sickel Beninga p. 230. Emm. p. 706. Schot. p. 548. Occo Scarl. p. 386. v. Wicht. ad Ann. 1514.

(c) Beninga p. 544. Emm. p. 707. Schot. c. l. Sickel Beninga p. 230.

Dies war das unglückliche Schickſal der Stadt Aurich, welches aber nachher bey der Wiederaufbauung, den regulären Markt wird veranlaßt haben. Die Stadt hat ſich in langer Zeit nicht wieder erholen können; wenigſtens noch 10 Jahren nachher fand man die Ruinen von dieſem Brande vor; und waren noch nicht alle Häuſer wieder aufgebauet. (d)

§. 18.

Der Herzog von Braunſchweig ließ die Meerhuſer Schanze, deſſen Ruinen noch itzo ſichtbar ſind, ſchleifen. Die Harlinger und Jeverländer kamen von der andern Seite über Brokzetel, und ruinirten die dort verlaſſene Schanze. Hierauf rückte der Feind gemeinſchaftlich auf Aurich an, und fand von der Stadt nichts mehr, als einen noch rauchenden Steinhaufen vor. Der Herzog nahm die Burg in Augenſchein. Sie ſchien ihm ſo ſtark befeſtiget und ſo wohl beſetzet zu ſeyn, daß ſie eine lange Belagerung aushalten konnte. Aus Mangel an Magazinen bey dieſer verwüſteten Stadt, und um keine Zeit, zu ferneren Eroberungen zu verlieren, ließ er dieſe feſte Burg liegen, und gieng über die Spetze nach Stickhauſen. Dieſen Grenzort hatte Graf Edzard gleich beym Ausbruch der ſächſiſchen Fehde ſtark befeſtigen, und mit einem großen Thurm verſehen laſſen. (e) Hier wurden 2 Lager bezogen. Das Herzogliche ſtand bey Filſum. Das andere, worin der Graf von Oldenburg, die Harlinger und Jeverländer

(d) Ein Beyſpiel aus einem Kaufbriefe von 1524. finden wir bey Funk in der oſtfr. Chronik. 1. Theil p. 311.

(e) Beninga p. 431.

länder sich befanden, war an der andern Seite bey Detern aufgeschlagen. Diese Festung Stickhausen wurde sofort von beyden Seiten angegriffen und stark beschossen. Tapfer vertheidigte sich die Besatzung, und schlug den stürmenden Feind zu verschiedenen malen ab. Endlich trieben die Belagerer gefangene Weiber und Kinder vor sich her, drohten die Graben mit ihnen auszufüllen, und über sie Sturm zu laufen. Hiedurch sank der Besatzung der Muth, sie kapitulirte, bedung sich freyen Abzug aus, und übergab die Festung am 27. May. Von hier zog die combinirte Armee vor Uplengen, einer Festung an der oldenburgischen Grenze. Auch hier mußte die Besatzung nach tapferer Gegenwehr capituliren, und übergab die Festung am 3. Juni. (f)

§. 19.

Inzwischen waren an der Norder und Berummer Küste, dem Herzoge von Sachsen 3 Schiffe mit Pulver und Bley, Tuch und andern Waaren, und vieles baares Geld von dem Grafen Edzard weggenommen. Dieses zu rächen, wurde der schwarze Haufe von dem Herzog zu Braunschweig dahin detaschirt. Dieser richtete in Norden, Lützeburg, Bargerbuhr und in dem Amte Berum, Gräuel der Verwüstung an. (g) Bald darauf folgte das ganze Heer. Es nahm seinen Zug über die Spetze, Aurich, Sandhorst und Holtsehn, nach Dornum. In Dornum standen damalen 3 adeliche Burgen. Die eine gehörte Hicko Mauritz, Herrn von

(f) Beninga p. 545. Emm. p. 708. Schot. p. 548.

(g) Beninga, Emm. und Schot. c. l. Occo Scarl. p. 386. Winshem. p. 415.

Erster Abschnitt.

von Dornum und Probsten zu Emden. Diese Burg war ziemlich stark befestiget. Drost und Commandant derselben war Junker Gerhard von Dornum, ein Sohn des vorhin so oft gedachten Hero Mauritz und Brudersohn des Eigenthümers, Probsten Hicko Mauritz. Diese Burg hatte keinen Vorwall, und die Mauren waren nicht so stark, daß sie das schwere Geschütz aushalten konnten. Daher wurde sie bald, jedoch nach tapferer Gegenwehr, erobert. Die Belagerten wurden zu Kriegsgefangenen gemacht. Junker Gerhard von Dornum wurde gefänglich nach Leewarden gesandt. Die vereinigten Fürsten überließen Hero Omken von Esens für 4000 Gulden diese Burg. Er bestellte zum Drosten darauf, seinen Bastart-Bruder Itze, den sein Vater außer der Ehe gezeugt hatte. Diese Burg hieß die Norderburg. Sie ist nachher durch Heirath an die von Clostersche Familie gekommen. Die zwote Burg, oder Osterburg, war vormals der Stammsitz Sibet Attena's, des älteren. Sie ist an die Kankenaische Familie vertauscht. Remmer Kankena war zur Zeit dieser Fehde Besitzer derselben. Nachher ist sie durch Heirath an die Beningaische Familie gekommen. Die dritte oder die Westerburg war, wie wir vorhin angeführet haben, von der Gräfin Theda dem Hero Mauritz übertragen worden, und wurde nunmehr von dessen Kindern besessen. Diese beyde Schlösser, die Oster- und Westerburg wurden durch die Wuth der Feinde geschleift; letztere ist nie wieder aufgebauet worden. (h)

§. 20.

(h) E. Beninga p. 545. Sickel Beninga p. 230. Emm. p 710. Schot. p. 549. Lorings Genealogie in der Kankenaischen Familie. Funks ostfr. Chronik I. Theil p. 360. s. L. II, VI. u, XIII.

Q

§. 20.

Die Stadt Norden, Norder- und Berummer-Amt wurden von dem Feinde so hart mitgenommen, daß selbst der schwarze Haufe die Saevitien des Grafen von Oldenburg, Junker Christophers und Hero Omken verabscheuten. Die Soldaten sangen ein Gassenlied:

De Grave van Oldenburg in de May,
Christopher van Jever in den Klay,
Hero Omken in den Boomen,
Grave Edzard wil idt jum hier na noch so̊nen. (i)

Aus dem verheerten Norder- und Brokmer-lande durchzog der Herzog mit der ganzen Armee, die Brandfackel in der Hand, ganz Brokmerland, und lagerte sich bey Aurich. Er brach aber gleich wider auf, und gieng über Hartum, Fahne, Varstede, nach Riepe. Er machte erst Miene, als wenn er grades Weges über Uphusen nach Emden vorrücken wollte; schwenkte sich aber, und nahm den Weg nach Olderfum. Ulrich von Dornum, General des Grafen Ulrichs, vermuthete gleich Anfangs, daß der Feind seinen Zug nach Olderfum nehmen würde. Daher hatte er mit Hülfe des Häuptlings Hicko von Olderfum die Brücke bey Munkeborgen abgebrochen, vor dem engen Wege eine Batterie errichtet und darauf 2 große Feldstücke von der Stadt Emden gepflanzet. Er ließ die Olderfummer, Petkummer und Ember Syhlen öfnen, und das Land unter Wasser setzen, so daß er ihm nicht in die Flanken kommen konnte, sondern grade den schmalen

We

(i) Beninga p. 546.

Weg aufmarschieren mußte. Er richtete so glücklich das Geschütz auf den Feind, daß er mit Hinterlassung einiger Todten in der größten Unordnung die Flucht nehmen mußte. Die abgebrochene Brücke hinderte Ulrich den flüchtigen Feind zu verfolgen. Der Herzog nahm hierauf seinen Zug über Simonswolde, Ihlo, Wernen, Holtrop, Oldendorf und Spetze nach Leer, in der Absicht die Festung Leerort zu erobern. (k) Die vereinigten Fürsten glaubten nicht viele Schwierigkeiten bey der Eroberung zu finden. Sie nannten die Burg nur ein Lusthäuschen. (l)

§. 21.

Leerort liegt in dem Winkel, wo die Leda in die Emse sich ergießt. Von drey Seiten ins Westen, Süden und Osten, war diese Festung von den beyden Flüssen bedecket. Von der Nordseite gieng nur ein Weg über niedriges Land hin. Die Hauptburg wurde 1502 von Graf Edzard angeleget. (m) Feste war dieser Ort durch seine Lage, nicht aber durch seine Werke. Der Wall war erst kürzlich mit frischer Erde, die leicht wieder abglitschte, verhöhet, und der Graben war eng. Die Festung war indessen mit hinlänglichem Vorrathe, mit vielem Geschütze und einer guten Besatzung versehen. Die Besatzung war kürzlich mit 100 versuchten Kriegsknechten und vielen bewäfneten Bürgern und Bauern verstärket. Die Miliz stand unter dem tapferen Obristen Johann

von

(k) Beninga p. 547. Emm. p. 710. Schot. p. 549.
(l) v. Wicht Annales ad An. 1514.
(m) Beninga p. 488.

von Soest, und die Bauern und Bürger waren dem Drosten Sybe Haikena und dem Amtmann Ubbo Emmius, dem Oncle unsers Geschichtschreibers untergeordnet. Die sichere Lage der Festung, die Entschlossenheit und der Muth der Besatzung, und die Hofnung eines Succurses, verscheuchte bey der Besatzung alle ihr drohende Gefahren. Der Herzog ließ die Festung auffodern. Der Commandant schlug dieses Gesuch ab. Der Herzog ließ erst sein Lager bey dem Plitenberge, nachher hart an der Leba auffschlagen. Er verschanzte sein Lager mit Bollwerken, und ließ hin und wieder kleine Batterien aufwerfen. Neun Tage hinter einander beschoß er unaufhörlich mit 18 großen Kanonen die Festung, wodurch sowohl der Wall, als der Thurm stark beschädigt wurde. Unterdessen rückte Ulrich von Dornum aus Emben mit einer starken Mannschaft an, und lagerte sich hinter dem Emsdeich in Reiberland, grade gegen Leerort über. Aus diesem seinem Lager, konnte er die Festung mit allen Bedürfnissen versehen. Vorzüglich war der Besatzung eine große Schlange, der Löwe genannt, und eine halbe Schlange, die er mit Pünten in die Festung übersetzen ließ, willkommen. Mit diesem Geschütze thaten sie den Belagerern ungemein vielen Abbruch. (n)

§. 22.

Zuletzt gelang es den Belagerern Bresche in den Wall zu schießen. Des andern Tages war der Herzog Heinrich von Braunschweig Willens, die Festung zu bestürmen; hofte aber noch in der Güte, die Besatzung zur Uebergabe zu bereden. Er verlangte

(n) Beninga p. 548. Emm. p. 710. Schot. p. 550.

langte deshalb des Abends am 12. Juni mit dem Commandanten zu sprechen. Johann von Soest stand auf dem Wall und erbot sich zum Gespräche. Der Herzog rief ihm zu: Mit wem hab ich zu thun, seyd ihr Kriegesknechte oder Bauern, und wer bist du? Ich heiße, antwortete der Commandant, Johann von Soest; machen Sie sich bald von hier, gnädiger Herr! ich kann mich mit Ihnen nicht länger einlassen. Was stehst du dort noch lange auf deiner Todtenbahre, erwiederte der Herzog, komm herunter, rette dich und deine Besatzung, und übergieb die Festung. Nicht so, antwortete Johann von Soest, ich habe einen gnädigen Herrn, den Grafen Edzard, dem will ich treu dienen. Hierauf ließ er zu Ehren des Herzogs die Trompeten schallen, und rief: Nun zurück! zurück! thut, was Ihr könnt; wir wollen uns mit Gottes Hülfe schon vertheidigen. Hierauf ließ er zu Ehren des Herzogs, alles Geschütz von der Festung zugleich losbrennen, und der Herzog wich in seine Schanze zurück. (o)

§. 23.

Des Abends und des andern Tages wurden alle Anstalten zum Sturm gemacht. Stroh, Heu, Mist, Schanzen, Balken und Leiter wurden angeschleppt. Das ganze Lager wurde in Arbeit gesetzt. Die Besatzung war zu dem Sturm vorbereitet, und stand voller Muth, den Feind zu empfangen. Ulrich von Dornum gelang es, aus seinem Lager jenseits der Ems, eine Compagnie Soldaten in die Festung übersetzen zu lassen, und dadurch die Besatzung zu verstärken. Von den Wällen wurde beständig

(o) Beninga p. 549. Emm. p. 711. Schot. c. l.

big auf den Feind und feine Schanzen kanoniret. Mit einmal spürte man aus der Festung eine außerordentliche Stille in dem feindlichen Lager. Die auf die Festung gerichtete Kanonen schwiegen, man sah keine Arbeiter mit Holz, Leitern und Schanzen schleppen. Alles lief unthätig durcheinander. Aus dieser Unthätigkeit und Unordnung ließ sich freylich auf eine wichtige Begebenheit folgern, und diese war die wichtigste, die sich ereignen konnte. Eine Kugel hatte dem Herzog Heinrich dem älteren von Braunschweig-Wolfenbüttel den Kopf weggerissen. Der Tod des Herzogs wurde anfänglich verheimlicht; aber ein gefangener Ostfriese, der in dem Lager war und sich ranzioniret hatte, entdeckte dies Geheimniß seinen Landsleuten und so wurde dies Gerücht bald allgemein verbreitet. (p) Der entseelte und balsamirte Leichnam wurde unter einer Bedeckung von 100 Reutern nach Braunschweig abgeführet. (q) Die Eingeweide aber unter dem hohen Altar in der leerer Kirche begraben. (r) Sein Epitaphium in der St. Blasii Kirche zu Braunschweig hat folgende Inschrift:

Salvifico a partu sinuosum mille per orbem,
Annis quingentis bis septem iamque peractis,
Cum pia concelebrat solenni ecclesia ritu,
Baptistae sacri clarissima festa Ioannis:
Henricus senior imperterritus Heros,
Brunswigi illustris dux, Lunaeburgicus atque
Con-

(p) Beninga p. 550. Emm. c. l. Schot. c. l. Sickel Beninga p. 235. Occo Scarl. p. 387.

(q) Beninga p. 553.

(r) Emm. p. 712. Nach Hamelman p. 313. zu Oldenburg.

Consultor bonus, et numerosa prole beatus,
Ordum dum castrum dura obsidione premebat,
Per caput auricomum traiectus glande volucri
Flammiferi saxi, Phrysiis occumbit in agris.
Brunsuigae in templo Blasii requiescit avito
Corpus: at invecta est superis anima illius
         astris. (s)

Ulrich von Dornum, der in dem Tode des kriegerischen Herzogs, die Rettung seines Vaterlandes fand, freuete sich über seinen Unfall, und machte folgendes Chronodistichon:

QVo Modo CeCIdIstI LVCIfer de CoeLo

Glimpflicher dichtete ein anderer:

HenrICI CapVt CeCIdIt. jaCtV boMbardae. (t)

§. 24.

So rettete denn ein Ohngefähr, ein einziger Schuß den Grafen Edzard von seinem Untergange, oder wenigstens von der großen Gefahr, womit er bedrohet war. Wie der Herzog, der Oberbefehlshaber der ganzen combinirten Armee, geblieben war, brachen die Belagerer des folgenden Tages am 14ten Juni die Belagerung auf, ließen Besatzung auf Friedeburg, Stickhausen und Dornum zurück, schleiften die Festung Uptengen, und verließen in der größten Eil Ostfriesland. Einige Fürsten giengen wieder in ihre Länder zurück, andere, worunter vorzüglich Graf Hugo mit seiner schwarzen Garde gehörte, zogen durch das Stift Münster nach Gröningerland, und fügten

---

(s) Chytraei Chron. Saxon. p. 209.

(t) Beninga p. 552.

fügten sich zu der Armee des Herzogs Georg von Sachsen. (u) Ostfriesland war also, bis auf die Besatzungen und einer geringen Anzahl Truppen, die noch auf den Dörfern herumschwärmten, ganz von seinen zahlreichen Feinden gesäubert.

§. 25.

Während der Zeit, daß Ostfriesland von dem Herzoge Heinrich von Braunschweig so hart mitgenommen wurde, saß auch jenseits der Emse Herzog Georg von Sachsen nicht stille. Sein großes Lager stand noch immer bey Abuard. Hieraus suchte er beständig den Grafen Edzard und die Stadt Gröningen zu beschädigen. Delfsyhl wurde von der weißen Garde bombardirt und erobert. Luelof Tagge, der Hauptmann des Grafen Edzards, wurde beschuldigt, daß er zu feigherzig gewesen, und die Festung nicht wohl vertheidiget habe. Auch die starke Schanze bey Hohenkirchen wurde von den Herzoglichen Truppen, grade an dem Tage, wie Stickhausen sich dem Herzoge von Braunschweig ergeben mußte, erstiegen und eingenommen. Die Stadt Gröningen hielt sich aber mannhaft; so daß der Herzog keine größere Progressen in den Umlanden machen konnte. (v)

(u) Beninga p. 553. Sickel Beninga p. 235. Qccø Schw. p. 387. Emm. c. l.

(v) Sickel Beninga p. 231. et seq. Beninga p. 540. Emm. p. 708. Schot. p. 548.

Zwei-

Zweiter Abschnitt.

§. 1. Graf Edzard sucht Hülfe bey dem Herzoge Karl von Geldern. §. 2. Reiset nach Zütphen, und trift ein Bündniß mit dem Herzoge. Der König von Frankreich ratificiret dieses Bündniß. §. 3. Edzard kömmt mit einigen selbst angeworbenen Truppen nach Gröningen zurück. §. 4. Die Ember reinigen die Emse von der sächsischen Flotte, und nehmen das Admiralschif weg. Dornum wird wieder erobert. §. 5. Die Sachsen und die Hülfstruppen der combinirten Armee nehmen Appingadam ein. Grausamkeit der Eroberer. §. 6. Bündniß des Herzogs von Sachsen mit dem Bischof von Utrecht. Graf Edzard brandschatzet das dem Stifte Utrecht untergehörige Drente, und erobert Midwolde und Schlochtern. Sächsische Flotte auf der Emse. Wilde Wuth der Ember und Sachsen. §. 7. Die Braunschweiger durchstreifen wieder Ostfriesland. §. 8. Der Herzog von Sachsen verhindert das Zusammenstoßen der gräflichen und der anrückenden Geldrischen Truppen. §. 9. Der Herzog von Sachsen läßt den König von Frankreich ersuchen, sich nicht in die Friesischen Angelegenheiten zu mischen, und seine Feinde zu unterstützen. Des Grafen Geldmangel bewürket die Desertion fast aller seiner Truppen. Die Stadt Gröningen will sich dem Herzog Karl von Geldern unterwerfen. §. 11. Traktaten zwischen dem Herzoge und der Stadt. §. 12. Der Herzog wird mit Bewilligung des Grafen Edzards von der Stadt zum Herrn angenommen und gehuldiget. §. 13. Graf Edzard verläßt Gröningen, gehet nach Ostfriesland zurück, und §. 14. belagert Stickhausen. Der Herzog von Braunschweig entsetzet die Festung. §. 15. Der Herzog Karl von Geldern fällt in das westerlauersche Friesland ein. Herzog Georg von Sachsen kehret nach Meissen zurück. §. 16. Graf Edzard geriret sich noch immer als Statthalter der Umlande, gehet wieder über die Emse und erobert, in Vereinigung mit den Gröningern, Delfsyhl und Appingadam. §. 17. Fällt in Friesland, nimmt Dockum ein und schlägt sich mit der schwarzen Garde herum. §. 18. Herzog Georg von Sachsen, müde des langjährigen Krieges, überträgt dem Erzherzoge Karl von Oestreich sein Recht auf Friesland. §. 19. Waffenstillstand zwischen dem Erzherzoge Karl, dem Herzog Karl von Geldern, und dem Grafen Edzard. Der Erzherzog wird gehuldiget. Ende der sächsischen Regierung in Friesland.

§. 1.

Siebentes Buch.

§. 1.

Graf Edzard konnte mit seinen wenigen Soldaten und seinen Bauern, einer so zahlreichen Macht, die größtentheils aus versuchten Kriegern bestand, nicht widerstehen. Die Habsucht des Grafen von Oldenburg, der so viele deutsche Fürsten wider ihn aufgewiegelt hatte, die Treulosigkeit der Häuptlinge von Jever und Harlingerland, die unversöhnliche Feindschaft des Herzogs von Sachsen, und die wider ihn verhängte Reichsacht, ließen ihn das Schlimmste fürchten. Verlassen von allen seinen Nachbaren, blieb er nur sich und seinem Heldenmuthe allein überlassen. Er sah sich in Holland nach Rekruten um, aber auf ausdrücklichen Befehl des Hofes von Holland mußte er seine Werbungen einstellen lassen. (a) Wie er bald hierauf die Nachricht von der Uebergabe Stickhausens an der einen Seite, und Delfsyhl an der andern Seite, vernahm, entfiel ihm beynah der Muth. Erst foderte er den Herzog Heinrich von Braunschweig zum Zweikampf auf. (b) Wie dieser aber sich nicht einlassen wollte, ließ er die Landesstände, oder nach Beninga, einige aus der Ritterschaft, die in seinen Kriegsdiensten standen, zu Emden zusammen kommen, stellte ihnen die Gefahr des Vaterlandes vor, und verlangte ein Gutachten von ihnen, auf welche beste und schicklichste Weise dem allgemeinen Verderben gesteuert, oder doch das unglückliche Schicksal des Vaterlandes gemildert werden könnte. Er zeigte ihnen dabey, daß er bereit sey, sich allen Ungemächlichkeiten, Gefahren, selbst dem Gefängnisse

(a) Repertorium der Plakat. van Holt. p. 3. alleg. bey Wagen. XV. Boek p. 384.

(b) v. Wicht ad Ann. 1514.

Zweiter Abschnitt.

nisse und dem Tode zu unterwerfen, wenn er nur das Vaterland retten könnte; nur sey es ihm unmöglich, sich vor seinen Feinden zu beugen, die er nie beleidiget hätte. Da die besten Festungen, Leerort, Emden, Aurich, Gretsyhl und Berum noch in den Händen des Grafen waren; so glaubten die Stände, welche dem Grafen bis auf den letzten Blutstropfen ihre Treue versprachen, daß noch nicht alles verloren sey; wenn der Graf nur noch zeitig mit einem mächtigen Fürsten eine Allianz treffen könnte. Hier brachte man den Herzog von Geldern in Vorschlag. Aber dieser war wegen seiner Verbindung mit Frankreich bey dem Kaiser verhaßt. Man befürchtete aus diesem Bündnisse noch mehr die Ungnade des Kaisers. Andere hielten ihn zu schwach, den Grafen mit Nachdruck zu unterstützen; noch andere bezweifelten seinen guten Willen. Endlich wurde dieser Vorschlag, aller dieser Schwierigkeiten ohnerachtet, genehmiget. Der Graf reißte am 28. Juni nach Geldern und übertrug Ulrich von Dornum das Obercommando über seine Armee. (c) In seiner Abwesenheit fiel die Verheerung Norder- und Brokmerlandes, die Belagerung von Leerort und der Tod des Herzogs von Braunschweig vor. Daher haben wir so lange den Grafen aus unserm Gesichtskreise vermisset.

§. 2.

Graf Edzard brachte seinen Antrag persönlich zu Zütphen bey dem Herzoge Karl von Geldern an. Dieser war ein Feind des Kaisers und des Burgundischen Hauses. Er war, unterstützt von der Krone Frank-

(c) Beninga p. 546. Emm. p. 709. Schot. p. 549.

Frankreich, trotz dem Kaiser und dem Reiche, im Besitz des Herzogthums Geldern und der Graffchaft Zütphen geblieben. Nach langen Unterredungen errichteten der Herzog und der Graf folgenden Vergleich: Graf Edzard sollte dem Herzoge Karl 35000 rheinische Gulden bezahlen, dafür versprach der Herzog, ihn wider den Herzog von Sachsen mit Hülfstruppen zu unterstützen, die Umlanden und ganz Friesland von den Sachsen zu säubern, und ihn zum Herrn von ganz Friesland zu machen, dagegen mußte sich der Graf Edzard verpflichten, Gröningen und das westerlauersche Friesland von der Krone Frankreich zu Lehn zu nehmen; indessen sollte Frankreich die Kriegskosten, jedoch mit Ausschluß der vorgedachten 35000 Gulden mit stehen. (d) Der Herzog von Geldern reißte hierauf in aller Stille, blos in Begleitung von zween Bedienten nach Paris, und bewürkte bey dem französischen Hofe die Ratification der mit dem Grafen Edzard eingegangenen Convention. (e) Nach Emmius hat sich der Graf durchaus geweigert, ein Vasall von Frankreich zu werden, dagegen sich verpflichtet, sich von ihm, dem Herzoge selbst, als einem deutschen Reichsfürsten, mit der Stadt Gröningen, den Umlanden und Friesland belehnen zu lassen; dabey aber hat er es dem Gutfinden des Herzogs überlassen, welchen Accord er mit dem Könige von Frankreich in Absicht der Hülfstruppen treffen wollte, und ob er selbst den König von Frankreich für seinen Oberlehnsherrn erkennen wollte. (f)

§. 3.

(d) So sagt der gleichzeitige Schriftsteller Sickel Beninga p. 252. dem ich allein folge.

(e) Lettr. de Louis XII. T. IV. p. 318. u. 328. allegirt bey Wagen. XV. Boek p. 384.

(f) Emm. p. 713.

Zweiter Abschnitt.

§. 3.

In Zütphen erfuhr der Graf den Tod des Herzogs von Braunschweig, und die aufgehobene Belagerung der Festung Leerort. Er warb in der größten Eil 300 Reuter und eine Compagnie Fußvolk und trat damit seine Rückreise an. Zu ihm stießen unterwegens von seinen eigenen Leuten 400 Reuter. Das Gerücht von der Ankunft des Grafen lief bald nach Ostfriesland über. Dieses Gerüchte vergrößerte die Anzahl seiner Truppen. Daher eilten die noch zurückgebliebenen Braunschweiger nach dem sächsischen Lager zu Abuard, und ließen blos die Besatzungen in den von ihnen eroberten Festungen zurück. Inzwischen hielt der Graf am 7. Juli an der Spitze von 700 Reutern und 250 Mann Infanterie seinen Einzug in Gröningen. (g)

§. 4.

Kurz vorher kreuzte eine sächsische Flotte auf der Emse, um die Communication zwischen Emden und Appingadam zu sperren. Die Emder ließen wider sie ein Geschwader auslaufen. Aber die an Schiffen, Mannschaft und Kanonen den Embern weit überlegene Sachsen, behaupteten doch anfänglich die Emse. Es gelang indessen den Embern, 300 Mann nach Appingadam überzusetzen, (h) und bald nachher waren sie so glücklich, daß sie 2 sächsische Schiffe, worunter selbst das Admiralschiff war, in den Grund bohrten, 2 als Prisen aufbrachten, und

---

(g) Sickel Beninga p. 239. E. Beninga p. 553. Emm. p. 713. Schot. p. 551.

(h) Sickel Beninga p. 231.

und dann die ganze Flotte aus der Emse schlugen. (i) Graf Edzard machte gleich nach seiner Zurückkunft Anstalten, das sächsische Lager bey Selwert zu überfallen. Es wurde von beyden Seiten zwar 6 Stunden hinter einander scharf geschossen; es kam indessen nicht zu einem Haupttreffen. Außer einigen unbedeutenden Scharmützeln, fiel zwischen beyden Heeren nichts von Belang vor. (k) Indessen gelang es dem Grafen Edzard durch eine Eskadron Reuter, die er aus Gröningen nach Münsterland detaschirte, einige Wagen mit Tüchern, Waaren und Proviant, welches für das sächsische Lager bestimmt war, aufzuheben. (l) Auch ließ er durch seinen General, Ulrich von Dornum, die Dornummer Burg belagern. Der Commandant Itze, der von seinem Bruder Hero Omken keinen Entsatz sich versprechen konnte, sah sich gezwungen, die Burg zu übergeben. Die ganze Garnison wurde zu Kriegsgefangenen gemacht. Der Commandant wurde nach Emden geführet. Man forderte 300 Gulden Ranzion. Wie aber sein Bruder Hero Omken dieses Geld nicht für ihn bezahlen wollte; starb er zuletzt für Gram in dem Gefängnisse. (m)

§. 5.

Am 21. Juli zog die ganze sächsische Armee vor Appingadam, und eröfnete die Belagerung dieser Stadt. Die Stadt war stark befestiget. Die Besatzung

(i) E. Beninga p. 555. Emm. p. 713.

(k) Sickel Beninga p. 240. Eg. Beninga p. 554. u. 555. Emm. p. 714.

(l) Beninga p. 555.

(m) Beninga p. 556.

Zweiter Abschnitt.

fatzung bestand aus 800 Soldaten und vielen bewafneten Bürgern und Bauern. Der Commandant war Graf Otto von Diepholtz. Bey der Belagerung waren persönlich gegenwärtig, Herzog Georg von Sachsen, Herzog Heinrich der jüngere von Braunschweig, (n) der Bischof von Minden, die Herzöge Erich von Braunschweig, Heinrich von Lüneburg und Philipp von Grubenhagen, Graf Hugo von Leysenich, und die Grafen von Bentheim und Steinfort. Nach hartnäckiger Gegenwehr wurde die Festung am 3. August an 3 verschiedenen Stellen gestürmet. Einigemal wurden die Bestürmer mit Schwerdtern, Stangen, Geschütz, Balken, die sie von den Wällen herunter rollen ließen, und mit siedendem Peche zurückgeschlagen. Endlich gelang es den Belagerern die Festung zu ersteigen. Mit wilder Wuth drang der Feind in die Stadt hinein. Alles wurde massacrirt was ihm vorfiel. Kirchen und Altäre gewährten den Flüchtigen keine Sicherheit, und die Stuben der Wöchnerinnen blieben nicht verschont. Junker Gerhard von Closter, der Stammvater der ostfriesischen von Closterschen Familie, wurde in der Kirche auf der Evangelienbank erstochen. Herzog Heinrich von Braunschweig lief wie rasend, mit einem bloßen Schwerdte durch die Stadt, und rief überlaut: Hauet nieder, mordet, rächet den Tod meines Vaters! Herzog Heinrich war es, durch

dessen

(n) Kurz vorher war die alte Herzogin von Braunschweig selbst in das Lager vor Gröningen gekommen, ihren Sohn Herzog Heinrich abzuholen; er wollte aber die Armee nicht verlassen, so lange er den Tod seines Vaters, der vor Leerort geblieben war, nicht gerochen hätte. Occo Scarl. p. 387.

deſſen Nachſucht dieſes gräßliche Blutbad angerichtet wurde; doch that endlich der Herzog von Sachſen mit vieler Mühe dem wüthenden Schwerdte Einhalt. 1160 Leichen wurden gezählet. 150 Soldaten entkamen durch die Flucht, 200 wurden Kriegsgefangene. Unter den Gefangenen war ſelbſt der Commandant, Graf Otto von Diepholz. Dieſer wurde in Ketten nach Medemblick abgeführet. Die ganze Stadt wurde den Soldaten zur Plünderung Preiß gegeben. (o) Die eroberte Stadt ließ der Herzog von Sachſen mit 1000 Mann Infanterie und 500 Cavalleriſten beſetzen. Zum Commandanten derſelben beſtellte er einen böhmiſchen Edelmann, Karlowitz. Nach dieſer Eroberung bezog der Herzog von Sachſen wieder ſein Lager zu Abuard. Die Herzöge Erich und Heinrich der jüngere von Braunſchweig, giegen aber über Schlochtern und durch das alte Amt mit 1500 Mann nach Oſtfriesland. (p)

§. 6.

Graf Edzard, der ſich noch immer in Gröningen aufhielt, ſaß indeſſen auch nicht ſtille. Er ließ den Sachſen auf der Emſe 4 Schiffe mit Geſchütz und Kriegesbedürfniß wegnehmen. (q) Dann that er einen Zug in das Drentiſche und kehrte mit reicher Beute nach Gröningen zurück. Die Veranlaſſung dazu war dieſe. Wie Graf Edzard bey dem Herzoge von

---

(o) Sickel Beninga p. 241. Eg. Beninga p. 356. Emm. p. 714. Schot. p. 552. Occo Scarl. p. 388. Chytraei Chron. p. 208.

(p) Sickel Beninga p. 244. Beninga p. 558. Emm. p. 716. Schot. p. 553.

(q) Beninga p. 559.

Zweiter Abschnitt.

von Gelbern in Zütphen war, argwöhnte sogleich der Herzog von Sachsen ein Bündniß wider ihn, welches noch immer zwischen dem Herzog von Gelbern heimlich gehalten wurde. Erst suchte der Herzog von Sachsen durch ein Geschenk von Silbergeschirr den Herzog von Gelbern von dem Grafen Edzard abzulenken. (r) Da aber dieses den erwünschten Erfolg nicht hatte, wandte er sich an den Bischof von Utrecht, um diesen auf seine Seite zu bringen. Der Bischof, die Stadt Deventer, und Schwoll, und der Adel disseits der Yssel errichteten mit dem Herzoge ein Bündniß; wornach sie dem Herzoge 600 Mann Hülfstruppen wider den Grafen und die Stadt Gröningen versprachen, und der Herzog sich wieder verpflichtete, ihnen mit 600 Mann zu Hülfe zu kommen, falls sie von dem Grafen möchten angegriffen werden. Wie Graf Edzard dieses vernahm, foderte er von Drenthe, welches unter das Stift von Utrecht gehörte, Brandschatzung. Hierüber ergrimmte der Bischof, und untersagte den Drentern, dem Grafen die verlangte Schatzung zu entrichten. Aber der Graf kam mit den Waffen in der Hand, und hohlte die Schatzungen theils in baarem Gelde, theils an Korn, woran die Stadt Gröningen ohnehin Mangel litt, ab. Die Stadt Gröningen rechtfertigte hierauf durch ein besonderes Schreiben das Betragen des Grafen. (s) Bald nach der Eroberung

(r) In desen tydt was hyr het segghen vast, dat die Heere van Gellre mit den Grave van Emden verbonden was. T'es ock zoo, dat de Fürst van Gellre een Zylveren Treesoer, hem by den Fürste van Sassen gepreesenteert, nyet heeft willen ontfangen. Martens Landboek p. 84

(s) Sickel Beninga p. 247. Emm. p. 717. Schot. p. 553.

rung von Appingadam grif der Graf 2000 Sachsen an, die sich bey Selwert verschanzt hatten. Sein Anschlag aber mißlang ihm und er mußte zurück ziehen. (t) Indessen eroberte er bald nachher in Midwolde die Burg eines Edelmanns Benkema; dieser wurde selbst gefangen, und mußte sich mit 800 rheinischen Gulden lösen. Auch die befestigte Kirche zu Schlochtern und Osterwolde nahm er mit stürmender Hand ein. (u) Die Ember hielten noch immer eine Flotte von 28 Segeln auf der Emse. Eines dieser Schiffe fiel im Ausgang September der sächsischen Flotte in die Hände. Die Sachsen waren so barbarisch, daß sie die ganze Besatzung über Bord warfen. Dagegen glückte es einige Tage nachher der Embischen Flotte, daß sie sieben sächsische Kriegsschiffe eroberte. Aus Rache wurden auch hier die mehresten sächsischen Soldaten und Matrosen den Wellen Preis gegeben. (v) Ein Beyspiel, mit welcher Wuth dieser Krieg geführet worden!

§. 7.

Das braunschweigsche Heer war itzt wieder an die ostfriesische Gränze gerücket. Es durchzog Reiderland und Oberledingerland und gieng wieder, verstärkt durch die Truppen Hero Omkens und Christophers von Jever, vor Dornum. Die erst kürzlich von

(t) Sickel Beninga p. 245. Emm. c. l. Schot. p. 553.

(u) Sickel Beninga p. 249. Beninga p. 565. u. 566. Emm. p. 718.

(v) Beninga p. 565.

Zweiter Abſchnitt.

von den gräflichen Truppen wieder eroberte Burg war zu ſchwach, dem Feinde Widerſtand zu bieten. Sie wurde bald dem Feinde übergeben und geſchleift. Von hier giengen ſie über Norden, Marienhave und Schott nach Gretmeramt und Emberamt, und dann Emden vorbey über Hinte, Uphuſen, Vorſum und Petkum und Olberſum nach Mormerland. Ein Gräuel der Verwüſtung bezeichnete die Spur dieſes feindlichen Zuges. Bey Münkabrügge aber, welchen Poſten ſie forciren wollten, wurden ſie, wie Beninga bemerket, zurückgeſchlagen. Wie ſie in Mormerland kamen, vertheilte ſich das Heer. Einige giengen nach Eſens, andere nach Jever, wieder andere nach Oldenburg, und die mehreſten nach dem Herzoge von Sachſen. Die Herzöge von Braunſchweig ſelbſt aber, reißten wieder nach ihren Ländern ab. (w)

§. 8.

Müde des koſtbaren und Land-verderblichen Krieges, ſuchten der Herzog von Sachſen und Graf Edzard, deren Finanzen beyde erſchöpfet waren, (x) ſich auszuſöhnen. Die Biſchöfe von Münſter und Osnabrügge, und die Grafen von Lippe und Schwarzberg arbeiteten, die Sühne zu Stande zu bringen. Zweymal wurden von ihnen ohnweit Gröningen Friedensvorſchläge gethan, aber immer umſonſt. Keiner

von

(w) Sickel Beninga p. 248. Beninga p. 559. 560. Emm. p. 717. Schot. p. 554.

(x) Die Furſt van Saſſen is an de betaelinghe van zyn Kriegsvolk ten achteren geworden. Die Grave van Emden mochte oeck onmachtich geworden zyn. Martens Landboek p. 84.

von den streitenden Partheyen konnte die vorgeschlagenen Bedingungen annehmen. (y) Gráf Edzard konnte seinem, durch die Braunschweiger verheerten, Lande keine neue Schatzungen aufdringen. Seine eigene Casse war erschöpft und in Gröningen herrschte selbst Geldmangel. In dieser seiner critischen Lage brachte er doch noch 18000 Gulden zusammen, die er durch Folef von Kniphausen dem Herzoge von Geldern, auf Abschlag der accordirten Summe zuzustellen ließ. (z) Er dräng zu wiederholten malen in den Herzog, um ihm die versprochenen Hülfstruppen zu übersenden. Complimente und leere Vertröstungen waren alles, was er erhielt. Endlich brachte der Herzog ein Corps von 4000 Mann zu Fuße und ohngefähr 500 Reuter zusammen. Er sandte es in die Grafschaft Bentheim, wo es sich mit der Armee des Grafen Edzards vereinigen sollte. Der Herzog von Sachsen, der von diesem Vorhaben unterrichtet war, ließ in der grösten Eil den schwarzen Haufen, und die Hülfstruppen des Bischofs von Utrecht nach der Grafschaft Bentheim rücken, um das Geldrische Corps zu beobachten. Er selbst aber gieng mit der ganzen Armee nach Coevorden und wandte sich gegen den Grafen Edzard. Dadurch wurde dem Grafen der Weg abgeschnitten. Er war also nicht im Stande sich mit den Geldrischen Truppen zu vereinigen. Dieses Geldrische Corps hat die Grafschaft Bentheim unter dem Vorwande, daß der Graf Everwin von Bentheim Herzoglicher Statthalter in Friesland war, mit Plün-

---

(y) Sickel Beninga p. 250. Emm. p. 718.

(z) Beninga p. 560. Emm. p. 719.

Zweiter Abschnitt.

Plünderungen und vielen Ausschweifungen hart mitgenommen. (a)

§. 9.

Die in der Gegend von Coevorden versammleten Sachsen schnitten der Stadt Gröningen die Zufuhr ab. Die Stadt, welche bald Mangel an Lebensmitteln litt, sehnte sich eben so wie der Herzog von Sachsen, theils wegen ihres Cassenzustandes, theils aus Furcht für dem Herzog von Geldern, nach dem Ende dieses Krieges. Der Herzog that der Stadt Gröningen Friedensvorschläge. Die Tractaten gediehen würklich schon zum Schlusse, nur konnten sie sich über einen Punkt nicht vereinigen. Der Herzog wollte ein Kastel oder festes Haus in der Stadt haben, die Gröninger aber wollten dieses nicht zugeben. Dieser Streitpunkt und das Gerücht der Ankunft Geldrischer Hülfstruppen veranlaßten es, daß die Tractaten abgebrochen wurden. Es bleibet ungewiß, ob diese Tractaten ohne Vorwissen des Grafen Edzard, oder mit seiner Bewilligung von Seiten der Stadt Gröningen, durch ihren Prediger Wilhelm Frebrichs, mit dem Herzoge gepflogen seyn. (b) Herzog Georg fand sich nunmehr in der äußersten Verlegenheit, besonders da er vernahm, daß der König von Frankreich, Ludwig XII. Hand mit in dem Spiele hatte; eine Thatsache, die selbst die Gelrischen Truppen nicht verheimlichten. Der Herzog sandte daher Simon von Reischach nach Paris,

(a) Sickel Beninga p. 253. Beninga p. 565. Emm. l. c. Schot. p. 555.

(b) Sickel Beninga p. 262. Eg. Beninga p. 561. Emm. l. c. Schot. p. 556. Sybe Iarichs Chronyck v. Groningen p. 458. Occo Scarl. p. 388.

Paris, und ließ den König ersuchen, so wenig von Gröningen, da diese Stadt unter das deutsche Reich gehörte, als von dem Grafen Edzard keine Huldigung anzunehmen, auch nicht den Grafen wider ihn, als Erbstatthalter von Gröningen und Friesland, zu unterstützen; sondern vielmehr dem Herzoge von Geldern alle Feindseligkeiten zu untersagen (c) Aber diese Gesandtschaft des Herrn von Reischach hatte, wie wir aus dem Erfolge sehen, nicht die geringste Würkung.

§. 10.

Mit einmal veränderte sich die Scene dieser Begebenheiten. Es erscheinet ein ganz neuer Auftritt. Die ganze Armee des Grafen Edzards bestand nur, außer seinen ihm stets getreuen Bauern, die er bey wichtigen Expeditionen zusammen zog, aus 2000 Kriegesknechten zu Fuße und 500 Reutern. Die mehresten davon waren bey ihm in Gröningen. Er war stark genug, mit dieser Besatzung die Stadt zu vertheidigen; aber viel zu schwach, wider die Sachsen hervor zu rücken und sie aus dem Felde zu schlagen. (d) Sein Geldmangel verursachte einen großen Rückstand der Löhnung, und dieses bewürkte Mißvergnügen unter den Soldaten. Sie machten Complotte. Dießseits der Emse lagen 800 Soldaten, die miteinander zu den Sachsen überliefen, und aus Gröningen riß beynahe die ganze Garnison aus, und gieng nach Coevorden zu den Sachsen über. (e)

Aus

(c) Lettr. de Louis XII. T. IV. p. 379. u. 380.

(d) Sickel Beninga p. 252.

(e) Sickel Beninga p. 254.

Zweiter Abschnitt. 263

Aus dieser seiner mißlichen Lage, konnte er nur durch den Beystand des Herzogs von Geldern herausgerissen werden. Dieser aber ließ die Stadt Gröningen und den Grafen noch immer zappeln. Die Absicht des Herzogs bey diesem Zaudern war, zu ärndten, wo er nicht gesäet hatte. Graf Edzard war nicht so kurzsichtig, daß er diese seine Absicht nicht hätte errathen sollen. Er ließ einige der Vornehmsten aus Gröningen zu sich kommen, stellte ihnen vor, daß er nicht länger im Stande sey, die Stadt zum Nachtheil seiner eignen Grafschaft, wider die Sachsen zu vertheidigen; und daß das einzigste Mittel, die Stadt vor den Sachsen zu retten, dieses wäre, wenn sie den Herzog Karl von Geldern zu ihrem Herrn und Regenten annehmen würden. Dieser Vorschlag wurde genehmiget. Es wurde darauf der Obriste Lennep heimlich nach Geldern gesandt, um dem Herzoge die Stadt anzubieten. (f)

§. 11.

Dieses Anerbieten entsprach völlig der Absicht des Herzogs. Er ertheilte seinen Truppen sofort Ordre zu marschiren, schickte seine Werbofficiere nach Frankreich, schleunig mehrere Truppen anzuwerben, und gab seinem Marschall Wilhelm von Oyen den Auftrag, in seinem Namen die Stadt in Be-

---

(f) Emm. p. 720. Hiemit kömmt überein Occo Scarl. p. 389. Na dezen hebben de Gröningers met den Grave gehandelt, om een ander Heer te verkiezen, t'welk by haar geconsenteert heeft, zo dat zy't den Hertog van Gelder presenteerden. etc. Dagegen behauptet Beninga p. 563 daß der Magistrat in Gröningen heimlich, ohne Vorwissen des Grafen, dem Herzog die Stadt anbieten lassen.

Besitz zu nehmen. (g) Wie der Graf die Ankunft der Geldrischen Truppen, die bis in das Drentische vorgerücket waren, vernahm, zog er im Anfang November ihnen mit seinem Volke entgegen, und vereinigte sich mit ihnen bey Suidlaar. Hier war er im Begrif den schwarzen Haufen bey Weerdenbraß anzugreifen; die Geldrischen Obristen aber widersetzten sich und gaben vor, daß sie noch zur Zeit keine Ordre hätten, die Sachsen anzugreifen. (h) So mußte der Graf unverrichteter Sache wieder nach Gröningen zurückziehen. Die Geldrischen Truppen schlugen bey Noortlaren und Midlaren ein Lager auf, und wurden aus der Stadt proviantirt. (i) Unterdessen kam der Herzogliche Marschall Wilhelm von Oyen in die Stadt. Er ließ den Magistrat versammeln, zeigte seine Vollmacht vor, und deutete der Versammlung an, daß er eine ansehnliche Zahl Truppen bey der Hand habe, und sein Herr, der Herzog von Geldern auf seine Kosten noch mehrere anwerben würde, die Sachsen zu vertreiben. Weil aber der Herzog Georg von Sachsen ein mächtiger Herr wäre, der starken Anhang hätte; so müßte der Herzog von Geldern nicht nur vieles Geld wagen, sondern bey einem unglücklichen Ausgange, sein eigenes Land und seine Unterthanen der größten Gefahr aussetzen. Der Herzog verlangte daher für seine Kosten, Mühe und Gefahr, daß Graf Edzard die Stadt Gröningen und die Umlande ihres Eides, womit sie sich ihm bisher verpflichtet hätten, entlassen

---

(g) Emmius c. l.

(h) Beninga p. 567.

(i) Sickel Beninga p. 263.

Zweiter Abschnitt.

sen müßte, und die Stadt wiederum ihm und seinen Erben, als ihrem Landesherrn und Statthalter des Königs von Frankreich, in dessen Namen er dieses alles verlangte, huldigen und schwören sollte. Hiebey fügte er die Drohung, daß, falls der Graf und die Stadt seinen Vorschlag nicht genehmigen würden, er zufolge seines von dem Herzoge erhaltenen Auftrages, sich sofort wieder beurlauben, und die Truppen zurückziehen würde. Wann aber, fuhr er fort, die Stadt und der Graf dieses genehmigen würden, so hätte sein Herr, mit Beystand der Krone Frankreich Geld und Volk genug, die Sachsen und ihre Alliirten zu verjagen, auch den Grafen wieder in den Besitz der ihm entrissenen Festungen zu setzen; indessen sollte er seine Grafschaft ewig und erblich von dem Herzoge von Geldern, als Vasallen der Krone Frankreich, zu Lehn nehmen. Der Stadt versprach er insbesondere die Bestätigung aller ihrer Privilegien und Gerechtigkeiten, auch die Schleifung der von Graf Edzard angelegten Burg, (die man vielleicht der Freiheit der Stadt nachtheilig hielt) wogegen er sich die Erbauung eines unbefestigten Palais vorbehielt. (k)

§. 12.

Der Magistrat nahm die ihm von dem Marschall vorgelegte Bedingung an, und ersuchte den Grafen Edzard, die Stadt ihres Eides zu entlassen. (l) Ungewiß bleibet es, ob der Graf die

(k) Sickel Benings p. 258. dem ich als Augenzeuge alleine folge. Emmius hat diese Geschichte weiter ausgeschmücket p. 721. et seq.

(l) Benings p. 567-569.

Stadt des Eides, womit sie ihm verpflichtet war,
entlassen habe; wenigstens hat er sich anfänglich da-
wider gesträubet. (m) Allem Vermuthen nach aber
hat er zuletzt nachgegeben, (n) weil er sich der
Huldigung nicht widersetzet hat, da er persönlich in
Gröningen war, und noch damalen die Macht in
Händen hatte, weil er nicht einmal eine Protestation
wider die Huldigung eingeleget hat, weil er freywil-
lig Gröningen verließ, und mit dem Herzog von
Gelbern in einem guten Vernehmen blieb. Indessen
hat der Graf die Proposition des Marschalls, seine
Gräfschaft von dem Herzoge von Geldern und der
Krone

(m) Beninga l. c. Emm. p. 723.

(n) Sickel Beninga, ein vornehmer Bürger in
Gröningen und Augenzeuge, sagt dieses ausdrücklich p. 259 Mit ihm stimmt überein Occo Scarl.
p. 319. wo es heißt: de Graaf van Embden die
deze Tyd binnen Groningen was, heeft den Gröningers kwyt gelaten, en ontslagen van den Eed.
Emmius, der das Gröninger Archiv benutzet hat,
sagt eben dieses, und nennt sogar namentlich die
Deputirten des Grafen Edzard, die dem Marschall
von Dyen diese Nachricht überbracht haben. p. 724.
Sybe Iarichs, der damals lebte, sagt eben dieses in
seiner Corte Chronyk p. 459. und Winshem. p. 416.
meldet; Graaf Edzard heeft mit will ende Consent
der Groningern, syne Gerechtigheit den Hertoge
Carel van Geldre, getransporteert ende overgedra-
gen, doe heeft die Grave van Oostvriesland den
Borgemeesteren den Eed op dat Raedhuis opgesecht.
Dagegen leugnet Eggerik Beninga, der der Huldigung mit beygewohnet hat, durchaus, daß der
Graf die Stadt von dem Eide entbunden habe.
p 569. Allein die größere Zahl der gleichzeitigen
ersten Schriftsteller, die concurrirenden Umstände
und die Folgen, überwägen die Erzählung des
Eggerik Beninga.

Krone Frankreich zu Lehn zu nehmen, durchaus abgeschlagen. (o) Des Abends spät verfügte sich eine Deputation aus dem Magistrate und von dem Grafen zu dem Marschall, und eröfnete ihm, daß der Graf die Stadt des Eides entlassen hätte, und der Magistrat erbötig wäre, dem Herzoge Karl von Geldern, als ihrem neuen Herrn zu huldigen. Des andern Tages am 3. Novbr. wurde eine Versammlung des Magistrats, der Bürgerschaft und der Gilben in der Walburgiskirche veranlasset. Der Marschall Wilhelm von Oyen stand vor dem Altar und frug, nach einer kurzen Anrede, ob die Versammlung geneigt wäre, dem Herzoge Karl von Geldern, zu huldigen? Wie der Magistrat der Bürgerschaft versicherte, daß der Graf die Stadt ihres Eides entlassen habe, (p) entschloß sich die ganze Versammlung zu der Huldigung. Der Marschall nahm hierauf erst dem Magistrat, und dann der ganzen Gemeine den Eid ab. (q)

§. 13.

Dies war das Ende der ruhmvollen Regierung des Grafen Edzards über Gröningen, der Regierung, die ihm die Stadt selbst übertragen hatte. Acht Jahre lang hatte er die Stadt wider den Herzog

(o) De clientela quidem audire nolle, omniaque malle, quam istuc se dimittere. Emm. p. 723.

(p) Beninga behauptet noch immer, der Magistrat habe das Volk mißleitet, und der Graf habe nie seinem Rechte auf die Stadt entsaget. p. 570.

(q) Sickel Beninga p. 259. Beninga c. l. Emm. p. 724. Schot. p. 558. Occo Scarl. p. 389. Sybe Iarichs p. 459. Piccard Chron. v. Drente p. 211.

zog von Sachsen und seine Alliirten, die ihm an Zahl, Macht und Geldern weit überlegen waren, tapfer vertheidiget; durch seine Vorsicht der Hungersnoth vorgebeuget; und durch kluge Maasregeln alle innerliche Gährung in der Geburt ersticket. Entsprach der Ausgang zwar nicht den Wünschen des Grafen und seiner Nation, mußte er endlich dem Geldmangel, der Desertion seiner Soldaten und dem ihm weit überlegenen Feinde unterliegen, mußte er zuletzt dem Herzoge von Geldern in der Lage seiner Verzweiflung, in die Hände fallen; so bleibt es noch immer ein Wunder vor unsern Augen, daß er sich so lange gehalten hat. Mißleitet von der Stadt Gröningen schlug er, um für die Stadt alles zu wagen, um ihr nicht Wortbrüchig zu werden, die ihm angetragene Erbstatthalterschaft über Gröningerland und Friesland aus. Dagegen war die Kaiserliche Ungnade, und der wider ihn verhängte Reichsbann, der Ruin seiner eigenen Grafschaft, der Verlust von 8 bis 10 Tonnen Goldes, den er auf diesen Krieg verwandt hat, (r) die Frucht seiner Arbeit, seiner Mühseligkeiten und seiner Thaten. Hart mußte es daher dem guten Grafen fallen, wie er nach so vielen überstandenen Beschwerlichkeiten, selbst das Frohlocken des schwankenden Volkes, über die schnell veränderte Regierung anhören mußte, die der neue Regent Herzog Karl, ohne Schwerdschlag, ohne Kosten und Arbeit erhielt. Er, der Graf hielt sich noch ein paar Tage in Gröningen auf, bezahlte die rückständigen Schulden ab, ließ am 7. November die Burgermeister Sickinga, Coners, Löwen, Schaffer und Gelmer bey sich auf die Burg kommen, und gab ihnen

---

(r) Beninga p. 564.

Zweiter Abschnitt.

ihnen zu vernehmen, daß seine Anwesenheit in seiner eigenen Grafschaft höchst nothwendig wäre, und daß er in aller Stille des Nachts, mit der Besatzung, welche er auf der Burg hatte, abziehn wollte, weil in der Nähe ein sächsisches Corps herumstreifte, welches ihn leicht auffangen könnte. Er empfahl den Bürgermeistern das Wohl des Vaterlandes und der Stadt stets zu beherzigen, nahm einen rührenden Abschied von ihnen, und zog mit seiner wenigen Mannschaft und seiner Suite, heimlich des Nachts am 7. Novbr. aus der Stadt. Nach seinem Abzuge ließ der Magistrat einige Tage des Grafen Kastel, worauf er 12 Mann zurückgelassen, durch die Bürgerschaft besetzen. Bald nachher aber schleiften sie zufolge der mit dem Herzoge von Geldern getroffenen Convention, diese Burg. Die auf der Burg von dem Grafen zurückgelassene Sachen, brachten sie aber nachher in sichern Verwahrsam, um sie dem Grafen auf seinen Befehl wieder zuzustellen. (s)

§. 14.

Nach dem Rückzuge der Braunschweigischen Truppen aus Ostfriesland, zog Ulrich von Dornum vor Stickhausen. Er belagerte von Michaeli an diese Festung, schloß sie von allen Seiten ein, und hofte sie durch Hunger dem Feinde wieder zu entreißen. (t) Sobald der Graf aus Gröningen über Leer in Emden angekommen war, verfügte er sich nach dem Lager vor Stickhausen. Am 10. Novbr.
traf

(s) Sickel Beninga p. 261. Beninga p. 572. Emm. p. 725. Idem de agro Fris. deque urbe Gron. p. 42. et seq. Schot. p. 558.

(t) Beninga p. 561.

traf er borten ein. Unterdessen war ein Succurs von Braunschweigern und Oldenburgern, Harlingern und Jeveranern im Anmarsche, die hart gedrängte Festung zu entsetzen. Diese Armee war über 5000 Mann stark. (u) Die Avantgarde, ein starkes Corps, war bis an Lengen vorgerückt. Hier hielt sie Rasttag, und feyerte in stolzer Ruhe das Fest des heiligen Martins. Graf Edzard hatte ohngefähr 1000 Mann bey sich. Hievon vertraute er 300 Mann seiner auserlesensten Kriegsknechte dem Commando seines wackeren Obristen, Robert von Keppel an. In aller Stille bey stockfinsterer Nacht, fiel Keppel den sicheren Feind an, schlug ihn sofort in die Flucht, und machte eine große Niederlage. 1100 Mann sollen bey dieser verwirrten Flucht geblieben seyn. Der Morgen brach heran. Die feindliche Hauptarmee stellte sich in Schlachtordnung, zog die Flüchtigen an sich, und brach auf das Corps los, welches der Graf selbst anführte. Keppel war zu weit vorgedrungen, und von dem Grafen abgeschnitten. Er war daher nicht im Stande, ihn zu unterstützen. Nach langem Gefechte mußte endlich der Graf der Uebermacht des Feindes weichen, und sich zurück ziehen. Der Verlust des Feindes wird auf 2000 Mann berechnet; wovon er die Hälfte bey dem ersten Angriffe eingebüßet hatte. Der Graf mußte indessen die Belagerung aufheben. Die Braunschweiger versahen die entsetzte Festung Stickhausen und die beyden anderen Grenzfestungen Friedeburg und Uplengen mit Proviant und Munition, und

---

(u) Hamelman berechnet die Braunschweiger allein auf 5000 Mann. Ihr Heerführer war der Herzog Erich.

Zweiter Abschnitt. 271

und zogen wieder aus Ostfriesland zurück. Auch giengen der Graf von Oldenburg, Hero Omken und Christopher von Jever in ihre Länder zurück. (v)

§. 15.

Der Herzog von Sachsen war durch diesen Krieg in eine große Schuldenlast gerathen. Meissen war nicht im Stande mehr aufzubringen, und in dem ausgesogenen Friesland, durfte er nicht mehr Schatzungen, aus Furcht für einem Aufruhr ausschreiben. (w) Friesland, sagte er einst, mag mit Recht Freßland heißen, es hat beynahe Thüringen und Meissen aufgefressen, und ist noch nicht satt geworden. (x) Da der Herzog von Geldern, der sich auf die Unterstützung des Königs von Frankreich verlassen konnte, nunmehr im Besitz der Stadt Gröningen war, so mußte er bey diesem so mächtigen neuen Feinde, an einem glücklichen Ausgange dieses Krieges verzweifeln. Er suchte nochmalen die Stadt Gröningen zu einem Vergleiche zu bewegen. Die Stadt antwortete aber, daß sie sich unter den Schutz des Herzogs von Geldern begeben habe, und sich auf kein Gespräch, ohne dessen Vorwissen einlassen könnte. (y) Gleich hierauf ließ der Herzog von

(v) Sickel Beninga p. 262. Beninga p. 573. et seq Emm. p. 726. Schot. p. 559. v. Wicht ad Ann. 1514.

(w) Occo Scarl. p. 390.

(x) v. Wicht Annales ad Annum 1514. Schot. p. 575.

(y) Sickel Beninga p. 263. Beninga p. 576. Emm. p. 728. Schot. p. 560.

von Geldern auf Anrathen des Grafen Edzards, einige Truppen über die Lauer in Friesland einrücken, und nahm Schloten, Ylst, Schneeck, Bolsweert, Mackum, Stavorn, Hindelopen, die sieben Wolben und fast ganz Friesland, beynahe ohne Schwerdschlag ein. (z) Verdrießlich über dieses Mißgeschick, noch mehr, daß seine Friesen ihm bey seinem Geldlosen Zustande, ein verlangtes Anlehn ausschlugen, (a) zog Herzog Georg von Sachsen, in Begleitung von 300 Reutern, über Münster nach Meissen. Beninga und Winshemius erzehlen hiebey die Anecdote, daß verschiedene vermummte Reuter, Freunde des Grafen Edzards, vor seinem Hotel mit Laternen auf langen Stöcken, erschienen seyn, und sich spöttisch angeboten haben, ihm auf seiner Flucht nach Hause zu leuchten. (b) So zog der Herzog aus Friesland und kam nie wieder zurück.

§. 16.

1515 Jenseits der Lauer schlugen sich die Sachsen, und die Geldrer und selbst die Friesen unter sich herum. Einige waren sächsisch, andre geldrisch gesinnt. Ich übergehe diese Begebenheiten, weil sie kein Vorwurf unserer Geschichte sind. Die Stadt Gröningen hatte zwar dem Herzog von Geldern gehuldiget, es war aber noch keine besondere Convention zwischen dem Herzoge und der Stadt, über die Gränzen seiner Regierung und über die Privilegien

---

(z) Sickel Beninga p. 265. Emm. c. l. Schot. p. 561.

(a) Occo Scarl. p. 391. Winshem. p. 418.

(b) Beninga p. 576. Winshem. p. 420.

Zweiter Abschnitt.

vilegien und Gerechtsame der Stadt abgeschlossen. Am 17. Februar wurde diese Convention entworfen und von Wilhelm von Oyen, als Bevollmächtigten des Herzogs unterschrieben und besiegelt. Ein wichtiger Artikel war dieser: die Stadt trägt dem Herzoge die Regierung über die Umlande, und ihr Recht auf Ostergo, Westergo und das alte Amt über, und der Herzog soll nie zugeben, daß diese Länder von der Stadt getrennet werden, oder einen besondern Herrn annehmen. (c) Graf Edzard gerirte sich noch immer als Statthalter der Umlande. Nicht auf die Umlande, sondern blos auf die Stadt Gröningen hatte er Verzicht gethan. Der Marschall von Oyen und die Stadt Gröningen sahen immer den Grafen als ein wackeres Rüstzeug an, die Sachsen aus den Umlanden und Friesland zu vertreiben. Daher hielten sie die Convention und besonders diesen Artikel geheim. (d) Der Plan, die Sachsen aus Friesland zu vertreiben, war würklich zwischen dem Grafen und der Stadt entworfen. Der Graf schloß zuerst die Emse mit einer starken Anzahl bewafneter Schiffe, gegen die herumschwärmende Flotte der Sachsen. Hierauf gieng er am 18. Februar über die Emse, und verschanzte sich bey Farmsum, nicht weit von Delffsyhl. Die Gröninger eroberten Abuanderfyhl, und der Graf nahm bald nachher, wie er selbst eine Verstärkung aus Ostfriesland herüber geholt hatte, Delffsyhl mit Sturm ein. Hierauf vereinigte sich der Graf mit den Gröningern, und eröfnete die Belagerung von Appingadam. In dieser Stadt lag der sächsische General Carlowiß mit 600 Sol-

---

(c) Emm. p. 733. Schot. p. 564.
(d) Beninga p. 579. Sickel Beninga p. 272.

Soldaten, einer Menge Bauern und der einländischen Noblesse, die es mit dem sächsischen Hause hielt. Carlowitz litt Mangel an Proviant. Er fand sich nicht im Stande, sich lange zu halten, und capitulirte. Er bedung sich, seinen Soldaten, den Bauern und den Edelleuten, einen freyen Abzug mit aller ihrer Bagage. Die Belagerer standen ihm dieses zu, und verabredeten unter sich, daß die Gröninger und der Graf gemeinschaftlich die Stadt besetzen sollten; daß jedweder, die ihm von dem Feinde entrissenen, in der Festung vorhandene Kanonen zu sich nehmen, und man nachher wegen Rasirung der Wälle, sich besonders vergleichen wollte. Carlowitz zog ab, die Gräflichen Truppen zogen in das eine Thor, die Gröninger in das andere ein. Die Einwohner, eingedenk der sächsischen Sävitien bey der vormaligen Eroberung der Stadt, setzten der abmarschirten Besatzung nach. Zu ihnen verfügten sich in diesem Tumulte, die ostfriesischen Bauern und plünderten dem abziehenden Feinde die Bagage. Der Graf rechtfertigte sich damit, daß er nicht im Stande gewesen, die Ordnung bey diesem Auflaufe wieder herzustellen; daß er genaue Untersuchung anstellen und den General Carlowitz alsdenn befriedigen würde. (e) Sickel Beninga ziehet bey dieser Gelegenheit auf des Grafen sein Volk los. Eggerik Beninga sagt: dem Feinde seyen nur die contrabande, wider die Capitulation heimlich verschaffte Güter weggenommen worden. (f) Dieser ist immer für den Grafen, jener wider ihn eingenommen. Unterdessen wollte

der

(e) Emm. p. 736. et seq. Schot. p. 565. Sickel Beninga p. 273.

(f) Beninga p. 581. Sickel Beninga p. 274.

der Graf die Wälle der Stadt nicht abwerfen laßen. Hierüber entstanden einige Mißhelligkeiten zwischen dem Graf und dem Marschall von Onen, die ohnedem einander nicht recht gut waren. Bald nach dem Abzuge des Herzogs von Sachsen war der schwarze Haufe unbezahlt und ohne Haupt geblieben. Er zog sich durch Friesland, durch Drente, Overyssel, Utrecht bis nach Holland. Hier wirthschaftete dieses Volk so übel, daß ein allgemeines Aufgebot angeordnet wurde, es aus dem Lande zu vertreiben. Es entstand bald nachher ein Gerüchte, daß diese Krieger wieder nach Friesland zurückkehren würden, mit dem Zusatz, daß sie in Burgundischen Sold übergegangen seyn. Weil man nun den Grafen noch brauchen mußte, so wurden die Streitigkeiten bey Seite gesetzt, und Appingadam wurde ihm allein überlaßen. (g)

§. 17.

Die schwarze Garde rückte würklich über 5000 Mann stark, unter Anführung zweyer Generalen, Jacob Vernauwert und Kasper von Ulms in Friesland ein, wo die Sachsen noch Leewarden, Franecker und Harlingen besetzet hielten. Graf Edzard kam auf Ersuchen des einäugigten Grafen von Schwarzenburg, General en Chef der Geldrischen Truppen, mit einem Heer von 4400 Mann, aus Ostfriesland. Die mehresten waren Bauern aus Emsigerland, Norderland, Brokmerland und Reiderland. Nur 800 Soldaten waren darunter. Am 26. April fuhr er zu Schiffe von Emden ab. Am 30.

(g) Sickel Bèninga l. c. Emm. p. 738. Schot. p. 566. Martena Landbock p. 85.

30. kam er zu Wirsum. Hierauf gieng er gerade auf Doccum los, eroberte die Stadt und befestigte sie. Indessen durchzog die schwarze Garde mit dem Schwerdte und der Brandfackel ganz Friesland. Sie hielt sich bald hie, bald dort auf; so daß der Graf sie nie zu einer Schlacht bringen konnte. (h) Durch zwey Unglücksfälle aber wurde die schwarze Garde sehr gebeugt. Eine friesische oder geldrische Flotte grif unter Anführung zweyer Obristen, der eine hieß der große Peter, von seiner Statur so genannt, der andere Wiard, eine Holländische Flotte in der Südersee an. Diese wollte der schwarzen Garde Lebensmittel, Kleidung, Munition und Geld zuführen. Peter und Wiard eroberten 18 Schiffe, hierunter waren 5 Kriegesschiffe. Sie warfen 111 Mann von der Besatzung über Bord und nahmen 600 gefangen. (i) Bald nachher nahmen die Ostfriesen eine Dänische Fregatte weg, die mit Korn und anderm Proviant für den Feind bestimmt war. (k) Zu Meppel stand der Troß und die Bagage der schwarzen Garde. Dorthin detaschirte der Graf Edzard ein Corps, welches 200 Mann niedermachte, und die ganze Bagage erbeutete. (l) Hiedurch entstand unter der schwarzen Garde selbst Meuterey und Aufruhr. Sie nahm selbst ihre beyden Generale ge-

(h) Sickel Beninga p. 175. et seq. Beninga p. 582. Emm. p. 739. Occo Scarl. p. 397. Schot. p. 567.

(i) Beninga p. 583. Sickel Beninga p. 277. Emm. p. 740. Schot. p. 567. Occo Scarl. p. 396. 399. Winsh. p. 423. u. p. 425.

(k) Emm. c. l. Schot. c. l.

(l) Beninga p. 583. Emm. c. l.

gefangen, und wählte sich andere Anführer. Durch
Mord, Brand und Erpreſſungen machten ſich dieſe
Krieger bald wieder ſchadlos. (m) Graf Edzard
entwarf hierauf einen Plan, die ſchwarze Garde
und die Sachſen völlig aus Friesland zu vertreiben,
und theilte dieſen ſeinen Plan dem Geldriſchen Gouverneur der Stadt Gröningen, Arkel mit. Allein
Jalouſie vereitelte die Abſicht des Grafen. Er wurde
von den Geldriſchen Truppen, die den Feind von
der andern Seite angreifen ſollten, nicht unterſtützet.
Die Urſache dieſes neuen Mißverſtändniſſes war,
daß der Graf durchaus nicht zugeben wollte, daß die
Stadt Gröningen oder der Herzog von Geldern ſich
in die Regierung der Umlande miſchen ſollte, weil
er ſich noch immer als Regent der Umlande
anſah. (n)

§. 18.

Herzog Georg von Sachſen fühlte ſich bey
ſeinem Geldmangel, bey der innerlichen Gährung in
Friesland und bey der verbundenen Macht des Herzogs von Geldern und des Grafen von Oſtfriesland,
nicht im Stande, Friesland behaupten zu können.
Der Herzog von Burgundien, Philipp der Gute,
hatte dem Herzog Albrecht von Sachſen, Georgs
Vater, Friesland unter der Bedingung übertragen,
daß er oder ſeine Nachkommen dieſes Land mit
350000 F. wieder einlöſen könnte. Der Erzherzog
Karl von Oeſterreich, Philipp des Guten Sohn,
war

(m) Emm. Schot. c. l.

(n) Emm. p. 740. Schot. p. 568. Occo Scarl.
p. 398.

war als Regent von Burgundien und der Niederlande, ein mächtiger Herr, der die Friesen im Zaum halten, und den Herzog von Geldern und Grafen von Ostfriesland bezwingen konnte. Herzog Georg blickte in dieser seiner Verlegenheit auf diesen Erzherzog Karl, nachmaligen Kaiser, hin, sandte am 22. April seinen Bevollmächtigten nach Seeland, und ließ sich mit ihm, wegen Uebertragung Frieslandes, in Tractaten ein. Diese Gesandtschaft war dem Erzherzoge willkommen, daher kam am 19ten May schon dieser wichtige Cessionscontrakt würklich zu Stande. (o) Der Haupteinhalt desselben war: der Herzog von Sachsen restituiret und cediret dem Prinzen und Erzherzoge Karl ganz Friesland, mit allen seinen darin befindlichen Besitzungen, Rechten und Gerechtigkeiten, entsaget für sich und seinen Bruder Heinrich, dessen Genehmigung er beybringen will, allen ferneren Ansprüchen auf die friesische Provinzien, liefert dem Erzherzoge alle auf Friesland Bezug habende Documente ein, und überläßt ihm auf ein Jahr seine ganze Artillerie. Dafür verspricht ihm der Erzherzog 100000 rheinische Gulden auszuzahlen, wovon zum Theil der rückständige Sold der sächsischen Truppen abgeführet werden solle, den Grafen von Bentheim in seinen Schutz zu nehmen, und ohne Zustimmung des Herzogs von Sachsen, keinen Frieden mit der Stadt Gröningen, dem Herzoge von Geldern und dem Grafen von Ostfriesland einzugehn. Diese wichtige Angelegenheit wurde von

dem

(o) Dieser Contract ist in lateinischer Sprache ausgefertiget, und bey v. Schwarzenb. T. 2. p. 302. et seq. abgedruckt. Eine niederländische Uebersetzung stehet bey Winshem. p. 427. und Schot. p. 569.

Zweiter Abschnitt.

dem Erzherzoge Karl so eifrig betrieben, daß er schon unter dem 22. May die Ordre zur Auszahlung der 100000 Gulden auf seinen Rentmeister ertheilte. (p)

§. 19.

Erzherzog Karl und der Herzog von Geldern schlossen hierauf unter dem 8. Juny zu Delft, durch Vermittelung des Königs von Frankreich, einen Waffenstillstand auf 4 Monate ab. Die Hauptartikel desselben waren, daß alle Feindseligkeiten zu Wasser und zu Lande, von dem 12. Juny an, einzustellen seyn, daß bis Ablauf der 4 Monate jeder behalten sollte, was er besäße, daß alle Flüchtlinge wieder zurückkommen möchten, daß in der Zwischenzeit durch Mitwürkung des Königs von Frankreich ein beständiger Friede bearbeitet und in diesem Waffenstillstande der Herzog von Sachsen und der Graf von Ostfriesland mit begriffen werden sollte. (q) Nach diesem geschlossenen Waffenstillstande sandte der Herzog Karl Floris von Egmont, Herr von Yselstein, nach Friesland. Dieser kam bereits am 23. Juny zu Harlingen an. Die Sachsen, die Franecker, Leewarden und Harlingen noch besetzet hielten, überlieferten ihm diese feste Oerter. (r)

(p) f. Ordre du Prince Charle à ses Treforiers de payer au Duc de Saxe la somme stipulée, pour l'achat de Frife. Bey v. Schwarzenh. T. 2. p. 308.

(q) Sickel Beninga p. 278. Occo Scarl. p. 400. Winshem. p. 427. Emm. p. 743. Schot. p. 572. Martena Landboek p. 87.

(r) Sickel Beninga p. 283. Occo Scarl. p. 405. Emm. p. 745. Schot. p. 573.

Die Friesen, die sich bisher dem Herzoge von Geldern noch nicht unterworfen hatten, waren anfänglich unzufrieden, daß der Herzog von Sachsen ohne ihr Vorwissen, ihr Land dem Erzherzog Karl übertragen hatte, sie bequemten sich indessen auf den 1. July zur Huldigung, mit Vorbehalt ihrer Privilegien, Rechten und Gerechtigkeiten, worüber der Erzherzog Reversalien ausstellte. (s) Nach dieser Huldigung zahlte Floris von Egmont, Erzherzoglicher Statthalter von Holland, Seeland und Friesland, dem schwarzen Haufen den rückständigen Sold, mit 60000 F. ab. Dieser verließ hierauf Friesland. Viele giengen nach Holland und traten in Dienste des Erzherzogs Karl über. Andere, die des Krieges müde waren, giengen nach ihren Heimathen zurück, die mehresten traten in französischen Sold, und dienten dem Könige in Italien. (t) So endigte sich die Sächsische Regierung in Friesland.

(s) Martena Landboek p. 88·91. Sickel Beninga p. 283. Occo Scarl. p. 404. Winshem. p. 433. et seq. Emm. p. 746. Schot. p. 573.

(t) Beninga p. 584. Winsh. p. 435. Sickel Beninga p. 283. Schot. p. 575. Martena p. 90. Emm. p. 746.

Drit-

Dritter Abschnitt.

§. 1. Graf Edzard kehrt nach Ostfriesland zurück, züchtiget Junker Christopher von Jever und Hero Omken von Harlingerland und bemächtiget sich Butjadingerlandes. Herzog Erich von Braunschweig erobert Butjadingerland wieder. §. 2. Edzard erobert Uplengen, muß aber die Belagerung von Esens aufheben. §. 3. Zwischen dem Grafen und der Stadt Gröningen entstehen Streitigkeiten über die Regierung der Umlande. §. 4. Der Graf läst unter dem Geräusch der Waffen das itzige ostfriesische Landrecht verfertigen. §. 5. Er belagert wiederum Stickhausen. Die Braunschweigischen Fürsten entsetzen die Festung und erobern das Gräfliche Lager. §. 6. Waffenstillstand zwischen den Braunschweigischen Fürsten und dem Grafen. §. 7. Der Graf bewirbt sich um die Freundschaft des Grafen Floris von Egmont, friesischen Statthalters des Erzherzoges Carl, nunmehrigen Königes von Spanien. §. 8. Bündniß des Herzoges von Geldern, der Stadt Gröningen, der Braunschw. eigischen Fürsten und des Grafen von Oldenburg wider Graf Edzard. §. 9. Edzard reiset mit dem Grafen Floris nach Brabant. Er erhält Audienz bey dem Könige von Spanien und dem Kaiser Maximilian. Der Kaiser hebet die wider ihn verhängte Reichs-Acht auf. §. 10. Der König von Spanien macht ihn zum Statthalter der Umlande, und seinen Sohn Graf Ulrich zu seinem Kammerherrn. Der Graf verpflichtet sich mit vorbehaltener Approbation des Kaisers und des Reichs, Ostfriesland von dem Könige von Spanien, als Grafen von Holland zu Lehn zu nehmen. §. 11. Der Graf stattet als Statthalter der Umlanden oder Gröningerlandes zu Gent den Eid der Treue ab. läst seinen Sohn bey dem Könige und gehet nach Ostfriesland zurück. Die ostfriesischen Landes-Stände genehmigen nicht, daß die Grafschaft ein holländisches Lehn werden soll. §. 12. Der Graf ziehet von seiner inländischen Statthalterschaft wenigen Vortheil. §. 13. Er nimmt Friedeburg ein. §. 14. Junker Christopher von Jever stirbt. Mislungener Anschlag der Braunschweigischen Fürsten, und Hero Omken auf Jever. §. 15. Graf Edzard trift einen Vergleich mit dem Fräulein von Jever; wornach durch eine zu stiftende Heirath die Herrschaft Jever mit Ostfriesland verbunden werden soll. Der Graf soll bis dahin die vormundschaftliche Regierung führen. §. 16. Er bestellet einen Statthalter in Jever, der ihm und den Fräulein schwören muß. §. 17. Friede zwischen dem Grafen, den Braunschweigischen Fürsten und dem Grafen von Oldenburg. §. 18 und 19. Dem Grafen wird die Festung Stickhausen wieder eingeräumet. Ihm werden seine Ansprüche auf Butjadinger- und Stadt-Land vorbehalten. Ende der blutigen sächsischen Fehde. §. 20. Der Graf danket seine Truppen ab.

§. 1.

Graf Edzard hielt sich noch mit seiner Armee bey Doccum auf. Er erhielt aber von dem Statthalter Floris von Egmond eine Weisung, sich sofort zurückzuziehen, falls er die Früchte des Waffenstillstandes mit genießen wollte. Er muste sich in die Zeit schicken und zog bald nachher über die Lauer zurück. (a) Wie er in Ostfriesland kam, wandte er sofort seine Waffen wider seine benachbarte Feinde. Längst hatte er Junker Christopher gedrohet, ihn mit der Ruthe zu geisseln. Er war nicht leicht gewohnt, Wortlos zu werden. Er ließ seinen Obristen Robert Keppel in Jeverland einrücken. Dieser beschoß Roßhusen und eroberte die Festung. Der Graf legte eine Besatzung hinein. Hierauf suchte er ganz Jeverland, Ostringen und Wangerland mit Brandschatzung heim. Auch rächte er sich an Hero Omken, und trieb von Harlingerland starke Contributionen bey. (b) Hierauf fiel er in Butjadinger-Land ein. Folef von

Knip-

(a) Beninga p. 584. Sickel Beninga p. 208. Schot. p. 557. Martena p. 90. Emm. p. 746.

(b) Sickel Beninga p. 289. Beninga p. 577. Emm. p. 746. Schot. p. 577. Sprengers jeverische Chronik ad ann. 1415.

Dritter Abschnitt.

Knipphausen führte zu Schiffe über die Jade die Gräflichen Truppen dahin. Die Butjadinger, die noch immer ihrem vormaligen Herrn Grafen Edzard anhingen, aber durch Gewalt der Waffen zum Abfall gezwungen worden, schlugen sich gleich zu dem gräflichen Volke. Bald wurden die festen Oerter und Kirchen erobert, und die Braunschweigischen und Oldenburgischen Besatzungen niedergemacht. Gleich nach dem Rückzuge der Ostfriesen kam Herzog Erich von Braunschweig mit einer starken Armee, und züchtigte mit dem Schwerdte und der Brandfackel die aufsätzigen Butjadinger. (c) Der Herzog wandte sich hierauf nach Ostfriesland. Der Graf hatte aber die Deiche durchstechen lassen, und so muste er unverrichteter Sache sich zurückziehen. (d)

§. 2.

Der Graf belagerte hierauf Uplengen. Eine epidemische Krankheit hatte die Besatzung größtentheils dahin geraffet. Daher muste der Commendant Melchior von Kampen die Festung übergeben. (e) Die Braunschweiger hielten also nur Friedeburg und Stickhausen allein in Ostfriesland besetzet. Von Uplengen zog der Graf wieder nach Harlingerland, und holte wiederum eine starke Brandschatzung aus dem Gebiete des Hero Omken. Er belagerte bey diesem Zuge Esens. Die Burg war aber so stark befestiget, mit vieler Besatzung und Ammunition versehen, daß er die Belagerung aufheben muste. Tanne von

(c) Sickel Beninga p. 289. Hamelmann p. 314.
(d) Sickel Beninga c. l. Emm. p. 747.
(e) Beninga p. 578. Sickel Beninga p. 290.

von Olberfum erhielt bey dieser Belagerung einen Schuß, und starb an der Wunde. (f)

§. 3.

Warscheinlich würde der Graf seine benachbarten Feinde noch härter gezüchtiget und mehrere Eroberungen gemacht haben; aber neue Auftritte in den Umlanden verrückten ihm seinen vorgesetzten Plan. Wie der Graf noch in dem Lager bey Doccum stand, mengte sich auf Anstiften des Marschall von Oyen die Stadt Gröningen in die Regierung der Umlanden, foderte Schatzungen ein, setzte die Gräflichen Beamte ab, und bestellte neue. Der Graf erbost über dieses Verfahren, schrieb unter dem 21. Junii aus seinem Lager einen scharfen Brief, sowohl an den Marschall, als an den Magistrat. Beide entschuldigten sich mit dem Geheisse des Herzogs; und blieb diese Streitsache noch eine Zeitlang ausgestellt. (g) Die Umlande hatten indessen seit zwei Jahren dem Grafen die Subsidien, welche jährlich auf 8000 Gulden beglichen waren, nicht bezahlet. Er ließ diese Gelder durch seinen Canzler Wilhelm Ubbes einfodern, und setzte den Tag zur Zahlung auf den 16. Septbr. an. Die mehresten der Umländer gehorchten auf Anstiften der Geldrischen Generalität, und der Stadt Gröningen, der die Trennung der Umlanden von der Stadt immer gehässig war, dem Befehl des Grafen nicht. Wie der Graf die widerspenstigen Umländer bedrohen ließ, fielen die Gröninger, und die Geldrischen Truppen unvermuthet Appingabam an, und

---

(f) Beninga und Sick. Ben. l. c.

(g) Sickel Beninga p. 278. Emm. p. 745. Schot. p. 573.

Dritter Abschnitt.

und überrumpelten die Stadt. Gleich versammlete der Graf seine Truppen, und schiffte sie ein. Das Gerücht der Ankunft des Grafen erweckte bey den Gröningern und Geldrischen ein panisches Schrecken. Noch war die Flotte auf der Emse, wie die ganze Garnison in der größten Eil Appingadam verließ und wieder in Gröningen einzog. Des ahdern Tages rückte der Graf ohne Schwerdschlag wieder in die Stadt ein, und ließ die von den Gröningern bey ihrem Abzuge ausgerissenen Pallisaden, die abgeworfenen Brustwehre, und den hin und wieder gedämpften Graben wieder herstellen. Ein ganzer Monat verstrich mit Zänkereien zwischen dem Grafen und der Stadt Gröningen. Hiebey blieb es, so, daß von beiden Seiten nicht zur Thätigkeit geschritten wurde. Die Gröninger verlangten den rückständigen Sold der Garnison, die der Graf bey seinem Abzuge zu bezahlen übernommen hatte; dagegen beschwerte der Graf sich, daß ihm von Seiten der Stadt die Einziehung der Schatzungen, und der ihm rückständigen Subsidien behindert würde, und daß er nicht eher seine Schuld abtragen könnte. Er warf ihr die helmtückische Ueberrumpelung der Stadt Appingadam und die Schleifung der Festungswerke vor; die Stadt schützte sich wieder mit dem Accorde der zwischen ihr und dem Grafen vorhin bey der Eroberung gemachet worden. In Absicht der Hauptsache des Gräflichen Rechtes auf die Umlande, sagten die Gröninger, müste diese Streitsache der Entscheidung des Herzogs von Geldern überlassen werden. Dies war der Gegenstand der beiderseitigen Zänkereyen. Inzwischen hatten sich die Gröninger an den Herzog von Geldern gewandt, der nunmehr in seine Staaten aus dem italiänischen Feldzuge zurückgekommen war. Der Herzog vermahnte hierauf sowohl den Grafen als die

Stadt,

Stadt, die Waffen niederzulegen, und versprach nächſtens ſelbſt in Gröningen zu kommen, da er denn die Streitſache unterſuchen, und ſie nach Billigkeit entſcheiden würde. Der Graf fand|es nicht gerathen, ſich den mächtigen Herzog zum Feinde zu machen, und gieng im Anfang November oder Ausgang October nach Friesland zurück. (h)

§. 4.

Wer ſollte es vermuthen, daß Graf Edzard mitten unter dem Geräuſche der Waffen an die Verbeſſerung des Juſtitzweſens in ſeiner Provinz denken konnte? Und dieſes that er wirklich, indem er ein neues Geſetzbuch ausarbeiten ließ. In der That war dieſe Reform nöthig und heilſam. In Oſtfriesland galten damals zum Theil, in ſo fern es ſeine itzige Staatsverfaſſung noch erlaubte, die allgemeinen frieſiſchen Geſetze, die vormals für den ganzen verbundenen Staatskörper von Stavern bis zur Weſer entworfen waren, dann neuere unter den Häuptlingen gemachte Geſetze, ferner beſondere Statuten in jedem Amte, und endlich eine Menge Obſervanzen und Gewohnheiten. Hiezu kam das ſchon ſeit geraumer Zeit eingeführte römiſche und canoniſche Recht, wovon uns ſchon die upſtalsbomiſchen Statuten, verſchiedene alte Teſtamente und einige Codices zu den Zeiten der Häuptlinge, die ſicherſten Beweiſe liefern. (k) Schon war zu den Zeiten der Häuptlinge

(h) Siekel Beninga p. 291. Emm. p. 748-754. Schot. p. 578. et ſeq.

(k) Unſer Landsmann, der gelehrte Hermann Conring irret ſich ſehr, wenn er in ſeinem vortreflichen Tractate de origine juris germanici cap. 30.

vor-

Dritter Abschnitt.

ge eine Sammlung dieser in Ostfriesland geltenden
verschiedenen Gesetze veranstaltet, wovon ich noch einen auf Pergament sauber geschriebenen Codex besitze. Dieses Chaos aus so verschiedenen Quellen ent-
sprungener Gesetze misleitete den Richter und verwirrte das Volk. Die Landrichter machten immer
Zusätze und Verbesserungen. Diese Zusätze und Verbesserungen waren beinahe das, was bey den Römern
die Responsa Prudentum waren. So schusterte man
immer auf dieser Leiste unter der gräflichen Regierung noch hin. Graf Edzard wollte diesem Unwesen
Wandel schaffen, und lies ein neues Gesetzbuch mit
Zustimmung und Beihülfe der Landesstände ausarbeiten. (l) Dieser Codex ist in 3 Bücher abgethei-
let. Das erste handelt von der Proceß-Ordnung,
und enthält zugleich die 17 Wilkühren und 24 Landrechte, Verordnungen, die der damaligen Staats-
verfassung nach Trennung der friesischen Republik
durchaus nicht mehr angemessen waren. Weil aber
die Friesen so feste an den Gewohnheiten und Rechten ihrer Urväter klebten, so muste er auch diese Will-
kühren und Landrechte an die Spitze seines Codicis setzen. Merkwürdig war das gemeinschaftliche Bündnis von 1430. worinn sie sich so ausdrückten: „Wil-
„leh

voralebt, daß das römische Recht sich erst 1580.
in Ostfriesland eingeschlichen habe; da doch das
ostfriesische Landrecht sich schon auf das römische
Recht öfters gründet, und sich zuweilen ausdrücklich darauf beziehet.

(l) In der Vorrede der ältesten Exemplaren des
Landrechts stehet, mit Rait und Consent und Vul-
bort unser guten Mannen, Hövetlingen, Bürgern
und ganzer Gemeine. Von Wichts Vorbericht zum
Landrecht p. 195. n. 6.

Siebentes Buch.

„len mit der Hülpe Gades allmächtig, fry, freesch,
„de eene mit den andern byſtåndig weſen und beſcher-
„men unſe Over Oldern Wåders Recht von König
„Carolo beſchreven und by der gemeenen Freſen Land-
„Recht und Frydommen tho ewigen Tyden tho blyven-
„de." Es ruhete alſo noch 100 Jahre hachher der
Geiſt der Nation auf der Nachkommenſchaft. Das
zweite Buch behandelt das Perſonen- und Sachen-
Recht; die Lehren von der Inteſtat-Erbſchaft, von
dem Näher-Rechte, von dem gemeinſchaftlichen Er-
werb der Eheleute ſind die wichtigſten in dieſem Buche, die auch noch bis auf den heutigen Tag dem
Richter zur Norm dienen. Auch hier finden wir wieder ein merkwürdiges Beiſpiel, daß der Oſtfrieſe
durchaus nicht von den Gewohnheiten ſeiner Väter habe weichen wollen. So behielten die Emſiger, Brockmer, Oberledinger und Moormer den gemeinſchaftlichen Eheerwerb bey, dagegen litt in Auricher, Norder und Reiderlande das Frauengut, während der
Ehe weder Zuwachs, noch Verluſt. Dieſe von einander in verſchiedenen Diſtricten durchaus abweichen-
de Rechte beſtätigte ausdrücklich der Graf in dieſem
zweiten Buche. Noch itzo wird ſo genau auf dieſe
Verordnung gehalten, daß nicht nur in einem und
demſelben Amte, ſondern ſo gar in einem Dorfe verſchiedene Rechte in Abſicht des Weiber-Gutes ſtatt
finden. (m) Das dritte Buch behandelt das Crimi-
nale, worinn auf jedes beſondere Glied, auf jeden
Knochen

(m) Auricher-Amt begreift itzo ganz Brockmerland, das alte Auricher-Land und einen Theil von
Moormer-Land in ſich. Das große Fehn liegt
zum Theil in Moormerland, zum Theil in Auricher-Land. Daher finden in dieſer Dorfſchaft
zweierley Rechte Platz.

Dritter Abschnitt.

Knochen von der Scheitel bis zur Fußsohle eine besondere festgesetzte Geldstrafe für den Richter und den Beschädigten (Brüche und Busse) bestimmet ist, und worinn die Tiefe und Breite der Wunden nach einem vorgeschriebenen Maasstabe berechnet wird. Dieses Buch ist ganz in dem Geschmack der ältesten germanischen Gesetze. Auch in diesem dritten Buche sind die Emsiger Dämnen und die Überführen, als ein Denkmal des Alterthums aufgehoben. Dieser Edzardische Codex ist unser gegenwärtiges ostfriesisches Landrecht. Fast dritthalb hundert Jahre muste jedweder Richter und jeder Rechtsfreund sich mit der Handschrift behelfen, bis endlich 1746 der Regierungsrath Mathias von Wicht auf ständische Kosten dieses Landrecht ausgab. Die Uebersetzung, die Anmerkungen und die Vorrede haben ihn in die erste Classe der Forscher des Alterthums und der Kenner des germanischen Rechtes rangiret.

§. 5.

Edzard konnte es unmöglich mit gleichgültigen Augen ansehen, daß die beiden Festungen Stickhausen und Friedeburg noch in den Händen seiner Feinde waren. Gleich im Anfange des folgenden Jahres 1516 eröfnete er seinen Feldzug mit der Belagerung Stickhausens. Seine Absicht war die Festung zu blöquiren und die Besatzung durch Hunger zur Uebergabe zu zwingen. Er bezog zwey Läger, das eine bey Detern und Felde, das andere bey Filsum und Höllen. In jenem war er selbst gegenwärtig, in diesem war der Oberste Christian Wissendorffer, und die Hauptleute Jelke von Ihrhove, Drost zu Berum, und Albert aus Butjadingerland. Schon einige Wochen war die Festung eingeschlossen, wie 100 Mann, am Osterfeste, als in dem Lager Messe gelesen wurde,

einen

einen Ausfall thaten. Dieser Ausfall mislang. Viele wurden erschlagen, und die mehresten gefangen. Unter die Zahl der letzteren gehörte der Anführer Taubenheimer, ein Edelmann aus Meissen. Dieser wurde nach Aurich abgeführet und muste lange Zeit in dem Gefängnisse ausharren. Endlich rückten die Herzoge Erich und Heinrich der jüngere von Braunschweig, Heinrich von Lüneburg, der Bischof von Minden, Graf Johann von Oldenburg, Christopher von Jever und Hero Omken zum Entsatze heran. Der Sammlungsplatz dieser Truppen war zu Westerstede. Der Graf vermuthete, daß der Feind über das lengener Moraft heranrücken würde. Daher zog er in Person mit dem Kern seines Volks ihn bis lengen entgegen. Wider sein Vermuthen aber schwenkte sich der Feind nach Ape hin, und überfiel am 22. April das Lager bey Detern. Nach tapferer Gegenwehr wurde das Lager erobert. Von dem gräflichen Volke blieben 600 Mann. Sickel Beninga verdoppelt diese Anzahl. Selbst der Oberste Christian Wissenboesser fand hier seinen Tod. Der Graf eilte schleunigst herüber, seinen bedrängten Leuten zu Hülfe zu kommen; unterwegens erhielt er aber die fatale Nachricht von der Niederlage seiner Truppen und der Eroberung des Lagers. Er sahe sich nicht im Stande dem mächtigeren Feinde eine Schlacht zu liefern, und zog sich nach Aurich zurück. So wurde denn diese Festung entsetzet, mit mehrerer Mannschaft verstärket, und mit Proviant und Munition wieder versehen. Noch vier Tage plünderte der Feind die umliegende Gegend aus, und zog dann wieder ab. (n)

§. 6.

(n) Beninga p. 584. et seq. Sickel Beninga p. 294. Emmius p. 756. Schot. p. 582.

Dritter Abschnitt.

§. 6.

Graf Edzard hatte seine Besatzung aus Appingabam zum Behuf seiner Expedition vor Stickhausen gezogen. Nunmehr ließ er auch die Garnison aus Delfsyhl nach Ostfriesland herüber kommen. Wie die Stadt Gröningen seine Niederlage und die Entsetzung der Festung Stickhausen vernahm, wurde sie ihres Muthes voll, bot die umländische Bauern auf und schleifte die Festungswerke sowohl von Delfsyhl, als Appingabam. (o) Dies kränkte zwar den guten Grafen, noch mehr aber die sichere Nachricht, die er von einer heimlichen Correspondenz zwischen den Gröningern und seinen Feinden, und von einem Bündnisse zwischen dem Herzoge von Geldern und dem Herzoge Heinrich von Lüneburg einzog. So war er denn von der ganzen Welt, nur nicht von seinen treuen Unterthanen verlassen. (p) Indessen bemüheten sich die Bischöfe von Münster und Hildesheim, den Grafen Edzard mit den Braunschweigischen Fürsten auszusöhnen. Dreimal wurde hinter einander durch Vermittelung dieser Bischöffe zu Wilshausen, Bremen und Aschendorf an einem Frieden gearbeitet. Endlich kam doch um Pfingsten ein Waffenstillstand auf ein Jahr zu Stande. In dieser Zwischenzeit sollte jeder in dem ungestörten Besitze seiner Güter verbleiben. (q)

§. 7.

(o) Sickel Beninga l. c. Emm. p. 758.

(p) Emm. p. 758.

(q) Beninga p. 586. Sickel Beninga p. 295. Emm p. 758.

Siebentes Buch.

§. 7.

Lange war der Waffenstillstand zwischen dem Erzherzoge Karl von Oestreich und Burgundien, nunmehrigen Könige von Spanien und dem Herzoge von Geldern abgelaufen. Nach einigen Neckereyen von beiden Seiten wurde dieser Waffenstillstand bis Ausgang April verlängert. Hierauf wurde wieder der Schauplatz des Krieges in Friesland aufgeschlagen, wo sie sich mit wechselseitigem Glücke wacker herum tummelten. Wir bemerken dieses nur beiläufig, um den Faden der Geschichte nicht zu unterbrechen. Die besonderen dabey vorgefallenen Auftritte gehören aber zu der friesischen, und nicht zu der ostfriesischen Geschichte. (r) Die Burgundier hatten Doccum erobert. Graf Floris von Buiren, Statthalter von Friesland, war damals selbst in Doccum, wie Graf Edzard einen Besuch bey ihm abstattete. Die Veranlassung dazu war diese: das Mißtrauen des Grafen auf den Herzog von Geldern und die Stadt Gröningen nahm immer zu; die vorerwähnte heimliche Correspondenz der Stadt Gröningen mit seinen Feinden, und das Bündniß des Herzogs von Geldern mit dem Herzoge von Lüneburg, von dessen besonderem Einhalte er doch noch nicht unterrichtet war, ließ ihn einen künftigen Bruch mit dem Herzoge von Geldern und der Stadt Gröningen argwöhnen. Er hielt es rathsam sich nach einer neuen Allianz umzusehen, sich unter den Schutz des Herzoges Karl von Oestreich, nunmehrigen Königes von Spanien zu begeben, und

---

(r) Man kann hierüber weitläuftig nachsehen Winshem. XIV. Boek. Occo Scharl. XII. Boeck. Emm. p. 758. et seq. Schot. p. 583. et seq. Wagenaar vad. Hist. XVI. Boeck.

und sich mit dem Kaiser Maximilian auszusöhnen. Am 24. August kam er zu Doccum bey den Statthalter Grafen Floris. Er erzählte ihm sein Misgeschick, wie er von dem Herzoge von Sachsen bey dem Kaiser angeschwärzet, wie er ungehört mit der Reichsacht beleget worden, wie er immer auf einen Rechtsspruch provociret habe, wie er von dem Herzoge von Sachsen auf der einen, und dem Herzoge von Braunschweig und ihren Bundesgenossen auf der andern Seite befehdet worden, wie er sich gezwungen gesehen, mit dem Herzoge von Geldern ein Bündniß einzugehen, und itzt von ihm und der Stadt Gröningen, für welche er das Gut und das Blut seiner Unterthanen aufgeopfert hätte, so treulos behandelt worden. Er ersuchte daher den Statthalter um sein vielgeltendes Vorwort bey dem Kaiser und dem Könige von Spanien. Graf Floris wurde von dem Grafen so sehr eingenommen, daß er ihm versprach, so bald er nur aus Friesland abkommen könnte, selbst mit ihm zu reisen und ihn dem Könige vorzustellen. Er beschenkte ihn auch mit einem schönen völlig ausgerüstetem Schiffe. (s) Der Graf reiste hierauf vergnügt wieder nach Emden zurück. (t)

§. 8.

Das Bündniß, welches der Herzog von Geldern und die Stadt Gröningen mit dem Herzoge Heinrich von Lüneburg und dem Grafen Johann von Oldenburg

---

(s) Beninga sagt een schoon Carveel mit al syn Segel und tobehoer. p. 587. Karcveel. Dromas, celox: navis vectoria, vulgo Caravella. Kilian Etymol. teut. ling. p. 280.

(t) Beninga p. 587. Emm. p 760.

burg abgeschlossen hatten, wurde äußerst geheim gehalten. Graf Edzard legte sich auf Kundschaft. Ihm gelang es endlich nach seiner Zurückkunft in Ostfriesland, von dem Einhalte Nachricht zu erhalten. In diesem Bündnisse verpflichteten sich der Herzog von Geldern und die Stadt Gröningen mit dem Herzoge von Lüneburg und dem Grafen von Oldenburg gemeinschaftliche Sache zu machen, um den Grafen Edzard zu bekriegen; dabey machten diese neue Bundsgenossen sich anheischig, keinen Separat-Frieden, oder Waffenstillstand ohne gemeinschaftliche Zustimmung mit dem Grafen einzugehen. Der Herzog von Lüneburg und der Graf von Oldenburg versprachen dem Herzog Erich von Braunschweig, Hero Omken, von Esens und Christoph von Jever mit in dieses Bündnis zu ziehen. Auch theilten sie sich vorläufig schon in die Beute. Geld, Mobilien und Moventien sollten gleichlich getheilet werden. Das Land disseits der Emse sollte den Oldenburgern und Lüneburgern, und jenseits der Emse den Gröningern und dem Herzoge von Geldern zufallen. (u) Der Plan zur Eroberung und Unterjochung Ostfrieslandes war in dem Bündnisse so angeleget, daß der Herzog von Geldern und die Stadt Gröningen mit einer Flotte die Emse sperren, und mit einem starken Corps Truppen in Reiderland einfallen, dagegen der Herzog von Lüneburg und der Graf von Oldenburg von der andern Seite einrücken sollten. Aber der Herzog von Geldern hatte jenseits der Emse seine Hände so voll, daß dieses Project wenigstens vorerst ausgestellet wurde. (v)

§. 9.

(u) Emmius p. 763. Dieses von beiden Theilen unterschriebene und besiegelte Document hat Emmius in Händen gehabt

(v) Emm. p. 763.

Dritter Abschnitt.

§. 9.

Die Entdeckung dieser gefährlichen Conföderation bewog den Grafen Edzard, nach dem friesischen Statthalter Floris, Grafen von Buiren zu reisen. Mitten im Winter am 6. Januar trat er seine Reise 1517 zu Schiffe an, und traf bald zu Doccum ein. Zu Leewarden wurde er von seinem Freunde, dem Grafen Floris herrlich empfangen und bewirthet. Dieser versprach ihm, mit ihm nächstens nach Brabant zu reisen und ihn bey Hofe zu introduciren. Zuvor aber würkte er für den Grafen, weil er noch unter der Reichsacht war, ein sicheres Geleite aus. Weil nun Müssiggang oder geschäftlose Ruhe eben nicht die Sache des Grafen Edzards war; so wohnte er der Belagerung von Schneek bey, die wegen des eingefallenen Thauwetters von den Burgundiern wieder aufgehoben werden muste. Im Ausgange Februars reisten der Statthalter und der Graf nach Brabant ab. Zu Brüssel erhielt der Graf Audienz bey dem Könige Karl von Spanien, und dessen Vaters Schwester Erzherzogin Margarethe, Gouvernantin der Niederlande und erbat sich in seiner bedrängten Lage den Schutz des Burgundischen Hauses. Sein Anliegen wurde gnädig aufgenommen. Dies war auch ganz natürlich, da der König und die Erzherzogin diesen wackeren Grafen vortreflich gegen den Herzog von Geldern nützen konnten. Er reiste hierauf auf Zureden des Königs und der Gouvernantin mit einem Vorschreiben nach Mecheln ab, und wurde zur Audienz bey dem Kaiser Maximilian vorgelassen. Hier redete er so frey, so nachdrücklich, so körnigt von dem großen Dienste, den er dem Herzoge Albert von Sachsen, und nachher dem Herzoge Georg geleistet, von deren Undanke, von der erschlichenen Reichsacht, von

T 4 der

der Verfolgung seiner Feinde, von der Treulosigkeit des Herzogs von Geldern und der Stadt Gröningen, daß der Kaiser gleich von ihm eingenommen wurde, und die wider ihn verhängte Reichsacht wieder aufhob. (w)

§. 10.

Nachdem die Sache des Grafen Edzards eine so gute Wendung nahm, ließ er sich mit dem Könige Karl von Spanien näher in Tractaten ein. Der Vergleich kam glücklich zu Stande, und wurde am 1. Junii unterschrieben und besiegelt. Der Inhalt desselben war: Graf Edzard wurde von dem Könige zum Statthalter von Gröningerland oder der Umlanden bestellet, wofür er jährlich eine Pension von 4000. Gold-Gülden zu genießen haben sollte; diese 4000 Gülden sollte er aus den Schatzungen und sonstigen Einkünften erheben, und den Ueberschuß dem Könige berechnen; dann sollte er dem Könige wider seine Feinde in Friesland dienen, wozu der König die Kosten herschießen wollte; dagegen versprach der König ihn wider seine Feinde zu schützen. Dann sollte der Graf als Statthalter der Umlande den Eid der Treue und des Gehorsams dem Könige abstatten, und für sich und seine Nachkommen die Grafschaft Ostfriesland von dem Könige, als Grafen von Holland, zu Lehn nehmen, weshalb aber noch zuvörderst die nachzusuchende Genehmigung und Approbation des Kaisers und des Reichs ausdrücklich vorbehalten wurde. Endlich versprach der König die Prätension des Grafen auf das alte Amt, welches er

---

(w) Beninga p. 590. et seq. Emm. p. 764. et seq. Schot. p. 588. et seq.

er als sein Domainengut betrachtete, zu untersuchen, und nach Befinden der Umstände darinn zu entscheiden. Zuletzt machte der König den ältesten Sohn des Grafen Edzard, den jungen Grafen Ulrich zu seinem Kammerherrn, und setzte ihm dafür eine Pension von 1000. Gulden jährlich aus. (x)

§. 11.

Am 10. Junii. stattete der Graf zu Gent den Eid der Treue als Statthalter von Gröningerland vor dem Königlichen Großcanzler Sauvage von Eschaubeck ab, (y) nahm von seinem 18 jährigen Sohne Ulrich, welcher mit dem Könige nach Spanien gieng, Abschied, und kam am 21. Junii in Emden zurück: (z) Froh waren die Bürger der Stadt, wie sie ihren Grafen wieder in ihren Ringmauern sahen. Sie freuten sich um so viel mehr über seine Gegenwart, weil dadurch das nach Ostfriesland erschollene Gerücht, wornach der Graf, sein Sohn Ulrich und einige seiner Räthe auf einem rothen Tuche in Brabant sollten enthauptet seyn, von selbst widerleget wurde. (a) Nach seiner Zurückkunft ließ er die Stände versammlen, und legte ihnen seine Verrichtungen an dem Kaiserlichen Hofe und den mit dem Könige Karl von Spanien eingegangenen Ver-

gleich

(x) Dieser Vergleich ist vollständig bey Brennelsen T. I. L. 4. p. 135. abgedruckt.

(y) Brennelsen l. c. p. 137. Emm. p. 750.

(z) Beninga p. 593. et 594. Emm. l. c. Schot. p. 589. Sickel Beninga p. 313.

(a) Beninga. p. 594. dergl. Unwahrheiten wurden damals mehr ausgestreuet. Beninga p. 592.

gleich offen. Die Stände bezeugten ihre Freude über die glückliche Wendung, die die gräflichen Angelegenheiten nunmehr erhalten hatten, genehmigten aber nicht den Artikel des Vergleichs, wornach Ostfriesland ein Lehn der Grafschaft Holland werden sollte. (b) Es ist auch nie die ausdrücklich vorbehaltene Approbation des Kaisers und des Reiches, (c) darüber nachgesuchet worden. Vielmehr hat der König von Spanien, wie er nachher unter dem Namen Karl V. den Kaiserlichen Thron bestieg, als Kaiser, den Lehnbrief des Kaisers Friederich, dem Grafen 1521 wörtlich bestätiget.

§. 12.

Nun war also die Verbindung des Grafen mit dem Könige von Frankreich und dem Herzoge von Geldern völlig aufgehoben, und ein neues festeres Band zwischen dem Grafen und dem Burgundischen Hause wieder angeknüpfet. Seit dieser Zeit ist der Graf nie wieder über die Emse gegangen, hat sich auch nicht weiter mit den dortigen Unruhen befasset. Zwar ließ er in dem folgenden Jahre, mit gewafneter Hand, durch den Grafen von Diepholz, aus den Um-

(b) Emm. p. 766.

(c) Der 5te Artikel des Vergleichs lautet: „Item bat die Grave van Oostfrieslant ende sine „Nakomelingen 't selve Graffschap van Oostvrieslant „voortaen te Leen ontfangen, houden bekennen ende „verlyen söllen van Ons ende Onse Nakomelingen „als Grafen van Holland, so veren Wy nahtans „hierop verkrygen het Consens ende Goetdünken „der Kayserliker Mayestät, Ons Heeren ende „Grootvaders ende van den Kuhrfürsten des heyli„gen Ryks, so dat behoert.

Dritter Abschnitt.

Umlanden, als Statthalter, die rückständigen Schaßungen beytreiben, wovon er aber wenig erhalten hat; dies ist denn auch alles, was er dorten vornahm. Als Statthalter des Burgundischen Hauses hat er also keine Früchte aus den Umlanden eingeerndtet. Noch lange nachher führten Kaiser Karl und der Herzog Karl von Geldern die Waffen wider einander. 1523. gerieth Friesland völlig unter den Kaiser Karl, als Grafen von Holland, und erst 1536. verließ Gröningen den Herzog von Geldern, und huldigte dem Kaiser. So wurden denn auch Gröningen und die Umlanden mit den Niederlanden verbunden. Beyde Provinzen Friesland und Gröningen blieben bis zur Utrechter-Union (1581) unter spanischer Herrschaft. Da denn bald nachher König Philipp II. von diesen vereinigten Provinzen, der Herrschaft über sie, durch eine förmliche Erklärung entsetzet wurde. Doch dieses gehöret zu der niederländischen Geschichte. Wir führen dieses nur im Vorbeygehen an, weil wir uns von diesen beyden Provinzen, worin wir uns oft so lange aufgehalten, völlig trennen werden.

§. 13.

Graf Edzard hatte nun freye Hände und konnte sich mehr wie vorhin, um seine Graffchaft bekümmern. Die beyden Festungen Friedeburg und Stickhausen waren noch immer in Braunschweigischen Händen. Der Graf dachte darauf diese Festungen den Feinden zu entreißen. Mit Friedeburg gelang es ihm am 27. September. Er ließ einige Schiffe ausrüsten, und ein Gerücht ausstreuen, daß er, da ein abermaliger Waffenstillstand zwischen Burgundien und Geldern nunmehr ablief, nach Friesland segeln

segeln wollte. Dadurch machte er die Besatzung auf Friedeburg sicher. In der That bestieg er mit einiger Mannschaft die Schiffe, fuhr aber nicht Seewärts aus, sondern nach Leerort hin. Seinen Hauptmann Leonard von Bacharach ließ er in aller Stille mit einer Compagnie Soldaten und einigen Bauern nach Strackholtz marschiren. Er selbst verfügte sich mit seinen Leuten von Leerort aus, ebenfalls dahin. Von Strackholtz wadeten sie durch Moräste nach dem Kloster Hopels. Hier theilte der Graf seine Truppen in 2 Colonnen. Die eine gieng unter dem Hauptmann Leonard nach Marks, die andere führte er selbst an, und marschirte nach der Nordseite von Friedeburg. Zu einer bestimmten Zeit, nach Untergang des Mondes, ließ der Graf von der einen und Leonard von der andern Seite durch Schmiede und Zimmerleute die beyden Thore zu dem Zingel aufsägen und die Schlösser herunterbrechen. Ein starker Wind kam ihm zu statten, weil dadurch die Besatzung verhindert wurde, das Geräusch der Zimmerleute und der Schmiede zu vernehmen. Die Besatzung vermuthete den Grafen in Friesland, wie er schon in dem Besitze des Zingels war. Mit einmal fiel der Graf von der Nordseite und Leonard von der Südseite den Wall an. Der äußerst bestürzte Feind grif zu den Waffen, und vertheidigte sich so gut er konnte. Der Graf hatte bald den Wall erstiegen. Leonard, der von der Seite des Mühlenthors, die gräfliche Trompete auf dem Wall schallen hörte, erneuerte seinen ersten Angrif, und bemeisterte sich des andern Bollwerks. Von der Besatzung blieben 9 Mann und 40 wurden gefangen. Unter den Gefangenen waren Warner Beer, Braunschweigscher Landdrost der Häuser Friedeburg, Kniephausen und Stickhausen, und Melcher von Kamp, Commandant

Dritter Abschnitt.

bånt von Friedeburg. Diese wurden nach Aurich abgeführet. Die große Kanone, die die Braunschweiger dorthin gebracht, ließ der Graf auf der Festung. So kam Friedeburg endlich wieder an seinen rechten Herrn. (d)

§. 14.

Nach Eroberung Friedeburgs würde Graf Edzard warscheinlich auf Stickhausen losgegangen seyn; aber wichtigere Geschäfte riefen ihn nach Jever hin. Junker Christopher von Jever hatte sich beym Ballschlagen erhitzt. Ein kalter Trunk verursachte seinen Tod. Er starb, erst 19 Jahr alt, und unverheirathet am 2. Jun. Er ließ 3 Schwestern, die Fräulein Anna, Maria und Dorothea nach. (e) Gleich nach seinem Tode ritten die 3 Söhne Hero Omkens, Sibe, Jasper und Johann, nach Jever. Ihre Absicht war nicht sowohl eine freundnachbarliche Condolenz bey den jungen Fräuleins abzustatten, als sich der Burg zu bemächtigen. Man fand nicht rathsam, sie auf die Burg zu lassen, und so ritten sie erbost zurück. Auch die Herzoge von Braunschweig und Lüneburg machten einen Anschlag auf Jever. Nach ihrem Plane sollten die Fräuleins in ein Kloster gestecket werden, und sie wollten vorerst die Administration des Landes an sich ziehen. Zu diesem Ende schickten sie Gesandten mit einem Gefolge zu Pferde nach Jever, die den Fräuleins die Cour machen sollten. Sie führten indessen einen Wagen mit, womit, wie die jevrische Chronik meldet, die Fräuleins

---

(d) Beninga p. 595. Emm. p. 775. Schot. p. 594.

(e) f. Stammtafel I.

leins abgeführet werden sollten. Graf Johann von Oldenburg, der Vormund der Fräuleins, hatte hievon Nachricht erhalten. Er eilte selbst nach Jever, kam den Gesandten zuvor, ließ sie in einem Wirthshause vor der Burg herrlich bewirthen, und speißte sie mit Complimenten ab. (f)

§. 15.

Die Herrschaft Jever liegt Ostfriesland überaus gelegen. Das Gräfliche Haus war überdem von dem Kaiser ausdrücklich mit dieser Herrschaft belehnet. Auch ist allen Häuptlingen und Eingesessenen zwischen der Emse bis zur Weser, und namentlich dem Junker Edo Wimken dem jüngeren von Jever, unter dem 22. July 1470 von dem Kaiser Friedrich anbefohlen worden, sich dem Gräflichen ostfriesischen Hause zu unterwerfen, und von demselben ihre Herrlichkeiten und Länder zu Lehn zu nehmen. (g) Daher wird der Leser schon gleich vermuthen können, daß der Graf bey dem Absterben Junker Christophers nicht gleichgültig geblieben. Er zog gleich nach der Eroberung von Friedeburg mit Heereskraft in Jeverland, und schlug sein Lager nahe bey Jever, zu Ostringfelde auf. Er kam vielleicht um deswillen so bewafnet, damit ihm weder Hero Omken, noch der Graf von Oldenburg einen Querstrich machen könnten, vielleicht auch, um seinem Antrage mehrern Nachdruck zu verschaffen. Er ließ den dreyen

(f) Sprengers leyrische Chronik bey dem Jahre 1517. Hamelman p. 315. Beninga p. 579. Schot. p. 590.

(g) Hamelman p. 463.

Dritter Abschnitt. 303

dreyen Fräuleins sogleich seine Ankunft vermelden, und gab ihnen die Versicherung, daß er nicht als ein Feind, sondern mit freundschaftlichen Gesinnungen gekommen sey, und um mit den Fräuleins Tractaten zu pflegen, die zu dem gemeinschaftlichen Wohl und dem wahren Besten der Herrschaft Jever und der Grafschaft Ostfriesland abzwecken sollten. Nach einigen fruchtlosen Unterredungen mit den jeverischen Räthen, brachte der Graf eine Heirath zwischen seinen Söhnen und den Fräuleins in Proposition. Eine solche Heirath, sagte der Graf, würde Jever mit Ostfriesland vereinigen; dadurch würde dem Kaiserlichen Lehnbrief gelebet werden, und aller bisherige Streit und Zänkereyen würden auf einmal sich endigen. Minne von Roeshusen, ein treuer Anhänger des Grafen von Oldenburg, war der einzige, der dem Grafen widersprechen durfte. Die übrigen fürchteten sich für der gewafneten Mannschaft des Grafen, und die Fräuleins spitzten die Ohren, wie sie von einer Heirath hörten. So kam der Vergleich am 26. October glücklich zu Stande. Darnach sollte Ulrich, des Grafen Edzards ältester Sohn, die älteste Fräulein Anna, und wenn sie vor dem Beylager versterben mögte, die zweyte Maria, und nach deren etwaigen Tode, die jüngste Fräulein Dorothea heirathen; im Fall aber Ulrich vor der Heirath versterben mögte, sollte des Grafen zweyter Sohn, Enno, und nach dessen Ableben, der jüngste, Johann, in dessen Stelle treten; wenn aber endlich der Graf alle drey Söhne durch den Tod verlieren mögte; so sollte der Graf selbsten mit dem ältesten lebenden Fräulein sich ehelich verbinden. Zum Brautschatz wurde die Herrschaft Jever bestimmt, die zu der Grafschaft Ostfriesland geschlagen werden sollte. Das Beylager wurde, weil die Fräuleins noch jung

waren,

waren, auf 7 Jahre ausgesetzet. In der Zwischenzeit sollte Graf Edzard die vormundschaftliche Regierung führen, und alle Militair- und Civilofficianten sollten dem Grafen und den drey Fräuleins den Eid der Treue schwören. Endlich sollte die bisherige Vormundschaft des Grafen von Oldenburg aufgehoben, und alle Fehde zwischen Jeverland und Ostfriesland ein Ende nehmen. (h)

§. 16.

Noch desselben Abends wurde dieser wichtige Contract schriftlich verfasset, und in die gehörige Form gebracht. Des andern Tages ritt der Graf nach dem Kalkberge vor Jever. Hier empfingen ihn die 3 Fräuleins. Er stieg von dem Pferde ab, küßte sie herzlich, nahm zwey in die Arme und spazirte mit ihnen herum. So galant war dieser alte Krieger. Hier versammleten sich zugleich die Landesstände der Herrschaft, denen der Graf den geschlossenen Vergleich eröfnete. Nach dem Schlusse seiner Rede legte er seine rechte Hand auf die Brüste der Fräuleins, und versprach bey seiner Ehre, alle dem treu nachzukommen, was er versprochen hatte, besonders aber, daß die alte Feindschaft zwischen Jever und Ostfriesland auf immer gehoben seyn sollte. Der Graf bestellte hierauf Onne von Middoch zum Drosten und Statthalter über Jever, welcher ihm und den Fräuleins den Eid der Treue schwören mußte. Nun brach der Graf mit seinem Lager vor Jever auf, stattete seinem alten Feinde Herr Omken im Vorbey-

---

(h) Sprengers leb. Chr. c. 1. Beninga p. 598. Hamelman p. 316. Emm p. 777. Schot. p. 595. Chytraei Chron. in Supplem. p. 196.

beygehen einen unangenehmen Besuch ab, brandschatzte Harlingerland, und zog vergnügt nach Ostfriesland zurück. (i) Hamelman bemerket, daß der Graf von Oldenburg sich über das Verfahren des Grafen Edzards, daß er sich zu einem Regenten von Jever aufgeworfen und ihn der Vormundschaft entsetzet habe, beschweret, und ein Inhibitionsmandat wider Grafen Edzard ausgewürket habe, daß aber dieser des ausgebrachten Kaiserlichen Mandats ohnerachtet, Jever durch seinen Drosten Onne von Mibdoch habe regieren lassen. (k) Vermuthlich hat der Graf von Oldenburg die Sache nicht weiter fortgesetzt, indem er sich, wie gleich folgen wird, mit dem Grafen Edzard ausgesöhnet hat.

§. 17.

Die Braunschweigischen Fürsten besaßen, nach der Uebergabe von Uplengen und Friedeburg, blos die Festung Stickhausen. Der Kostenaufwand zu dieser ihnen entlegenen Festung stand mit dem Nutzen, den sie daraus ziehen konnten, in keinem Verhältnisse. Sie mußten auch zu dem befürchten, daß der Graf, der nunmehr mit dem Kaiser ausgesöhnt war, und unter dem Schutze des Königes von Spanien, als Herzoges von Burgundien und Grafen von Holland stand, sich auch dieser Festung bald bemeistern würde. Nun war ein Vergleich leichter zu Stande zu bringen, wie vorhin. Durch Vermittelung
frem-

(i) Sprenger l. c. Emm. p. 778. Schot. p. 595.

(k) Hamelman p. 310. und 318.

fremder Herren, (1) warscheinlich der Bischöfe von Münster und Minden, wurde wieder an der Sühne gearbeitet. Nach Zetel wurde eine Zusammenkunft beliebet. Die Deputirten von Gräflicher Seite waren Victor Freese, Hicko von Dornum, Jolef von In- und Kniphausen und der Kanzler Wilhelm Ubben. Am 3. December wurde der Vergleich würklich abgeschlossen, da denn bald nachher die Ratification der Contrahenten erfolgte. Zufolge dieses Vergleichs sicherten sich die Herzoge von Braunschweig und Lüneburg, der Graf von Oldenburg und Graf Edzard eine ewige Freundschaft zu, und versprachen wechselsweise die Loslassung der Gefangenen; dann sollte dem Grafen Edzard Stickhausen wieder eingeräumet werden, dagegen versprach er alles Geschütz und die Munition von Stickhausen, und die mit dem Braunschweigischen Wappen bezeichnete Kanonen, von Friedeburg wieder verabfolgen zu lassen, auch 8000 rheinische Gulden für die Einräumung Stickhausens auszuzahlen. Von diesen 8000 Gulden sollte er 2000 Gulden für die Dörfer Zetel und Driefel einkürzen, welche Dörfer dem ostfriesischen Regierhause vormals für einen Vorschuß verpfändet und von dem Grafen von Oldenburg bisher durch die Gewalt der Waffen wieder eingezogen worden. Endlich wurden dem Grafen seine Ansprüche auf Stadt- und Butjadingerland vorbehalten und, falls er sie geltend machen wollte, zur rechtlichen Entscheidung ausgestellet. Hero Omken wurde zwar auch in diesem Frieden mit begriffen; indessen wurden die zwischen ihm und dem Grafen vorschwebende Streitigkeiten, gegen das bevorstehende

(1) Sickel Beninga p. 316.

Dritter Abschnitt.

de Pfingstfest, in der Stadt Bremen, dem Ausspruche der Schiedsrichter überlassen. Alles dieses gehet aus dem Zeteler Vergleiche vom 3. December hervor. (m)

§. 18.

Dieser Vergleich ist von beyden Seiten erfüllet worden. Der Graf bezahlte die stipulirten 8000 Gulden, wovon er indessen 2000 Gulden für die Dörfer Zetel und Driefel einkürzte. Am 7. Januar 1518 wurde ihm Stickhausen überliefert. (n) Wir bemerken nur noch, daß, da Graf Edzard sich seine Ansprüche auf Butjadinger- und Stadtland, womit er und sein Vater, von dem Kaiser belehnet worden, ausdrücklich vorbehalten habe, er nachher wider den Grafen von Oldenburg den Prozeß bey dem Reichskammergericht würklich angestellet, und auf die Restitution dieses ihm entrissenen Landes angetragen habe. Er brachte 1523. wider den Grafen Johann ein Mandatum de restituendo bey Strafe der Kaiserlichen Acht aus. Graf Johann soll den Herzögen von Braunschweig-Lüneburg litem denunciiret haben. (o) Es scheint auch, daß der Graf von Oldenburg eine Reconventionsklage wegen Jever angestellet habe; indem er unter dem 26. Februar 1525. von dem Kaiser Karl dem V. ein Pönalmandat wider den Grafen Edzard ausgebracht hat, wornach dieser

---

(m) Ist vollständig bey Brenelsen T. I. L. IV. p. 137. zu lesen.

(n) Beninga p. 598. Emm. p. 778.

(o) Hamelman p. 322. Meiers Rüstringische Merkwürdigkeiten. p. 133.

bey Strafe von 100 Mark löthigen Goldes von der Curatel über die Fräulein abstehen, und solche dem Grafen Johann, als nächstem Blutsverwandten überlassen sollte, auch sich nicht mit den jevrischen Angelegenheiten ferner bemengen sollte. (p) Beyde Prozesse scheinen aber nachher ins Stecken gerathen zu seyn; oder sind wenigstens nach dem Utrechter Vergleiche vom 26. October 1529. aufgerufen worden. (q)

§. 19.

So endigte sich denn die in der ostfriesischen Geschichte sogenannte sächsische Fehde. Mißlich sah es zuletzt in dieser blutigen Fehde mit unserm Grafen aus. Zu Wasser und zu Lande mußte er mit einem zahlreichen Feinde, und mit versuchten Kriegern streiten. Allenthalben, wo er sich herumblickte, sah er einen Feind vor sich. An der einen Seite mußte er dem mächtigen Herzoge von Sachsen die Spitze bieten, an der andern Seite sich mit den Herzogen von Braunschweig und Lüneburg und vielen deutschen Fürsten herumschlagen. Hart an der Gränze seiner Grafschaft schnaubten der Graf von Oldenburg, Christopher von Jever und Hero Omken Rache und Blutdurst. Von dem Herzoge von Geldern, an dem er einen Beschützer zu finden glaubte, wurde er hintergangen, und selbst die Stadt Gröningen, die ihn in den Zeiten ihrer Drangsale zu ihrem Regenten rief, die er Jahre lang, mit Aufopferung seiner Grafschaft, wider die Sachsen schützte, wurde ihm untreu, und gar seine offenbare Feindin.

Drey

(p) Hamelman p. 464.

(q) s. 8. Buch 2. Abschnitt §. 2.

Dritter Abschnitt.

Drey seiner Festungen waren in den Händen seiner Feinde, die bereits den Plan entworfen hatten, seine ganze Grafschaft unter sich zu theilen. Seine Dörfer, Flecken und Städte rauchten von dem Mordbrande seiner Widersacher, seine Unterthanen waren ausgeplündert, seine Finanzen erschöpfet, und er selbst mit der Reichsacht beleget. So blieb er sich allein, seinem großen Geiste und der Treue seiner Unterthanen, die ihn bey allem ihrem Mißgeschicke schäzten und liebten, überlassen. Nach so vielen aneinander geketteten Fährlichkeiten, die ihn dem Rand des Abgrundes nahe stellten, finden wir ihn nun ausgesöhnt mit dem Kaiser, des Bannes entlediget, und geschäzt von dem Burgundischen Hause. Die ihm entrissene Festungen waren wieder in seinen Händen, und die Herrschaft Jever entschädigte ihm den Verlust von Stadt- und Butiadingerland. Sich immer gleich im Glück und Widerwärtigkeiten, tapfer im Kriege, klug in Unterhandlungen, erwarb er sich bey der Nachwelt den Namen des Großen. (r)

§. 20.

Nun war der Graf mit den in seinem Sold stehenden ausländischen Kriegesknechten verlegen. In seiner Grafschaft wollte er sie ungerne auseinander gehen lassen, weil er die Provinz ihrem Raube blos stellte. Er dankte sie ab, (s) bezahlte ihnen den Sold

---

(r) Sic Deo Edzardi rebus favente et subditorum suorum fide et amore in se incredibili, ex omnibus belli calamitatibus tandem feliciter eluctatus est. Chytr. Chron. Sax. p. 239.

(s) Unwahrscheinlich ist es, daß der Graf, (nach Beninga p. 599.) ihnen noch einen Zug nach Har-
lin-

Sold und ließ sie, ohngefähr 2000 Mann stark, unter Anführung des Grafen Otto von Diepholtz einschiffen, und nach Gröningerland überführen. Hier sollten sie ihm die schuldigen Schatzungen beytreiben. Aber die Soldaten führten sich so unbändig auf, daß Graf Otto sich gezwungen sah, sie weiter vorwärts nach Drente zu führen, wo er sich von ihnen beurlaubte, und sie ihrem Schicksale überließ. Dieses Volk hielt sich noch eine Zeitlang in Drente und Twente auf, in der Hofnung, daß sie in Burgundischen oder Geldrischen Sold übergehen könnten. Diese ihre Hofnung wurde aber durch einen zu Utrecht im Februar zwischen den Burgundischen und Geldrischen Höfen geschlossenen Waffenstillstand, welcher sich erst mit dem 17. März 1719. endigen sollte, vereitelt. Hierauf durchzogen sie die benachbarten Gegenden, die sie mit Feuer und Schwerdt, und Plünderungen verheerten. Endlich ließen die Erzherzogin Margrethe, die Bischöfe von Utrecht und Köln, der Herzog von Cleve, und andere benachbarte Fürsten, unter dem Grafen Heinrich von Nassau ein Heer versammlen, welches sie auseinander jagte. (t)

Ungerland gegönnet habe, weil Hero Omken mit in dem Frieden begriffen war, da dann der Graf schnurstracks gleich im Anfange den Friedensartikeln würde zuwider gehandelt haben.

(t) Sickel Beninga p. 317. Beninga p. 599. Emm. p. 779. Schot. p. 596.

Vier-

Vierter Abschnitt.

§. 1. Die Reformation nimmt ihren Anfang. Bruno eifert in Aurich, §. 2. und Aportanus in Emden, wider das Pabstthum. Graf Edzards kluges Benehmen. §. 3. Magister Steffens und Lübbert Kanz, erste Reformatoren in Norden und Leer. §. 4. Der neue Kaiser Karl V. bestätiget dem Grafen den Lehnsbrief von 1454. §. 5. Eine sonderbare Proceßformalität. § 6. Hero Omken stirbt. Sein Sohn Balthasar wird Herr von Esens, Stedesdorf und Wittmund. Dieser beraubet die Kaufleute zur See und auf den Heerstraßen. §. 7. Wird von dem Grafen Edzard gezüchtiget. §. 8. Der Graf läßt einige Seeräuber enthaupten Die Hamburger erwischen einen berüchtigten Kaper auf der Ems. §. 9. Der Capellan Ulrichs von Dornum und Mönche predigen zu Jemgum wider einander. §. 10. und 11. Oeffentliche Religionsdisputation zu Oldersum. §. 12. Resius vertheidiget zu Norden die neue Lehre und leget seinen Mönchshabit auf der Kanzel ab. §. 13. Auch in Harlingerland und Jeverland breitet sich die Reformation aus.

§. 1.

Nach der so glücklich geendigten Fehde und nach wiederhergestellter Ruhe, breiteten sich auch die Strahlen der Reformationsfackel, die Luther, dieser große Mann, der sich auf Gott und Wahrheit stützte, angezündet hatte, nach Ostfriesland aus. Bereits vorher, wie Luther wider den Ablaß eiferte, und sich öffentlich dem Pabstthum widersetzte, verwarf schon ein

ein ostfriesischer Edelmann, Hilmer von Borsum, päbstliche Sazungen, und richtete sich lediglich nach den Vorschriften der heiligen Schrift, die er fleißig laß. (a) Graf Edzard erhielt die Schriften Luthers und die päbstlichen Widerlegungen, hielt sie gegen einander, prüfte sie, und fand nach seiner Ueberzeugung, die Wahrheit auf der Seite Luthers. (b) 1519 Er erlaubte daher, daß Luthers Schriften in seiner Grafschaft mögten eingeführet und gelesen werden. Durch sein Vorbild ermuntert, fanden viele Edelleute und andere wackere Männer Geschmack an den Schriften Luthers. (c) Zu Aurich trat ein Mönch, Henrich Bruno zuerst auf, vertheidigte von der Kanzel die neue Lehre, und erbot sich, seine vorgetragene Säze mit der heiligen Schrift zu bewähren; gegen die Entkräftung seiner Beweise, sezte er seinen Kopf zum Pfande. So eiferte dieser Mann, auf dem der Geist Luthers zu ruhen schien, für die Wahrheit. Ihm folgte Heinrich Arnoldi von Zütphen, Kapellan des Häuptlings Hicco von Oldersum; auch dieser predigte öffentlich in der Oldersummer Kirche wider das Pabstthum. Hicco von Oldersum und besonders Ulrich von Dornum begünstigten ihn. (d)

§. 2.

(a) Beninga p. 610.

(b) Micraelius sagt von ihm: Edzardus Princeps Frisiae Orientalis primus fuit, qui Lutheri scriptis lectis Ao. 1520. superstitiones nonnullas abrogavit. hist. eccles. L. 3. p. 705.

(c) Beninga p. 601. Emm. p. 785. Emder Praedicant Bericht. van de Reform. p. 14.

(d) Beninga u. Emm. l. c.

Vierter Abschnitt.

§. 2.

Magister Georg Aportanus (e) war der erste, der sich in Emden dem Pabstthum öffentlich widersetzte. Er war vormals Conrector zu Zwol, nunmehr Hofmeister der beiden jungen Grafen Enno und Johann, und zugleich Prediger in Emden. Damalen waren 12 Prediger in Emden, und unter diesen der Probst Poppo Maninga, ein Vetter des Grafen. Diese spürten bald aus dem freien Vortrage des Aportanus eine Heterodoxie. Die Folge war, daß sie ihm die Kanzel verboten. Er aber gieng in Begleitung einer großen Menge aus der Stadt, und predigte unter ofnem Himmel, im freien Felde das Evangelium. Gleich wurde er von der Bürgerschaft wieder in die Stadt und in die große Kirche geführet. Dorthin begleitete ihn der Amtmann Bernhard Kamp mit den gräflichen Leibtrabanten. Die Priester, und darunter vorzüglich der Probst Poppo Maninga, Doctor Jacob Kanter, ein gekrönter Poet, Henrich Kampen und Christian Zizobüttel und mit ihnen die ganze Schaar der Mönche suchten das Volk in Bewegung zu setzen; aber ihre Bemühungen waren fruchtloß. Aportanus bestieg ruhig die Kanzel und vertheidigte seine Sätze. Es herrschte in der Kirche eine ungemeine Stille. Seine Predigt hatte vielen Eindruck

auf

(e) Er hieß eigentlich Georg van der Dore, (von der Thüre) diesen Namen schafte er nach der damals herrschenden Sitte lateinisch um, und nannte sich a porta oder aportanus. Beninga p. 661. in der Note. Seine Biographie findet man bey Meinders in Kerkel. Gesch. T. I. p. 107. Bey Outhof in de Kerk. hercoom. p. 395. Bey Reershem. in dem reformirten Prediger-Denkmal p. 1. et seq. und bey Harkenroth. in Emdens Herderstaf. p. 1.

auf die Gemeine. Drohend und voll Grimm lief Doctor Kanter und mit ihm seine Mitpriester nach der gräflichen Burg, um Aportanus anzuklagen. Der Graf ließ sie aber nicht vor sich, und schützte eine Unpäslichkeit vor. Die Geistlichen merkten bald die Gesinnung des Grafen, und seine Zuneigung zu der neuen Lehre. Kanter, ein gelehrter Mann, den man aber in Absicht seines Charakters nicht von der besten Seite schilderte, war über das Benehmen des Grafen verdrieslich, legte seine Priesterschaft in Emden nieder, und gieng nach seiner Vaterstadt Gröningen. (f) Der Graf betrug sich bey diesem Reformationswesen so klug, als vorsichtig. Er hieng selbst der neuen Lehre an, und suchte sie zu begünstigen, nur war er dabey so tolerant, daß er Niemanden diese Lehre aufbringen ließ, sondern jedem glauben ließ, was er wollte. Dieser Toleranz schreibt man es zu, daß das Reformationswesen hier friedlich seinen Fortgang genommen, und nicht wie in andern Provinzen Tumulte und Aufruhr veranlasset hat. (g) Aportanus fuhr immer fort, nach seiner Ueberzeugung ungescheut das Evanlium öffentlich zu verkündigen, und die catholischen Priester predigten von eben der Kanzel, die er bestieg, die Sätze der römisch-catholischen Kirche. Erst 1524. wurde Hermann Henrici sein Amtsgehülfe: Auch dieser war vormals ein catholischer Priester in Emden. Nach grade wurden die catholischen Priester aus der großen Kirche und von der Canzel verdränget. Einige verließen Emden, die übrigen setzten ihren Gottesdienst in der Franciscaner-Kirche fort, und

(f) Emm. p. 825. Emd. Pred. Ber. p. 14.

(g) Emd. Predikanten Bericht van de Reformatie p. 14. et seq. Emm. l. c.

Vierter Abschnitt.

und genoßen noch immer ihre vorigen Einkünfte. Selbst Poppo Maninga blieb bis an sein Ende (1530) Probst. Die Burgerschaft war noch immer getheilet. Die Neureformirten besuchten die große Kirche, und die Catholiken die Franziskaner- nun Gasthauskirche.

§. 3.

Die neue Lehre breitete sich immer, wie in Emden, so durch das ganze Land mehr und mehr aus, so daß endlich das Pabstthum bey wenigen Familien mehr festgewurzelt blieb. (h) Besonders nahm auch zu Norden schon früh die Reformation durch den Magister Johann Steffens seinen Anfang. Dieser ist, wie man sagt, auf besonderes Verlangen Grafen Edzards, selbst von Luther (1520.) aus Wittenberg nach Norden gesandt. Hier stand er der evangelischen Kirche so lange allein vor, bis 1527. der berühmte Resius sein Gehülfe wurde. Er correspondirte oft mit Luther und Melanchton, besuchte während seines Norder Lehr-Amtes Luther selbsten, und starb 1536. (i) Zu Leer wurde die Reformation etwas später von Lübbert Kanz, und zu Weener von Johann Schulte ausgebreitet. (k)

§. 4.

Inzwischen war (1519.) Kaiser Maximilian verstorben. Ihm folgte sein Enkel, Karl V. Graf Edzard,

(h) Emm. l. c.

(i) Apologia Nordana p. 201. Meerßh. Luth. Pred. Denkmal p. 250. Funks Chronik 2. Theil p. 116.

(k) Emm. p. 824.

Edzard, dessen Sohn noch immer bey dem neuen Kaiser Kammerherr war, blieb unwandelbar in der Gunst des Kaisers Karl. Er sandte seinen Bevollmächtigten an den Kaiserlichen Hof und erhielt die wörtliche Bestätigung des Lehn-Briefes, den sein Vater Graf Ulrich 1454. von dem Kaiser Ferdinand erhalten hatte. So wurde denn wieder Graf Edzard mit ganz Ostfriesland, Jever, Esens, und mit Stadt- und Butiabingerland belehnet. (l) Dieser Lehns-Brief ist den 31. Mai 1521. von dem Kaiser zu Worms ausgestellt. (m)

§. 5.

Einen in diesem Jahre vorgefallenen Rechtshandel kann ich nicht übergehen. Er hat zwar auf die Geschichte selbst keinen Einfluß; ist aber wegen seiner besonderen Formalitäten merkwürdig. Das Kloster Dünebrok zankte sich mit ihren Nachbaren den Eingesessenen der Commun Bollingwolde wegen einiger Ländereyen lange herum. Graf Edzard und der Bischof Erich von Münster legten sich endlich ins Mittel, und suchten diese Sache auszusöhnen. Jener sandte seinen geheimen Rath, Ulrich von Dornum, dieser seinen Drosten von Neuenhaus, Hans Scherpenborg dorthin. Der Freigraf Hermann Torney vernahm beide Partheyen, und ließ, nach eingenommenen Augenschein und vielleicht aufgenommenen Zeugen-Kundschaft, das Kloster zu dem Erfüllungs-Eide. Darnach sollte der Commendator des Klosters mit

(l) Benings p. 603.

(m) Dieser Lehnsbrief ist abgedruckt bey Brenneisen T. I. L. V. p. 142. und in der Implorat-Schrift in Sachen Waldeck contra Ostfriesland.

Vierter Abschnitt.

mit zween Conventualen schwören, daß das Kloster sich in dem Besitz von undenklichen Jahren dieser streitigen Ländereien befunden habe. Bey diesem Ausspruche beruhigte sich zwar die Commun, sie verlangte aber, daß der Commendator über das streitige Land von einem Ende bis zum andern gehen, und dann auf dem Lande den Eid ablegen sollte. Dies Verlangen der Commun entsprach der damaligen Proceß-Ordnung. (n) Das Land war niedrig und stand hin und wieder tief unter Wasser. Die drey Geistlichen durchgiengen und durchwadeten das streitige Land, so gut sie konnten, da aber, wo es unwadbar war, oder ihnen allzulästig war, wichen sie wohlweise aus, dieses blieb dann das Methland der Commune; das durchwadete Land schworen sie aber dem Kloster zu. (o)

§. 6.

Ostfriesland genoß noch immer die süßen Früchte des Friedens, wie sich jenseits der Emse die Burgundier und Gelderer herumschlugen. Nur einige Unruhen, die aber keinen sonderlichen Erfolg hatten, stellten sich auch in Ostfriesland wieder ein. Hero Omken, dieser unruhige Mann, dieser langjährige 1522 Feind des Grafen Edzard war 1522. verstorben. (p) Er hatte mit seiner Gemahlin der Comtesse Armgard von Oldenburg (q) 4 Söhne und 2 Töchter erzeuget.
Von

(n) Alt frief. Wörterbuch p. 104.

(o) Das hierüber ausgefertigte Instrument ist bey Beninga p. 606. zu finden.

(p) Beninga p. 611.

(q) Er ist mit ihr seit 1498. verheurathet gewesen. Beninga p. 431. Emm. p. 536.

Von seinen Töchtern überlebte ihn nur Onna, nachherige Gemahlin des Grafen Otto von Rittberg, und von seinen Söhnen, Balthasar. Melchior ist jung gestorben. Seine beide andern Söhne, Sibo und Caspar sind nach Schweden gegangen, und haben Krieges-Dienste genommen. Königin Christiern ihr naher Anverwandter beförderte sie schleunig von einer Stuffe zur andern. Sie hatten aber das Unglück, daß sie 1521. beide in dem Kriege blieben, den der König mit den Schweden führen muste. (r) Balthasar war also nach dem Tode seines Vaters Herr von Esens, Stedesdorf und Wittmund. (s) Er war, so wie sein Vater hitzig, starrsinnig und ein Feind des gräflichen ostfriesischen Hauses. Noch war sein Onkel Ulrich von Dornum nicht völlig abgefunden. Diesem wollte er durchaus nicht gerecht werden. Die Fräulein von Jever waren ihm gehässig. Er zwackte sie bey jeder Gelegenheit an. Er beunruhigte die Unterthanen des Grafen, vorzüglich aber die Edelleute aus dem Kankenaischen Geschlechte, und raubte zu Wasser und zu Lande. Je mehr ihn der Graf anfänglich ermahnte, nachher drohte, desto ärger machte er es. Die von ihm zur See und auf dem festen Lande beraubten Kaufleute erhoben endlich laute Klagen wider ihn, und beschwerten sich bey dem Kaiser. Graf Edzard soll hierauf ein Kaiserlich Mandat, die Heerstraßen, Ströme und die Küste gegen alle Gewaltreiberey zu sichern, erhalten haben. Aufgefodert durch dieses Kaiserliche Mandat, noch mehr vielleicht bewogen durch die Klagen Ulrichs von Dornum und anderer Edelleute, machte Graf Edzard nun-

(r) Emm. p. 820.
(s) s. Stammtafel VI.

Vierter Abschnitt.

nunmehr ernsthafte Anstalten, diesem Unwesen abzuhelfen. (t)

§. 7.

Graf Edzard zog hierauf nach Harlingerland, befahl seinen Leuten, die Eingesessenen auf dem platten Lande nicht zu beunruhigen, und gieng gerade auf Esens los. Lange und hartnäckig war die Belagerung; zu 1524 letzt aber muste Balthasar sich zu einem Vergleiche bequemen. Folgende Artikel wurden festgesetzet: Balthasar giebt sich in den Schutz des Grafen, verspricht zu Wasser und zu Lande ihn bey Kriegesfällen zu unterstützen, und allen Bündnissen mit auswärtigen Fürsten, so ferne sie den friesischen Staat betreffen, zu entsagen; dagegen verheisset der Graf, ihn bey allen seinen gerechten Ansprüchen und Foderungen zu schützen. Balthasar vergütet die Krieges-kosten mit 4000 rheinischen Gülden, wovon er 3000. sofort und 1000. nach einem Jahre, dem Grafen erleget, er zahlet seinem Onkel Ulrich von Dornum wegen der ihm vorenthaltenen elterlichen Erbschaft 6000 rheinische Gülden, 3000. gleich baar, und die übrigen in 3. Terminen aus, verspricht ihm einen jährlichen Erbzins von 300. Gülden, und tritt ihm seine Ländereyen ab, die auf dem Grundgebiete des Grafen liegen; ferner giebt er den 3. Fräulein von Jever, und den übrigen Edelleuten besonders in Rüstringen, Ostringen und Wangerland, die an sich gerissenen Länder und andere Güter zurück, und bezahlet ihnen überdem von diesen Ländern die Pacht eines Jahres; endlich gelobet er an, niemals wieder, weder zu Wasser noch zu Lande zu rauben, Niemanden mit Gewalt zu

(t) Beninga p. 613. und Emm. l. c.

zu überziehen, sondern bey vorkommenden Streitsachen den Weg Rechtens einzuschlagen, und von den Schiffbrüchigen nichts mehr, als ein billiges Bergelohn zu fodern. Alle noch übrige Streitfragen von der Schleifung der Esener Festungswerke, von einer Prätension Junker Balthasars auf die ieverischen Fräuleins, von einem förmlichen Verzichte Ulrichs von Dornum auf seine älterliche Erbschafts-Masse, und von der Indemnisation der beraubten Edelleute, sollen in der Güte abgemachet werden. Wegen des letzteren Punkts wird auf den Grafen Edzard und den Grafen von Oldenburg compromittiret. Diese Artikel wurden von dem Grafen und Junker Balthasar am Palmsonntage unterschrieben und besiegelt, worauf der Graf sein Lager vor Esens wieder aufbrach. (u) Da solchemnach Balthaser gedemüthiget war, auch wiederum ein Waffenstillstand zwischen Geldern und Burgundien zu Stande gekommen war; so dankte der Graf seine noch übrige fremde Soldaten ab. Diese zogen durch Münsterland nach Deventer. Zu ihnen fügte sich eine Schaar geldrischer und burgundischer abgedankter Soldaten. Dieses Herrenlose einige 1000 Mann starkes Volk nahm der Bischoff von Bremen in seinen Sold, womit er die Wurstfriesen quälte. (v) Nach Abzug dieser Soldaten aus Ostfriesland, wuchs Junker Balthasar wieder der Muth. Er kam den vorgedachten Friedens-Artikeln nicht überall nach, suchte sich an den Kauffardei-Schiffen zu entschädigen, und machte die Seefarth wieder unsicher, auch wollte er seinem Versprechen gemäß den Edelleuten nicht gerecht werden.

(u) Emm. p. 821.
(v) Emm. p. 822. Sickel Beninga p. 383.

Vierter Abschnitt.

den. Daher rückte Graf Edzard in dem Anfange des folgenden Jahres wieder vor Esens, und zwang ihn seinem Versprechen nachzukommen. (w)

§. 8.

Wie Graf Edzard das erstemal von Esens wieder zurück kam, fiel ihm ein berüchtigter Seeräuber in die Hände. Er hieß Cornelius Wehr. Schon lange hatte dieser auf die Emder Schiffe Jagd gemachet, und viele genommen. Einer seiner Mitgesellen, mit dem er sich überworfen hatte, verrieth seinen Aufenthalt dem Grafen. Dieser ließ schleunig einige Schiffe bemannen, und nahm ihn auf der Insel Rottum gefangen. Wehr gab vor, er habe auf Ordre des Herzogs von Geldern bisher gekreuzet, war aber nicht im Stande, seine Bestallung vorzuweisen. Der Graf ließ ihn hierauf mit sieben seiner Mitgesellen zu Emden enthaupten, und ihre Köpfe auf Pfäle hinstellen. (x) Zu dieser Zeit war die Seefarth überhaupt durch die vielen Käperschiffe ungemein unsicher gemacht. Im folgenden Jahre schwärmte ein 1525 wilder Seeräuber Nicolaus Kniphof herum. Dieser hatte bisher vorzüglich den Hansee-Städten vielen Abbruch gethan. Die Hamburger, die ihm lange nachgestellet hatten, trafen ihn endlich auf der Emse ohnweit Gretsyhl an. Nach einem langen und hitzigen Gefechte, welches so nahe an der ostfriesischen Küste vorfiel, daß der Graf, der sich damals in Greetsyhl befand, es aus seinen Fenstern beobachten konnte, muste sich endlich Kniphof auf Gnade und Ungnade

(w) Sickel Beninga c. l.
(x) Beninga p. 616. Emm. p. 822.

gnade ergeben. Er wurde nach Hamburg abgeführet, und mit 70 seiner Mitgesellen hingerichtet. (y) Endlich bemerken wir noch, daß Graf Edzard 1525. in den 1519. errichteten Verein der niedersächsischen und westphälischen Fürsten, Grafen und Herren aufgenommen ist. (z)

§. 9.

Durch Begünstigung des Grafen Edzard breitete sich das Licht der Reformation immer weiter aus. Eine öffentliche Disputation über die Glaubenslehren veranlaßte vorzüglich viele Eingesessene, zu der neuen Lehre überzutreten. Dieses Religions-Gespräch hat Junker Ulrich von Dornum, unter dessen Vorsitz es gehalten wurde, abdrucken lassen. (a) Hieraus wollen wir die Geschichte desselben kurz ausziehen, und hin und wieder den originalen Text einschalten, um den Leser einigermaßen mit dem besondern und nachdrücklichen Styl des Verfassers bekannt zu machen.

Diese

(y) Wicht Annal. 1525. Beninga l. c. Emm. p. 879.

(z) Die Urkunde bey Brenneisen T. I. L. IV. p. 144. Das Original-Document seiner Aufnahme befindet sich in dem Regierungs Archive

(a) Disputation to Oldersum, in de Gravefchap Ooftvreesland kortes na Viti geholden, tuschen D. Laurens und M. urjen Evangelisten to Emden, in zaken den Chriftliken geloven bedrepen. Gedruckt tho Wittenberg durch Nicolaum Schirlenz. 1526. Ist auch abgedruckt in Meiners Oostv Kerkel. Geschieden 1. Deel p. 479. 526. p. 527. et seqq hat er dieses Gespräch Holländisch übersetzet Eine deutsche Uebersetzung ist in Reerschem. Luth. Prediger-Denkmal p. 539. et seqq.

Vierter Abschnitt.

Diese Disputation wurde durch folgende Begebenheit veranlasset. Laurenz, ein Dominicaner-Mönch und Prior des Jacobiner-Klosters zu Gröningen, vernahm mit Unwillen die Fortschritte der Reformation, die sich noch nicht bis nach Gröningen ausgebreitet hatte. Eifernd um den Gottesdienst seiner Väter, stolz auf seine vermeinten Kenntnisse, und voll von seinem Eigendünkel gieng er nach Jemgum, wo sich auf St. Vitus-Tag eine Menge Mönche zu ver-1526 sammlen pflegte. Hier bestieg er die Kanzel und verkezerte mit einem Schwall von Schimpfwörtern und Lästerungen die neue Lehre. Sein Reisegefährte Reiner Münzer, ein Dominicaner-Mönch in dem Jacobiten-Kloster vertheidigte des andern Tages von eben dieser Kanzel die von Laurenz vorgetragene Sätze. Im Schimpfen und Schmähen war er noch seinem Prior überlegen. Ganz naiv sagt Junker Ulrich von diesen beiden Rednern, sie schossen nach der Kirche, und trafen nur den Wetterhahn (ydt sind werlich gar behende Schutten, se scheten na der Kerken, und drepen den Weerhanen. Phuy thor Koken uth, de nicht villen kan.) Nach geendigter Predigt trat Heinrich, Prediger und Capellan Ulrichs von Dornum hervor, und foderte die Zuhörer auf, ihm zu folgen, da er sie dann das Wort Gottes, rein und gesäubert von allen Schlacken verkündigen wollte. Die ganze Gemeine folgte ihm sofort auf dem Fuße nach. Vor dem Flecken stellte er sich auf eine kleine Anhöhe, und rings um ihn herum stand das Volk. Die Mönche schrien, lärmten und läuteten mit den Glocken. (Sathan heft dit benydet, und dre van Zynen opperſten und trüweſten deneren, de he yn groten geſcheften plecht tho bruken', ick mene eynen plattener (Soldaten) eynen Mönninck, unde einjolt Wyf erwecket, de ſynt vort an den Kloken gevallen, und hebben gelueth funder Underlaeth, up datze den Predikant verstoren, und de Iuede verdoven mochten, al unbaetelick, dat Wort Gades nam zynen Snede). Paſtor Heinrich ließ ſich durch all dieſes Geräuſch nicht ſtören, und ſetzte ruhig ſeine Predigt mit ſtarker Stimme bis zum Ende durch. Er fand ſo vielen Eindruck bey der Gemeine, daß ſie ihn erſuchte, öfter das Wort Gottes vorzutragen. Doctor Laurenz gerieth über dieſen ihm äußerſt ärgerlichen Vorfall in Hitze, und erbot ſich in Olderſum ſelbſt ſeine Sätze zu vertheidigen und den Ketzer Heinrich zu widerlegen, wenn Junker Ulrich von Dornum und Olderſum ihm für ſeine Perſon Sicherheit verſprechen wollte. Dieſes ſein Erſuchen wurde ihm ſofort von Junker Ulrich, der auf der einen Burg zu Olderſum wohnte, gewähret.

§. 10.

Doctor Laurenz ſtellte ſich mit ſeinem Mönche Reiner, mit Wiard, dem Commendator des Johanniter-Kloſters zu Jemgum, mit den Prieſtern von Jemgum, Hatzum und Ditzum und mit einer ganzen Menge Geiſtlichen zu Olderſum ein. Unter dieſen waren einige, die heimlich der Reformation nicht abgeneigt waren. (dar nochtans vele Nicodemen mede under weren.) Von der andern Seite waren zugegen Junker Hero von Olderſum und Gödens, Junker Ulrich, Magiſter Georg Aportanus, Magiſter Johan Steffens aus Norden, Fenderich Prediger zu Pewſum, Magiſter Lubbert Canz zu Leer, Hindrich und Albert, Prediger zu Olderſum, und viele andere. Der ſtarke Zufluß aller wißbegierigen Laien machte dieſe Verſammlung ungemein zahlreich. Der Prediger Heinrich eröfnete dieſe Verſammlung mit einem Gebete, und ſchloß: nun fallet auf die Knie und ſprechet

Vierter Abschnitt.

chet ein Pater Noster! Gleich schrie Doctor Laurenz überlaut, auch ein Ave Maria! Dies war die erste Lärm-Posaune (Hyr hebben wy alrede Winter unde Somer, Snee unde Vuer tegen ander.) Doctor Laurenz brachte hierauf in Proposition, daß Junker Ulrich und er zum Schiedsrichter des Religionsgesprächs sollten angenommen werden. Ulrich lehnte dieses Schiedsrichter-Amt ab. Aportanus klopfte auf die Bibel, diese, sagte er, soll unsre Schiedsrichterin seyn. Hierauf hielt Doctor Laurenz eine lateinische Rede, die Aportanus lateinisch beantwortete. Laurenz verlangte hierauf, daß das ganze Religionsgespräch sollte lateinisch gehalten werden. Auch dieser sein Vortrag wurde verworfen, damit die Laien auch Theil daran nehmen könnten. Nun fieng der Disput über folgende Artikel an: I. Da wir Sünder sind, so mögen wir vor Gott nicht erscheinen, sondern müssen einen andern Mittler haben. II. So wie Christus ist ein Mittler zwischen Gott und den Menschen, so ist Maria eine Mittlerin zwischen Christus und den Menschen. III. Da der Vater alles Gericht Christus übergeben, so müssen wir nothwendig andere Mittler haben zwischen uns und Christus. IV. Wir können nicht allein durch den Glauben ohne gute Werke gerecht werden. V. Alte Gewohnheiten soll man beibehalten, die viele hundert Jahr in der Kirche angenommen sind. Diese Sätze wurden von der einen Seite hauptsächlich von Aportanus, von der andern von Doctor Laurenz und seinem Gehülfen durchdisputiret.

§. 11.

Jede Partey schrieb sich nach geendigtem Streite, wie leicht zu erachten ist, den Sieg zu. Daß Doctor Laurenz eben kein feiner und helldenkender Mann gewesen,

wesen, siehet man unter andern daraus, daß er, wie ihm Pastor Heinrich den Spruch aus dem Psalm: Invoca me in die tribulationis, vorhielt, sich nicht habe herauswinden können und geantwortet habe, David könne wohl mehr sagen, er habe wohl sagen können, daß er der Doctor weder Nase noch beide Ohren habe, und er habe sie, Gott sey Dank alle drey. (de Pastor hylt one uthen Psalter vor: invoca me in die tribulationis. Doe hadde auerweghen schendlik echtes blasphemert: David mochte wal zeggen: datte noch neze noch oeren hadde, he haddeze, God danck, noch alle dre. O Ketterscho averweghen bove, dat zy den bodel unde deffhengher tho Groningen geklaget. Amen. Sind die Worte Ulrichs) Ueber solche Reden wurde die Gemeine stutzig. Sie retteten sich vor der Kirchthüre zusammen, und würden den Doctor durchgewamset haben, wenn nicht Junker Ulrich ihn noch gerettet hätte. (Hyr mede trath ick sagt Ulrich uther Kercken, zo hörde ick ein grot geschal hynder my, unde leth öne zeggen: datze gemack geven, unde hylden vrede, anders wolden etliche boren up do Kappen geschlagen hebben, unde gefraget, oft de Mönick dar ock binnen were.) Doctor Laurenz reiste wieder nach Gröningen ab und pochte von öffentlicher Kanzel, daß er den Kezern, welche er mit den häßlichsten Farben schilderte, den Mund gestopfet habe, dabey dichtete er ihnen folgende Sätze an: Maria sey ein unkeusches Frauenzimmer gewesen, und Christus sey nicht wahrer Gott. Auch sagte er hielten sie mehr von einem gekochten Schweinskopf, als von dem heiligen Abendmahle. Junker Ulrich ergrimmte hierüber und meldete dem Magistrat zu Gröningen den Verlauf dieser Handlung, wobey er

nicht

Vierter Abschnitt.

nicht ermangelte, in seiner derben Sprache den Doctor Laurenz tüchtig auszufilzen.

§. 12.

Bey diesem Religions-Gespräche muß es freilich wohl etwas tumultuarisch hergegangen seyn, wie man aus dem ganzen Verlauf der Handlung ersiehet. Da auch Junker Ulrich mit Vorurtheilen wider die catholischen Geistlichen schon vor dem Gespräche eingenommen war; so dürfen wir diesen alten Krieger wohl nicht von aller Partheilichkeit freysprechen. Aber eben solche lärmende und stark in die Augen fallende Auftritte begünstigen nicht nur in Staats- sondern auch in Religions-Sachen die größten Revolutionen. Das abgedruckte Oldersummer Gespräch, wurde von dem Verfasser Ulrich den drey jungen Grafen, Ulrich, Enno und Johann dediciret, und kam in die Hände aller Laien, wurde fleißig gelesen, und dadurch das neue Religions-System immer mehr begründet und ausgebreitet. Durch Resius, einen Dominicaner-Mönch in Norden, erhielt das Pabstthum hier fast den letzten Stoß. Er las fleißig die Schriften Luthers, Melanchthons, Zwinglius und Oecolampadius, wohnte öfters den Predigten des Magister Steffens in Norden bey, und wurde dadurch aufgemuntert, zu der evangelischen Religion überzutreten. Aus zweien von ihm verfertigten geistlichen Liedern über das heilige Abendmahl (b) bemerken wir, daß er mehr auf Zwingel als Luthers Seite sich hingewandt habe. Nicht lange nach dem Oldersummer Gespräche, ließ er mit Bewilligung des Grafen an dem

---

(b) Sie sind abgedruckt in Meinders Kerkel. Geschied. T. 2. p. 344. sq.

Thurme der Kirche zu Aurich, Emden und Norden und an andern öffentlichen Oertern 22. Artikel anschlagen. Diese Theses betrafen die Messe, das Abendmahl, die Ohrenbeichte, Anbetung der Heiligen, das Klostergelübbe und andere zwischen den Katholiken und den Evangelischen streitige Sätze. (c) Er erbot sich diese Sätze nach den evangelischen Principiis am 1. Jan. öffentlich in der Kloster-Kir-
1527 che zu Norden zu vertheidigen. Zur bestimmten Zeit fanden sich von beiderseitigen Religions-Parteyen eine ungemein zahlreiche Menge Laien, Priester und Mönche ein. Auf besonderen Befehl des Grafen waren auch der Drost Jberhof, und der Burgermeister Egbert Goldschmid gegenwärtig, um alle etwaige Unruhen zu verhüten. Resius bestieg in seinem Mönchs-Habite die Kanzel, verrichtete erst ein brünstiges Gebet, las dann die 22 Artikel laut vor, und foderte darauf Jeden aus der ganzen Versammlung zur Widerlegung auf. Nach einer langen tiefen Stille trat endlich Gerhard Schnell, Abt des Nonnenklosters zu Norden, ein sehr gelehrter Mann und berühmter Dichter hervor. Beide, gleich geschickte Männer, disputirten diese Sätze durch, Resius brachte aber den Abt zum Schweigen und setzte ihn immer fester. Nachdem sich nun Niemand an Resius mehr wagen durfte, so hielt er noch eine kurze Rede, dankte Gott, zog seine Mönchskappe ab und legte sie auf die Kanzel nieder, und hiemit entsagte er völlig dem Pabstthume. Hierauf wurde er von der Gemeine zum

---

(c) Auch diese sind bey Meinders c. l. p. 352. et seq. abgedruckt.

Vierter Abschnitt.

zum evangelischen Prediger berufen, und wurde also ein Amtsgenosse des Magister Steffens. (d)

§. 13.

So breitete sich das Licht der Reformation immer weiter durch Ostfriesland aus. Graf Edzard beförderte durch seine kluge Verfügungen und durch seine Toleranz dieses große Werk der Reformation. Die Häuptlinge Hero von Oldersum und Ulrich von Dornum traten öffentlich zu der evangelischen Religion über, und der Häuptling von Loquard, Victor Freese ließ diese neue Lehre in seiner Herrlichkeit verkündigen. (e) In Harlingerland vereinbarten sich schon 1525. Magister Fisbeck, Prediger zu Burhave, Richard Hicco, Prediger zu Dunum, und Mammo Folkard, Prediger zu Ardorf, auch dorten das Wort Gottes rein zu lehren, und Junker Balthasar trat selbst zur evangelischen Lehre über. Wie nachher Bernhard von Hakfort zum Statthalter von Esens durch den Herzog von Geldern bestellet wurde, arbeitete dieser mit Macht daran, die römisch-catholische Religion wieder herzustellen. Magister Fisbeck wurde von ihm abgesetzet, und empfand mit andern Lehrern die Würkung seiner Intoleranz. Aber nach dem Tode des Herzogs von Geldern.(1557) rief Junker Balthasar den Magister Fisbeck wieder aus Ditmarsen, wohin er sich begeben hatte zurück, und bestellte ihn zum Superintendenten. So blühte denn wieder die protestantische Religion durch ganz Harlinger-

---

(d) Beninga p. 619. Bericht der Emb. Predig. p. 16. Emm. p. 839.

(e) Beninga p. 619.

gerland. (f) Heinrich Cramer war der erste Reformator in Jeverland. Bereits 1524. theilte er in Jever das Abendmahl unter beiderley Gestalt aus, und ließ neue Kirchenlieder in deutscher Sprache absingen. Die Fräuleins waren hartkatholisch, legten ihm viele Schwierigkeiten in den Weg, und drohten ihm mit der Cassation. Besonders war es den Fräuleins ein Stein des Anstoßes, daß Cramer als Priester eine Frau genommen hatte. Endlich ließen sich die Fräuleins durch ihren Rath und Rentmeister Räner gütlich dahin überholen, die Reformation nicht zu hindern, sondern derselben stillschweigend ihren Lauf zu lassen. Dieser Cramer ist 1540. gestorben, sein nachheriger Amtsgenosse hieß Zwittert Onken. Seinem Beispiele folgten zuerst Haio Ulrich in Rüstringen, Gerhard Jäger in Tettens, und Lombert Steffens in Hohen-Kirchen. So wurde denn auch in Jeverland die Reformation angefangen und fortgesetzet. (g)

(f) Hamelm. Opera Geneal. historica de Westph. et Saxon inf. p. 793

(g) Hamelm. Op. Gen. hist. p. 804.

Fünfter Abschnitt.

§. 1. Graf Edzard läßt die von ihm verordnete Primogenitur von seinen Söhnen bestätigen, und ernennet wegen Blödsinnigkeit seines ältesten Sohnes Ulrich, seinen zweyten Sohn Enno, nach seinem Ableben zum regierenden Grafen. §. 2. Edzard der Große stirbt. §. 3. Sein Character. §. 4. Seine Nachkommen.

§. 1.

Graf Edzard ließ, wie wir oben angeführt haben, 1512., nach dem Absterben seiner Gemalin, seine Räthe und die Landesstände versammeln, und führte mit deren Bewilligung und Beyrath (a) die Primogenitur

(a) „So hebben Wy Edzard, Graf tho Oſtfrieſ„land dieſe nachfolgende Meinung Uns mit tpoll„chem Rade alle unſer Rade, ock der Stende unſer „Lande und Amtlüde bewilliget, upgerichtet und „eintrechtiglichen gesloten, als wenn Wy von hier „verſchieden ſind, ſo ſoll unſe elteſte Sohn een „regerender Herr und Graf ſeyn ꝛc." Breneiſen T. I. L. IV. p. 145. Beninga ſagt: der Graf habe den Landesstäuden die Wahl gelaſſen, wen ſie zu ihrem Landesherrn von ſeinen Söhnen ernennen wollten p. 518. Ihm folget Emmius p. 600. Dieſes iſt aber durchaus falſch, und ſtreitet wider das von Breneiſen beygebrachte Document, und auch wider den Homagialeid von 1529. worin ſie ausdrücklich nach dem Teſtamente und dem Befehle des Grafen Edzards, den Grafen Enno zu ihrem Landesherrn angenommen und ihm gehuldigt haben

genitur dergestalt ein, daß immer der älteste Sohn, falls er zur Regierung geschickt seyn möchte, allein die Regierung übernehmen und die andern gräflichen Söhne mit einer anständigen Appanage abgefunden werden sollten. Der älteste Sohn Graf Ulrich war, wie er von Spanien zurückkam, blödsinnig. Man schreibt dieses Unglück einem Liebestrunke zu, den er in Spanien erhalten haben soll. (b) Daher ließ Edzard seine 3 Söhne vor sich kommen, und legte ihnen die Verordnung von 1512 vor. Nachdem sie selbige überall genehmiget, und deshalb eine schriftliche Urkunde (c) ausgestellet und besiegelt hatten, bestätigte er gleich nachher am 6. December 1527. seine Verordnung, bestellte seinen zweyten Sohn Enno, wenn er selbst mit dem Tode würde abgegangen seyn, zum Regenten des Landes, und übertrug eventualiter, wenn auch dieser ohne Leibeserben verstorben seyn mögte, seinem jüngsten Sohne, dem Grafen Johann, die Regierung des Landes. Die Ursache, warum er seinen ältesten Sohn Ulrich vorbeygegangen, setzte er glimpflich darin, weil Ulrich wegen der vielen Beschwerden sich nicht geneigt bezeugte, selbst an dem Ruder des Staates zu sitzen. (d)

§. 2.

(b) Loringa in Gen. Nob. bey den Descendenten vom Grafen Edzard. Beninga sagt bloß, Ulrich sey zur Regierung ungeschickt gewesen. p. 649.

(c) Bey Brenneisen l. c. p. 146.

(d) Wy Edzard, Graf — doen kund, als Wir —
„Unsren Räthen, Ehrbare Mannschappen — erstliche Rathschläge, berührende Unsere Lande und
„Lüde, welken Unser Söhne na tödlichen Abschel-
„ben tho regeeren am bequemlichsten mochte beföh-
„len werden, vorgestellet hebben, — Inholt eenes
„Breefes

Fünfter Abschnitt.

§. 2.

Damals kränkelte schon der Graf, und wurde nachher immer schwächer. Wie er merkte, daß 1528 sein Ende bald heranrückte, ließ er seine Söhne vor sich kommen, und ermahnte sie, bey der angenommenen Wahrheit des Evangelii standhaft zu verbleiben, und sie fortzupflanzen, die Unterthanen mit keinen Auflagen zu drücken, ihnen ihre Rechte und Freyheiten nicht zu schmälern, Friede mit den benachbarten

„Breckes mit Unser Räthe Bewilligung im zwölften „Jahr des andern Thals Christi von Uns verseegelt, „ock neulich von ihnen bestätiget und confirmiret, „darup jetzt gemelte Stände, Ehrbar Mannschaft, „Amtluide und Officianten sich besprochen, und „solches einmüthiglich uns heimgestellet, als ock de „Wolgebohren und Edle, Unse liebe Sohns, Sich alle„samt lüt overgeven Verschrievinge darinne verwilli„get, dem also tho geleven. Wen Wy von över Levenden „in unserm Afsterwend de Regeringe befehlen: „Und als doch Unse eltiste Sohn insonderheit, so „dann es umb mannigfoldige Mühe, Sorge un „Unlust, anthonehmen nicht geneigt ist, dem es „sonsten als dem erstgeboren Sohn wohl gebührde, „So hebben Wy den Mittlern Unsern Sohn, Gra„fen Enns na unsern tödlichen Abgange thom re„geerenden Herrn aller Unser Lande und Lüde ver„ordnet, und doch dat hiemit in Kraft disses „Brieffes — Und off desulviger Unser regierender „Sohn sonder Lywesserven affstürbe, sol der Jüng„ste, oder seine Erben an des Verstorbenen Stede „gleicher maten regieren, als sichs na dem natür„lich eignet. Hierumb wollen Wir ꝛc. — Geben „im Jahr 1527. am Tage Nicolai Episcopi." Bey Brenelsen l. c. p. 145. Bey Lüning im Reichsarchiv 2. Cont. 3. Fortf. p. 500. und in der Facel specie in puncto Apanagii contra Graf Friedrich Ulrich Tochter p 6.

barten Fürsten zu halten, und unter sich einträcht:
zu leben. Hierauf wandte er sich zu Gott, dank
für die genossene Wohlthaten und für den dem Land
nach so vielen Widerwärtigkeiten, mildreich gescher:
ten Frieden. Seine letzten Worte waren: Herr nu
lässest du deinen Diener in Friede fahren, wie du ve
heißen hast. Er starb am 14. Februar im 67sten
Jahre seines Alters. Die Leiche wurde mit vielem
Gepränge zu Norden im Kloster Marienthal, unter
dem Gefolge des ganzen Adels und einer großen
Menge des Bürgerstandes beygesetzet. (e)

§. 3.

Aus dem chrksenaischen Hause sind zwar viele
brave Männer und wackere Regenten entsprossen;
aber an Edzard reichte keiner. Mit gleich fester, nie
wankender Hand führte er als Heerführer den Com
mandostab, und lenkte, als Regent seines Volks,
das Ruder des Staates. Mitten in dem Ungewitter,
wie die mächtigsten Fürsten Deutschlandes auf ihn
losstürmten, wie sie seinen Untergang schworen, wie
der Kaiser ihn mit dem Bann schlug, wie die Stadt
Gröningen, die er unter seine Fittige genommen
hatte, ihm untreu, und der Herzog von Geldern
bundbrüchig wurde, blieb Edzard unerschüttert.
Nach so vielen Arbeiten und Fährlichkeiten sicherte
er sich und seinen Nachkommen den festen Besitz
seiner Grafschaft und verschafte seinem Lande den
Frieden, dessen Früchte er noch beynahe zehn Jahre
in seinem ehrwürdigen Alter genoß. Die Nachkom
men staunen ihn als einen großen Feldherren und
klugen Staatsmann an, und verehren ihn als einen

weisen

(e) Beninga p. 612. Emm. p. 743.

Fünfter Abschnitt.

weisen Gesetzgeber und vorsichtigen Reformator. Wir überspannen zu seinem Lobe nichts, seine Großthaten leisten uns für die Wahrheit die sichere Gewähr. Seine Nachkommen redeten lange, nach seinem Tode enthusiastisch von ihm. Emmius schildert seinen Character, vielleicht aus mündlichen Relationen seiner alten Landesleute, die ihn persönlich gekannt haben, von der besten Seite. Von allen seinen Unterthanen, sagt er, wurde er ungemein geliebet und geschätzet. (f) Sie nannten ihn gemeiniglich Vater. In seiner critischen Lage, wie er fast der Gewalt seiner mächtigsten Feinde unterlag, wankte die Zuneigung und die Liebe seines Volkes nicht. Oft staunte der Feind, wenn er bemerkte, daß nicht nur die Vornehmsten, sondern auch das gemeine Volk sich mehr um das Mißgeschick ihres Herren ängstigten, als um ihr eigenes hartes Schicksal bekümmerten. Nur bey dringender Noth forderte er Schatzung, und immer ungern und mit Widerwillen. Vor dem Ausbruch der sächsischen Fehde hat er nie eine Auflage verlanget. Der Justizpflege schenkte er vorzüglich seine Aufmerksamkeit, und sorgte für die Beschleunigung der Prozesse. Arme Leute und Fremde hörte er öfters selbst ab, und erkannte in ihren Sachen in eigner Person. Er war ökonomisch und sparsam, wenn es aber der Anstand erforderte, ließ er es nicht am Aufwande und Pracht fehlen. So herablassend und umgänglich er war, so vergab er doch seinem Stande nichts. In seinen

Sitten

(f) Auch Chytraeus redet de fide subditorum suorum et amore in se incredibili p. 219. Dieser auswärtige Schriftsteller charakterisirt ihn an einem andern Orte so: Princeps ingenio, magnitudine animi, industria et rebus gestis praestans. p. 361.

Sitten war er anständig, er wußte zu leben, war keusch und mäßig. Bey den Fehlern seiner Bedienten und seiner Officiere sah er nicht selten durch die Finger. In Glück und Unglück blieb er sich immer gleich. Er war nicht übermüthig beym Wohlstande, nicht niedergeschlagen bey Widerwärtigkeiten. Er war ein kluger, selbstdenkender Herr, sahe nicht durch fremde Brillen, doch hörte er gerne das Gutachten vernünftiger Männer, und folgte ihrem Rathe. Auf ausländische Bediente hielt er nicht viel, er gebrauchte Einländer. Bey diesen glaubte er die Triebfeder ihrer Handlungen mehr in Patriotismus, bey jenen mehr in Eigennuß zu finden. So dachte er bey seinen Officieren, bey seinen Richtern und bey seinen übrigen Bedienten. Gottesfurcht war seine erste Tugend. Er ließ es sich ernstlich angelegen seyn, auch diese unter den Seinigen zu verbreiten. Gerne nahm er das Licht der evangelischen Wahrheit an, welches ihn bestralte, und beharrte dabey bis zu dem letzten Hauche seines Lebens. Das mit dem treulosen Herzog von Geldern eingegangene Bündniß hielt er für seinen größten Fehler, einen Fehler, den er nachher öfters bereuet hat. Er war gleich groß im Kriege und im Frieden. Wenn bey seinen blutigen Kriegen Widerwärtigkeiten und mißliche Zufälle ihn hart drückten; so ließ er doch weder dem Staate noch seinen Kindern Schulden nach, vielmehr hinterließ er einen, nach damaligen Zeiten, großen Schatz an Silber und Golde. (g) Benin-

ga

(g) Emm. p. 843. An einem andern Orte, in Tractatu de Frisia orient. et de statu Reipubl. ex Relig. schildert ihn Emmius so: Edzardus heros inclytus et post regum tempora in hac gente maximus, amator populi mirificus, et a populo plus

paene

Fünfter Abschnitt.

ga hat seine Thaten in plattdeutschen Knüttelversen (h) und Christian Lorffer, Prediger zu Leer, in lateinischen Hexametern besungen. (i)

§. 4.

Graf Edzard ließ 7 Kinder, 4 Töchter, Margaretha, Theda, Armgard und Anna, und 3 Söhne Ulrich, Enno und Johann nach. (k) Margaretha, geboren 1500. wurde mit dem Grafen Philipp von Waldeck vermählet. Das Beylager wurde 1523. zu Emden gehalten. (l) Theda wurde 1502. geboren. Sie wurde in dem Kloster Marienthal zu Norden erzogen, und nahm als ein Kind, etwa von 9 bis 10 Jahren, den geistlichen Orden an, und ließ sich einkleiden. Wie das Kloster 1557. abgebrochen wurde, gieng sie nach Aurich, und brachte bis zur Regierung Edzard II. ihre Tage in der Stille zu. Wie aber Edzard mit seiner Gemalin Christina seine Residenz in Aurich nahm, stand ihr das unruhige Hofleben nicht an, da gieng sie wieder nach Norden. 1563 rührte sie der Schlag auf einer Reise zwischen Aurich und Norden und starb gleich nachher. (m) Wie sie sich als Nonne einkleiden ließ,

(h) Beninga p. 623.

(i) Vita Edzardi Primi, cognomine Magni Hexametro carmine scripta, interprete C. L. Hamburgi 1730. Dieses Gedicht ist zum Ruhme des Verfassers recensirt in Bertrami Parerg. Ostfr. p. 103.

(k) Loringa in famil. Nob. bey dem Eyrssenalschen Geschlecht.

(l) Beninga p. 612. Emm. p. 813.

(m) Loringa l. c.

ließ, meldete sie solches ihrem Vater, und übersandte ihm, die ihr abgeschnittenen Haare. Dieses ihr goldgelbes Haar ist mit dem originalen Briefe noch auf dem hiesigen Regierungsarchive. Welch ein Unterschied der damaligen und itzigen Sitten und Bedürfnisse! Damals freute sich eine Tochter eines regierenden Grafen über ein Geschenk von 4 Ellen schwarzen Flohres, welches ihr der Abt Gerhard von Schulenburg, aus Emden mitbrachte, und hielt eine Bewirthung mit Norder Bier, bey der Feyerlichkeit ihrer Einkleidung, für ein großes Tractament. Der ganze Brief, geschrieben aus der Fülle des Herzens der jungen Comtesse, entspricht völlig dem Geschmack des damaligen Zeitalters, daher setze ich denselben hieher:

Edele Walgeboren gnadige weerde leeve Heer Vader. Iuwer ghenaden leeften wil gheleven toe weten, dat ick my hebbe cleden laten nae der gheftlyckeit, en myn haer is my afgefneden, daer ick ju een strenghe van fende. Weerde leve Heer Vader, hadd et my neet ghedaen dat loen, dat ick daer voer hape toe ontfaen, en ock vorder de lefte myn leve Heer Vaders, ick hadde my daer neet in overgheven konnen, want al myn daglic heft my toe cloefter ghak feer eenthegen wefen. Maer myn leve Heer Vader fal nümmer neet van my begehren, daer ick fyn lefte in onghehoerigk wil fyn. Leve Heer Vader, ick fyn nu wal toe vreden, enn hebbe my heel overgheven in de hant gades, enn hape up het lufferen ghebet, de al toe famen foe hartlyck voer my bidden, dat ick noch een goet geeftlyck menfche wil leven enn fterven, enn wil nachtes enn daghes

voer

Fünfter Abschnitt.

voer myn weerde leve Heer Vader enn myn leve Vrou moder, enn ock myn leve ghrote moder en voerder voer my ander leve Vrende levendigh enn doet bidden. Weerde leve Heer Vader, de Abten de prioriſſe de hebben ſo veele by my ghedaen, dat ick hem dat neet toe vollen dancken kan, enn hebben my ock vordel ghedaen in der cledinghe, de nemande is voer my geſcheen, enn de prioriſſe enn al de leve Iufferen de gheven my hantghifte, enn de deelden my mit deſelve armode, deſe hadden. De Abt wolde de Iufferen gheerne eenn tunne beere ghegheven hebben, dat wy wat vroelick toeſamen gheweſt hadden, maer he konde in alle Norden neet krighen, nochtans gaf he dat ſelve, dat he crighen konde. Maer he brachte my van emden mede IIII elle ſwarde delfs floer. Weerde leve Heer Vader, myn leve ſüſterken Vrouken Anna vermoeit hoer utermaten ſeer, om dat myn leve heer Vader hoer neet gheeſtlyck myt my heft cleden laten, ſoe begheert ſe alle Ure van my, dat ick an ju ſal ſcriven. Konde ſe ſcriven, ſe wolde dat ſelven gheerne doen, dat ſe hartelicke van ju begheert, dat ſe hoer haer oock mught afſnyden laten, enn int cloeſter bliven, daer ſe net ut wil, ſoe lange als ſe levet, by den Syn will ſe bliven, heft ſe my gheſecht, dat ick myn leve heer Vader ſcriven, ſoe begheert ſe hyr vrentlick een Antwort up. Myn leve heer Vader mach hoer dat jo wal toelaten, nu ſe daer ſoe ſeer ghroten ſyn toe heft, het mochte ghievallen, dat hoer de Warlt hyrnaeſt bet belevede, enn dannoch doen moeſte, ſoe ſoldet hoer dan ſuer ſyn. Wy leve dochters begheren ſeer vrentelick van

Siebentes Buch.

ju onfen Weerden leven heer Vader, dat ghi
ons doch onfe leve fufterken Armegart myt en
erften fenden wilt, dat wy toefamen in en
beftendych moghen deuen, enn troeft van
malcanderen hebben: prioriffe doet myn lev
heer Vader vrentlick groeten myt hondert duy-
-fend goder nacht, des ghelickes doe ick myt
ander leve Vrenden, enn al de leve Jugffern
myt hoere fleden Ghebeden. Niet meer up
deefe tyt, maer Goet fpare ju myn edlen Weerden leven heer Vader langhe vroelick en
ghefunt.

Gefc. myt haeft up funte Lucas dach.

Theda ju leve dochter.

Die Auffchrift war:

Den Edelen Walgheboren Heeren Heer
Edzardt Greve toe Oeftfreeftland mynen
ghenedighen Weerden leven heer Vader
vrentlick ghefn. (n)

Armgard ſtarb unverheirathet auf dem Haufe
Leerort 1559. Sie liegt in Emden begraben. Anna
ſtarb 1530. als verlobte Braut des Grafen Antons
von Oldenburg. (o) Graf Ulrich, geboren 1499,
war, wie wir vorhin angeführt haben, königlich
ſpaniſcher Kammerherr. Er wurde, wie man ſagt,
durch

(n) Der Brief ift auch abgedruckt bey Fund
1. Th. p. 314.

(o) Loringa c. I, Beninga p. 672.

Fünfter Abschnitt.

durch einen in Spanien ihm zugebrachten Liebestrunk, verrückt, gieng wieder nach Ostfriesland, und hielt sich nach dem Tode seines Vaters auf dem Kloster Hassel, in der Einsamkeit auf, wo er in diesem unglücklichen Zustande (p) 1531. starb.

Enno, der nachherige regierende Graf, ist 1504 und sein jüngster Bruder, Graf Johann 1506 gebohren. Von beyden reden wir weiter. (q)

(p) Loringa c. 1. Beninga c. 1. Chytraeus p. 361.

(q) Loringa, v. Kniphausen Genealogie.

Achtes Buch.

§. 2.

Graf Enno ließ gleich nach dem Antritt seiner Regierung durch unsern Geschichtschreiber Beninga, der damalen Drost zu Leerort war, neue Werke an diese Festung legen, und den bey Weener eingerissenen Deich wieder herstellen. (d) Besonders aber wandte er seine Aufmerksamkeit auf die Stadt Aurich. Diese in der sächsischen Fehde ganz abgebrannte Stadt war unter der Regierung Edzards des Großen wieder aufgebauet und durch Anlegung der Neustadt und Aussetzung der Osterstraße erweitert. Enno ließ die Stadt mit einem neuen Wall und Graben umziehen, die Wälle mit groben Geschütze besetzen und das neue Osterthor (1529.) anlegen. (e) Zehn Jahre später (1539) erhielt Aurich von den Gebrüdern Enno und Johann Stadt-Privilegia. Bisher war Aurich ein Flecken, worüber der gräfliche Amtmann die Gerichtsbarkeit hatte. Erst 1438. bekam dieser damals gewiß unansehnliche Ort unter der gemeinschaftlichen Regierung der Häuptlinge Wiptet von Eens, Edzards und Ulrichs von Greetsyhl einen Polizey-Meister und zwey Häscher (enen guden Mann mit tween Knechten, de Schalken und deven stüre.) (f) Dieser

nun-

(d) Beninga p. 650.
(e) Funks Chron. T. II. p. 99. Funk vermuthet auch, daß damalen von dem Grafen Enno die Stadtkirche durch die angebauete neue Kirche erweitert worden. Diese neue Kirche ist aber schon 1498. zu bauen angefangen und 1509. fertig geworden. Die Baukosten haben 400 rheinische Gulden betragen, wofür man itzt kein geringes Haus setzen lassen kann. Aus einem alten Protokoll in Bertram analect. Ostfr. p. 27. und 28.
(f) Verpflicht-Urkunde der Einwohner des Aurichet Landes bey Brenneis. T. I. L. 3. p. 62. §. 3.

Erster Abschnitt.

nunmehr unter der gräflichen Regierung allmälig erweiterte und verschönerte Ort erhielt denn endlich 1539. zwey Bürgermeister, zwey unter ihnen stehende Altermänner, und einen Schreiber. Die ersten Burgermeister hießen Seüten Düvel (g) und Frerich Heegens. Die Altermänner musten wo möglich, lesen und schreiben können. Die Burgermeister erhielten ein besonderes Stadtsiegel. Sie hatten die Aufsicht über die Polizey- und das Justizwesen. Die Criminal- Jurisdiction bey Capital-Verbrechen blieb aber bey den gräflichen Beamten. Auch muste der neue Magistrat von den Stadt-Einkünften dem Amtmann jährlich Rechnung ablegen. Die neuen Bürger, die in die Stadt-Rolle sich einschreiben ließen, musten in Gegenwart des Amtmanns den Burgereid leisten, und zwey Ember Gulden entrichten, wovon der Graf die eine Hälfte und der Magistrat die andere Hälfte erhielt. Dies ist der Haupt-Einhalt des Privilegii, (h) wodurch der bisherige Flecken Aurich zu einer Stadt erhoben ist.

§. 3.

Eingedenk der väterlichen Ermahnungen bemühte sich der Graf das Reformations-Wesen eifrigst zu befördern. Er suchte das Pabstthum in seiner Grafschaft völlig auszurotten. Statt, daß sein Vater nachgebend der evangelischen Lehre ihren Lauf ließ, und sie unter der Hand begünstigte, griff er schon um Pfingsten nicht lange nach Antritt seiner Regierung mit Gewalt durch. Er machte mit Plündern

(g) Vielleicht ein Aftername Schüt-ben Düfel.

(h) Ist vollständig abgedruckt bey Brenneisen T. I. L. I. p. 76. und bey Funk 2. Th. p. 208.

den Anfang. Aus allen Kirchen und Klöstern ließ er Monstranzen, Kelche, Gold, Silber, Meßgewand, seiden Zeug, baares Geld, und alles was einigen Werth hatte, wegnehmen. Focko Maninga von Pewsum, Rudolf Drost zu Emden, und Onko Ripperda hohlten aus den Kirchen und Klöstern die Schätze auf. Es muste freilich wohl die Ausräumung der Kirchen und Klöster unter Aufsicht solcher angesehenen Männer geschehen, um dem Privatraub zuvor zu kommen; und doch ist wohl hiebey nicht alles so recht ehrlich zugegangen; wenigstens giebt uns Beninga schon einen hinlänglichen Fingerzeig davon (een jeder tasede mit ruime handen tho, makedes sick de tydt to nutte, daer van ock oere deneren und Knechten nicht ovel voeren.) Es ist nur zu bedauern, daß bey dieser Gelegenheit so viele in den Klöstern befindliche Documente und Nachrichten abhanden gekommen. Man hat mit diesem Schatz gewiß so säuberlich nicht verfahren, wie mit dem Golde und Silber, und den baaren Batzen, die mit mehrerer Sorgfalt werden aufgehoben seyn. (i)

§. 4.

Die kahlen Wände der ausgeleerten Klöster konnten natürlicherweise den Mönchen nicht behagen. Einer nach dem andern verließ sein Kloster; der Prior des Dominicaner-Klosters zu Norden packte seine Habseligkeiten ein und gieng heimlich aus dem Lande. Einige Mönche blieben in dem Kloster, andere giengen auch fort. Die, welche zurück blieben, fand Graf Enno theils mit Gelde ab, theils aber bestellte er sie zu evangelischen Predigern. Das Norder Dominica-

(i) Beninga p. 651. Emm. p. 844.

Erster Abschnitt. 347

minicaner-Kloster ließ der Graf mit vielen Kosten zu einer Wohnung einrichten, worinn er sich oft mit seinen Hofleuten aufhielt. (k) Der Abt des Klosters Marienthal zu Norden, Gerhard Snell, den wir vorhin mit Resius disputiren lassen, dankte freiwillig ab. (l) Johann von Gröningen, auch Oldeguil genannt, war Abt in dem Kloster Aland, verließ sein Kloster, und wurde Prediger zu Aurich. Der Abt des Benedictiner-Klosters zu Ihlo, Antonius, trat aus seinem Orden, und wurde von dem Grafen zum Prediger in Larrelt angesetzet. Mit Ihlo gieng es wie mit dem Norderkloster. Viele Mönche verließen das Kloster und die, welche es nicht räumen wollten, wurden abgekauft. Graf Johann ließ bald nachher die Kirche abbrechen, und baute an der Stelle ein Jagdschloß. So musten Orgel, und Rosenkränze, und Meßbücher, den Waldhörnern, Flinten und Walde-Taschen Platz machen. (m) Der schöne stark vergoldete Altar dieser vormaligen Klosterkirche, zieret noch itzo die Auricher Kirche aus. (n) Die Klöster von dem Johanniter-Orden musten ihre Kommendereien übergeben, oder sich eidlich verpflichten, dem Grafen von den Einkünften jährlich Rechnung abzulegen. (o) Das Kloster Hasselt muste sich auch die Einziehung gefallen lassen. Hier lebte Graf Ulrich, entfernt von allen Menschen, bis an sein Absterben.

(k) Beninga p. 671. Emm. p. 848.
(l) v. Wicht Annales ad ann. 1529.
(m) Beninga p. 671. Emm. p. 848.
(n) Funks Chron. 2. Theil p. 55.
(o) Beninga l. c.

ben, (p) So wurde denn allmälig ein Kloster nach dem andern säcularisiret.

§. 5.

Dieses tumultuarische Verfahren mit den Klöstern, muſte nothwendig große Sensation unter den Volke erregen. Man suchte es aber bald mit den ausgestreueten Gerüchte zu besänftigen, daß das Vaterland diese den Klöstern entwandte Baarschaften und Kostbarkeiten bedürfte, und daß sie zum wahren Besten des Landes verwendet werden sollten. (q) Alle diese Kostbarkeiten flossen in einen mächtigen Kasten, stark mit Eisen beschlagen und mit vielen Schlössern versehen. (r) Der Graf aber behielt alles dieses vor sich, und verwandte die Einkünfte der Klöster zu seinem eigenen Privat-Nutzen. (s) Darauf zielet ein altes Gedicht, welches sich so endiget:

Darumb met der Landschap Rath und wolbedachten Muet,
Soll man pillig anwenden das geistliche Prelaten Guet,
Als ein Schat und Gabe von der Gemeine gegewen,
Darvon die Gemeyne und Armen plegen to leven,

Wiede-

(p) Beninga u. Emm. l. c.
(q) Beninga p. 651. Emm. p. 844.
(r) Emm. l. c.
(s) Als schulde dat to des' landes hogeste noot angelegt worden, als contrarie in dit nafolgende so laer te bewysen is. Beninga p. 652.

Erster Abschnitt.

Wiederumb tom gemeynen Nutte und Besten,
Up dat man nit ovel fuere im Lesten,
Dan wan dat leste ende wol würde bedacht,
Man shol der Armen Schat so nit verteren mit
    Pracht,
Und tot seinen eignen Nutte, alle Kloster und
    Kerken Gütten to sick rieten,
Als ein Roff: Mit Perden, Hunden, und Je-
    gers vernieten,
Die doch nit gestift sint van den Graven,
Dan sein der gemeynen und armen Unterthanen
    Gaven,
Die sie ock pillig widerumb tom gemeynen nüß-
    genieten,
Und sick dessen ock Niemantz sholde laten ver-
    brieten.
Hierumb to blöben nüdt to raben mit allen
    Flyt,
So würdt Godt geven den Graven und Landt
    Glück al tydt. Amen. (t)

In dem Kloster Silmönken ließen die Mönche folgende Verse an der Wand geschrieben zurück:

  Quas quondam pietas nostrorum struxit
    avorum
Aedes, haeredes devastant more luporum. (u)

Indessen sind nicht gleich alle Klöster säcularisiret, weil viele Mönche sich nicht haben abkaufen lassen wollen. Mit Gewalt aber durfte der Graf sie nicht aus den Klöstern jagen. 1559. unter der Gräfin Anna

---

(t) Harkenroth Oostfr. Oorspr. p. 911.
(u) Iherings Kirchenhistorie Mspt.

Anna erhielten die übrig gebliebenen Klöster den letzten Stoß. Denn damalen wurde den noch übrig gebliebenen wenigen Klosterleuten die Messe und alle andere catholische Ceremonien untersaget, (v) womit denn der Gottesdienst in den Klöstern ganz aufhörte. Doch haben sich noch Geistliche in einigen Klöstern bis zu dem Ausgange dieses sechszehnten Jahrhunderts aufgehalten.

§. 6.

Von den Klöstern in Ostfriesland haben wir wenige Nachrichten. Emmius berechnet ihre Zahl ohngefähr auf 30. (w) Harkenroth aber nimmt 42. an. (x) Es scheint aber, daß dieser einige zu den Klöstern gehörige Güter und Vorwerke als besondere Klöster gerechnet hat. Sonst scheint diese Zahl gar nicht übertrieben zu seyn, weil 1529. in der Provinz Friesland 46. und in Gröningerland 32. Klöster vorhanden waren. (y) Folgende waren die vornehmsten Klöster in Ostfriesland. Im Auricher-Amte war Jhlo, ein Cistercienser- oder Bernhardiner-Kloster. Es führte den Namen Schola Dei, und ist 1228. von dem Erzbischofe Gerhard von Bremen gestiftet. (z) 1529. wurde das Kloster abgebrochen. Von den Materialien ließ Graf Johann ein klei-

(v) Beninga p. 852.

(w) Emm. p. 27.

(x) Harckenr. Oorsp. p. 907.

(y) Mathaei Anal. vet. aevi T. 3. p. 480. wo sie nahmentlich aufgeführet sind.

(z) 1. Band 2. Buch 5. Abth. §. 9.

Erster Abschnitt.

kleines Jagdhaus erbauen. (a) Fast hundert Jahr nachher errichtete Graf Enno III. hier ein neues Jagd-Schloß. (b) Meerhausen, ein Cistercienser Nonnen-Kloster war dem Kloster Ihlo untergeordnet. (c) Auch dieses Kloster hat nachher das Schicksal gehabt, in ein Jagd-Schloß umgeschaffen zu werden. Die guten Nonnen werden ihre liebe Last gehabt haben, wie das in ihrer Nachbarschaft errichtete Blockhaus in der sächsischen Fehde erobert wurde. Dann war noch im Auricher-Amt das Kloster Timmel, welches dem Kloster Thedinga untergeordnet war. (d) Es soll bereits 1231. gestiftet seyn. (e) Bokzetel war ein Johanniter-Kloster. Die Stiftung ist unbekannt. Wir wenden uns nach Ember-Amt. In Emden selbst war das so oft von uns erwähnte Franciscaner-Kloster, welches nachher in die itzige Gasthaus-Kirche umgeschaffen ist. In Ember-Amt selbst war Sylmönken, auch Kloster Sylo genannt. (f) Dieses Kloster war dem heiligen Martin gewidmet. (g) In dem Vergleiche mit dem Bischofe von Münster von 1276. kömmt schon ein Abt Rembert von Sylmönken vor. (h) Es war anfänglich ein Benedictiner

(a) Beninga p. 681. Emm. hist. rer. fr. p. 848.

(b) Funks Ostfr. Chron. 2. Theil p. 170.

(c) Emm. hist. p. 136.

(d) Emm. Descr. Chor. Fr. or. p. 42.

(e) Chron. der Freesen ad an. 1221.

(f) Emm. in Descr. Chor. p. 47.

(g) Aus einem Docum. in dem Reg. Archive von 1493.

(h) Beninga p. 122.

ner Nonnen-Kloster. Graf Ulrich verſetzte aber dieſe Nonnen, vielleicht, weil ſie zu vielen Spuck machten zur Hälfte nach Norden, und zur andern Hälfte nach dem Kloſter Thedinga, und ließ ſtatt ihrer wieder das Kloſter mit Auguſtiner-Mönchen beſetzen. (i) 1531. wurde dieſes Kloſter von Junker Balthaſar abgebrannt. (k) Abbingwehr war ein Johanniter-Kloſter. (l) Von dem Kloſter Blauhaus ſind noch ſehr viele Urkunden vorhanden. In dem Regierungs-Archive befinden ſich 132. Documente. Sie ſind faſt alle Membranen. Das älteſte iſt von 1356. und das jüngſte von 1590. Es ſind zwar mehrentheils nur Kaufbriefe, verbreiten indeſſen doch einiges Licht über die Geſchichte dieſes Kloſters. Wir bemerken daraus, daß das Kloſter in der Loger Hamrich ohnweit Larrelt geſtanden, daß es vorher den Namen Langen, auch Langermünken geführet habe, und daß es dem heiligen Jacob geweihet geweſen, daher es auch St. Jacobs-Kloſter genannt wurde. Es war ein Prämonſtratenſer Nonnen-Kloſter. Gleich in dem erſten Documente wird es genannt Sacrum collegium ſeu conventus ſacrorum in Langhen ordinis Præmonſtratenſis. Der Vorſteher dieſes Kloſters führte den Titel eines Probſtes. Nach Emmius iſt dieſes das jüngſte Kloſter in Emſiger-Land. (m) Es iſt indeſſen ſchon vor 1276. vorhanden geweſen, weil wir in dem Münſterſchen Vergleiche von 1276. bereits einen Probſt Guido von Langen antreffen. (n)

Noch

(i) Beninga p. 323.
(k) Idem p. 683.
(l) Emm. in Deſcr. chor. p. 47.
(m) Emm. in Deſcr. chorogr. p. 47.
(n) Guido de Longerma, Praepoſitus. Beninga l. c.

Erster Abschnitt.

Noch werden uns in den Urkunden verschiedene Pröbste genannt, Nikolas von Calkar, Sebastian von Flandern, Hero, Folkard, Ippo, Popt von Rype, Sibrand Onno, Johann Boemel, Herman Doesbarg und Ludwig. Von letzterem fängt ein Document von 1585. an: Wy Herr Lodowicus van der Voerhenghenisse Goedes, Prowest tho Langhen ende de andere Presteren in der sulvesten stede: Suster Iutte Pryorinne, Suster Tyake Suppryorinne, un dat gemeyne Convent, doen etc. Wie reich dieses Kloster gewesen ist, läßt sich aus einem Verzeichnisse schliessen, welches der Probst Boemel von denen dem Kloster gehörigen Länderenen angefertiget hat. Nach diesem ebenfalls noch im Originale vorhandenen Verzeichnisse besaß das Kloster ausser den Herten über 1200. Grasen an Stückländern. Nach der Reformation scheint dieses Kloster sich am längsten gehalten zu haben. Noch 1710. war die alte Mauer von dem Kloster vorhanden, welche damalen den Meistbietenden verkaufet und darauf geschleifet worden. (o) In Gretmer Amte waren die Klöster Appingen, Dickhausen und Aland. Beide erstere sind von Junker Balthasar abgebrannt. (p) Dickhausen war ein Nonnen-Kloster, welches zu Ehren der heiligen Margarethe von Ocko then Broeck 1378. gestiftet ist. (q) Aland war ein praemonstratenser Nonnen-Kloster. (r) In einigen noch vorhandenen lateini-

---

(o) Harkenroth in der Note zu Beninga p. 684.

(p) Beninga p. 600.

(q) s. 1. Band. 2. Buch 3. Abschn. §. 4.

(r) Emm. rer. fr. h. p. 179. Eiusd. Chorogr. p. 48.

354 **Achtes Buch.**

teinischen Documenten wird es Ripa beatae Mariæ Virginis genannt. (s) In Berümer Amte war Edbinne. (t) Es führte auch den Namen, Kloster der wahren Liebe (der waaren Minne). Es war ein armes Nonnen-Kloster, und hatte wenige Einkünfte. Die Nonnen musten vorzüglich durch ihrer Hände Arbeit sich Lebensunterhalt selbst verschaffen. (u) 1441 finden wir in dem Kloster eine Priorin und 44 Nonnen vor. Das Convent zu Sylmönken war so artig, daß es die armen Nonnen in seine Brüderschaft aufnahm. Der Prior Johannes und die Patres machten die Nonnen aller ihrer guten Werke, ihrer Messen, ihrer Gebete bey Tage und bey Nacht, ihrer Fasten und Wachen theilhaftig. Hierüber gaben sie ihnen ein besonderes Diplom. (v) In der Stadt Norden war das Dominicaner-Kloster, und das alte Kloster, oder das Kloster Marienthal. Beide Klöster, deren wir vorhin einigemal schon erwähnet haben, sind 1557. und 1558. geschleifet. Die Steine sind zu dem Auricher Zwinger verbrauchet worden. (w) In Stickhauser Amte war das Prämonstratenser Nonnen-Kloster Barth. (x) Noch 1565. lebten Nonnen in diesem Kloster. Damals beklagten sie sich, daß das Kloster durch Brandschaden und ande-

---

(s) Befindlich in dem Reg. Archiv.
(t) Emm. in Chor. p. 49.
(u) Docum. von 1538. im Reg. Archive.
(v) Im Reg. Arch.
(w) Beninga und v. Wicht ad an. 1557. u. 1558.
(x) Emm. in Chr. p. 42.

Erster Abschnitt.

andere Unglücksfälle sehr zurückgekommen sey. (y) Dann waren noch in Stickhauser Amte die Johanniter-Klöster, Langholt und Hassselt. (z) Hasselt war der nachherige Aufenthalt des blödsinnigen Grafen Ulrichs. Die Kirche ist 1517. geschleifet, da denn die Steine zu dem Zwinger der Stickhauser Festung verbrauchet sind. (a) In Leerer Amte war das Johanniter-Kloster Mude. In einigen Documenten stehet: Closter Sunte Iohannis Baptista ter Mude. Es ist 1361. gestiftet. Es lag an der Eemse grabe gegen Leer-Ort über. Bey diesem Kloster wurde vorhin ein Jahrmarkt gehalten. Gnaphanus singt davon:

 Mercatum autumno Lyhra, Norda aestate
    frequentat,
 Illa fere linum, venditat ista salem.
 Muda quid? haec vendit rastros et plaustra colonis,
 Vendit item falceis, fraena, lupata, trahas.

(b) Der letzte Commendator Berend van Hage übertrug mit Bewilligung seiner Conventualen 1561. die Kloster-Güter mit allen Pertinenzien und Gerechtigkeiten der Gräfin Anna. Dafür bedung er sich 200. Gulden zum Abtrag seiner Schulden, eine Leibrente von 100. Gulden, und jährlich 30. Thaler für seinen natürlichen Sohn zum Behuf seiner Studien aus.

(y) Aus einem Docum. von 1565. in dem R. Arch.

(z) Beninga p. 672.

(a) Beninga p. 349.

(b) Breuneisen T. I. L. V. p. 223.

aus. (c) Indessen ist die Kirche und das Kloster schon 1556. geschleifet. Von den Materialien ist eine neue Kirche zu Jemgum erbauet. (d) In Jemgum selbst war ein Johanniter Kloster. (e) Dann waren noch in leerer Amte die Johanniter-Klöster Halte und Dunebrok. (f) Thebinga war ein Benedictiner Nonnen-Kloster. (g) Von der Stiftung dieses Klosters haben wir schon bey dem Jahre 1582. gesprochen. Nach der Erzählung des Beninga war dieses Kloster mit 140. Nonnen, und 140. Layen-Brüdern damalen besetzet. (h) Zweimal hatte dies Kloster das Schicksal ein Raub der Flamme zu werden. Einmal 1399. wie der Bastard Witzeld die Brandfackel hineinwarf, und dann 1448. damals war ein gewisser Ocko von Emden, Abt des Klosters. Er ließ nicht nur das Kloster sofort wieder aufbauen, sondern noch in demselben Jahre eine Windmühle zu Jemgum, und eine Oehlmühle zu Emden anlegen. (i) Man kann aus diesen Umständen auf den Reichthum des Klosters schließen. Der letzte Abt und die letzte Priorin liegen unter blauen Sarg-Steinen begraben. Der eine Stein hat diese Umschrift: Anno 1557. 8. febr. obiit honorabilis et nobilis Duus et Magr. Home-

(c) Das Orig. im R. Archiv.

(d) Beninga p. 842.

(e) Emm. in Chor. p. 36. nennet es ein franziск. Kloster; daß es aber ein Johanniter-Kloster gewesen, erhellet aus vielen Documenten.

(f) Emm. p. 35.

(g) Emm. p. 34.

(h) Beninga p. 138.

(i) Harckenroth Oórspr. p. 672.

Erster Abschnitt.

Homerus Beninga de Grymerſum Abba. Theding. qui huic Monaſt. 32. Annis praefuit et laudabiliter, rex.

Auf dem andern Steine ſtehet rings umher:

 Ette van Olderſſum tho Olderſum und Gödens Dochter, Prioreſſe tho Thedinga.

und in der Mitte:

 Als Ette was old 50 jaren
 Wort ſe Prioreſſe gekaren
 Tachentig old in 76. Iaren
 Op Galli Dag tom Hemel gevaren. (k)

In Harlingerland war das Nonnen-Kloſter Marienkamp nahe an Eſens berühmt. (l) Dieſes Kloſter wurde auch Eſingerſelde genannt. (m) Es iſt 1530. von dem Grafen Enno während der Belagerung Eſens abgebrannt, (n) und darauf ſaeculariſiret worden. Die Conventualen haben ſich zu Panjat niedergelaſſen. (o) Anfänglich war es ein Benedictiner-Kloſter, Graf Ulrich hat es aber in ein Auguſtiner-Kloſter 1444. umgeſchaffen. (p) Dies waren

---

(k) Kettlers Beſchreibung des Amts Leer Cap. I. §. 44. Mſpt.

(l) Emm. rer. fr. hiſt. p. 27.

(m) Aus einem Documente von 1501.

(n) v. Wicht. Ahnal. ad an. 1530.

(o) Vergleich mit Junker Balthaſ. von 1530. bey Brenneiſen T. I. p. 167. §. 8.

(p) Beninga p. 323.

waren die vornehmsten Klöster in Ostfriesland, die wir denn zum Theil dem Namen nach nur kennen. Ich merke nur noch hier am Schlusse an, daß die Ländereyen, welche zu den sämmtlichen Klöstern in Ostfriesland gehöret haben, zu folge eines alten Klagliedes auf 50000. Grasen berechnet werden. (q) Könnten wir alle Klöster nach dem Kloster langen abmessen, so ist diese Rechnung wohl nicht zu sehr übertrieben.

§. 7.

Unter der Regierung Edzard des Großen herrschte unter den evangelischen Lehrern allenthalben in dieser Provinz brüderliche Eintracht. Einer bot dem andern die Hand dar, das angefangene Reformationswerk immer mehr und mehr auszubreiten. Sie forschten in der Schrift, der eine mit hellern, der andre mit schwächern Augen, und suchten die neue Lehre zu bestätigen. Jeder stand seiner Gemeine, nach seiner Ueberzeugung und nach seinem Begriffe, so gut er konnte, vor. Die verschiedene Denkungsart und die abweichenden Meinungen bey einer solchen neuen noch nicht festgegründeten Lehre hemmten die Fortschritte des Reformations-Wesens nicht, weil ihr gemeinschaftliches Augenmerk dahin abzielte, das Pabstthum zu bestreiten und zu stürzen. Diese Eintracht, diese Ruhe währte aber nicht lange. Die Secte der Wiedertäufer, und der unglückliche Sacrament-Streit, welcher die Spaltung in der evangelischen Kirche veranlaßte, verwirrte auch diese Provinz. Bereits 1522. oder vielleicht noch früher, traten sowohl in der Schweiz als in Sachsen einige Männer auf, welche die

---

(q) Harkenroth Oorspr. p. 912.

Erster Abschnitt.

die Kindertaufe unnöthig hielten. Sie tauften daher die bejahrten Personen, die in der Jugend bereits getaufet waren, und daher erhielten sie den Namen der Wiedertäufer. In Sachsen vermischte sich bald mit dieser neuen Lehre Schwärmerey. Nicolaus Storch, ein berühmter Fantast, warf sich auch zu einem Reformator auf. Er trotzte auf göttliche Eingebungen und auf seine Gespräche mit den Engeln. Thomas Münzer, Prediger zu Stollberg, wurde sein vornehmster Jünger. Dieser unruhige Kopf fand unter dem gemeinen Mann vielen Anhang. Unter dem Vorwande, ein neues geistliches Reich zu stiften, plünderte er die adlichen Häuser aus und veranlaßte den bekannten Bauernkrieg. 1525. wurde seine Rotte bey Frankenhausen geschlagen und auseinander gejaget. Er selbst wurde gefangen und in dem Lager vor Mühlhausen enthauptet. Seine Lehrsätze enthielten ein äußerliches ehrbares Leben, die Gemeinschaft der Güter, göttliche Eingebung und andere mehr. Besonders verwarf er die Kindertaufe, und ließ alle diejenigen wiedertaufen, die zu seiner Secte übergiengen. Daher erhielten seine Anhänger den Namen Anabaptisten oder Wiedertäufer. Nach dem geendigten Bauern-Kriege verstreuten sich diese Wiedertäufer allenthalben. Einige kamen auch 1528. in Ostfriesland. (r) Der berüchtigte Melchior Hofmann kam aus Holstein, gesellte sich zu diesen Leuten und hielt sich eine Zeitlang in Emden auf. Er that groß auf den göttlichen Ruf und auf die besondere Wirkung des Geistes in ihm, und wurde bald von den Wiedertäufern zu einem Apostel aufgenommen.

(r) In dit sulve 28. Iaer heft sick de Secte der Wederdoopers erstmal in Oostfriesland geroget und vorgedaen. Beninga p. 652.

men. (s) Durch seine Träumereien soll er sich einen Anhang von beinahe 300. Personen männlichen und weiblichen Geschlechtes in Emden gemacht haben. (t) Zuletzt wurde er so kühn, daß er öffentlich in der großen Kirche Männer und Weiber aus einem großen Kübel taufte. Hierüber wurden die Prediger stutzig, und beschwerten sich wider den Hofmann bey dem Grafen. Um diesem Unwesen zu steuren, verbannte der Graf Hofmann und die welche sich öffentlich hatten taufen lassen. (u) Es blieb aber noch ein großer Anhang der Wiedertäufer zurück. Vor seinem Abzuge bestellte Hofmann einen Johann Tripmacher zum Apostel seiner Gemeine. Aber auch dieser mußte bald auswandern, und verlohr nachher unter der Hand des Scharfrichters seinen Kopf in Holland, (v) so wie Hofmann bekanntermaßen seine Freiheit in Strasburg, wo er in dem Gefängnisse den Tod fand.

§. 8.

Karlstadt von Bodenstein, Professor zu Wittenberg zerfiel bereits 1522. mit Luther wegen seiner unzeitigen Bilderstürmerey. Noch mehr entzweiten sie sich über den Sinn der Ausdrücke des Heilandes bey Einsetzung des Abendmals. Dieser Streit veranlaste bald nachher das unselige Mißverständnis zwischen den wackeren Männern, Luther, Zwinglius und Oecolampadius. Dieser Karlstad wurde aus Sachsen

(s) Emm. p. 860.
(t) Grouwelen der Hoofdketteren p. 59.
(u) Beninga u. Emm. l. c. v. Wicht ad an. 1528.
(v) Emm. l. c.

Erster Abschnitt.

sen vertrieben, hielt sich bald hie, bald dort auf, und kam endlich nach Ostfriesland. Hier lebte er bey Marienhave ganz in der Stille, und gab sich mit dem Ackerbau ab. (w) Bey Marienhave ist noch ein Stück Landes, welches das Bodensteinische Land genennet wird. (x) Bey dieser seiner eingezogenen Lebensart suchte er doch sich hin und wieder Anhang zu verschaffen. In Oldersum, Hage, Pilsum und Wirdum soll er einigemal geprediget haben. (y) Indessen ist er nie zu Emden öffentlich aufgetreten. (z)

§. 4.

Dieser Sacrament-Streit veranlaßte hier viele Verwirrung unter den Gemeinen, und Mißhelligkeiten unter den Lehrern. Einige hielten es mit Luther, andere traten auf die Seite Zwinglius. Letztere wurden der Verachtung der Sacramente beschuldiget. Diese Beschuldigung von sich abzulehnen, entschlossen sie sich, sich öffentlich zu vertheidigen. Die Prediger zu Emden, Norden, Aurich, Oldersum, Lehr, Jemgum, Weener, Larrelt und an andern an der Emse liegenden Dörfern, entwarfen im Novembr. 1528. einen kurzen Auszug ihres Glaubens-Bekenntnisses, und ließen denselben abdrucken. (a) Dieses Glaubens-Bekenntniß ist in 33 Artikel abgefaßet, und führet den Titel:

(w) Emm. p. 846.
(x) Reershemil Luther. Pred. Denkm. p. 189.
(y) Antwort der rechtgläubigen Prädicanten in Ostfr. auf die Missive etlicher Studenten. lit. d. 8.
(z) Emder Praed. Reform. Bericht p. 90.
(a) Emm. p. 847.

Sommier onzer Lere, welke wy Predikers in Oostfreesland eendrachteliken leeren, altyts bereidt de selver wyder onderrigtinge te geeven, uit der H. Schrift. (b)

Von dem Abendmahle drückten sie sich darinn unter andern so aus:

Art. XI. Het Avondtmaal des Heeren dient tot des Heeren Gedachtenisse en tot verkondiginge van zynen doodt, zo lang tot dat hy wederkomt. Ook om't gelove te betuigen, welk gelove is het rechte, enige eten en drinken van Christus vleesch en bloedt. Het dient tot de broederlyke liefde.

Art. XIV. Hier uit volgt niet, gelyk men ons te laste legt, dat de Doop en het Avondtmaal des Heren veracht en verworpen worden, om dies wille, dat zy voor Godt niet gelden tot rechtveerdigheit en zaligheit. Nadien ook de andere goede werken, die den naasten nuttig, en van Godt bevolen zyn, daarom niet veracht noch verworpen worden; om datze voor Godt niet rechtveerdig en zalig maken kunnen. Wie vernünftig, wie billig, wie tolerant diese Männer gedacht haben, zeiget der Schluß: is't zaak, dat enige nopens zommige uitdrukkingen der Schrift een ander begrip hebben, die mogen en willen we niet verdoemen als Onchristenen, Ketters

en

(b) Der erste Druck ist von 1528. Nachher ist dieses Glaubensbek. zu Emden 1565. und von Coolhans 1603. wieder aufgeleget worden. Auch haben Meinders in der Kerkelyk. Gesch. T. I. p. 53. et seq. und Harkenroth. in der Note zu Beninga p. 653. et seq. solches vollständig geliefert.

Erster Abschnitt.

en Verleiders, in zo verre zy door hun begrip en lere van Christus den enigen rechten Middelaer niet vervoeren of afleiden tot andere werken en dingen, als ook nodig en nüttig tot rechtveerdigmakinge en zaligheit, maar met ons toestaan, dat Christus zelf de enige Heere, rechtverdigheit en zaligheit is van alle uitverkorene Kinderen Godts.

Men kon omtrent vele Plaatzen, woorden en Spreuken der Schrift feilen uit Onkunde nopens de rechte meininge des Geests, dat men echter niet feilt omtrent het hoofdzommires, het welke is Christus, en het gelove in hem, noch het zelve, geheel verloeren heeft.

Onze Kennisse en Profetie is Stükwerk, daarin moeten we dagelyks toenemen.

§. 10.

Dieses Bekenntniß stellte die vorige Eintracht der evangelischen Lehrer nicht wieder her. Vielmehr grif der Sacramentstreit immer mehr um sich. Ulrich von Dornum, ein einsichtsvoller und friedliebender Mann rieth dem Grafen, den berühmten Bugenhagen, Luthers Amtsgenossen nach Ostfriesland zu verschreiben, oder wenn er nicht abkommen könnte, die Prediger Resius von Norden, und Reiner von Marienhave, nach Hamburg reisen zu lassen, wo sich Bugenhagen damals aufhielt, um ihm die Zwistigkeiten der ostfriesischen Lehrer vorzutragen, und sich seines guten Raths zu bedienen. Ich zweifle nicht, sagte Ulrich von Dornum, oder wir werden uns alsdenn leicht vereinigen können, denn in der That weichen wir nicht weit von einander ab, wenn wir

1529

wir einander nur recht verstehn wollen. (c) Der Graf genehmigte diesen Vorschlag, und ersuchte schriftlich den Doctor Bugenhagen, nach Ostfriesland zu kommen. Bugenhagen hatte indessen keine große Neigung, sich mit den ostfriesischen Streitigkeiten persönlich abzugeben, sandte dagegen dem Grafen schriftlich seine Meynung, und schickte auch einige Tractate ein. Indessen meldete er Luthern, Justus Jonas und Melanchton den Verlauf dieser Sache, und bat sich ihren Rath aus, ob er die Reise nach Ostfriesland antreten sollte; (d) Er soll hierauf würklich mit Gutfinden Luthers abgereiset, aber unter Weges, aus unbekannten Ursachen umgekehret, und nach Wittenberg gegangen seyn. (e) Genug, er ist nicht nach Ostfriesland gekommen.

§. 11.

Wie Bugenhagen ausblieb, verschrieb der Graf zwey evangelische Lehrer aus Bremen, Johann Tieman, der die Schmalkaldischen Artikel mit unterschrieben hatte, und Johann Pelt. Beyde waren harte Lutheraner. Sie hielten mit den Predigern verschiedene Zusammenkünfte, und predigten

zu

(c) Emm. p 848.

(d) So schreibt er: de profectione in Frisiam consulite, quid vobis visum fuerit; quibusdam non videtur consultum, ut illo abeam. Coepi autem per litteras et tractatus missos rem agere, et si porro Comes urserit curabo, ut, si fieri possit, per alios contentiosum negotium agatur. Kempe evangel. Hamburg p. 157.

(e) Bertrams summarische Erzählung der ostfriessischen Kirchengeschichte p. 73.

Erster Abschnitt.

zu Aurich und Emden von den Kanzeln. Aportanus in Emden und Johann Oldeguil, oder wie er auch genannt wird, Johann von Gröningen, in Aurich, widersetzten sich vorzüglich diesen beyden Theologen, und vertheidigten eifrig ihre Sätze. Letzterer mag vielleicht nicht in den Schranken eines gemäßigten Redners geblieben seyn; wenigstens zog er sich die Ungnade des Grafen zu, und wurde gefänglich eingezogen. (f) Auch die Wiedertäufer mischten sich in diese Religionsstreitigkeiten. Melchior Ring, der mit Knipperdolling in Stockholm die Bilderstürmerey veranlasset hatte, soll damals in Emden gewesen, und beynahe einen Aufstand erreget haben. Wie Tieman in Emden die Lehre von dem Abendmahle vortrug; soll Ring mit andern Wiedertäufern geschrieen haben: Schlaget todt die Lügenpfaffen! schlaget todt die Fleischfresser! Tieman soll hierauf von der Kanzel geflüchtet und sich in der Sacristey verborgen haben. (g) Nach der Erzählung Emmius fanden die beyden Bremischen Theologen wenig Eingang in Ostfriesland. Daher suchten sie ihre Sätze mit Gewalt und durch Unterstützung der Obrigkeit den Gemeinen aufzudringen. Wie sie aber vernahmen, daß zu Marburg, durch Vermittelung des Landgrafen Philipps, die Reformatoren Luther, Melanchton, Zwinglius, Oecolampadius, Buter ꝛc. sich ausgesöhnet hatten, betrugen sie sich mehr nachgebend

(f) Beninga p. 653. et seq. Emm. p. 859.

(g) So sagen die Lutherischen Prediger, s. Ligurii oder Rechtglaub. Predicant. Gegenbericht Lit. A. p. 7. Hamelm. renati Evang. in Comit. Phr. Or. p. 827. Dessen Antwort auf Pezelli Vorrede p. 4. Beninga und Emmius erwähnen dieser Thatsache nicht.

gebend und gemäßiget. (h) Indessen streueten hier aus, Luther habe in dem Gespräche zu Marb... obgesieget und Zwinglius habe nachgeben mü... Wie Zwinglius dieses vernahm, wurde er sehr a... gebracht, schrieb an den Landgraf von Hessen, u... ersuchte ihn, den Grafen Enno zu unterrichten, d... er nicht von Luther besieget und widerleget worden. Hierauf setzten die Bremischen Theologen einige A... tikel auf, welche für die Prediger und die Gem... nen zur Norm dienen sollten, überreichten sie d... Grafen und reißten wieder nach Bremen ab. (k)

§. 12.

Graf Enno ließ aus diesen Artikeln eine förm... liche Kirchenordnung und Religionsedict machen Zufolge dieses am 12. December abgefaßten Edicts verordnete der Graf unter andern, daß ein Genera... Superintendent angestellet werden sollte, der die Au... sicht über alle Prediger und Schulmeister in den Lande haben, und vorzüglich aller Ketzerey, falschen Lehren und Spaltungen unter den Predigern und den Gemeinen vorbeugen sollte, ferner: daß die Pre... diger sich in ihren Vorträgen vorsichtig benehmen, und Meuterey und Zwietracht ausweichen sollten, be... sonders aber von der Prädestination, dem Abgrunde der göttlichen Weisheit, behutsam predigen müßten; dann sollten die Prediger, welche noch nicht mit der heiligen Schrift genugsam bekannt wären, diese und
andere

(h) Emm. p. 849.

(i) Zwinglius Brief ist von Hottinger beyge... bracht in Hist. eccles. Sec. XVI. p. IV. p. 456.

(k) Emmius c. l.

Erster Abschnitt.

ndere streitige Materien sparsam behandeln, oder völlig davon schweigen. Er verordnete ferner: daß ie Predigten vorzüglich den Unterricht enthalten müßten, wie man vor den Menschen wandeln, wie nan recht glauben und sich gegen Gott verhalten, ind christlich und inbrünstig beten müsse; daß die Festtage, als: Ostern, Pfingsten, Weihnachten, Neujahr, heiligen Königtag, Himmelfahrt, Marien-Verkündigung, Marien-Reinigung, das Fest Johannis, die Aposteltage zu feyern, andere Festtage iber abzuschaffen seyn; daß das Abendmahl grade so, und mit eben den Feyerlichkeiten, wie in Kur-Sachsen sollte ausgetheilet werden; daß der Prediger zwar mit einem weissen Chorrock sollte bekleidet, indessen es ferner von ihm, dem Prediger abhangen solle, ob er wolle deutsch oder lateinisch singen lassen; daß man ferner keine Kinder ungetaufet lassen, bey der Taufe das Anblasen und die Salbung nicht versäumen, und Niemand die Bilder in den Kirchen schänden solle; daß endlich das Speierische Edict und die Marburger Artikel zum Grunde dieses Edicts liegen sollten. Wir übergehen noch andere Verordnungen mehr, als: von Einrichtung der Schulen, von Heiligung des Sabbats, von Fasten, Hochzeiten, Begräbnissen, Kleidungen der Frauenspersonen u. s. f. Die Absicht des Grafen bey diesem Religionsedicte war allerdings löblich. Sie bezielte, die Ruhe in den Gemeinen, und die gestörte Eintracht unter den Lehrern wieder herzustellen. Er sagt dieses selbst in der Vorrede, und der Text überzeuget uns davon. Man sehe nur die so eben angeführte Vorschrift, wie die Prediger ihre Vorträge von den Kanzeln einzurichten haben. Auch dahin zielet der Graf hin, wenn er hier weiter verordnet, daß Niemand dem andern nachrufen, schänden und verachten sollte,

sollte, daß Niemand den, der da fastet oder nicht fastet, freyet oder nicht freyet, schmähen sollte, (denn wegen des Fastens und des Ehestandes der Geistlichen, hatte man sich noch nicht zu der Zeit geeiniget) daß immer zwey Franziskanermönche dem Gottesdienste in der großen Kirche, und die evangelischen Prediger den Predigten in der Franciskaner-Kloster-Kirche beywohnen sollten, und daß sogar wechselsweise die Franciskaner in der großen und die evangelischen Prediger in der Kloster-Kirche lehren sollten, damit auch unter ihnen Liebe und Einigkeit angefachet würde; indessen untersagte der Graf den Franciskanern das Lesen der Messe und das Läuten mit den Glocken. (l)

§. 13.

Graf Enno veranlaßte auf den 13. Januar 1530. eine Versammlung aller Prediger dieser Grafschaft zu Embden. Hier legte er ihnen das Religionsedict vor, und verlangte von ihnen darüber ihre Meynung. Viele, und warscheinlich die mehresten Prediger, konnten sich sofort hierauf nicht erklären, und erhielten von dem Grafen, der ganz für die bremischen Theologen und sein Religionsedict eingenommen war, endlich nach vielem Anhalten, die Erlaubniß ihre Meynung schriftlich einzureichen. (m) Des andern Tages übergaben sie diese ihre Bittschrift, worin sie bekannten: daß sie dem Grafen, als ihren von Gott verordneten Herrn, mit ihren

zeit-

(l) Dieses Edict ist in der originalen plattdeutschen Sprache abgedruckt in Meinders Kerkelicke Geschiedenisse T. I. p. 575. et seq.

(m) Emm. c. l.

Erster Abschnitt.

zeitlichen und leiblichen Gütern sich unterwerfen, und sich stets als gehorsame und getreue Unterthanen verhalten wollten, daß sie sich auch die vorgeschriebenen äußerlichen Kirchen-Ceremonien, besonders bey der Taufe und dem Abendmale, zur Bezeugung ihres Gehorsams, und zur Vermeidung aller Unruhen, gefallen lassen wollten, sie aber die körperliche Gegenwart und das Genießen des Fleisches und Blutes unter dem Brod und dem Weine bey dem Abendmale, nur blos geistlich und sacramentisch auslegen könnten. Sie schlossen mit der Bitte, daß der Graf ihrem Gewissen keinen Zwang anlegen möchte: Soo is, so lautet der Schluß: ons ootmoedige begeerte ende vermanen, om ohses gemeinen Salichmakers Christi willen, Ue. Gn. ons hier mede niet voorder en woude beswaren, ende onse Conscientien dringen, maer Godt den Heere selve, Christum onsen eenigen Meester met zynen heiligen Geest ende dat godtlycke Woort alleen over onse geloove regeeren laten, verdienen wy aen U. G. met alle onse vermogen altyt geerne. (n) Der Graf nahm diese Erklärung, die er für eine Widerspenstigkeit hielt, sehr übel. Hätte ihn nicht der kluge Junker Ulrich von Dornum zurückgehalten, und hätte ihn Georg Aportanus, sein vormaliger Informator, den er noch immer schätzte, nicht besänftiget, so würde er hart mit diesen Geistlichen verfahren haben. Nun aber begnügte er sich damit, daß er diese Kirchenordnung abdrucken und allenthalben vertheilen ließ. Und hiebey ließ er es vorerst be-

---

(n) Abgedruckt bey Beninga in der Note p. 665. et seq.

bewenden. (o) Wir bemerken nur noch, daß der Graf über diese critische Angelegenheit ein Gutachten von Luther eingeholet habe. Luther hat diese Kirchenordnung völlig genehmiget, indessen ihm gerathen, daß er keine aufrührerische Sectirer dulden möchte (p) worauf er denn auch die Wiedertäufer aus seiner Grafschaft verbannen ließ. (q)

§. 14.

1. Wegen Säcularisirung einiger Klöster, und Einziehung der geistlichen Güter entstanden zwischen dem Grafen Enno und Christopher, Erzbischof zu Bremen, einige Mishelligkeiten. Denn da ein Theil dieser Provinz, wie wir oben angeführet haben, unter dem Sprengel des Erzbischofs von Bremen stand, so wurde dieser durch die Einziehung der Kirchenguter an seiner geistlichen Jurisdiction und an einigen Einkünften geschmälert. Floris von Egmund, Graf von Büren, Kaiserlicher Statthalter in den Niederlanden, war immer ein vertrauter Freund des Grafen Edzard gewesen. So wie er den alten Grafen geschätzet hatte; so liebte er dessen Söhne, die Grafen

---

(o) Beninga c. l.

(p) So schreibt Luther an den Bremischen Prediger Johann Pelt darüber: Paucis scribo aegrotus ex parte, mi Iohannes ScripsiComin Friliae exhortatorias: ordinationem eius probavi, et omnibus modis suasi, ne patiatur sectas in terra sua, deinde seditiosos, qui templa irruunt, et blasphemant, puniat, et si denuo fecerint, seditionis poena mulctet. Forte videbis has litteras. Emmii Tractat von Ostfr. (übersetzt) p. 273.

(q) Beninga a. l.

Grafen Enno und Johann. Er ließ sich diese Streitigkeiten vortragen, und brachte durch seine Vermittelung bald einen Vergleich zu Stande. Nach diesem Vergleiche, worin der Statthalter die beyden Grafen Enno und Johann seine Söhne nennet, wurde der freye Handel zwischen dem Stifte Bremen und Ostfriesland, und ein gemeinschaftliches Schutzbündniß, wieder ausländische Feinde festgesetzet; darnach sollte der Erzbischof dem Grafen mit 400, und der Graf dem Erzbischof mit 300 Mann, bey jedem Nothstande zu Hülfe kommen; die der Bremischen Kirche oder dem Erzbischof gebührende Pachten oder andere Einkünfte sollten dem Erzbischofe verabfolgt werden, auch sollte der Graf der geistlichen Jurisdiction bis zu einem christlichen Generalconcilium nichts in den Weg legen. Dieser Vergleich ist in dem Haag am 25. May 1529. abgeschlossen. (r)

(r) Abgedruckt bey Breneisen T. I. L. V. p. 162. et seq.

Zweiter Abschnitt.

§. 1. und 2. König Christiern von Dännemark stiftet zwischen denen Grafen von Oldenburg und Ostfriesland, wegen Gutjadingerland und Jever einen Vergleich. §. 3. Graf Enno heirathet die Comtesse Anna von Oldenburg. §. 4. Besch= des Junckers Balthasar, erobert Wittmund §. 5. und Esens. §. 6. Balthasar muß den Grafen kniend um Verzeihung bitten. Sie söhnen sich wieder aus. §. 7. Balthasar tritt dem Grafen Wittmund und einige Dörfer in der Herrlichkeit Esens ab, und erhält Esens als ein ostfriesisches Lehn zurück. §. 8. Er verspricht diesem Vergleiche stets nachzukommen. §. 9. Wirbt aber heimlich Truppen an. §. 10. Uebersendet dem Grafen einen förmlichen Fehdebrief §. 11. und verheeret die Stadt Norden, und Norder=, Berumer=, Ember= und Greetmerkamt. Graf Johann brennt dagegen Esens und viele Dörfer ab. §. 12. König Christiern kommt in Ostfriesland, und söhnet den Grafen Enno mit Balthasar wieder aus.

§. 1.

Der noch in diesem Jahre zwischen Oldenburg und Ostfriesland zu Stande gekommene Vergleich, bleibt immer ein wichtiger Gegenstand unserer vaterländischen Geschichte. König Christiern II. von Dännemark machte sich durch das, bey seiner Krönung in Stockholm angerichtete Blutbad, so verhaßt, daß die Schweden sich von ihm losgrissen, und durch Erwählung Gustav Wasa die kalmarische Vereinigung 1523 aufhoben. Er reißte nach den Niederlanden und hofte dorten von seinem Schwager Kaiser Karl V. Hülfe zu erhalten. Sein Oheim, Herzog Friedrich von

Zweiter Abschnitt.

von Schleswig Holstein, machte sich indessen diese Abwesenheit so zu Nutze, daß er ihm auch die Krone von Dännemark und Norwegen entriß. Seit dieser Zeit schwärmte der König, schwanger mit vielen Projecten, um sich wieder auf den Thron zu schwingen, in Norwegen, Deutschland, England und in den Niederlanden herum. (a) Endlich rüstete der König im Anfang des Jahres 1529 in aller Stille an der Seeländischen Küste eine Flotte aus. Weil aber der bisherige Aufenthalt des Königes in den Niederlanden bereits viele Mishelligkeiten zwischen Holland und den Hanseestädten verursacht hatte; so wußten es die Holländischen Städte, besonders Amsterdam und Dortrecht bey der Königin Maria von Ungarn, die damalen Gouvernantin der Niederlande war, dahin einzulenken, daß die Flotte nicht auslief. (b) Da auch dort dem Könige dieses Project in dem Hafen scheiterte, so richtete er seine Augen auf Ostfriesland, Jeverland und Oldenburg, und hofte aus diesen Provinzen mit Hülfstruppen unterstützt zu werden. Er war selbst aus dem oldenburgischen Hause entsprossen, ihm konnten also die bisherigen Feindseligkeiten und Fehden zwischen diesem Hause und Ostfriesland nicht unbekannt seyn. Diese Feindseligkeiten schienen wieder von neuem, nach dem Tode des Grafen Edzards, ausbrechen zu wollen. Balthasar von Esens und die Grafen von Oldenburg konnten es nicht mit gleichgültigen Augen ansehen,

---

(a) Holbergs dänische Reichshistorie 2ter Theil p. 132 et seq. Allgem. Welthist. 33. Theil 6ter und 7ter Abschnitt.

(b) Wagenaars Vaderl. Hist. T. V. XVII. Boek §. 8. p. 35.

Achtes Buch.

daß der Graf von Ostfriesland sich der Regierung über die Herrschaft Jever angemaßet hatte, und zu Folge des von dem Grafen Edzard entworfenen Plans, dieses Land mit Ostfriesland vereiniget werden sollte. Dagegen blickte Graf Enno wieder scheel nach Butjadinger- und Stadtland hin, welches seinem Vater durch Gewalt der Waffen entrissen war. Wollte der König Christiern seinen Edzweck erreichen; so mußten die Feindseligkeiten zwischen Oldenburg und Ostfriesland erst beygeleget werden. Um alle Partheylichkeit, auch den Anschein derselben zu vermeiden, denn er war ein Vetter der Grafen von Oldenburg, Junker Balthasars und der Fräuleins von Jever, ersuchte er den Kaiserlichen Statthalter, Grafen Floris von Buiren, mit ihm gemeinschaftlich an diesem großen Versöhnungswerke zu arbeiten. Er reißte selbst nach Utrecht, wo sich Graf Floris damals aufhielt, und brachte mit demselben am 26sten Octbr. 1529 den Vergleich glücklich zu Stande. (c)

§. 2.

Der Einhalt dieses Vergleichs war: Graf Anton von Oldenburg (d) heirathet die Gräfin Anna von Ostfriesland. Sie bekömmt von ihrem Bruder Grafen Enno 10000 rheinische Gulden und stattliche Kleidungsstücke zur Ausstattung, und von ihrem Gemal Grafen Anton das Haus Borchfort und Butjadingerland zum Wittbum. Dagegen vermählet

---

(c) Emm. p. 849. Beninga p. 672.

(d) Dieser war zwar der jüngste Sohn des verstorbenen Grafen Johann, besaß aber damalen die Grafschaft Oldenburg aus der Cession seines Bruders. Hamelman p. 324.

mählet sich Graf Enno mit der Gräfin Anna von Oldenburg, die außer den Kleidungsstücken und Kleinodien, als eine Aussteuer ebenfalls 10000 rheinische Gulden erhält. Zum Witthum wird ihr das Haus Greetsyhl, oder nach ihrem Willkühr die alte Münze zu Emden verschrieben. Dann wird eine Amnestie aller bisherigen Beleidigungen und Feindseligkeiten festgesetzet, und beyde Grafen versprechen sich und ihren Ländern beständige Freundschaft und einen ewigen Frieden. Um allen künftigen Irrungen vorzubeugen, entsaget Graf Enno für sich und seine Brüder allen Ansprüchen auf Butjadinger- und -Stadtland. Dagegen stehet Graf Anton für sich und seine Brüder von allen Ansprüchen auf Jever und alle Pertinenzien dieser Herrschaft ab, und sichert den Grafen von Ostfriesland den ruhigen Besitz dieser Herrschaft zu; dabey macht sich Graf Enno verbindlich, die jüngste Fräulein Maria mit 6000 und die älteste Fräulein Anna mit 3000 rheinischen Gulden, nach geleistetem Verzichte auf diese Herrschaft, abzufinden. Endlich soll auch Balthasar Herr von Esens, Stedesdorf und Wittmund mit in dieser Sühne begriffen seyn, und sollen alle übrige Mißhelligkeiten zwischen ihm und dem Grafen Enno, binnen Jahresfrist von dem Könige Christiern und dem Grafen Floris von Bühren unpartheiisch geschlichtet werden. Auch wird auf diese beyden Herren compromittirt, falls unter den Grafen von Ostfriesland oder Oldenburg künftig Irrungen entstehen mögten. (c)

§. 3.

(c) Dieser Vertrag ist abgedruckt bey Breneisen T. I. L. V. p. 152, und in Lünings deutsch. Reichsarchive, Suppl. zu fürstlichen Häusern p. 27. et seq. Er fängt an: Wir Christiern von Gottes Gnaden zu

Achtes Buch.

§. 3.

Zufolge dieses Vergleichs reißte Graf Enno 1530 mit einem großen Gefolge nach Oldenburg, und hielt im März mit seiner Braut, der Gräfin Anna mit außerordentlichem Pompe das Beylager. Er führte hierauf seine junge Gemalin, eine wohlgebildete, gesittete und kluge Dame, in Gesellschaft ihres Bruders, Grafen Christoph, nach Ostfriesland. Aber aus der andern Heirath des Grafen von Oldenburg mit der ostfriesischen Gräfin Anna wurde nichts. Diese hofnungsvolle Comtesse starb bald nach der Rückkunft ihres Bruders, zu Berum. Die Leiche ist in dem Familienbegräbnisse zu Norden beygesetzet. (f)

§. 4.

Junker Balthasar war zwar in dem Vergleiche zwischen Oldenburg und Ostfriesland mit eingeschlossen.

zu Dänemarken, Schweden, Norwegen, der Wenden und Gothen König ꝛc. und Floris von Camund, Graf zu Buiren und Leerdam, Herr zu Yselstein ꝛc. ꝛc. Thun hiemit kund jedermänniglichen, daß wir aus sondern gnädigen und freundlichen Willen auf heute dato zwischen den Wolgebohren unserm lieben Vetter, besondern Freund und Sohn Anthonium, Grafen zu Oldenburg und Delmhorst, an einem, und Ennen, Grafen und Herr zu Ostfriesland ꝛc. andern Theils, zu öroerst Gott dem Allmächtigen zu Lob, und beyderseits Ihrer Lande und Leute Besten, nachfolgende Handlung und Heirath beredet, besprochen und gestiftet haben ꝛc. s. auch Hamelman p. 466.

(f) Beninga p. 672. Emm. p. 854. v. Wicht. Annal. ad Ann. 1530. Hamelman p. 466. Loringa Geneal. in der Eirefnaisch. Familie.

Zweiter Abschnitt.

schloſſen. Wie er aber wieder anfing die benachbarten Edelleute zu beunruhigen, auch noch immer Ulrich von Dornum, seinem Versprechen zuwider, nicht gerecht werden wollte; so zogen ihm diese Plackereyen und die jugendliche Hitze des Grafen Enno, eine neue Fehde zu. Am 18ten Juni überrumpelte Graf Enno in aller Stille Wittmund, nahm den Drosten Diderich von Köln, der seinen Rausch von einem gestrigen Schmause noch nicht ausgeschlafen hatte, gefangen, und kerkerte ihn zu Aurich ein: Zwar war dem Grafen von den mehresten seiner Räthe angerathen, das Schwerdt in die Scheide zu stecken, und zu Folge des Utrechter Vergleichs, die Streitigkeiten mit Junker Balthasar der Entscheidung und Schlichtung des Königs von Dännemarck und des Grafen von Bühren zu überlassen; seine Hitze aber war durch die glückliche Expedition auf Wittmund noch mehr angesachet, und so glaubte er, so wie vormals sein Vater, den Junker Balthasar völlig zu demüthigen. Er ließ sofort die Norder,- Auricher,- und Berummer Eingesessenen zur Heeresfolge aufbieten, gieng grade auf Esens los, und schlug sein Lager vor der Stadt, bey dem Kloster Marienkamp auf. Nicht weit davon, zu Nordorp errichtete er ein Blockhaus. Dieses Werk war noch nicht zu Stande gebracht, wie der rüstige und tapfere Junker Balthasar des Nachts einen Ausfall wagte, und das gräfliche Volk aus der Schanze schlug. Er eroberte eine Fahne, die er des andern Morgens den Belagerern zum Trotz, von der Spitze des Thurms wehen ließ. Die Eroberung der Stadt und der festen und stark besetzten Burg, schien dem Grafen weit aussehend an. Er vertraute daher das Commando über seine Belagerer, die auf 3000 Mann berechnet werden, seinem Drosten von Beh- rum,

rum, Jelke von Irhove an, und gieng selbst nach Aurich zurück. Von hier sandte er nach den benachbarten Ländern Werbofficiere aus, um geübte Kriegesknechte schleunigst in seinen Sold zu nehmen. Bey dieser Gelegenheit muste zum erstenmale der Religionskasten, der zu Emden auf dem Rathhause stand, seine gute Dienste thun. Wie der Schlüssel nicht so balde vorzufinden war, wuste Omke Rippen da von Hinte diesen Knoten mit Aexten und Brecheisen zu lösen. Da wurden denn Monstranzen und Kelche und andere Kostbarkeiten in klingende Münze verwandelt; woraus der Sold für die Soldaten bezahlet wurde. (g)

§. 5.

Diese Zwischenzeit nützte Junker Balthasar, verstärkte sich mit hinlänglicher Mannschaft, und versahe die Stadt und die Burg mit Proviant. Der Drost Jelke war zu schwach, ihm hierinn viele Hindernisse in den Weg zu legen. Indessen hatten die gräflichen Werb-Officiere theils wegen des hohen Handgeldes, theils wegen der versprochenen Beute sowohl in Ostfriesland, als in dem Auslande vielen Zulauf. Graf Enno rückte an der Spitze dieser Recruten nach Esens, und bezog zwey Läger bey Nendorf und Thunum. Hier sties nach der jeverische Drost, Boing von Oldersum, mit einiger Mannschaft zu ihm. Nach dieser Verstärkung eröfnete der Graf die Belagerung. Verschiedene malen wurde die Stadt gestürmet, aber jedesmal wurden die stürmenden Belagerer von Junker Balthasar abgeschlagen. Ueber 800 Mann blieben

(g) Beninga p. 672. et seq. Emm. p. 855. et seq.

ben von gräflicher Seite. Der Obriste, dicke Eilert wurde von Balthasar in dem Graben gefangen. Der Hauptmann Dirk von Duiren büßte sein Auge, und Iko von Kniphausen sein Leben ein. Dem Bombardierer Springer glückte es zwar, Feuer in die Stadt zu werfen; aber auch dadurch ließ sich Balthasar nicht abschrecken. Seine tapfere Gegenwehr mit Geschütz, Spießen, siedendem Wasser und Balken, die er von den Wällen auf die stürmende Belagerer rollen ließ, veranlaßte den Grafen die Belagerung in eine Blokkade zu verwandeln. Er legte deshalb noch ein Blokhaus zwischen Folkenhausen und Thunum an, und schloß dadurch die Stadt von allen Seiten ein. Der Mundvorrath auf der festen (h) Burg und in der Stadt entsprach nicht der Stärke der Besatzung und der Menge der Einwohner. Bald stellte sich der Mangel am Proviant ein. Was das Schwerd nicht vermochte, richtete der Hunger aus. Junker Balthasar sah Menschen und Vieh dahin fallen, und sah sich gezwungen, die Schlüssel zu der Burg und der Stadt am 28. September dem Grafen anzubiethen, und sich auf Gnade und Ungnade zu ergeben. (i)

§. 6.

Triumphirend zogen die beiden Grafen Enno und Johann, letzterer war damals aus Italien zurück

(h) Esens hatte eine überaus feste Burg. Hamconius besinget so die ostfriesische Städte:
    Pratis Norda viret; lustris Aurica serinis.
    Emporium celebri praetexitur Emda canali.
    Castrum habet Esenum.
            Hamcon. de Frisia p. 5.

(i) Beninga und Emm. l. c. v. Wicht ad an. 1530.

rück gekommen, in die Stadt ein. Balthasar kam von der Burg in die Stadt, gieng mit den Grafen in die Kirche, ließ sich erst tüchtig von ihnen ausfilzen, und erhielt endlich knieend Verzeihung von dem Grafen Enno. Welch eine Erniedrigung für den tapfern und stolzen Balthasar! Die Eingesessenen der Stadt musten hierauf ihre Waffen abgeben, die Wälle wurden niedergerissen, und die Burg wurde mit einer gräflichen Garnison besetzet. Das schwere Geschütz ließen indessen die Grafen nach Aurich abführen. (k) Schon hatten der Adel und die Eingesessenen auf dem platten Lande in dem eroberten Harrlingerlande den gräflichen Brüdern Enno und Johann den Eid der Treue und des Gehorsams abgestattet, wie durch Vermittelung des Grafen Christoph von Oldenburg, und durch Bitte seiner Schwester, der Gräfin Anna, Junker Balthasar mit den beiden Grafen wieder ausgesöhnet wurde. (l)

§. 7.

Zufolge dieses Vergleichs wurde Junker Balthasar wieder mit der Herrschaft Esens belehnet, und stattete den beiden Grafen den Huldigungs-Eid ab. Er ver-

(k) Emm. l. c. Noch in diesem Seeculo unter Königl. Regierung lagen zwey von diesen Kanonen auf der Festung Leerort. Die eine hat die Aufschrift: De Edel und Welgeb. Heer Balthasar zu Esens hat mir giessen lassen, syne wederwardigen und arggünnern wil ich schiessen und hassen. Die andere hat blos das Esener Wappen mit der Jahrzahl 1526. Beide sind 14 pfündige metallene Stücke. Ketlers Beschreib. des Amtes Leer. Mspt.

(l) Emm. l. c.

verpflichtete sich, ihnen als Lehnsmann Heeres-Folge zu leisten, sich nicht in der mehreren Zahl, Wir, sondern Ich, zu schreiben, sich nicht ohne besonders Vorwissen der Grafen zu vermählen, und, dem gräflichen Hause, wenn er ohne Kinder versterben sollte, den Rückfall der Stadt Esens und des platten Landes zuzusichern. Er überließ dem Grafen Wittmund mit der ganzen Herrlichkeit, die Ströme und Inseln, die er bisher im Besitz gehabt, das Strand-Recht, und in der Esener Herrlichkeit die vier Dorfschaften Westerholz, Ochtersum, Dunum und Werdum; und das Kloster Mariencamp mit seinen Einkünften. Er bewilligte dem Grafen Enno die Appellations-Instanz aus Esens und der Herrlichkeit, und die Entfestung seiner Burg, auch versprach er zuletzt dem Grafen 18000. Philips-Gulden auszuzahlen, und dem Junker Ulrich von Dornum und Oldersum zufolge des jüngsten Tractats gerecht zu werden. Dieser Vergleich ist am 28. Oct. abgeschlossen und von beiden Seiten unterschrieben und besiegelt worden. (m)

§. 8.

Die äußerste Noth zwang Junker Balthasar, wollte er nicht alles verlieren, solche harte Bedingungen einzugehen. Schon war der Vergleich abgeschlossen und besiegelt, wie sein Schwager, Graf Otto von Rittberg, mit einigen Hülfstruppen an die Ostfriesische Gränze rückte. Hier machte er Halte, wie er vernahm, daß Esens übergegangen sey. Dies verdroß seine Kriegsleute, die auf fette Beute vertröstet waren. Sie sandten daher einige Abgeordnete über

---

(m) Ist abgedruckt bey Brenneisen T. I. L. V. p. 165. u. f.

über Friedeburg nach Esens, und frugen bey Junker Balthasar an, ob er noch ihre Dienste verlangte. Graf Enno befand sich damals in Friedeburg, und war so höflich, daß er diese Abgeordnete unter dem Geleite seines eigenen Hofraths Hero von Oldersum nach Esens gehen ließ, und Junker Balthasar frey stellte, ob er den Vergleich halten, oder davon abgehen wollte? Ob er die Fehde wieder anfahen, oder sich beruhigen wollte? Balthasar war dagegen wieder so artig, daß er seinem Schwager und seinen Kriegsleuten für ihren guten Willen dankte, und nochmalen angelobte, allen Artikeln des Vergleichs pünktlich nachzukommen. (u)

§. 9.

Junker Balthasar muste sich in die Zeit schicken, die so böse für ihn war. Er verbiß seinen Gram und verstellte sich so meisterlich, daß der Graf ihm sein ganzes Zutrauen schenkte. Graf Enno trat im May 1531. eine Reise nach Brabant, zu der Königin Margaretha, Gouvernantin der Niederlande, an. Junker Balthasar wandte nothwendige Geschäfte in Rietberg bey seinem Schwager, Grafen Otto vor, und begleitete den Grafen bis Haselünne. Hier trennten sie sich, der Graf reiste nach Brabant ab, Junker Balthasar aber ließ Rietberg zur Seite liegen und gieng nach Arnheim. Hier stellte er dem Herzoge von Geldern seinen Nothstand vor, und ersuchte ihn, um Beistand wider den Grafen Enno. Der Herzog, in dem die alte Feindschaft wider das gräfliche ostfriesische Haus erwachte, unterstützte Junker Baltha-

(n) Beninga p. 676. Emm. p. 859. v. Wicht ad an 1530.

Zweiter Abschnitt.

Balthasar mit Geld. Mit diesem Gelde warb er in aller Eil einige Truppen an. In dieser Zwischenzeit arbeiteten seine Leute in Esens an der Herstellung der demolirten Festungs-Werke. Wie Graf Johann, welcher in Abwesenheit seines Bruders die Regierungsgeschäfte übernahm, dieses erfuhr, schickte er einige Mannschaft nach Esens die Wälle niederzureissen. Der Drost von Friedeburg, Jürgen von der Hude, sollte diese Schleifung commandiren. Von starkem Getränke benebelt, rannte er erhitzt an den Graben des Kastels und schimpfte die Besatzung. Die Besatzung rächte sich mit einem Schusse, der ihn auf der Stelle tödtete. Dieser Schuß war die erste Losung zur neuen Fehde. Um seinen Anhängern in Harrlingerland Muth einzuflößen, ließ Balthasar aussprengen, Graf Enno sey seinetwegen bey der Gouvernantin in Ungnade gefallen, und sein Rathgeber, Folef von Kniphausen, (o)sey enthauptet worden. Dieser war indessen in Brabant erkrankt und gestorben. Graf Enno, unterrichtet von den feindseligen Vorkehrungen Balthasars, warb in Brabant mit Bewilligung der Gouvernantin Kriegesvolk an. Er eilte hierauf nach seiner Grafschaft und kam Junker Balthasar wirklich zuvor. Balthasar rückte bald nachher mit seinen in Sold genommenen Truppen nach der ostfriesischen Gränze vor. Die Gebrüder Grafen Enno und Johann kamen mit ihren holländischen

---

(o) Dieser Folef, Herr von In- und Knip-hausen, ist der Anherr der noch blühenden Freyherren von Inn- und Kniphausen. Die neuere von Kniphausische Geschlechts-Geschichte findet man in Tido von Kniphausen Genealogie, und in den Braunschweig. Anzeigen von 1757. 75. und 88ten Stück.

schen Rekruten und aufgebotenen Eingeseßenen ihm
entgegen, in der Meinung, ihm den Einfall in die
Grasschaft zu verwehren. Die Rekruten waren ein
aufgerafftes blos nach Beute schmachtendes Gesindel,
welches wider die geübten und im Dienste abgehärte-
ten Geldrischen Truppen nicht fechten wollte. Die
beiden Grafen konnten aller Mühe ohnerachtet sie
nicht zum stehen bringen. So rückte denn Balthasar ohne Schwerdschlag in Ostfriesland ein. (p)

§. 10.

Balthasar übersandte dem Grafen Enno einen
förmlichen Fehde-Brief. Hierinn warf er ihm vor,
daß er dem durch Vermittelung des Königs von Dä-
nemark und des Grafen Floris von Bühren mit dem
Grafen von Oldenburg getroffenen Vergleich nicht
nachgekommen, daß er statt sich mit ihm in den Haag
zur Sühne zu stellen, Wittmund verrätherischer Weise überrumpelt, und darnach die Stadt und Herrlichkeit Esens mit Gewalt überfallen habe, nachher aber
auch Graf Johann in Esens vielen Unfug getrieben
habe. Diesem Unwesen zu steuren, und sich selbst
Recht zu schaffen, ertheilte er am Schlusse folgende
Krieges-Erklärung: „Diewyle ons dan dit und der-
„glyken langer nyet anstaet to lyden, dan hopen sulp
„mitter Hulpen van Gott, mit toedoen onser Heeren
„Frunden und Maghen, to wedderstaen, und onse
„Lande und Lunde tegen U und alvemalk to verbedy-
„gen: Willen wy U mit desen onse Eedt und Ver-
„plichtinge, den ghy ons affgedrongen hebt, miß
„Rechten Ordnunge opgesecht heben und gedenken U
„en

(p) Beninga p. 677. u. w. Emm. p. 862. et seq.
von Wicht ad ann. 1531. Chytraeus p. 395.

„en der Uiwer openbaer Vyandt to werden, und to we-
„sen, und allen vyantlicken Handel daer mit dür te
„keeren thet tijt ton wy weder tot ten onsen gekomen,
„und van onsen Schaden weder verricht seyn, t'selve
„wy nyet heymelick offt stiller Wyse, als ghy gedaen
„hebt, dan ajpenbaer gedencken to vollbringen.
„Daerna morgt U weten to richten. Geschreven
„onder onse Signet, op Sonnendag 10ten Sacra-
„menti anno 3 r." So trozend, so drohend der Anfang dieses Fehbebriefes ist, so pathetisch fängt er an:
„Balthasar Herr tot Esenze, Stedesdorp und With-
„munde. Wy laeten weten U. Enno, der sich noempt
„Greve to Ostfreeslande, dat wy rc. (q)

§. 11.

Junker Balthasar verheerte bey seinem Durchzuge alles mit Feuer und Schwerd, und gieng zuerst
nach Wittmund. Die Belagerung der Burg schien
ihm zu langweilig; daher begnügte er sich in dem
Flecken die Kirche zu befestigen. Hierauf verstärkte
er die Besatzung auf der Burg zu Esens, und durchzog dann, immer mit der Brandfackel in der Hand,
Berummer-Amt und die Herrlichkeit Lützeburg. In
der Stadt Norden sowohl, als auf dem platten Lande
trieb er starke Contributionen bey, die er vorzüglich
zur Bezahlung seiner Kriegsleute verwandte. Norden
muste außerdem seine Wuth scharf empfinden. Das
vormalige Dominicaner-Kloster, welches Graf Enno zu seinem Pallast umgeschaffen hatte, das Kloster
Marienthal, worinn das gräfliche Erbbegräbnis war,
und

(q) Dieser Fehbe-Brief ist vollständig abgedruckt
in den Ostfries. Wochenblättern von 1748. p. 198.

und die schöne Andreas-Kirche mit ihrem hohen Thurm, welcher den Seeleuten zum Pharus diente, ließ er abbrennen. Von hier gieng er im Ausgange Julii wieder nach Wittmund zurück. Er versuchte nochmals, wiewol fruchtlos, die Burg zu erobern, und zog von dort durch Auricher Amt in Emsiger Land. Bey Grimersum fand er allein einigen Widerstand, doch ohne Bedeutung. Bey dem Kloster Silmünken schlug er sein Lager auf, detaschirte von dort aus einige streifende Corps, die ganz Emder-und Gretmer-Amt unter Contribution setzten und verheerten. Graf Enno hielt sich stille in Emden, und sahe von den Wällen den traurigen Spektakel, wie bald in diesem, bald in jenem Dorfe die Flamme aufstieg. Auch die Klöster Dickhausen und Appingen giengen in Feuer auf. Nur Graf Johann brach mit einigen Soldaten, Reutern und Bauern auf, schlug den Troß des Junker Balthasars, und lenkte hierauf sich nach Harrlingerland hin. Plündern, Morden und Brennen, war das Schicksal, welches der Graf über ganz Harrlingerland ergehen ließ. Selbst die Stadt Esens fiel dem Grafen nach einem schwachen Widerstande in die Hände. Hier fand er einen ansehnlichen Theil der Beute vor, die Junker Balthasar in Norden gemacht hatte, und dahin in Sicherheit bringen lassen. Mit Esens verfuhr der Graf noch schärfer, wie Balthasar mit Norden. Er plünderte die Stadt aus, steckte sie an, und brannte sie bis auf wenige Häuser völlig ab. So zog er nach diesem Greuel der Verwüstung, mit reicher Beute beladen, nach Aurich zurück. Balthasar ergrimmte über diese Nachricht, brach sein Lager bey Silmünken auf, steckte bey dem Abzuge das Kloster in Brand, gieng wieder nach Norden, gab seinen Soldaten die Stadt und das umliegende Land zum

Plün-

Zweiter Abschnitt.

Plündern preiß, und kehrte mit neuer Beute nach dem verstörten Esens zurück. (r)

§. 12.

Grade zu dieser Zeit kam König Christiern in Ostfriesland. Er hatte die norwegischen Bischöfe auf seine Seite gebracht. Diese unterstützten ihn mit ihren silbernen Kirchen-Geräthen, wovon er Geld münzen ließ. Mit Baarschaften wieder versehen, gab er sich alle Mühe Truppen anzuwerben, und sich so mit dem Schwerte in der Hand den Weg wieder zu dem Throne zu bahnen. Bey seiner Anwesenheit in Ostfriesland suchte er Balthasar und den Grafen auszusöhnen. Balthasar fühlte sich zu schwach in der Folge die Fehde wider den Grafen durchzusetzen. Seine Finanzen waren zerrüttet, seine Stadt und seine Dörfer lagen zum Theil in der Asche, und seine Unterthanen waren verarmt. Der Graf schien auch dieser Fehde müde zu seyn. Er befürchtete wieder neue Streifereyen durch sein Land, denen er vor der Hand nicht widerstehen konnte. Bey dieser Lage der Sachen, waren beide Partheien zu einem Vergleiche nicht ungeneigt. Es fiel daher dem Könige, der sich damals in dem Kloster Blauhaus aufhielt, nicht schwer sie auszusöhnen. Zufolge dieses Vergleichs sollte Jeder behalten, was er itzt besäße. Der Graf sollte Balthasar wieder zu Gnaden aufnehmen, und dieser den im vorigen Jahre eingegangenen Accord nochmals bestätigen und demselben in allen Artikeln nachleben. Hierauf dankte Balthasar seine Geldrische Truppen, und der Graf seine Brabantische und Holländische Rekruten ab. Diese giengen mit einan-

(r) Beninga p. 680. u. f. Emm. p. 864.

Achtes Buch.

der in den Sold des Königs Christiern über. (s) Das unglückliche Schicksal dieses Königs, wie er schon in dem folgenden Jahre dem Könige Friedrich in die Hände fiel, 1546. feierlich auf das dänische Reich Verzicht leisten mußte und 1559. gefangen auf dem Schlosse Kallenburg starb, gehöret zu der dänischen Geschichte.

(s) Beninga p. 683. u. f. Emm. p. 866. Schot. p. 645. v. Wicht. ad ann. 1531. Chytraei Chron. Sax. p. 395.

Dritter Abschnitt.

1. Fräulein Maria von Jever findet sich beleidiget, daß Graf Enno ihre Hand verschmähet hat, läßt die Burg überrumpeln, und die Gräfliche Besatzung abziehen. §. 2. Graf Enno und Ubbo von Kniphausen belagern Jever. §. 3. Müssen aber auf Befehl des Burgundischen Hauses die Belagerung aufheben. §. 4. Die Herrschaft Jever wird ein Brabantisches Lehn. §. 5. Wird von dem Kaiser sequestriret, und von der Königin Maria, Gouvernantin der Niederlande, den Fräuleins Maria und Anna durch eine Sentenz zuerkannt. §. 6. Harlingerland wird ein geldrisches Lehn. Der Herzog von Geldern bestellet Hackfort zu seinem Unterstatthalter. §. 7. Hackfort tirannisiret. §. 8. Balthasar rüstet sich zur neuen Fehde. Der Geldrische Oberste Meinhard von Ham fällt in Ostfriesland ein. Schlacht bey Jemgum. Niederlage der Ostfriesen. §. 9. Meinhard treibet in Reiderland Contribution bey und ziehet sich wieder zurück. §. 10. Balthasar fällt mit Geldrischen Truppen in Ostfriesland ein, brennt Leer und Oldersum ab, durchstreift das ganze Land, und §. 11. erobert Greetsyhl. §. 12. Graf Enno holt Beute aus Gröningerland auf und nimmt einige Gelderische Schiffe weg §. 13. und 14. Friede zwischen dem Herzoge von Geldern, Junker Balthasar und dem Grafen. §. 15. Die beiderseitigen Truppen werden abgedankt. Greetsyl wird dem Grafen wieder eingeräumt, und der Graf giebt Balthasar Wittmund wieder zurück.

§. 1.

Während dieser Fehde mit dem Junker Balthasar kamen auch die Fräuleins von Jever in Bewegung. Graf Edzard des Großen Absicht war, die Herrschaft Jever, womit sein Vater, Graf Ulrich und er selbst nach den kaiserlichen Lehn-Briefen belehnt war, seiner Grafschaft einzuverleiben. Hiezu hatte er den vorhin erwähnten Heiraths-Plan zwischen den Fräuleins und seinen Söhnen entworfen. Kurz vor seinem Tode, in dem Herbste 1527. sandte er seine beide Söhne, die jungen Grafen Enno und Johann nach Jever. Diese ließen sich zuerst von den fünf Räthen den Eid der Treue und des Gehorsams schwören. Des andern Tages ließen sie die Stände oder die vornehmsten Eingesessenen der Herrlichkeit sich versammlen. Diese schworen den beiden Fräuleins Anna und Maria, und dem künftigen Regenten der Burg, den Eid der Treue und des Gehorsams. Hierauf setzten sie den Drosten Omke Ripperda ab und bestellten wieder Boyng von Oldersum, dem sie vielleicht mehr trauten, zum Drosten und Commandanten der Burg. Wie sehr sich aber die Grafen in der Denkungs-Art dieses Edelmanns geirret haben, wird der Erfolg zeigen. Die guten Fräuleins waren mit allem zufrieden, nur stand es ihr und besonders Maria mager an, daß bey dieser Gelegenheit nicht ein Wörtchen vom Heiraths-Wesen vorfiel. (a) Dieses Misbehagen und die Unzufriedenheit der Fräuleins über die von den beiden Grafen bezeigte Gleichgültigkeit artete in Haß aus, wie sie den ihnen nachtheiligen utrechtischen Vergleich vernahmen, der durch die Vermählung des Grafen Enno mit der Comtesse Anna von Oldenburg bestätiget wurde. Diese Verbindung entsprach nicht der Absicht des verstorbenen Grafen Edzard des Großen, auch vielleicht nicht der Staatsklugheit. Zwar erhielt der junge Graf Enno, welcher mehr seiner Leidenschaft folgte, den Verzicht des Oldenburgischen Hauses auf die Herrschaft Jever, aber dadurch noch lange nicht den ungestör-

(a) Emm. p. 843.

Dritter Abschnitt.

gestörten Besitz derselben, worinn eine Verbindung mit der Fräulein Anna ihn unfehlbar würde gesetzet haben. Inzwischen hatte das älteste Fräulein Anna ihrer Schwester Maria die Regierung der Herrschaft übertragen. Maria, die sich von dem Grafen Enno verschmähet sah, dachte immer auf Rache. Sie machte sich der Abwesenheit des Grafen Enno in Brüssel (1531.) zu nutze, und nahm 50 Kriegsknechte aus Braunschweig in Sold. Diese kamen heimlich in Jever und überrumpelten die Burg. Die Garnison hatte dem Grafen Enno bey Antritt seiner Regierung schwören müssen. Diese zog mit dem Burggrafen und Amtmann nun wieder ab und gieng nach Aurich. Der Drost Boyng von Oldersum, dem Graf Enno vorzüglich sein Vertrauen geschenket hatte, blieb allein auf der Burg und gieng in die Dienste des Fräuleins über. Mit den Braunschweigischen Soldaten wurde die Burg dann wieder besetzet. (b)

§. 2.

Fräulein Maria, und ihr Obrister Boyng von Oldersum schmähten auf den Grafen und auf alle Edelleute, die es mit ihm hielten. Besonders suchten sie sich an Jolef von In- und Kniphausen Kinder, in deren Herrlichkeit sie verschiedenen Unfug trieben, zu rächen. Aber unvermuthet landeten an der jeverschen Küste Ubbo von In- und Kniphausen und Dieberich von Düren mit einem Haufen aus Holstein angeworbener Krieges-Knechte. Damit nun die unbefestigte Stadt Jever dem nähernden Feinde zu keinem Vortheil gereichen möchte, legte Boyng mit Bewilligung der Fräulein Feuer an, und brannte die Stadt

(b) Beninga p. 679. Emm. p. 863.

Stadt mit der Kirche ab. Ubbo von Kniphausen und Diedrich von Duiren rückten indessen heran, warfen Schanzen vor der Stadt und der Burg auf und trieben von der ganzen umliegenden Gegend Brandschatzung bey. Inzwischen ließ auch Graf Enno seinen Obristen Jasper von Marwich, der vorhin in Geldrischen Diensten gestanden, mit einigen Reutern und Fußknechten nach Jever aufbrechen. Dieser legte vor der Burg ein Blockhaus an, und setzte der Besatzung mit dem schweren Geschütze scharf zu. Er ermangelte auch nicht durch streifende Corps die Eingesessenen des platten Landes heimzusuchen, und fette Beute aufzuholen. (c)

§. 3.

Drost Boyng vertraute einem Konrad Voß das Commando über die Besatzung an, verließ in tiefer Nacht die Burg und reiste heimlich nach Brabant. Bevollmächtiget von den beiden Fräuleins schilderte er zu Brüssel der Königin Maria, Gouvernantin der Niederlande, den Nothstand seiner gedrängten Gebieterinnen und die Gewaltthrberey des Grafen Enn's und Ubben von Kniphausen. Die Königin, gerührt durch Mitleiden, würkte bey dem Kaiserlichen Burgundischen Hofe unter dem 1. Oct, 1531. einen Schutzbrief auf 6. Jahre für die Fräuleins und unter dem 28. September eine Inhibition auf den Grafen Enno aus, wornach er sich bey Strafe von 50 Mark löthigen Goldes aller feindseligen Thathandlungen wider die Fräuleins und ihre Güter und Unterthanen zu enthalten habe, und seine etwaige Ansprüche auf die Herrschaft durch den Weg Rechtens geltend machen sollte.

(c) Beninga p. 687. Emm. p. 866.

Dritter Abschnitt.

follte. Diese Inhibition war ein Donnerschlag in den Ohren des Grafen. Es kam ihm so seltsam als widerrechtlich vor, daß der Burgundische Hof, womit weder er, noch das Fräulein Maria in irgend einer Verbindung stand, sich in diese Streitigkeiten mengen könnte. Indessen fand er es aus Furcht vor der Königin Gouvernantin, und dem Kaiser, als Herzog von Burgundien, gerathen, die Feindseligkeiten einzustellen. Doch hielt er das Blockhaus und einige Schanzen besetzt. Hierauf übersandte er der Königin eine Justification seines Betragens gegen Jever, und erbot sich, sich dem Spruch Rechtens zu unterwerfen. (d)

§. 4.

Indessen hielt Drost Boyng die Fräuleins bey dem Burgundischen Schutzbriefe noch nicht hinlänglich gesichert. Daher reißte er wieder in dem 1532 Frühlinge des folgenden Jahres nach Brüssel ab, und trug mit hinlänglicher Vollmacht versehen, dem Kaiser Karl V. als Herzogen von Brabant und Grafen von Holland, die Herrschaft Jever zum Lehn auf. (e) Dieser Lehnsantrag wurde sofort angenommen. Die Bedingungen waren: Das Schloß Jever, die Stadt und alle itzige und künftige Festungen der Herrlichkeit sollten zu allen Zeiten den Herzögen von Brabant und Grafen von Holland oder ihren Statthaltern und ihren Soldaten offen stehen;

(d) Emm. p. 867. Schot. p. 646. Hamelman p. 467. Beninga p. 687. v. Wicht ad Ann. 1532.

(e) Emm, Schot. Hamelman l. c. Chytraei Chron. p. 395. Winckelmann Oldenb. Chron. p. 7. und 208.

stehen; und diese sollten wider jeden Feind dienen, er sey, wer er sey. Die Jeveraner sollten nur ihre gewöhnliche Besatzung von 24 Mann und 10 wohlgerüstete Reuter selbst besolden. Im Nothfalle und auf Befehl des Oberlehnsherren sollten sie aber auf dessen Kosten 500 Infanteristen und 50 Reuter stellen. Uebrigens sollten die bisherigen Rechte, Freyheiten und Privilegien der Herrlichkeit, bis auf diese Feudalverbindung ungekränkt bleiben. Dann sollte die Fräulein Maria, wenn sie ohne Leibeserben versterben möchte, nach ihrem Gutfinden einen Erben und Nachfolger in ihre Herrlichkeit, in ihrem Testamente ernennen mögen, und endlich sollte der Kaiser, als Herzog von Brabant und Graf von Holland, seine Vasallin und alle ihre Ländereyen und Güter, wider alle Feinde in seinen Schutz nehmen. Das hierüber angefertigte Diplom ist von dem Kaiser mitten im April, und von Fräulein Maria den 8. May unterschrieben und besiegelt. (f)

§. 5.

Die Gebrüder Grafen Enno und Johann erhielten nach diesen Brüsselschen Verhandlungen ein Pönalmandat, das Blockhaus zu verlassen, alle Feindseligkeiten einzustellen, und ihre Ansprüche auf die Herrschaft Jever, dem Ausspruche der Königin Maria zu überlassen. Sie mußten gehorchen. Das Blockhaus wurde verlassen, und die ostfriesischen Soldaten zogen sich aus Jeverland zurück. Um die Fräuleins noch mehr zu sichern, wurde die ganze Herrlichkeit von dem Kaiser sequestrirt. Am 18ten No-

---

(f) Emm. p. 368. Schot. p. 646.

Dritter Abschnitt.

November wurde die Stadt und die Herrlichkeit dem Kaiserlichen Rath Johann Mülart überliefert, welcher als Stadthalter des Kaisers und der Königin Maria, während des Sequesters, die Regierung übernahm. (g) Die beyden Grafen Enno und Johann sahen sich also gezwungen, sich in ein Compromiß auf die Königin Maria einzulassen. In dem Haag wurden beyde Partheyen, Graf Johann war selbst gegenwärtig, bis zur Duplick, jedoch nur summarisch, vernommen. Die beyden Grafen gründeten vorzüglich ihre Ansprüche auf Jever in den Kaiserlichen Lehnbriefen, wornach sie und ihre Vorfahren mit den Ländern zwischen der Emse und der Weser, und namentlich mit der Herrschaft Jever belehnet und investiret worden; in einigen Thathandlungen, woraus die von den Häuptlingen und Unterthanen anerkannte Lehnspflicht zu folgern war, und in dem mit dem Grafen Anton von Oldenburg jüngst durch Vermittelung des Königs Christiern geschlossenen Vergleich und dessen Verzicht auf Jever. Diese Gründe suchten die Fräuleins dadurch zu entkräften, daß, da die Herrschaft Jever ein von ihren Eltern und Voreltern auf sie verstammtes Allodialgut war, die Kaiserlichen Lehnbriefe ihnen nicht zum Präjudiz gereichen könnten: wowider indessen die Grafen replicirten, daß es mit der Herrschaft Jever grade die Bewandniß habe, wie mit den übrigen Herrlichkeiten aller andern ostfriesischen Häuptlinge, denen es von dem Kaiser und dem Reiche zur Pflicht gemacht werden, sich dem Grafen Ulrich und seinen Nachfolgern, als ihrem gemeinschaftlichen Oberhaupte zu unterwerfen. Diesen angeführten Thatsachen sezten die Fräuleins

die

(g) Emm. Sehot, Hamelman l. c.

die Einreden des Zwangs, der Gewalt und Arglist; dem Vergleiche aber mit dem Grafen von Oldenburg den Abgang ihrer Genehmigung entgegen. Am 26. Januar 1533. erfolgte die Sentenz, wornach den Fräuleins der ungestörte Besitz der Herrlichkeit zuerkannt, die Grafen mit ihrer Klage abgewiesen und in die Kosten und Ersetzung aller den Fräuleins zugefügten Schäden condemniret wurden. (h) Diese ohne beygebrachte Entscheidungsgründe gefällte Sentenz wurde am 10. April zu Jever mit vielen Feyerlichkeiten durch den Kaiserlichen Notarius aus Mecheln, unter freyem Himmel, in dem Cirkel mit Piken bewafneter Unterthanen publiciret. (i) Hiemit endigte sich das Sequester. So wurde die Herrlichkeit den Fräuleins wieder überliefert. Junker Boyng von Olderfum wurde hierauf zum Gouverneur der Herrlichkeit von der Fräulein Maria bestellet. Man hielt allgemein dafür, daß diese Sentenz ohne gehörige Sachkenntniß und übereilt gefället worden. (k) Nach dem Emmius haben sich die Grafen über diese Sentenz beklaget und es vorerst bey einem Proteste womit sie sich verwahrsamten, bewenden laffen. (l) Sie haben aber würklich eine Appellation interponiret, welcher

(h) Diese Sentenz mit dem summarischen Protocolle ist ohne Jahrzahl in Brabant in 4to abgedruckt, der Titel lautet: Definitive Sentencie tulschen Anna ende Maria Vrouclins van Ieveren, ende Ennio ende Iohann, Graven van Oftvriesland.

(i) Attest des Notarii hinter der Sentenz.

(k) Beninga: praecipitantius, quam par erat, ut a plurimis creditum fuit, sententiam pronunciavit. Emm. c. l.

(l) Idem l. c.

welcher sie erst 1540 bey denen mit dem Fräulein Maria gepflogenen Tractaten wieder renunciiret haben. (m)

§. 6.

So wurde denn nunmehr die Herrschaft Jever ein Brabantisches oder Burgundisches Lehn. Wie nachher Kaiser Karl seinem Sohn Philipp, König von Spanien die Niederlande abtrat, wurde auch 1550 die Huldigung zu Jever, durch besondere dahin abgeordnete Commissarien feyerlich eingenommen. (n) Fast zu eben dieser Zeit und auf die nämliche Art machte Junker Balthasar dem Grafen Enno einen Querstrich. Kaum hatte er sich durch Vermittelung des Königs Christiern mit dem Grafen ausgesöhnt und seine Truppen abgedankt; so gieng er wieder nach Geldern. Er unterwarf sich dort dem Herzoge Karl von Geldern als einem Vasallen, falls dieser ihm wieder zu dem Besitze der ihm entrissenen Länder verhelfen würde, und so wurde denn Harrlingerland ein Geldrisches Lehn. Diese neue Verbindung wurde indessen verheimlicht. Balthasar streute aus, er habe Esens gegen eine andere Stadt mit dem Herzoge vertauschet. (nn) Diesem Vorgeben

(m) Vierter Abschnitt §. 11.

(n) Beninga p. 818. Sprengers levrische Chronick ad Annum 1550.

(nn) So sagen Emmius und Beninga. Es hatte indessen Balthasar am 20. Septbr. 1531. würklich dem Herzog von Geldern, Esens gegen Rosande vertauschet. Dieser förmliche schriftliche Contract ist unter dem 6 Decbr. desselbigen Jahres mit beyderseitiger Bewilligung wieder schriftlich auf-

geben einen Anstrich der Wahrscheinlichkeit zu geb‍
bezog er ein Schloß, Rosande, ohnweit Aurich‍
Der Herzog von Geldern sandte seinen Hauptm‍
Bernhard von Hakfort mit einigen Soldaten u‍
September 1532 nach Esens, und bestellte ihn zu‍
Statthalter und Gouverneur der Stadt und d‍
Landes. Dieser fieng sofort an, die Stadt und b‍
sonders die Burg zu befestigen. Die Esener und b‍
benachbarten Eingesessenen wurden durch den Gr‍
und die schlechte Disciplin seiner Soldaten hart m‍
genommen. Zuletzt erdreistete er sich das bleyer‍
Dach von der Kirche zu Arrel abdecken zu lasse‍
Wie er das Bley, als eine Beute nach Esens fü‍
ren lassen wollte, nahmen die Bauern diesen K‍
chenraub so krumm, daß sie ohne Umstände d‍
Soldaten rod schlugen, und ihnen die Beute wiede‍
abholten. (o)

§. 7.

Hackfort befürchtete, daß der Graf, durch‍
dessen Gebiet er öfters von Esens nach Gröning‍
zog, ihn endlich anhalten und gefänglich einzieh‍
würde. Dieses zu verhindern, ließ er durch einig‍
Partheygänger unsern Geschichtschreiber Bening‍
und Tido von Kniphausen in dem Stifte Münste‍
aufheben, und nach Coevorden bringen. Hierauf‍
schrieb er an den Herzog Karl von Geldern, dies‍
beyde Edelleute nicht eher loszulassen, bis er für sich‍
einen freyen Paß durch Ostfriesland von dem Grafen‍
würde

aufgehoben. Beyde Originalien sind in dem hie‍
sigen Regierungsarchive.

(o) Beninga p. 685.

Dritter Abschnitt.

würde erhalten haben. Der Graf klagte wegen dieses Verfahrens bey dem Herzoge. Zuerst wurde auf den 12. May 1533, eine Zusammenkunft des Grafen und des Herzogs, zu Arnheim beliebet. Der Graf blieb aber zurück, weil er dem Herzoge nicht traute. Bald nachher wurden aber diese Streitigkeiten zu Farmsum beygelegt. Beninga und Lido von Kniphausen wurden ihres Gefängnisses entlassen, Hakfort erhielt einen freyen Paß durch Ostfriesland, der Graf mußte sich verpflichten, den Obristen Marwich aus seinen Diensten zu lassen, und von beyden Seiten wurde die Einstellung aller Feindseligkeiten festgesetzet. (p) Unterdessen regierte Hakfort als Statthalter und Drost zu Esens immer fort. Er regierte despotisch, in Kirchen, und weltlichen Sachen. Die protestantische Religion drückte er, wie wir vorhin angeführet haben, und den Unterthanen legte er neue, unerträgliche Lasten auf. Dadurch wurde er so verhaßt, daß noch lange in Harlingerland Hakfort und ein Bösewicht synonymische Bedeutungen behielten, (q)

§. 8.

(p) Beninga p. 686. Emm. p. 869. Schot. p. 647.

(q) Ulr. v. Werdum. ser. fam. Werdum. Mspt. Hakfort stammte aus einem adlichen Geschlechte im Geldrischen her. In seiner Jugend war er liederlich, entfernte sich aus seinem väterlichen Hause, und schwärmte mit einem blinden Spielmann herum, dem er zum Führer diente. Nachher wurde er ein Schusterjunge. Hier wurde er von seinem Vater wieder entdecket. Er nahm ihn wieder zu sich, und brachte ihn nachher an den Hof des Herzogs von Geldern. Hier stieg er von einer Stufe zur andern, bis er endlich Statthalter von Harlingerland wurde. Bis zum Ausbruch der bremischen Fehde blieb Hakfort in Esens, und war Balthasars

§. 8.

Junker Balthasar hielt sich noch immer auf dem Schlosse Rosande bey Arnheim auf. Er ließ heimlich, doch mit Vorwissen des Herzogs von Geldern, durch einen erfahrnen Kriegshelden, Meinhard von Ham, einige Truppen anwerben. Dieser brachte bald fast 2000 Mann zusammen. Um ihnen erst Arbeit und Beute zu verschaffen, schwärmte er mit ihnen durch das Stift Münster und die Grafschaft Bentheim herum, und plünderte, was er vorfand. Der Plan war so angelegt, daß Meinhard in Reiderland einfallen, und diese ganze Gegend unter Contribution setzen sollte. Graf Enno wurde durch Kundschafter zeitig benachrichtiget. Er ließ sein ganzes Land aufbieten, und bezog ein starkes Lager auf der Gränze zwischen Oyle und Stapelmoer. Meinhard war schon bis Rheen und Brulal vorgerücket. Die Uebermacht des Grafen nöthigte ihn aber zum Rückzuge. Der Graf ließ hierauf seine Leute wieder auseinander gehen. Im An-

fars Rathgeber und Führer. Daß er bey seiner Brutalität ein grober Patron gewesen, gehet schon aus einem Briefe hervor, den er dem Grafen Enno schrieb, und worin er ihn ersuchte, einige gefangene Edelleute loszulassen. Er drückt sich darin unter andern so aus — Mag dat niet geschien, sall my de noot daer hen brengen, dat ick de Honde moet ontkoppeln, wy sy denn weder bynt, mag men wys worden. Worauf der Graf in demselben Tone antwortete: Kann he dann veele Honde ontkoppeln, moeten wy gedulden, un mit Gades Hülpe trachten, dat den Honden ein Knüppel verschaft und vorgelegt worde.

Ostfr. Mannigfal. Tom. 2. p. 316.

Dritter Abschnitt.

Anfang Octobers glückte es Meinhard, mit forcirten Märschen, ganz unvermuthet in Reiderland einzufallen. Er gieng mit dem Vortrab grade auf Jemgum los, und befestigte in aller Eil diesen Flecken, so gut er konnte. Jürgen von Hoen, Drost auf Leerort, stieß mit seiner Besatzung und einigen Bauern auf 2 Compagnien von dem Nachzuge und den Troß des Feindes. Dieser schlug sie zusammen, und zog sich dann nach Leerort wieder zurück. Indessen richtete Meinhard sein Lager bey Jemgum auf, und setzte das ganze Land durch Plünderung und Gewaltthätigkeiten seiner detaschirten Soldaten in Schrecken. Die Grafen Enno und Johann boten das ganze Land zur Heeresfolge auf. Der Sammelplatz war zu Oldersum. Es versammlete sich dort eine ungemein große Zahl von Edelleuten, Bürgern und Bauern. Vor dem Aufbruche dieses Heeres, wurden durch eine Anrede der Befehlshaber, die Streiter ermuntert, für das Vaterland, für die Religion, für ihre Weiber und Kinder und für ihr Vermögen zu fechten, und Gott um Beystand zu einem glücklichen Ausgange anzurufen. Diese zahlreiche Menge trotzte allen Fährlichkeiten. Besonders schwenkten die Norder ihre Spieße und legten die Hand an die Gefäße ihrer Schwerdter: Dies ist unser Gott, schrien sie, auf den wir uns verlassen, und mit dem wir unsere Feinde schlagen wollen! Von Oldersum wurden sie über die Emse gesetzet, und bezogen ein Lager bey Midlum und Eppinwehr. Die hitzigen Ostfriesen eilten und schnaubten Rache. Daher muste das Heer am 14. October aufbrechen. Die Soldaten und die bereits in Fehden geübten Krieger machten den Vortrab aus. Ihnen folgte die große Menge der Bauern in willkührlicher Ordnung. Sie marschirten in einer langen Reihe, nur

Cc einige

einige Mann hoch, einen schmalen Weg nach Jemgum hinauf. Meinhard von Ham stellte seine Leute in Schlachtordnung. Mit verzweifelter Wuth, weil ihm der Rückzug erschweret war, und seine Leute kein Quartier zu hoffen hatten, griff er die Avant-Garde an. Grade vor dem Eingange des Fleckens Jemgum wurde das Gefecht hitzig. An beiden Seiten wurde mit ausnehmender Tapferkeit gefochten. Endlich musten die Ostfriesen, da nach der Lage des Bodens die Arrier-Garde nicht zum Gefechte kommen und die Vordersten unterstützen konnte, sich zurück ziehen. Die beiden Grafen Enno und Johann konnten ihre Leute mit Bitten, Vermahnen, Fluchen und Prügeln nicht zum Stehen bringen. Alle suchten ihr Heil in der Flucht. Mit genauer Noth bestiegen die beiden Grafen ihre Schiffe und entkamen dem Schwerte der Feinde. Ueber 400. Mann blieben auf dem Platze. Unter der Zahl dieser Todten waren viele Edelleute und wackere Männer, Imel von Uplewert, Occo Freese von Loquard, Jürgen von Düren, Steffen ter Borg, Christopher von Strakholt, Drost zu Aurich, Nicolas Hallen, Drost von Lengen, Aleff Loringa, Drost von Norden, und Wiard Noemen von Grothausen. Gefangen wurden Hero von Oldersum, Wilke und Aylt Freese, Daale Drost zu Stickhausen und Harm von Emden, Drost zu Friedeburg. (r)

§. 9.

Diese unglückliche Schlacht schwächte den Muth der Ostfriesen und vermehrte die Kühnheit Meinhards.
Er

(r) Beninga p. 689.   Emm. p. 873.   Schot. p. 659.   Chytr. p. 403.

Dritter Abschnitt.

Er legte nunmehr seine Maske ab, und erklärte öffentlich, daß er in dem Dienste des Herzogs von Geldern stünde und in dessen Namen Reiderland occupiret habe. Er eroberte hierauf Koldeborg, eine Burg, die dem Grafen Johann gehörte, und ihm in dem Testamente des Häuptlings Udo von Koldeborg legatiret war. So muthlos waren die Ostfriesen, daß sie ungehindert die Schiffe passiren ließen, die den Gelbrischen Truppen von Delfsyhl aus Proviant zubrachten. Es fand daher Meinhard von Ham keinen Widerstand, wie er nun Reiderland unter Contribution setzte und sogar über die Emse gieng, und den Flecken Leer ausplünderte. Unvermuthet aber überfiel gleich nachher die Gelbrischen Truppen ein panisches Schrecken; den Grund davon können wir nicht angeben, so daß sie in der größten Eil aufbrachen, und durch das Stift Münster nach Gelderland zurückzogen. (s)

§. 10.

Balthasar ließ hierauf wider den Grafen Enno eine Schmähschrift zu Arnheim drucken, die zugleich eine Apologie seines itzigen Verfahrens enthalten sollte. Er suchte dadurch die ostfriesischen Häuptlinge von dem Grafen abwendig zu machen. Aber die plumpen Ausdrücke und grobe Anzüglichkeiten dieser Schmähschrift hinderten mehr seine Absicht, als sie dieselbe beförderten. (t) Noch in diesem Winter bey einem

---

(s) Beninga p. 690. Emm. p. 874.

(t) Emmius loc. cit. Ein gedrucktes Exemplar ist noch in dem Regierungs-Archive vorhanden. Es endiget sich so: Bidden und begeren byromwy

einem harten Froste ließ der Herzog von Geldern eine starke Anzahl Truppen unter Anführung seines Marschalls Martin von Rossen, Meinhard von Ham, Jürgen von Münster (u) und Junker Balthasars selbsten in Ostfriesland einrücken. Unter Begünstigung eines dicken Nebels kamen sie bey Wöllen an, wie man noch gar keinen Feind vermuthete. Ganz Oberledingerland wurde von ihnen ausgeplündert. Hierauf giengen sie nach Leer, raubten, was sie vorfanden, und brannten diesen Flecken ab. Von Leer marschirten sie nach Oldersum. Die Burg, welche Ulrich von Dornum gehörte, wurde erst rein ausgeleert. Man bot eine ansehnliche Summe dar, den Brand abzukaufen, aber die Geldrischen Heerführer ließen

Balthafar, Heer to Efens, Stedesdorp en Witmond, Paushke Heiligkeit, Cardinalen, Erzbifchofen, Bifchofen, Praelaten Kaiferliker Maieflaet, Konigen, Churfürften, Fürften, Heeren, Grafen, Edelen, Steden, Landfchappen, und allen guden Lüden geeftlyk und werltlik, dat fy fich voor die felve (Graf Enno en Iohan) eerlofe, meynedige, Bofewichter, Dieven und Verreders hoeden, diefelue fcouwen daar mede geen Communicatie holden, ethen, drinken, haifen of harbargen, dan fy achten als der Eeren afgefchneden, by ther tyt toe fy fik tegen ons verantwortet. Datum Aernhem d. 6. Oct. 1533.

(u) Dieser Jürgen von Münster war ein tapferer Mann. Er gieng nachher in Ostfriefische Dienste über. Graf Enno II. machte ihn zum Drosten in Aurich. Alted von Ripperda war seine Gemalin. Er starb 1556 und liegt in der Auricher Kirche unter einem großen Stein, worauf er geharnischt in Lebensgröße ausgehauen ist, begraben. Junts Oftfrief. Geschichte 3ter Theil p. 32. et feq.

Dritter Abſchnitt.

ließen ſich nicht erbitten. Die Burg und alle dem braven Junker Ulrich zuſtehende Gebäude wurden ein Raub der Flamme. Die Familien-Feindſchaft zwiſchen Balthaſar und ſeinem Oheim Ulrich veranlaßte dieſes brutale Verfahren. Am 1. Januar rück. 1534 ten ſie vor Pelkum. Die Burg war aber ſo gut beſetzet, daß ſie einen Sturm nicht rathſam fanden. Daher zogen ſie vor Emden, und foderten im Namen des Herzogs von Geldern die Stadt auf. Höhniſch wurden ſie hier abgewieſen, und, wie ſie kein ſchweres Geſchütz bey ſich führten, giengen ſie über Olberſum und Jhlo zurück und grade auf Aurich loß. Sie verhofften die Stadt zu überrumpeln, fanden aber die Bürgerſchaft, welche von dem Anzuge von einer Frau benachrichtiget war, in den Waffen vor. Hierauf zogen ſie den Eſener Weg hinauf, bey Meerhuſen aber ſchwenkten ſie ſich und marſchirten über Walle durch Brokmerland, am 5. Januar nach Greetſybl. (v)

§. 11.

Lange ſchon hatte Junker Balthaſar darnach getrachtet, Greetſyl, dieſes gräfliche Stammhaus zu erobern, um dadurch den beiden Grafen einen empfindlichen Stoß zu verſetzen. Hakfort führte von Eſens das ſchwere Geſchütz, und unter andern zwey große Kanonen, den rothen Hund und den kupfernen Hahn, den Geldriſchen Truppen zu. Hierauf wurde die Belagerung eröfnet. Die Burg hatte zwar ſchwere Mauern, und einen tiefen Graben, aber keinen Wall oder ſonſtige Außenwerke vor ſich. Die Beſatzung beſtand

---

(v) Beninga p. 691. Emm. p. 875. Schot. p. 660.

bestand aus wenigen Soldaten, aus Bauern und Matrosen, die sich bey der unvermutheten Ankunft der Geldrischen Truppen in die Burg geworfen hatten. Der Drost und Commandant, Albert von Bakemer, verstand nichts vom Kriegeswesen und war eine feige Memme. Bey jedem Schusse redete er von der Uebergabe. Er entzog sogar der Besatzung, um sie zu Uebergabe zu bewegen, den Proviant, welcher bei überflüßig auf der Burg vorhanden war. Wie nun gar die Belagerer an der Westseite eine Oefnung in die Mauer schossen, entfiel ihm gänzlich der Muth. Aber die Bauern stopften mit Hülfe des Amtsschreibers Bunne mit Erde und Mist dieses Loch, und suchten sich wider Willen ihres Drostes so gut zu vertheidigen, wie sie konnten. Sie blieben immer guten Muthes, weil sie weich Wetter vermutheten, da sie denn den Abzug des Feindes hofften. Dem ängstlichen Drosten gefiel es, ohne Rücksprache und Vorwissen der Besatzung die Burg zu übergeben. Die Bauern wunderten sich daher, wie sie Junker Balthasar, Martin von Rossen und Berend Halsen durch das eröfnete Thor auf die Burg kommen sahen. Hier haben wir die Häupter, sagte der biedere Amtsschreiber Bunne, laßt uns diese behalten, so werden die andern schon aus einander laufen und die Fehde wird bald zum Vortheil unserer Grafen geendiget seyn. Der Drost gab ihm einen tüchtigen Verweis, und Balthasar ließ ihn einstecken. Nun mußten die Soldaten und Bauern nach der Capitulation abziehen; worauf denn die Geldrischen Soldaten die Burg wieder besetzten. Dies ist das erstemal, daß Greetsyhl erobert worden. Beninga sagt in seiner naiven Sprache: Also heft Albert Backemoer de eerliche Maget Grethe, de vorhen unbeflecket was, gemaket to eener Hoeren. Wie der Drost in Emden

kam,

Dritter Abschnitt.

kam, wollte ihn der Pöbel steinigen. Es glückte ihm aber sich mit der Flucht in seines Schwiegervaters, des Bürgermeisters Buttel, Haus zu retten. Der Graf ließ ihn aber einziehen, und unter offenem Himmel Kriegsrecht über ihn halten. Ihm wurde das Schwerd zuerkannt und der Stab wurde über ihn gebrochen. Nachher aber wurde er auf Fürbitte einer angesehenen Matrone von dem Grafen begnadiget. (w)

§. 12.

Unter der Zeit, wie Gretsyhl belagert wurde, ließ Graf Enno unter seinem Hauptmann Ovelacker einiges Volk über den Dollard setzen. Dieser verbrannte viele Schiffe vor Delffyhl, plünderte Farmsum, und die ganze Gegend, die dem Häuptling Boele Ripperda, einem Feinde des gräflichen Hauses, und Günstling des Herzogs von Geldern gehörte, rein aus, und kehrte mit reicher Beute nach Emden zurück. Warum aber der Graf, statt dieser Streiferey keine Vorkehrung gemachet hat, Gretsyhl zu entsetzen, läßt sich nicht absehen. Gleich nachher ließ der Graf eine Flotte aus Emden auslaufen, theils um die Zufuhr nach Esens zu verhindern, theils um die Geldrischen Kauffardei-Schiffe zu kapern. Unter Harderwyk stieß ein stark bemanntes Schiff dieser Flotte auf verschiedene reich beladene Geldrische Schiffe, die als gute Prisen nach Emden abgeführet wurden. Auch wurden einige Schiffe, die nach Esens bestimmt waren, aufgebracht. (x)

§. 13.

(w) Beninga p. 693. et seq. Emm. p. 876. Schot. p. 661.

(x) Beninga p. 699. Emm. p. 879. Schot. p. 662.

Achtes Buch.

§. 13.

Inzwischen blieb der Herzog von Geldern in dem Besitze des eroberten Hauses Gretsyhl, und ließ sich von den Eingesessenen den Eid der Treue und des Gehorsams schwören. Graf Enno soll zu dieser Huldigung selbst seinen Unterthanen gerathen haben, damit die Feinde durch Erpressungen das ihnen auferlegte Joch nicht noch mehr erschweren und sie glimpflicher behandeln möchten. (y) Nach Eroberung der Gretsyhler Burg gieng Meinhard von Ham mit dem größten Theil der Armee nach Norden, um daselbst die Winter-Quartiere zu beziehen und in Ruhe den Frühling abzuwarten. Allein die Besatzung der Berummer Burg, worauf auch viele streitbare Männer aus der Stadt Norden und dem Amte bey dem Anrücken des Geldrischen Corps hingeflüchtet waren, thaten durch häufige Ausfälle ihm so vielen Abbruch, daß er täglich seine Leute einschmelzen sah; daher muste er aufbrechen und zog in die Lützeburger Herrlichkeit. (z) Nunmehr beklagte sich Graf Enno öffentlich über die Treulosigkeit Balthasars und über die ungerechten Feindseligkeiten des Herzogs von Geldern, und suchte bey seinen Freunden und Bundesgenossen in Westphalen nach Einhalt des Lippischen Fürstenbundes, dem Graf Edzard 1525. beigetreten war, Hülfe und Beistand nach. Zu Hörter wurde in dem März-Monate eine Zusammenkunft veranlasset. Graf Enno reiste selbst dahin, documentirte seine gerechte Sache, und brachte viele angesehene Grafen und Fürsten auf seine Seite. Schon wurden Truppen geworben, schon war der Plan verabre-

(y) Emm. p. 879.
(z) v. Wicht ad ann. 1534.

Dritter Abschnitt. 409

abredet, dem Herzoge eine Diversion in Gelderland, in Drente und in Gröningerland zu machen, wie der Herzog sich zum Frieden geneigt zeigte. Er fürchtete sich für dem Burgundischen Hofe; es fehlte ihm an Gelde den Krieg durchzusetzen; und die Stadt Gröningen, woraus er zum Behuf der ostfriesischen Fehde monatlich 16000. Gulden ausgeschrieben hatte, wollte kein Geld mehr vorschießen. Sie sagte, daß sie diese Fehde nichts angienge, und sie zu dieser Contribution nicht verpflichtet sey. Noch war Graf Enno zu Hörter, wie durch Betrieb des Grafen Johann, welcher in der Abwesenheit seines Bruders die Regierung übernahm, bey der friedlichen Gesinnung des Herzogs ein Friedens-Congreß zu Loge veranstaltet wurde. Dieses Dorf Loge ohnweit Larrelt ist, welches wir im Vorbeigehen bemerken, 1591. außer dem Deiche gebracht, und wird itzt von den Wellen bedecket. Auf diesem Congresse erschienen von ostfriesischer Seite, Graf Johann, Hicko Kankena von Dornum, Omko Ripperda von Hinte, Hicko Howerda von Uphausen, der Kanzler Wilhelm Ubben, und unser Geschichtschreiber Eggerick Beninga; und von Geldrischer Seite, Karl von Geldern, Statthalter von Gröningen, ein natürlicher Sohn des Herzoges, Martin von Rossen, Bernhard Hackfort, der Abt des Klosters Warffum und ein gewisser Rutemborg. (a)

§. 14.

Anfangs spannten die Bevollmächtigten des Herzogs den Bogen ungemein stark. Unter andern sollte die erste Hauptbedingung die Wiedereinführung der römisch-

---

(a) Beninga p. 701. Emm. p. 879.

römisch-katholischen Religion seyn. (b) Endlich aber wurde man an beiden Seiten immer nachgebender, und man war von ostfriesischer Seite gar zu nachgebend. Kurz der Friede kam am 20. März zu stande. Die vorzüglichsten Vergleichs-Puncte waren diese: Der Kirchenstaat in Ostfriesland sollte nach der Augspurgischen Confession und der in Kur-Sachsen eingeführten Kirchen-Ordnung bis zu einem generalen Concilio eingerichtet werden; falls aber dieses generale Concilium binnen Jahres-Frist nicht erfolgen möchte, sollte einer dieser beiden Grafen nach dem Herzoge sich verfügen, und mit dessen Gutfinden den Kirchenstaat reguliren; dann sollte das Haus Gretsyhl mit dem Geschütze dem Grafen wieder eingeliefert werden; dagegen sollte der Graf das Haus Wittmund mit eben so vielem Geschütze, als auf Gretsyhl befindlich seyn würde, dem Herzoge wieder einräumen; indessen sollte es dem Herzoge frey stehen, ob er Wittmund Junker Balthasar, seinem Vasallen (als Seiner Fürstlichen Gnaden Diener) wieder zurück geben wollte; dabey muste sich der Graf verpflichten vier Jahre nacheinander 3000. Ember Gülden, also zusammen 12000 Gülden auszuzahlen; und dem Junker Balthasar die von demselben bey der Uebergabe Esens ausgestellte Verpflichtungs-Urkunde zurück zu geben; ferner sollten zwischen Junker Balthasar und dem Grafen alle Fehden hiemit geendiget und alle persönliche und thätige Beleidigungen verziehen seyn; möchte indessen Balthasar auf einige Grundstücke, die in dem Besitze des Grafen waren, einige Prätension zu haben vermeynen, so sollte der Herzog oder dessen unpartheiische Commissarien diese Streitigkeiten schlichten; ferner sollte Junker Ulrich von Dorium

sein

(h) v. Wicht. loc. cit.

Dritter Abschnitt.

ſein Recht auf ſeine väterliche Erbſchaft wider Junker Balthaſar vorbehalten bleiben; endlich ſollte der Graf nach ſeinem Vermögen dem Herzoge, wenn er in Krieg verwickelt werden würde, gegen jeden Feind, nur den Kaiſer und das Reich, und die in dem lippiſchen Verein ſtehende Bundes-Genoſſen des weſtphäliſchen Kreiſes und am Harze ausgenommen, beiſtehen und zu Hülfe kommen, und ihm ſeine Schlöſſer, Städte und Flüſſe öfnen; dagegen wollte der Herzog wieder dem Grafen bey jeder Fehde zu Hülfe kommen; doch ſollte der Graf erſt die Urſachen des Krieges dem Herzoge anzeigen, und von ihm die Prüfung der Rechtmäßigkeit oder Unrechtmäßigkeit abwarten; und dieſer wechſelſeitige verſprochene Beiſtand, ſollte nicht mit ihrem Tode erlöſchen, ſondern ſich auf beiderſeitige Nachkommen erſtrecken. Endlich ſollte die Ritterſchaft und die Stadt Emden die Garantie dieſes Vergleiches übernehmen. (c) Nach dieſem abgeſchloſſenen Vergleiche wurde ein Waffenſtillſtand von 9 Tagen beliebet, um in der Zwiſchenzeit die Ratification des Herzogs einzuholen. Dieſe Genehmigung des Herzogs erfolgte bey einer neuen Verſammlung zu Otterdum am 27. März. Dem Verlangen des Herzogs gemäß, wurde noch ein Artikel hinzugefüget, wornach der Graf zur Feſthaltung dieſes Tractats aus den vier Grafen von Schaumburg, Oldenburg, Tecklenburg und Bentheim zween für ſich zu Bürgen ſtellen ſollte. (d) Indeſſen hat der Herzog erſt am 14. Junii 1535. die Urkunde ſelbſt unterſchrieben und beſiegeln laſſen. (e)

§. 15.

(c) Dieſer Vergleich iſt vollſtändig abgedruckt bey Brenneiſen T. I. L. 5. p. 173.
(d) Emm. p. 880.
(e) vid. §. 10. des Vergleichs bey Brenneiſen l. c.

§. 15.

So sehr auch die Ostfriesen sich nach dem Frieden sehnten, so waren ihnen doch viele Artikel, worauf der Friede geschlossen war, zuwider. Besonders machte der Religions-Artikel große Sensation unter der Nation. Der Herzog war ein eifriger Katholik. Sollte der Graf nach dem System des Herzoges dem Religionswesen seine Richtung geben, so konnte es nicht fehlen, oder das Pabstthum würde wieder aufkeimen. Man vermuthet, daß der Kanzler Wilhelm Ubben, Poppo Manninga und Hicko Howerda, alle eifrig katholisch Gesinnte, den Grafen Johann zu diesem Artikel gestimmet haben. (f) Auch die übrigen Artikel waren, wie aus dem ersten Anblick erhellet, dem Gräflichen Hause überaus nachtheilig. Gewiß würde Graf Edzard der Große, der sich öfter in einer weit schlimmern Lage befand, wie nun sein Sohn Enno, sich lieber haben in Stücken zerhauen lassen, als seine Heldenhand zu der Unterschrift eines solchen Vergleichs zu entweihen. Graf Enno und der Herzog dankten, nach erfolgter Ratification dieses Vergleichs ihre Truppen ab. Diese traten wieder in den Dienst des Bischofs von Münster, (g) welcher dermalen mit der Belagerung der Stadt Münster beschäftiget war, worinn der berüchtigte Wiedertäufer Johann von Leiden die Rolle eines Königs in seltsamen Auftritten spielte. Wittmund und Gretsyhl wurden erst am 5. August gegen einander überliefert. (h) So hatte nun Junker Balthasar keinen Fußbreit Land verlohren, nur war er ein Vasall des Herzogs von Geldern geworden.

(f) Emm. l. c.
(g) Beninga p. 702.
(h) Emm. l. c.

Vierter Abschnitt.

§. 1. Graf Enno läßt Lüneburgische Theologen nach Ostfriesland kommen. Diese entwerfen eine Kirchenordnung. §. 2. Diese Kirchenordnung wird mit Gewalt eingeführt, geräth aber wieder in Stecken. §. 3. Ulrich von Dornum stirbt. §. 4. Graf Enno läßt die Festung Uplengen schleifen. §. 5. Fehde zwischen Junker Balthasar und der Stadt Bremen. Durch Vermittelung der Schmalkaldischen Bundesgenossen wird ein Waffenstillstand getroffen. §. 6. Fruchtloser Versuch des Grafen Enno, mit Junker Balthasar eine beständige Freundschaft zu errichten. §. 7. und mit dem Fräulein Maria einen Vergleich wegen der Herrschaft Jever zu treffen. §. 8. Balthasar läßt wieder Corsaren in See stechen. Von diesen werden 85 in Bremen enthauptet. Er selbst verfällt in die Reichsacht. §. 9. Schlägt einen abermaligen Antrag zu einer Versöhnung mit dem gräflichen Hause aus. §. 10. Wirbt Truppen und befehdet die Fräulein Maria von Jever. §. 11. Graf Enno überläßt der Fräulein einige seiner Truppen und errichtet einen neuen Vergleich mit ihr. §. 12. Die Bremer belagern Esens, Fräulein Maria Wittmund. Balthasar stirbt auf der belagerten Burg Esens. Esens und Wittmund geben über. §. 13. Balthasars Starrsinn. §. 14. Einige Nachrichten von dem Grafen Johann von Ostfriesland. Er mischet sich während der Regierung seines Bruders Enno in alle Regierungsgeschäfte. §. 15. und 16. Wird von den Ständen mit 100000 Gulden von der Grafschaft abgefunden. §. 17. Vermählt sich mit Dorothea von Oesterreich, einer natürlichen Tochter Kaisers Maximilian I. §. 18. Graf Enno stirbt. Sein Character. §. 19. Seine Nachkommen.

§. 1.

Der erste Artikel des soger Friedens betraf die Einrichtung des Religionswesens in Ostfriesland. Zur Grundlage desselben sollten die evangelischen Kirchenordnungen in Sachsen und die Augsburgische Confession

feßion bis zu einem Generalconcilio dienen. Damit nun der Herzog aus einer Verzögerung keinen Vorwand zu einem neuen Bruche nehmen mögte; ersuchten sofort nach geschlossenem Frieden die gräflichen Gebrüder Enno und Johann den Herzog Ernst von Lüneburg, ihnen zwey geschickte Theologen zu senden, um eine Kirchenordnung für diese Provinz aufzusetzen. Der Herzogs Ernst hatte selbst die Augsburgische Confession unterschrieben, und war ein Schwager des Herzogs Karl von Geldern. Vermuthlich wandten sich daher die beyden Grafen an den Herzog Ernst, um den Herzog Karl von Geldern bey guten Gesinnungen zu halten. Herzog Ernst brachte zwey angesehene Theologen, Martin Ondermark und Matthias Ginderick, in Vorschlag. Diese traten ihre Reise nach Ostfriesland an, und verfertigten eine Kirchenordnung, die völlig der sächsischen und der lüneburgischen entsprach, wornach die deutsche Messe, die Kerzen und Meßkleider wieder eingeführt wurden. Es war ganz natürlich, daß eine solche Kirchenordnung bey den Predigern, die nach dem System des Zwinglius lehrten, große Sensation erwecken mußte. Sie foderten daher die Lüneburger zu einer Disputation auf, und erboten sich zu einem Beweise, daß diese Ordnung nicht überall dem Sinne der heiligen Schrift gemäß wäre. Aber diese lehnten solches von sich ab, und erwiederten, daß sie von dem Grafen berufen wären, eine Kirchenordnung aufzustellen, nicht aber sich mit ihnen zu zanken. Einige Prediger blieben standhaft, und weigerten die Unterschrift; andere, oder gar die mehresten, wankten aus Furcht ihren Dienst zu verlieren und bequemten sich zur Unterschrift. Lübbert Kant, Prediger zu Leer, nahm das Wort für die ganze ostfriesische Geistlichkeit auf, und widersprach den lüneburgischen Theologen. Dadurch fiel er bey dem

Vierter Abschnitt.

dem Grafen in Ungnade. Diese lüneburger wurden von dem Grafen sehr geachtet, und stifteten viele Verbitterungen zwischen den beyden Grafen und den Predigern. Graf Johann scheint sich vorzüglich der neuen Kirchenordnung angenommen zu haben. Beyde gräfliche Gebrüder Enno und Johann griffen endlich durch, und ließen bey Strafe der Landesverweisung allen Predigern anbefehlen, sich nach dieser Kirchenordnung zu richten. Im folgenden Jahre 1535 ließen sie einige Artikel von allen Kanzeln, durch das ganze Land publiciren. (a) Diese waren denn wohl ein Auszug der hier eingeführten lüneburgischen Kirchenordnung. Zu Folge dieses Auszuges wurden alle Wiedertäufer, alle welche das Brod und den Wein in dem Abendmahle, für bloßes Brod und Wein ausgeben, alle welche die Mutter Gottes für eine Frau halten, wie eine andere Frau, die vorgeben, sie habe außer Christum, mehrere Kinder gebohren, und die ihre Jungfrauschaft vor und nach der Geburt entkennen, mit Leib- und Lebensstrafe bedrohet. (b)

§. 2.

(a) Ich folge lediglich dem Augenzeugen Egg. Beninga p 703. und 704. und lasse mich nicht auf die Zänkereyen der jüngeren Schriftsteller ein, die diese Kirchenordnung loben und tadeln, und die Lüneburgischen Theologen bis zum Himmel erheben, oder zur Hölle herunterstoßen. Der Leser kann sich weiter erbauen aus Emm. p. 881. Schot. p. 664. Meinders Kerkl. Gesch. T. I. p. 134. et seq. Emdisch. Bericht von der Reform. p. 28. Onthofs Warschouw. p. 377. Rechtgläub. Predic. Gegenb. Lit. A. 15. Bertrams histor. Bericht p. 87. und besonders seine Historische Nachricht von der Lüneburgischen Kirchenordnung.

(b) Dieser Auszug enthält 20 Artikel, welche in Meinders Kerk. Gesch. T. I. p. 143. et seq. abgedruckt sind.

§. 2.

Die Lüneburgischen Gottesgelehrten drangen, wie Emmius berichtet, den Kirchen zu Aurich, Emden, Norden und Leer mit Gewalt, und unterstützt durch das Ansehen und den Befehl der Grafen, ihre Lehrsätze und die von ihnen angeordneten Kirchenceremonien auf. Doch blieben viele Prediger, und besonders die Emder standhaft. (c) Johann von Gröningen, auch Oldeguil genannt, der vorhin so eifrig den Bremischen Theologen widersprochen hatte, 1536 und sein College Regner Dokma, beyde Prediger in Emden, wurden wegen ihrer angeschuldeten Widerspenstigkeit ihres Amtes entsetzet und aus dem Lande verbannet. (d) Aber auch diese Strenge führte den erwünschten Erfolg nicht nach sich, den die Lüneburger und die Grafen sich daraus versprochen 1537 hatten. (e) Daher sahen sich die Grafen genöthiget, nochmalen publiciren zu lassen, daß alle Prediger dieser Grafschaft, bey Strafe ernstlicher Ahndung, sich der, von den Lüneburgischen Lutherischen Theologen aufgesetzten Kirchenordnung unterwerfen sollten. Damit nun hierauf strenge gehalten, und sich keine Mißbräuche einschleichen sollten; so stellten die Grafen Hicko Howerda, Häuptling zu Uphusen und Johann Horneman, einen Doctor der Rechte, zu Kirchen-

---

(c) Emm. c. l.

(d) Embisch. Bericht von der Reformation p. 42. 48. 54. und 108. Norder Antwort auf den Lützeb. Bericht p. 57. Studenten-Missive p. 79. Harckenroths Heerd. Staf. p. 3. Meinders c. l. p. 202. et seq.

(e) Emm. c. l.

Vierter Abschnitt.

Kirchenvisitatoren an, (f) So lange hielten sich auch hier die Lüneburgischen Theologen auf; die denn endlich hierauf wieder abreißten. (g) Nach der Abreise dieser beyden Männer, und dem bald darauf erfolgten Tode des Kirchenauffehers Howerda, (h) scheint alles wieder auf den vorigen Fuß gekommen zu seyn; wenigstens vernimmt man nichts mehr von einer Lüneburgischen Kirchenordnung, und haben selbst die Grafen es nicht der Mühe werth geachtet, sie abdrucken zu lassen. (i) Das Verfahren der Grafen, das Volk in Glaubensfachen zu zwingen, mußte bey den Reformirten starken Widersinn erwecken. Graf Enno hatte aber die Gunst der Nation, bey der Abfindung seines Brubers Johann nöthig. Vielleicht war dieses eine der Hauptursachen, warum er sich nicht mehrso thätig bewies, die Kirchenordnung durchzusetzen. Gieng auch die Absicht des Grafen bey Einführung der Lüneburgischen Kirchenordnung dahin, sich dem Herzoge von Geldern beliebt

(f) Beninga p. 708.

(g) Emm. p. 897.

(h) v. Wicht ad Ann. 1537. Emm. p. 899. Beninga p. 718.

(i) Wy hebben uns flytich by allerley Standes Olden erkundiget, wat idt doch vor eine Gelegenheit, mit dem Luneborgischen Handel der Tydt tho Emden gehadt, und hebben alle einmödich bekendt, dat se van den Lüneborgischen Predigern, ehrem Wesen und Afftcheide wol gude Wetenschap hedden, averst nuwerle gehöret, vele weiniger gesehen van eeniger gedruckten Lüneborgischen Ordnunge, so in dissem Lande scholde gepubliceert unde angenahmen syn.

Emd. Pred. wahrhaft. Bericht p. 120.

beliebt zu machen, so konnte er itzt seinen Handlungen einen andern Schwung geben, da der Herzog nicht mehr sein gefährlicher Nachbar war, weil die Stadt Gröningen und die Umlanden, wie aus der niederländischen Geschichte bekannt ist, dem Kaiser als Herzog von Burgundien nunmehr gehuldiget hatten. Während dieser Irrungen zwischen dem Herzoge und der Stadt Gröningen und den Umlanden reißte Graf Enno 1536 nach Arnheim, um seine gute Dienste zu Beylegung der Zwistigkeiten anzubieten. Bey seiner Zurückkunft aber erfuhr er schon, daß die Stadt dem Kaiserlichen Statthalter Jürgen Schenk die Thore eröfnet, und dem Kaiser geschworen habe. (k) So verminderte sich seine Besorgniß für den Herzog und konnte er mit gutem Fuge bey dem Religionsartikel sich nachgebender bezeigen. In der Folge, wie der Herzog 1538 verstarb, löste sich der Knoten von selbst.

§. 3.

Unter diesen Streitigkeiten in Kirchensachen, starb 1536 Ulrich Häuptling von Dornum, Wittmund, Esens und Oldersum, dieser große Kriegesheld, erster Verfechter der Reformation, dieser, nach damaligen Zeiten, gelehrte Mann, und treuer Anhänger des gräflichen Hauses. Der Famillienzwistigkeiten mit seinem Bruder Hero Omken von Esens und Wittmund, und dessen Sohne Junker Balthasar, haben wir öfter erwähnet. Seine erste Ehe mit Essa von Oldersum war unfruchtbar. Von ihr erbte er die eine Burg zu Oldersum, und die Herr-

(k) Beninga p. 716.

Herrlichkeit Jarsum und Middelswehr. Von seiner zwoten Gemalin Hyma Beninga, einer Schwester des Geschichtschreibers, hat er zwey Töchter nachgelassen, Margaretha, Gemalin Christophers von Ewsum und Essa. Diese ließ sich von einem Wiedertäufer, seines Handwerks ein Schneider, verführen, und wurde mit ihm zu Gröningen ehelich verbunden. (l)

§. 4.

Auch bemerken wir annoch in dieser Periode die Schleifung der festen Burg Uplengen. Da Ostfriesland nunmehr durch die Heirath der Gräfin Anna mit Oldenburg in dem besten Vernehmen stand, hielten die Grafen Enno und Johann die kostbare Unterhaltung dieser Gränzfestung unnöthig, und ließen sie 1535 schleifen. Vorhin machte Lengen ein besonderes Amt aus, wie aber nun die Festung und die damit verknüpfte Drostey eingieng, so wurde Lengen mit Stickhausen verbunden, und stehen seit dieser Zeit die Lengener unter der Gerichtsbarkeit des Stickhauseher Drosten und Amtmanns. (m) Dann führen wir hier noch an, daß die Gebrüder Enno und Johann in eben diesem Jahre 1535 für Norden eine besondere Gerichts-und Polizeyordnung entwerfen lassen; welche für die Specialgeschichte der Stadt Norden, die damalen noch ein Flecken war, und in dieser Ver-

(l) Beninga p. 707. Emm. p. 885. Müller de Dynast. p. 112. Loringa in famil. Esen. s. Tab. VI. und IX.

(m) Beninga p. 707. Emm. p. 885. Eiusd. descr. chorogr. p. 58.

ordnung ein Flecken genannt wird, nicht unwichtig ist. (n)

§. 5.

Junker Balthasar, der nunmehr wieder seine Residenz zu Esens genommen hatte, haßte den Müßiggang, und sehnte sich immer nach neuen Fehden. 1527 beschäftigte er sich vorzüglich, die Bremischen Kaufleute zu plündern, und die Heerstraßen und Ströme unsicher zu machen. Wie sich die Stadt rüstete, diese Plackereyen mit den Waffen zu beendigen, wurden diese Feindseligkeiten auf Fürsprache des Königs Friedrich von Dännemark, geschlichtet. Balthasar versprach, die Streifereyen zu unterlassen. Dabey wurde von beyden Seiten ein freyer, ungestöhrter Handel beliebet, und festgesetzet: daß alle künftige Irrungen zwischen Bremen und Harlingerland, durch von beyden Seiten zu ernennende Schiedsrichter freundschaftlich beygeleget werden sollten. (o) Nunmehr 1537 kaperte Balthasar wieder ein Bremer Schiff. Unter dem Vorwande, daß das Schiff auf den Strand gerathen, daß die Stadt Bremen dem Transacte von 1527 nicht nachgekommen, indem sie seinen Unterthanen den Einkauf und die Ausfuhr des Getraides aus der Stadt nicht verstattet hätte, daß sie seinem Feinde, dem Grafen Enno, Pulver und andere Kriegsbedürfnisse zugeführet, daß sie widerrechtlich in einem Prozesse wider zwey seiner Unterthanen, deren Rechtssache er besonders dem Magistrate empfohlen, verfahren, und endlich daß der Stadt-

(n) Abgedruckt in Emmii Tract. von Ostfriesl. (übersetzt) p. 169. 181.

(o) Dilichii Chron. brem. p.

Vierter Abſchnitt.

Stadtſecretair unanſtändige Drohungen, wahrſcheinlich auf Geheiß des Magiſtrats wider ihn ausgeſtoßen habe, verwegerte er die Zurückgabe des Schiffes, der Beſatzung und der Waaren. Alle Gegenvorſtellungen der Stadt fruchteten nichts. Sie ſchlug daher durch ihre Deputirte bey einer Zuſammenkunft in Jever, zufolge des Vergleichs von 1527., zu Schiedsrichtern, den Erzbiſchof Chriſtopher, das Kammergericht zu Speyer, den Kurfürſt Johann Friedrich von Sachſen, den Herzog Ernſt von Lüneburg und den Herzog Karl von Geldern vor, und ſtellten ihm die Auswahl dieſer vorgeſchlagenen Schiedsrichter anheim. Er ſchlug nicht nur dieſen in der That billigen Vorſchlag aus, ſondern foderte noch überdem ein Geſchenk, wodurch die Stadt ihre Achtung gegen ihn bezeugen ſollte. Balthaſar ſpielte alſo im Kleinen die Rolle, die in unſern Tagen ein Kaiſer von Marocco übernimmt. Zu einer ſolchen Demüthigung konnten ſich die Bremer unmöglich entſchließen. Daher wurden die Tractaten abgebrochen und die Deputirten giengen wieder von Jever nach Hauſe. Nun fieng der Lärm wieder von neuen an. Balthaſar erbeutete ein Bremer Schiff mit Stockfiſch, und die Bremer nahmen bey dem Ausfluſſe der Elbe, drey Eſener Schiffe mit Hamburger Bier weg. Endlich belangte die Stadt Bremen den Junker Balthaſar, als einen Störer der gemeinen Ruhe, bey dem Reichskammergerichte. Der Herzog von Geldern nahm dieſes übel, verlangte von der Stadt die Klage wieder einzuziehen, und ſeinen Vaſallen nach Billigkeit zu befriedigen. Hieben drohte er, daß er ſeinem Vaſallen mit den Waffen in der Hand, und allenfalls mit Hülfe des Königs von Frankreich und des Herzogs von Lothringen, Gerechtigkeit verſchaffen würde. Dieſe Drohungen ſchreckten die

Bremer so, daß sie die Intercession des Kurfürsten von Sachsen, des Herzogs von Lüneburg, des Landgrafen von Hessen und aller Schmalkaldischen Bundesgenossen nachsuchten. Diese nahmen sich würklich der Bremer an, und, wie gleich darauf der Herzog von Geldern verstarb, brachten sie grade in dem Zeitpunkte, wie Bremen und Balthasar sich ernstlich zu einer Fehde rüsteten, zu Wildshusen einen Waffenstillstand zu Stande. Darnach sollten die Gefangenen an beyden Seiten losgelassen, und sämtliche Streitpuncte durch Schiedsrichter, die binnen 3 Monaten zu ernennen seyn, entschieden werden (p)

1538

§. 6.

In dieser Zwischenzeit suchte Graf Enno mit Junker Balthasar eine beständige Freundschaft zu errichten, und sich mit ihm völlig auszusöhnen. Seine Absicht war wohl ohnstreitig, nach dem nun erfolgten Absterben des Herzogs von Geldern, die alte Lehnsverbindung Balthasars und seiner Vorfahren mit dem ostfriesischen Regierhause zu erneuern. Seinen Endzweck zu erreichen, reißte seine Gemalin Gräfin Anna, eine nahe Anverwandtin Balthasars, nach Esens. Sie, eine sehr kluge Dame, stellte ihm ein gutes Vernehmen mit dem ostfriesischen Regierhause von der besten Seite vor, und brachte endlich eine Heirath zwischen Balthasar und Armgard, Grafen Ennos Schwester, in Anregung. Er zeigte sich dazu willfährig, doch verlangte er zuvörderst die Zurückgabe einiger Kanonen, und wollte alsdenn auf den 7. July sich näher erklären. Die beyden Grafen
Enno

(p) Dilichii Chron. brem. p. 213. et seq. Chyt. Chron. Sax. p. 429. und 431. Emm. p. 897.

Vierter Abschnitt.

Enno und Johann ließen würklich die Kanonen nach Meerhausen abführen. Wie diese Sache die beste Wendung zu nehmen schien, verfügte sich die Gräfin am 7. Juli wieder nach Esens. Balthasar wollte aber vor seiner Erklärung die Kanonen erst in Esens haben. Hieburch wurden die Grafen mißtrauisch. Die Kanonen wurden wieder nach Aurich abgeführt, Gräfin Anna reißte wieder ab, und die ganze Sache gerieth in Stecken. (q)

§. 7.

Auch versuchten die Grafen Enno und Johann sich mit der Fräulein Maria von Jever auszusöhnen. Sie bewürkten bey der Königin Maria, daß sie ihren Statthalter Georg Schenk nach Ostfriesland sandte, die Irrungen zwischen Jever und Ostfriesland beyzulegen. Am 8. May (1538) traf der Statthalter in Aurich ein. Auch Fräulein Maria verfügte sich nach Aurich. Die Grafen wiesen aus ihren Lehnsbriefen von den Kaisern Friedrich III. Maximilian I. und Karl V. ihre Ansprüche auf Jeverland, Harlingerland und Butjadingerland nach. Wie nun einige Tage mit Schmausen und Disputiren hingebracht waren; kam man gegenseits mit der Sprache rein heraus, daß Maria sich als eine Vasallin dem burgundischen Hofe unterworfen habe. Die Grafen hatten es bisher für eine ausgestreute Erdichtung gehalten, daß Jever ein burgundisches Lehn geworden sey; auch war davon in der oben angeführten Sentenz von 1533 nichts erwähnt. Nunmehr giengen ihnen die Augen auf. Sie begriffen itzt sehr wohl, warum sie in dem zwischen ihnen und dem Fräulein ventilir-

ten

(q) Beninga p. 120. Emm. p. 899.

ten Processe nothwendig haben succumbiren müssen und sahen wohl ein, daß Schenk, als Burgundischer Officiant, zum Nachtheil seines Hofes, und zu ihrem Vortheil, in dieser Sache nichts verfügen konnte und dürfte. Daher lief auch dieser versuchte Vergleich fruchtlos ab. (s)

§. 8.

Der zu Wildshausen geschlossene Waffenstillstand zwischen Bremen und dem Junker Balthasar, war noch nicht abgeflossen, wie der unruhige Balthasar seine Korsaren schon in See schickte. Die Bremer sahen sich daher gemüssiget, eine Flotte wider sie auslaufen zu lassen. Diese machte Jagd auf zwey Esener Raubschiffe. Sie war so glücklich, diese beyde Schiffe nach einem verzweifelten Gefecht zu erobern, und nach Bremen aufzubringen. Der Kapitain Franz Böhme und mit ihm 85 Matrosen, wurden an einem Tage zu Bremen enthauptet. Nachdem hierauf Junker Balthasar auf Anhalten der Stadt Bremen, von dem Reichskammergerichte in die Acht erkläret worden; so wurde die Execution dem Bischofe Franz von Münster, den Herzögen Ernst von Lüneburg, Wilhelm von Jülich, dem Grafen Anton von Oldenburg, dem Grafen Enno von Ostfriesland, sodann den Städten Bremen und Hamburg aufgetragen. (t)

1539

§. 9.

(s) Beninga p. 721. Emm. p. 899. v. Wicht ed An. 1538.

(t) Diliehii Chr. brem. p. 216. Chytr. p. 432. Assertio libert. reipubl. brem. p. 462.

getreten, und von den Ständen die Huldigung angenommen hatte, gieng sein Bruder Graf Johann mit
einer selbst angeworbenen Compagnie Infanterie und
30 Kavallerissten, 1528. als Obrister in Burgundische Krieges-Dienste. Er nahm zu seinem Adju-
tanten Jolef von Knipphausen, einen Kriegskundigen
wackern Mann, mit sich. Damals wurde noch hi-
zig der Krieg mit dem Herzoge von Geldern geführ-
ret. Besonders bey dem Sturm vor Hattum soll der
junge Graf viele Bravour und Tapferkeit bewiesen
haben. (f) Bald nachher begleitete er den Kaiser
nach Italien, und wohnte dessen Krönung von dem
Pabste in Bononien bey. (g) Nach Ausbruch der
Fehde mit Junker Balthasar kam er aus Italien nach
Ostfriesland in dem Sommer 1530. zurück, und
commandirte die Belagerung Esens. (h) Nach dieser Zeit ist er immer in Ostfriesland geblieben, und
hat sich in alle Regierungs-Geschäfte gemischet, so
daß er fast als Mitregent angesehen werden kann.
Selbst der Vergleich mit Junker Balthasar von
1530. fängt an: Wy Enno und Johan Gebroedere,
Grafen und Herren tho Ostfreslant. (i) Und nach eben
diesem Vergleiche §. 3. ist ihm so gut wie seinem Bruder Graf Enno von den Harlingern gehuldiget. Auch
lautet der Vergleich mit dem Herzoge Karl von Geldern von 1530. ausdrücklich mit auf den Grafen Johann. So ist auch das an Aurich ertheilte Stadt-
Pri-

(f) Beninga p. 650. Emm. p. 644.
(g) Emm. p. 855.
(h) Beninga p. 675. Emm. p. 857.
(i) Brenneisen T. I. Lib. V. p. 165.

Vierter Abschnitt.

Privilegium von 1539. im Namen der beiden Grafen ausgestellet worden. Auch hier heißt es im Anfange, Wy Enno und Johann Gebrüderen, Grafen und Herrn tho Oſtfreesland. (k) Indeſſen führte doch bey dieſem ſeinem großen Einfluſſe in die Regierungs-Geſchäfte, ſein Bruder Enno den Namen eines regierenden Herren. (l)

§. 15.

Im Jahre 1537. um Pfingſten ließ Graf Enno die Prälaten, Häuptlinge und Beamte nach Aurich kommen, und ſtellte ihnen vor, daß es dem Lande zuträglich ſey, wenn nach der Inſtruction ſeines Vaters und der Stände ſein Bruder Johann von der Grafſchaft völlig abgefunden würde. Er fügte hinzu, ſein Bruder Johann ſtünde bey dem Burgundiſchen Hofe in großer Gnade, und würde die Königin Maria ihm die Herrſchaft Falkenburg für 42000 Caroli Gulden einräumen, und mit dieſem Gelde gedächte er denn ſeinen Bruder abzufinden. Er erſuchte daher die Landesſtände, dieſes Geld herbey zu ſchaffen. Dieſe hielten ſich nicht ermächtiget, in dieſer wichtigen Angelegenheit etwas vorzunehmen, denn es fehlte der ganze dritte Stand. Vielleicht waren auch nicht alle Prälaten und Häuptlinge zugegen. Der Graf ließ hierauf auf ihr Anſuchen die ſämmtlichen

---

(k) Funk 2. Theil p. 204.

(l) So nennt ihn auch Beninga, Grave Enno de regeerende Herr tho Ooſtfreesland p. 710.

chen Stände 8 Tage nachher zusammen kommen. In dieser Versammlung wurden, ohnerachtet das Land unter einer großen Schulden-Last, welche vorzüglich aus der sächsischen Fehde entsprungen war, seufzete, dem Grafen die 42000 Karoli Gülden zur Bezeigung ihrer guten Gesinnungen bewilliget. Dabey wurden aber folgende Bedingungen gemachet, daß der Graf eine schriftliche Versicherung von sich ausstellen sollte, daß diese Bewilligung zu keinen Folgen gezogen, und künftig die Landesherrn hieraus keine Gewohnheit und Pflicht machen sollten, auch Graf Johann förmlich auf die Grafschaft Ostfriesland Verzicht leisten müste. Wie nun die Grafen sich zu dieser Versicherungs-Urkunde und Renuntiation verstanden, wurde die Beitreibung dieser Gelder so reguliret, daß von jedem Grase Landes vier Stüber, von Ochsen und Kühen zwey Stüber, und von allen beweglichen und unbeweglichen Gütern der 100ste Pfenning aufgebracht werden sollte. (m)

§. 16.

Indessen blieb diese Sache so hinstehen, bis zum 3. Sept. 1538. Auf Veranlassung des Grafen versammleten sich damals die Stände in das Kloster Sylmönken. Der Graf eröfnete ihnen, daß die Angelegenheit seines Bruders noch eine bessere Wendung erhalten würde, indem durch Vereitelung der Königin Maria eine Vermählung des Grafen Johann mit Dorothea von Oestreich, einer natürlichen Tochter des

---

(m) Beninga p. 719. Emm. p. 896.

Vierter Abschnitt.

des Kaisers Maximilian I. auf das Tapet gekommen sey. Weil nun sein Bruder mehr figuriren müste, so ersuchte er die Stände die im vorigen Jahre freiwillig bewilligten 42000. Karoli Gulden auf 100000 Gulden festzusetzen. Nach einiger Weigerung erklärten sich endlich die Stände zu der verlangten Summe. (n) Worauf denn die beiden Grafen für sich und ihre Erben und Nachkommen einen schriftlichen Revers den Prälaten, Junkern, Ständen und Gemeinen, das ist, der ganzen Landschaft, oder der Geistlichkeit, der Ritterschaft und dem dritten Stande ausstellten, daß sie mit einer dergleichen Schatzung nie wieder beschweret und alle Privilegien und Gerechtigkeiten dem Lande ungekränkt verbleiben sollten. Dabey gaben sie noch die besondere Versicherung, daß künftig nur ein regierender Herr in Ostfriesland seyn sollte. (o)

§. 17.

Statt der vorhingedachten Land- und Viehschatzung wurde der gedoppelte 100ste Pfenning oder 2 pro Cent von allen beweglichen und unbeweglichen Gütern ausgeschrieben. Die Hälfte der bewilligten Abfindungs-Summe wurde mit 50000 Karl Gulden dem Grafen ausgezahlet. Beide Brüder reisten hierauf gegen Michaeli mit diesem Gelde und mit einer staatlichen

---

(n) Beninga p. 721. Emm. p. 900.

(o) Der Revers ist abgedruckt bey Brenneisen T. I. L. V. p. 192. und in den Beilagen zu der Embder Apologie p. 134.

chen Begleitung nach Brüssel, da denn die Sponsalien zwischen Grafen Johann und Dorothea von Destereich bald zu Stande kamen. (p) Nach diesen Ehepacten, welche hauptsächlich von der Königin Maria bearbeitet wurden, brachte Graf Johann der Braut die vorbemeldeten 100000 Karl Gulden, und noch ohnedem 2000 Gulden Leibrente, die Graf Enno aus der Grafschaft zu bezahlen übernahm, ein; dagegen brachte ihm Dorothea 10000 Gold-Gulden, und die Stadt und Herrlichkeit Durbuy in dem Herzogthum Lurenburg zu. Weil aber die Herrlichkeit dem Grafen von Rochefort verpfändet war, so muste Graf Johann einen Theil seiner inserirten Barschaften zu deren Einlösung verwenden. Den Brautschmuck gab die Königin. (q) Dann versprach die Königin ihm bey dem Kaiser das Gouvernement der Grafschaften Falkenburg und Dalen und die Statthalterschaft von Limburg zu bewürken. Hierauf wurde das Beilager mit vieler Pracht vollzogen. (r) Graf Enno mag bey dieser Gelegenheit in Braband einen artigen Stüber haben sitzen lassen. Denn er war, wie Emmius sagt, von Natur zum Aufwande und Wohlleben geneigt, und wollte am Hofe die Rolle eines großen Herrn spielen. Auch würfelte er gern, und so hitzig, daß oft die Edelleute, die in seinem Gefolge waren, es nöthig fanden, ihm eine freundschaftliche

---

(p) Beninga p. 723. Emm. p. 902.

(q) Die Ehepakten sind abgedruckt bey Brennreisen T. I. L. V. p. 193. et seq.

(r) Beninga u. Emm. c. l.

liche Weisung zu geben. (s) Graf Enno scheint bald nach dem Beylager wieder zurückgekommen zu seyn; Johann aber und seine Gemahlin kamen im Sommer 1540. nach Emden, und hielten sich daselbst bis zum Absterben Ennos auf. (t)

§. 18.

Graf Enno II. starb am 24. September 1540. auf seiner Burg zu Emden, in der besten Blüthe seiner Jahre. Er war 35 Jahr und einen Monath alt, und hatte 12 Jahr regieret. Das gräfliche Erb-Begräbniß war zwar bisher in dem Kloster Marienthal zu Norden; die Wittwe, Gräfin Anna ließ aber den erblaßten Leichnam ihres Gemals in der Franciscaner-Kirche zu Emden beisetzen. 1548. errichtete Gräfin Anna ihm zu Ehren in der großen Kirche zu Emden ein sehr prächtiges Mausoleum, worauf wir den Grafen Enno in Lebensgröße, von einer geschickten Meisterhand aus Alabaster gemeißelt, noch itzo vorfinden. Nur Schade, daß dieses Ehrendenkmal, nicht nach Verdienst, unterhalten wird! Hierauf ließ die Gräfin alle Gebeine der gräflichen Familie von Norden nach Emden bringen, und so war denn nunmehro das gräfliche Erb-Begräbniß in der großen Kirche zu Emden. (u) Es ruhte nicht auf dem Grafen der große und gesetzte Geist des Vaters Edzard. Er

---

(s) Emm. l. c.

(t) v. Wicht ad ann. 1540.

(u) Beninga p. 729. Emm. p. 908. v. Wicht ad ann. 1540. Loringa bey der Circ. Familie.

Er war vielmehr, wenn wir hier Emmius trauen dürfen, leichtsinnig, flatterhaft, weichlich und wollü[stig,]
doch hatte er ein gutes Herz, war wohlthätig, gei[st-]
lig und daher beliebt bey seinen Unterthanen. (v)

§. 19.

Graf Enno ließ sechs Kinder nach, drey Töch[ter]
Elisabeth, Hedwig und Anna; Elisabeth gebo[ren]
1531., wurde 1554. die Gemahlin des Grafen
hann von Schauemburg, und starb 1558. He[dwig]
vermählte sich 1561. mit Otto, Herzog von L[üne]-
burg. Er hat mit ihr zwölf Kinder erzeuget. A[nna]
starb unverheurathet an dem Kurpfälzischen Ho[fe zu]
Heidelberg. Seine drey nachgelassene Söhne [wa-]
ren, der nachher regierende Graf Edzard II. gebo[hren]
1532. Christopher, gebohren 1536. Dieser st[and]
in dem Feldzuge wider die Türken als Obrister [in]
dem Dienste Kaisers Maximilian, und starb 1[566]
zu Komorra in Ungarn an der Ruhr. Johann [wur-]
de gebohren 1538. und starb 1591. Seiner w[er-]
den wir in der Folge öfter erwähnen. (w)

(v) Emm. l. c.

(w) Loringa in der Circ. Familie. v. K[en]
Stammtafeln. Funks Regentenstab.

Druckfehler im ersten Bande.

Seite 3. Zeile 5. statt kleinen lies großen.
S. 10 Z. 16 st. accolae l. *accola.*
S. 51 Z. 1 st. durch Gewalt l. daß es durch Gewalt.
S. 96 Z. 29 st. vitioj l. *vitio.*
S. 101 Z. 18 st. Brake l. Brocke.
S. 150 Z. 20 st. au l. *an.*
S. — Z. 26. st. ndia Haller l. *sindia aller.*
S. 166 Z. 15 st. laß l. Anlaß.
S. 182 Z. 20 st. legt l. log.
S. 193 Z. 6 u. 18 st. Konvorden l. Koevorden.
S. 213 Z. 4 st. 1255 l. 1253.
S. 214 Z. 30 st. obltructae l. *obstructio.*
S. 215 Z. 6. 14. u. 18. st Grenssiel und Grentmer l. Gretsiel und Gretmer.
S. 219 Z. 13 st. Viedup l. Vierdup.
S. 234 Z. 9 st Aggenga l. Aggena.
S. 244 Z. 30 st. Szine l. *Szine.*
S. 264 Z. 6 st. Jahr l. Jahrhundert.
S. 294 Z. 26 st. Flero in Virægim l. *Flevo in Visurgim.*
S. 299 Z. 23 st. enne l. necne.
S. 312 Z. 32 st. 1212 l. 1312.
S. 313 Z. 20 st. von l. *nou.*
S. — Z. 29 st. Lace l. *Loce.*
S. 315 Z. 21 st. Keipens l. Knipens.
S. 328 Z. 25 st. Hano l. Haro.
S. 336 Z. 14 st. 1398 l. 1389.
S. 358 Z. 27 st. Seerin l. *Swerin.*
S. 369 Z. 29 st religen l. veligen.
S. 373 Z. 21 u. 22 st. Emos l Ennos
S. 375 Z. 13 st. Wierelsum l. Wiebelsum.
S. 378 Z. 27 st. larede l. lavede.
S. 404 Z. 20 st. Fockschen l. Hockschen.
S. 407 Z. 15 st. Capitain, General l. Capitain-General.
S. 422 Z. 20 st. von Norten, des l. von Norden, eine Tochter des.
S. 432 Z. 23 st. 1420 l. 1427.

S. 437

S. 437 Z. 32. st. Bröcke l. Brinke.
S. 459 Z. 10 st. Jreist l. Joest.
S. 460 Z. 21 st. gereiniget l. geeiniget.
S. 478 Z. 16 am Rande wird hinzugefüget 1441. und auf dem Titelblatte statt 1439 l. 1441.
In der Stammtafel l. statt Olderum l. Oldenburg.
— — — IXa am Ende statt, verkaufte 1639 l. 1681.

www.ingramcontent.com/pod-product-compliance
Lightning Source LLC
Chambersburg PA
CBHW032008300426
44117CB00008B/947